GUIDE DE SURVIE
EN CUISINE

Édition: Émilie Mongrain
Design graphique: Jean-Marc Troadec
Révision: Sylvie Massariol
Correction: Lucie Desaulniers et Sylvie Massariol
Infographie: Johanne Lemay
Photos: Lucy Schaeffer

Catalogage avant publication de Bibliothèque et Archives nationales du Québec et Bibliothèque et Archives Canada

Raichlen, Steven

[Man made meals. Français]

Guide de survie en cuisine : tout ce qu'un homme doit savoir pour apprivoiser les fourneaux

Traduction de : Man made meals.
Comprend un index.

ISBN 978-2-7619-4235-5

1. Cuisine. 2. Livres de cuisine. I. Titre. II. Titre : Man made meals. Français.

TX652.R34214 2015 641.5 C2015-940416-9

Suivez-nous sur le Web

Consultez nos sites Internet et inscrivez-vous à l'infolettre pour rester informé en tout temps de nos publications et de nos concours en ligne. Et croisez aussi vos auteurs préférés et notre équipe sur nos blogues!

EDITIONS-HOMME.COM
EDITIONS-JOUR.COM
EDITIONS-PETITHOMME.COM
EDITIONS-LAGRIFFE.COM

03-15

L'ouvrage original a été publié
par Workman Publishing Co., Inc.
sous le titre *Man Made Meals*

Dépôt légal: 2015
Bibliothèque et Archives nationales du Québec

ISBN 978-2-7619-4235-5

DISTRIBUTEURS EXCLUSIFS:

Pour le Canada et les États-Unis:
MESSAGERIES ADP inc.*
2315, rue de la Province
Longueuil, Québec J4G 1G4
Téléphone : 450-640-1237
Télécopieur: 450-674-6237
Internet: www.messageries-adp.com
* filiale du Groupe Sogides inc.,
filiale de Québecor Média inc.

Pour la France et les autres pays:
INTERFORUM editis
Immeuble Paryseine, 3, allée de la Seine
94854 Ivry CEDEX
Téléphone : 33 (0) 1 49 59 11 56/91
Télécopieur: 33 (0) 1 49 59 11 33
Service commandes France Métropolitaine
Téléphone : 33 (0) 2 38 32 71 00
Télécopieur: 33 (0) 2 38 32 71 28
Internet: www.interforum.fr
Service commandes Export – DOM-TOM
Télécopieur: 33 (0) 2 38 32 78 86
Internet: www.interforum.fr
Courriel: cdes-export@interforum.fr

Pour la Suisse:
INTERFORUM editis SUISSE
Route André Piller 33A, 1762 Givisiez – Suisse
Téléphone : 41 (0) 26 460 80 60
Télécopieur: 41 (0) 26 460 80 68
Internet: www.interforumsuisse.ch
Courriel: office@interforumsuisse.ch
Distributeur: OLF S.A.
ZI. 3, Corminboeuf
Route André Piller 33A, 1762 Givisiez – Suisse
Commandes:
Téléphone : 41 (0) 26 467 53 33
Télécopieur: 41 (0) 26 467 54 66
Internet: www.olf.ch
Courriel: information@olf.ch

Pour la Belgique et le Luxembourg:
INTERFORUM BENELUX S.A.
Fond Jean-Pâques, 6
B-1348 Louvain-La-Neuve
Téléphone : 32 (0) 10 42 03 20
Télécopieur : 32 (0) 10 41 20 24
Internet: www.interforum.be
Courriel: info@interforum.be

Gouvernement du Québec – Programme de crédit d'impôt pour l'édition de livres – Gestion SODEC – www.sodec.gouv.qc.ca

L'Éditeur bénéficie du soutien de la Société de développement des entreprises culturelles du Québec pour son programme d'édition.

Conseil des Arts du Canada   Canada Council for the Arts

Nous remercions le Conseil des Arts du Canada de l'aide accordée à notre programme de publication.

Nous remercions le gouvernement du Canada de son soutien financier pour nos activités de traduction dans le cadre du Programme national de traduction pour l'édition du livre.

Nous reconnaissons l'aide financière du gouvernement du Canada par l'entremise du Fonds du livre du Canada pour nos activités d'édition.

Steven Raichlen

GUIDE DE SURVIE EN CUISINE

Tout ce qu'un homme doit savoir pour apprivoiser les fourneaux

Traduit de l'anglais (États-Unis)
par Paulette Vanier

LES ÉDITIONS DE L'HOMME
Une société de Québecor Média

À la mémoire de Peter Workman,
éditeur, mentor et ami.

REMERCIEMENTS

Ce livre a vu le jour lors d'une réunion avec Peter Workman dans les bureaux de Workman Publishing. Comme si le sort en avait décidé ainsi, mon éditrice de longue date, Suzanne Rafer, était absente, ayant été appelée à faire partie d'un jury. Nous étions donc entre gars. Ayant appris à des millions d'hommes à faire des grillades, me dit Peter, nous devrions écrire un livre qui leur apprendrait d'autres modes de cuisson. Et Peter Workman étant ce qu'il était, ce livre devait être volumineux et plein de recettes de plats savoureux et d'information pratique.

L'idée a touché une corde sensible, car, bien que la plupart des gens me connaissent pour ma collection de livres sur le barbecue, j'ai une formation en cuisine française classique (et en littérature française, mais c'est une autre histoire). C'est ainsi qu'est né le *Guide de survie en cuisine*.

Peter est décédé avant la publication du livre. J'ai tenté d'y infuser son esprit et son grand cœur. Il nous manque. Si personne ne pourra jamais le remplacer entièrement, des « workmanites » de longue date dirigent son bateau vers de nouveaux horizons.

L'aspect le plus gratifiant de l'écriture d'un livre consiste à remercier ceux qui l'ont rendu possible. D'abord, mon éditrice extraordinaire, Suzanne Rafer, qui n'a jamais eu entre les mains un manuscrit qu'elle ne pouvait améliorer. (Cette année marque deux décennies de travail en commun.) Carol White, directrice de production, Barbara Mateer, réviseure, et Erin Klabunde, éditrice adjointe, se sont assurées que je mette bien les points sur les i et les barres sur les t. Quant à Barbara Peragine et à Julie Primavera, elles ont mené la production du livre à terme.

Jean-Marc Troadec, le directeur artistique, a créé la belle couverture et s'est chargé de la mise en page du livre. Anne Kerman, directrice photo, Lucy Schaeffer, photographe, Chris Lanier, styliste culinaire, et Sara Abalan, styliste d'accessoires, ont rempli le livre de photos appétissants.

Pour ce qui est du volet numérique, Andrea Fleck-Nisbet, Kate Travers et Julia Langer Warren ont organisé le site Web (barbecuebible.com). Selina Meere, Courtney Greenhalgh et Jessica Wiener ont fait la publicité et la promotion de sorte que « l'évangile » de la cuisine de gars soit annoncée partout; même chose pour Kristina Peterson, directrice des ventes à l'internationale. Walter Weintz, Page Edmunds, Jenny Mandel, Pat Upton et leur fabuleuse équipe font vrombir le moteur des ventes.

Mon assistante et amie Nancy Loseke m'a donné un coup de main pour tout ce qui a trait à l'édition et à la cuisine. Ma belle-fille Betsy, qui est aussi diététiste, a fourni ses conseils nutritionnels, tandis que mon beau-fils Jake a apporté le point de vue d'un chef restaurateur de Brooklyn. Quant à Gabriel, mon gendre, il s'occupait du bar. Ella, Mia et Julian nous ont rappelé ce qui comptait *vraiment* dans l'existence. De son côté, Barbara m'a aidé à rester concentré et organisé, et à ne pas perdre de vue le message, tout en jonglant avec les rôles exigeants qui consistent à me servir de réviseure, de *consigliere* et d'épouse. Comme toujours, tout ce qui m'arrive de bon passe par elle.

Finalement, tous mes remerciements à vous, les gars, qui m'avez permis d'élargir mon univers du barbecue à la cuisine. Mais, je vous le promets, dans le prochain livre, je reviendrai au fumage et aux grillades.

Steven Raichlen
Miami, Floride

TABLE DES MATIÈRES

Introduction

CUISINER COMME UN PRO

On pourrait appeler ça de la littérature culinaire destinée aux hommes. Ou ce que tout gars devrait savoir sur la cuisine.

Il y a certaines tâches en rapport avec la nourriture que les hommes devraient pouvoir effectuer sans la moindre hésitation, par exemple ouvrir une huître, faire cuire un homard à la vapeur, griller un bifteck ou rôtir un carré d'agneau et préparer un chili inoubliable. Tout homme avisé devrait savoir comment fumer des côtes, cuire des pâtes pour ses enfants et conclure un repas romantique par un riche dessert au chocolat. Mais avant tout, il devrait être capable de se préparer un repas, plutôt que de se rabattre sur des mets à emporter.

Vous devriez pouvoir exécuter les tâches culinaires avec assurance, aplomb et, j'ose le dire, un bon sens de la mise en scène. En plus d'assouvir votre faim et de vous mériter le respect d'autrui, ces gestes vous apporteront satisfaction et plaisir.

Vous découvrirez dans ce livre comment y parvenir. Je vous enseignerai point par point tout ce que vous devriez savoir sur la cuisine, en commençant par les éléments fondamentaux, notamment comment garnir le réfrigérateur et le garde-manger. Je vous apprendrai à préparer de splendides repas pour vous-même, votre petite amie ou votre épouse, ainsi que pour votre famille immédiate ou étendue.

Je vous montrerai comment préparer des ragoûts, des braisés, des sautés et des plats flambés comme un pro et, bien sûr, comment allumer un barbecue et un fumoir. Je vous apprendrai à choisir et à manier un couteau, à chauffer un wok et à tirer le meilleur parti possible de votre cuisine, quelle qu'en soit la taille.

Un petit mot sur ce que vous ne trouverez pas dans le *Guide de survie en cuisine*: je ne vous apprendrai pas à braiser un rôti sur le moteur de votre voiture ni à pocher un saumon entier dans votre lave-vaisselle. Ce livre porte sur les manières cool et futées pour un gars de préparer des plats vraiment savoureux, sans avoir recours au sensationnalisme ou à la bizarrerie dans le simple but de provoquer. Vous n'y trouverez pas non plus de recettes de beignets, de sushis ou de petits gâteaux. Bien sûr, vous pouvez préparer des beignets ou des sushis à la maison, mais les professionnels des pâtisseries et des restaurants les réussissent mieux que vous ne le feriez. Quant aux cupcakes, ce ne sont pas vraiment des trucs pour les gars.

Que vous soyez célibataire ou marié, que vous étudiiez ou soyez à la retraite, que vous disposiez d'un budget modeste ou siégiez à un conseil d'administration, vous avez le droit, le besoin et le désir de bien manger, et ce livre vous y aidera. À la fois livre de recettes, ouvrage technique et guide portant sur l'univers de la cuisine masculine, le *Guide de survie en cuisine* est une bible culinaire comportant de fabuleuses recettes de plats savoureux ainsi que des explications sur les outils indispensables et les ustensiles cool. Nous allons avoir du plaisir. Nous allons botter des fesses. Et quand nous aurons terminé, vous serez parfaitement à l'aise dans la cuisine.

◀ Ce livre porte sur les manières cool et futées pour un gars de préparer des plats vraiment savoureux.

PRINCIPAUX MODES DE PRÉPARATION ET DE CUISSON DES ALIMENTS

▶ Les mots à se rappeler quand il s'agit de poêler sont «fin» et «cuisson rapide».

D'abord, les mauvaises nouvelles: il existe près de 30 modes de préparation et de cuisson des aliments (y compris les diverses manières de faire griller des aliments) et nul homme ne peut se considérer comme compétent en cuisine s'il ne possède pas au moins des connaissances rudimentaires sur chacun d'entre eux.

Ensuite, les bonnes nouvelles: vous connaissez probablement déjà plusieurs d'entre eux. Vous savez certainement comment faire bouillir de l'eau pour cuire des spaghettis, faire mijoter un ragoût, frire un œuf sur le plat, cuire une pomme de terre au four et poêler une côtelette de porc. Vous savez sans doute aussi comment faire rôtir, braiser et griller des aliments, et j'imagine que vous savez cuisiner sur le barbecue (je l'espère!).

La meilleure manière de classer ces modes consiste à déterminer où s'effectue la préparation ou la cuisson: dans un plat, sur la cuisinière, au four, dehors ou dans un appareil à usage spécial.

DANS UN PLAT OU UN POT

Commençons par les méthodes ne nécessitant pas de cuisson et qui consistent à saumurer, à saler ou à mariner les aliments. Elles en transforment la texture et le goût à un point tel qu'elles ont pour effet de les «cuire» même si elles ne font pas appel à la chaleur.

Salage et fermentation. Cette méthode fait appel au sel et à des bactéries utiles afin de lancer un processus de fermentation qui transforme, par exemple, les concombres en cornichons, les haricots de soya et divers grains en miso et le porc haché assaisonné d'épices en saucisson sec.

Marinade. Qu'est-ce que le ceviche (page 237)? Il s'agit de protéines animales qui sont «cuites» grâce à l'addition de jus de citron vert, de vinaigre ou d'une autre marinade acide. Il ne faut pas confondre les marinades destinées à la cuisson et celles qui servent à aromatiser; ces dernières consistent en un mélange liquide d'aromates que l'on emploie pour assaisonner des aliments crus avant de les cuire sur le barbecue, la cuisinière ou au four.

Macération et salaison. Ce mode fait appel au sel, au sucre et, parfois, à la pression, pour transformer, par exemple, des filets de saumon cru en lox à la juive ou en gravlax à la scandinave.

SUR LA CUISINIÈRE

Les modes de cuisson sur la cuisinière, qui s'effectuent généralement dans une casserole ou une poêle, comprennent la cuisson à l'eau bouillante ou à la vapeur, le mijotage, la cuisson en ragoût, le sauté, le sauté en wok, la friture, la cuisson sur plaque chauffante et la carbonisation à la flamme. Dans certaines parties du monde (notamment en Afrique et en Asie), on ne possède pas de four si bien que l'essentiel de la cuisine s'effectue sur la cuisinière ou un brûleur.

Cuisson à l'eau bouillante. Elle consiste à cuire les aliments à feu vif dans une grande quantité d'eau bouillante. Pâtes, légumineuses, grains ainsi que de nombreux légumes sont préparés ainsi.

Cuisson à la vapeur. Elle s'apparente à la cuisson à l'eau bouillante, à cette différence près que l'on emploie moins d'eau et que les aliments (souvent déposés dans une marguerite ou un panier cuit-vapeur) cuisent dans la vapeur qui s'élève de l'eau bouillante. Homard et brocoli sont parmi les aliments les plus souvent cuits de cette manière.

Mijotage. Cette méthode consiste à cuire des soupes, des chilis et d'autres plats liquides à feu doux de sorte qu'ils frémissent à peine. La cuisson à l'eau bouillante durcit les viandes, avant de les ramollir, tandis que le mijotage en préserve la tendreté tout au long du processus.

Cuisson en ragoût. Elle ressemble au mijotage dans la mesure où le plat est cuit à feu doux, mais on y a généralement recours pour cuire des morceaux de viande, de volaille ou de poisson, ou des fruits de mer.

Poêlage. Cuisson à la poêle de morceaux fins, plats et tendres dans un peu de gras. Les mots à se rappeler pour cette méthode sont «fin» et «cuisson rapide», en ce qui concerne les œufs, les filets de poisson, les escalopes, les côtelettes de porc tranchées finement et les grilled cheese, ainsi que «petite quantité», pour rappeler que l'on n'emploie que 1 ou 2 cuillers à soupe de beurre fondu ou d'huile d'olive.

Sauté. Cette variante du poêlage consiste à cuire de la même manière de petits morceaux tels que tranches de champignons ou dés de poulet. Si vous avez déjà vu un chef manipuler une poêle d'un petit mouvement rapide du poignet en expédiant les aliments vers le plafond (et en espérant qu'ils retombent dans la poêle), il s'agissait de cette technique.

Sauté en wok. Cette variante asiatique du sauté ou du poêlage s'effectue dans un wok, sorte de grande poêle en acier en forme de bol. Les ingrédients sont coupés en petits morceaux et cuits à feu vif dans un ordre précis: les aromates d'abord, puis les sources de protéines, ensuite les légumes et, finalement, la sauce et les épaississants. Une des vertus de cette méthode est sa rapidité d'exécution: la cuisson ne demande que 5 à 10 minutes. (Pour des consignes détaillées, voir à la page 318.)

Haute friture. Cette méthode ressemble à la cuisson dans l'eau bouillante, à cette différence près que l'on cuit les aliments dans une bonne quantité d'huile végétale chaude (ou de saindoux). Elle a pour effet d'emprisonner l'eau dans les aliments et de leur conférer une croûte croustillante. (Songez au poulet frit et aux frites.) Le secret de sa réussite consiste à employer beaucoup d'huile et à veiller à maintenir celle-ci à une température de 180 à 200 °C (350 à 400 °F).

Cuisson sur plaque chauffante. Les Espagnols désignent ce mode sous le nom de *a la plancha* et les Argentins, de *champa*. Le cuisinier qui prépare des plats rapides au restaurant du coin parle, lui, de plaque chauffante; il s'en sert pour frire les œufs, le bacon et les galettes de pommes de terre. Semblable au poêlage, ce mode consiste à cuire les aliments dans un peu d'huile ou de beurre sur une surface métallique plate et chauffée. Le goût de rôti étant plus prononcé, il est excellent pour la cuisson des fruits de mer.

Carbonisation. Le plus spectaculaire des modes de cuisson sur la cuisinière, la carbonisation à la flamme est employée surtout pour cuire les aubergines ainsi que les piments poblanos et les poivrons, que l'on pose directement sur un brûleur à gaz ou l'élément électrique (la poêle étant inutile) et fait rôtir jusqu'à ce qu'ils soient carbonisés sur toute leur surface. La peau, qui ne présente aucun intérêt, est ainsi brûlée (on l'enlève ensuite en la grattant au couteau d'office), conférant à la chair un extraordinaire goût de fumée. On cuit ainsi les rajas (piments poblanos rôtis, voir à la page 122), un de mes plats préférés dans cette catégorie.

AU FOUR

Le four, cette boîte située dans le bas de la cuisinière, ne sert pas qu'à ranger les ustensiles dont on ne veut plus, mais aussi à rôtir, à cuire, à braiser, à griller et à sécher les aliments. Alors que la plupart des modes de cuisson sur la cuisinière (particulièrement le poêlage et les sautés) nécessitent une attention constante, la cuisson au four, à l'exception des grillades, ne demande qu'une surveillance minimale.

◀ On ne se sert pas du four que pour ranger les ustensiles dont on ne veut plus.

Rôtissage. Méthode de cuisson à la chaleur sèche employée notamment pour la côte de bœuf, l'épaule de porc, le poulet rôti et d'autres grosses pièces de viande. (Elle est excellente aussi pour les légumes-racines.) La cuisson s'effectue généralement dans une casserole à découvert et à feu moyen ou moyen-vif (180 à 230 °C [350 à 450 °F]), et dure quelques heures. Bien mené,

(suite en page 20)

CE QU'IL FAUT SAVOIR SUR

LES GRILLADES ET LE FUMAGE

Faut-il le répéter, l'emploi du barbecue n'est pas réservé aux hommes. Cependant, il y a de fortes chances que, s'il a été prévu de cuisiner dehors et que l'hôtesse n'a pas spécifiquement réclamé la jouissance du barbecue, les pinces vous reviennent. Ce mode de cuisson résulte du besoin primitif de l'homme de faire du feu et de l'entretenir. Il s'accompagne généralement de deux autres entités propres à la gent masculine : le couteau bien affûté et l'alcool.

Ce qui signifie que vous devez savoir comment allumer et faire fonctionner le barbecue (et peut-être même un fumoir). Vous devez aussi être minimalement familiarisé avec les cinq modes de cuisson à la flamme, soit :

- La cuisson directe ;
- La cuisson indirecte ;
- Le fumage ;
- La cuisson à la broche ;
- La cuisson sur les braises.

Surtout, ne vous inquiétez pas : depuis des décennies, j'enseigne aux gars ces méthodes de cuisson. Bien qu'elles soient relativement simples, elles exigent tout de même la maîtrise de certaines techniques de base.

D'ABORD LE BARBECUE

Il y a principalement trois catégories de barbecue : au charbon de bois, au gaz et au bois.

AU CHARBON DE BOIS. Si je devais vous recommander un seul barbecue, ce serait un barbecue au charbon de bois sphérique de 57 cm (22 ½ po), d'abord parce que le charbon de bois répond au besoin primitif de jouer avec le feu, ensuite parce qu'il convient aux cinq modes de cuisson à la flamme. (Ce n'est pas le cas du barbecue au gaz.) Si vous manquez d'espace, vous pouvez vous rabattre sur le hibachi, petit barbecue bon marché populaire en Asie et que l'on trouve un peu partout.

AU GAZ. Ce barbecue présente l'avantage de posséder un bouton poussoir pour l'ignition et un bouton de réglage de la température, ce qui explique pourquoi près de 70 % des ménages en Amérique du Nord en possèdent un. Optez pour un modèle comprenant au moins deux brûleurs (ce qui autorise la cuisson indirecte), idéalement trois, quatre, voire six. Le barbecue au gaz permet la cuisson directe et indirecte, ainsi que sur broche, mais pas le fumage ni la cuisson sur les braises.

AU BOIS. Comme son nom l'indique, ce modèle brûle des bûches de bois.

LE FUMOIR (cuit à feu doux et lentement ; la fumée aromatise les aliments et leur transmet la chaleur), le KAMADO (barbecue en céramique en forme d'œuf dont la meilleure illustration est le Big Green Egg®) et les autres barbecues n'entrent pas dans le cadre de ce livre, mais méritent certainement d'être explorés. Pour en savoir plus à ce sujet, consultez mes livres plus spécialisés, tels que *Barbecue : toutes les techniques pour cuisiner sur le gril*, *La Bible du barbecue* ou *Planète barbecue*.

ENSUITE LES ACCESSOIRES

Il y en a six que j'estime essentiels :

- ▸ La cheminée d'allumage (pour le barbecue au charbon de bois) ;
- ▸ La brosse de métal rigide (pour nettoyer la grille) ;
- ▸ Les pinces à ressort à long manche (pour retourner les aliments et huiler la grille) ;
- ▸ Les gants épais en suède pour barbecue (pour manipuler la cheminée et d'autres articles chauds) ;
- ▸ Le thermomètre à mesure instantanée (pour vérifier le degré de cuisson) ;
- ▸ L'extincteur (*vous* n'en aurez probablement jamais besoin, mais mieux vaut ne rien laisser au hasard).

ALLUMAGE DU BARBECUE

AU CHARBON DE BOIS. Procurez-vous une cheminée d'allumage (cylindre métallique vertical, ou boîte, muni d'une partition horizontale au milieu et d'un manche à l'épreuve de la chaleur). Déposez une boule de papier journal ou un allumoir en paraffine à la base et remplissez entièrement la cheminée de charbon de bois. Posez-la sur la grille dans le fond du barbecue et allumez le papier ou l'allumoir ; sa forme verticale assurera une ignition homogène en 15 à 20 minutes, soit à peu près le temps qu'il faut pour préchauffer un barbecue au gaz. Répandez ensuite le charbon de bois dans le barbecue. Remarque : personnellement, je préfère le charbon de bois naturel aux briquettes car il est plus écologique, les briquettes contenant de la poussière de charbon, du borax et des liants à base de pétrole. Cependant, comme ces dernières brûlent plus longtemps et de manière plus homogène, elles ont leurs partisans.

AU GAZ. Ouvrez le couvercle (cette étape est très importante, à défaut de quoi le propane pourrait s'accumuler et provoquer une explosion). Assurez-vous que la bonbonne est pleine (ou remplie au moins au quart) et ouvrez la valve. Allumez le brûleur (pour certains modèles, le fabricant spécifie quel brûleur il faut allumer en premier) en tournant le bouton, puis appuyez sur le bouton d'ignition. Vous entendrez un petit bruit sec, puis celui d'une flamme. Tenez tout de même la main à environ 8 cm (3 po) au-dessus du brûleur durant 30 secondes afin de vous assurer qu'il est bien allumé. Allumez les autres brûleurs un à un. Si le barbecue ne s'allume pas, éteignez tous les brûleurs, aérez le barbecue au moins 5 minutes, puis rallumez-le. Remarque : gardez toujours une bonbonne supplémentaire à proximité. Il n'y a rien de plus détestable que de manquer de propane en plein milieu de la cuisson du repas.

PRÉPARATION DU BARBECUE

La peau de saumon qui a brûlé sur la grille lors de la dernière séance de grillade ne donnera certainement pas bon goût à la suivante. (En règle générale, sachez que si votre épouse vous dit qu'un aliment est dégoûtant, c'est probablement le cas.) Pour réussir vos grillades, il importe donc que la grille soit propre, chaude et adéquatement huilée, histoire que les aliments n'y attachent pas. Si vous suivez les quatre étapes suivantes, vous réussirez comme un pro à tout coup.

1. IL DOIT RESTER CHAUD. Préchauffez votre barbecue à feu vif. Tenez la main à 8 cm (3 po) au-dessus de la grille et commencez à compter. Si la chaleur est telle que vous devez retirer votre main au bout de 2 ou 3 secondes, c'est qu'il est suffisamment chaud.

(suite en page 18)

2. IL DOIT RESTER PROPRE. Frottez énergiquement les barres de la grille à l'aide d'une brosse métallique rigide. À noter que la grille se nettoie beaucoup plus facilement quand elle est chaude plutôt que froide.

3. LA GRILLE DOIT ÊTRE BIEN LUBRIFIÉE. Repliez un morceau de papier absorbant de manière à former un tampon, trempez-le dans un petit bol d'huile végétale et passez-le sur les barres de la grille à l'aide des pinces. De cette manière, les aliments n'attacheront pas à la grille et seront bien striés de noir. Cette mesure permet aussi d'enlever les débris d'aliments qui pourraient être restés sur la grille après le brossage.

4. N'OUBLIEZ PAS DE BROSSER, DE NETTOYER ET DE HUILER LA GRILLE *après* avoir fait griller des aliments, tandis qu'elle est encore chaude.

LES CINQ MODES DE CUISSON À LA FLAMME

Maîtrisez-les et vous serez le maître du barbecue.

CUISSON DIRECTE. Elle consiste à cuire les aliments directement au-dessus de la flamme. On y a recours pour les aliments de petite dimension, tendres et de cuisson rapide, tels que bifteck, burger, poitrine de poulet, brochette, filet de poisson, légumes, etc. La cuisson directe s'effectue généralement à feu vif (230 à 320 °C [450 à 600 °F]) et sa durée se compte en minutes.

CUISSON INDIRECTE. Elle consiste à cuire les aliments à côté de la flamme, et non directement au-dessus, à feu moyen (160 à 200 °C [325 à 400 °F]), le couvercle du barbecue étant fermé. On y a recours pour les grosses coupes de viande, telles que côte de bœuf, dinde et poulet entiers, poisson entier, ainsi que pour les aliments gras tels que côtes levées de dos. Pour l'effectuer sur un barbecue au charbon de bois, formez des tas de charbon à ses deux extrémités. Pour le barbecue au gaz, allumez un brûleur sur ceux qui en ont deux, et les brûleurs extérieurs ou ceux de l'avant et de l'arrière sur ceux qui en ont trois ou plus. Faites cuire les aliments sur la partie éteinte. Remarque : *le rôtissage à la fumée* consiste en une cuisson indirecte au cours de laquelle des copeaux de bois dur préalablement trempés sont déposés sur le charbon de bois ou dans le fumoir du barbecue afin de produire de la fumée de bois.

FUMAGE. Cette méthode s'apparente à la cuisson indirecte dans la mesure où les aliments ne sont pas cuits directement au-dessus de la flamme et que le couvercle du fumoir ou du barbecue est fermé. Cependant, le fumage s'effectue généralement à plus basse température (110 à 120 °C [225 à 250 °F]) et dure plus longtemps (de 4 à 16 heures selon la pièce de viande). De plus, on ajoute au feu des copeaux, des morceaux ou des bûches de bois dur afin de produire un goût de fumée. Pointe de poitrine de bœuf, épaule de porc, côtes levées, côtes levées de dos font partie des aliments que l'on fait habituellement fumer.

CUISSON À LA BROCHE. Elle consiste à cuire les aliments sur une broche près de la source de chaleur et non directement au-dessus. Elle convient particulièrement aux aliments de forme cylindrique ou gras, tels que poulet ou canard entiers, rôti de côte de bœuf ou de porc.

CUISSON SUR LES BRAISES. Il s'agit du mode de cuisson le plus primitif et le plus spectaculaire. Il consiste à faire rôtir biftecks, tubercules, poivrons, oignons, aubergines et autres légumes directement sur les braises d'un feu de charbon de bois ou de bûches de bois.

AUTRES TECHNIQUES DE GRILLADE UTILES

DIVISER LE BARBECUE EN TROIS PARTIES. Il s'agit de préparer le feu de sorte que vous disposiez d'une première partie chaude pour griller les aliments, d'une deuxième partie moyennement chaude pour la cuisson ordinaire et d'une troisième partie froide ou sécuritaire pour déposer les aliments qui se sont enflammés ou pour garder au chaud ceux qui sont suffisamment cuits. Sur un barbecue au charbon de bois, empilez le charbon en deux couches dans le tiers arrière, qui constituera la partie chaude. Disposez-les en une seule couche au centre afin de créer une partie moyennement chaude. Laissez la partie avant exempte de charbon pour créer la partie froide ou sécuritaire. Sur un barbecue au gaz, réglez un brûleur à feu vif, un autre à feu moyen et laissez-en un éteint. (Sur un barbecue à deux brûleurs, la grille à réchauffer vous servira de partie froide ou sécuritaire.)

FUMAGE SUR BARBECUE AU CHARBON DE BOIS. Faites tremper dans l'eau 250 à 500 ml (1 à 2 tasses) de copeaux de bois dur pendant 30 minutes. Ensuite, égouttez-les et répandez-les sur les braises. Le trempage permet d'éviter que les copeaux ne s'enflamment; ils émettent plutôt des nuages de fumée de bois, qui aromatisent agréablement les aliments.

FUMAGE SUR BARBECUE AU GAZ. Évitez-le. On n'obtient généralement pas de bons résultats sur ce genre de barbecue même s'il est muni d'un fumoir. (La fumée s'échappe par les larges évents situés à l'arrière du barbecue avant qu'elle puisse aromatiser les aliments.) Si vous êtes un inconditionnel du barbecue au gaz, mais souhaitez obtenir tout de même des aliments possédant un goût de fumée, procurez-vous un barbecue au charbon de bois bon marché et réservez-le à cet usage.

CUISSON D'UN REPAS COMPLET AU BARBECUE

- Faites d'abord griller à cuisson directe les légumes (enduisez-les d'huile d'olive, salez-les et poivrez-les) quelques heures avant de servir le repas ou même la veille. Les légumes grillés servis à température ambiante sont savoureux, particulièrement quand on les assaisonne d'une simple vinaigrette.
- Ensuite, faites griller à cuisson indirecte ou faites fumer une grosse pièce de viande, telle que filet de bœuf (page 156) ou épaule de porc (page 179). Vous pouvez le faire quelques heures à l'avance (la viande doit reposer avant d'être servie) et couper la viande devant vos convives.
- Quand la fête commence, faites griller à cuisson directe les hors-d'œuvre, par exemple du pain à l'ail ou de la bruschetta (page 117). Servez le pain aussitôt grillé à vos convives, qui se seront invariablement rassemblés autour du barbecue.
- Après le plat principal, remontez le feu et faites griller le dessert à cuisson directe, par exemple des *s'mores* (faites rôtir les guimauves sur les braises) ou des moitiés de pêches enduites de beurre fondu et enrobées de sucre à la cannelle. Une fois de plus, demandez à vos convives de se rassembler autour du barbecue pour participer à la préparation.

le rôtissage donne une croûte dorée et une chair tendre et moelleuse à cœur.

Cuisson au four (pain et pâtisseries). Mode apparenté au rôtissage, mais qui sert à la cuisson du pain et des pâtisseries.

Braisage. C'est un de mes modes de cuisson préférés, car il permet d'obtenir le goût prononcé des plats rôtis et le moelleux des ragoûts. Il consiste à cuire de la viande (ou des fruits de mer ou des légumes) avec un liquide et des assaisonnements dans une casserole fermée. Le couvercle hermétique permet de préserver la saveur des ingrédients, tandis que le liquide les empêche de se dessécher ou de brûler. Le braisage s'effectue généralement à feu doux (120 à 150 °C [250 à 300 °F]) et dure de 3 à 5 heures. Du moment qu'il y a suffisamment de liquide (vérifiez à l'occasion), les aliments mis à braiser ne risquent pas de brûler. Bien que le résultat s'apparente au ragoût, le braisage est plus simple et donne des mets très savoureux. C'est la méthode classique qui consiste à régler puis à ne plus y penser.

Grillade au four. La plupart des fours sont équipés dans le haut d'un élément chauffant électrique ou au gaz qui agit comme un barbecue inversé. Enfournez biftecks, côtelettes, filets de poisson et autres aliments à cuisson rapide à environ 5 à 8 cm (2 à 3 po) sous le gril et procédez de la même manière qu'avec un barbecue. Le gril des fours ne chauffe pas à des températures aussi élevées qu'un barbecue mais, en revanche, contrairement à celui-ci, ce mode de cuisson permet de préserver le jus de la viande.

▶ À noter que je n'ai jamais possédé de four à micro-ondes.

Séchage. Vous pouvez également employer votre four pour sécher des aliments, tels que des tranches de fruits, du bœuf pour le charqui, ou des tomates. Réglez-le à la température la plus basse (65 à 80 °C [150 à 180 °F]) et laissez la porte du four légèrement entrouverte de sorte que la vapeur d'eau s'en échappe. Le séchage demande généralement de 4 à 6 heures, parfois même toute une nuit.

À L'EXTÉRIEUR

Ceci m'amène à la partie de la maison où je préfère cuisiner. Cuisson directe, cuisson indirecte, cuisson sur les braises ou sur la broche et fumage sont tous effectués à l'extérieur. Pour en savoir plus, voire les pages 16 à 19.

AUTRES MODES DE CUISSON

Ces méthodes modernes vont du rudimentaire (grille-sandwichs à la George Foreman) aux technologies de pointe (sous vide).

Grille-sandwichs. Cet appareil ressemble à un gaufrier surdimensionné comprenant deux plaques électriques cannelées et antiadhésives, réunies à l'arrière par une charnière. Les cannelures produisent les stries noires caractéristiques de la cuisson au barbecue, tandis que les deux sources de chaleur (du dessus et du dessous) permettent de réduire le temps de cuisson. Le grille-sandwichs (parfois appelé « contact-gril ») est excellent pour la cuisson des paninis et des sandwichs grillés. Rares sont les modèles qui atteignent une température assez élevée pour cuire adéquatement les burgers et les biftecks. Si le George Foreman est probablement le plus connu, le Breville et le VillaWare donnent des stries noires plus prononcées.

Four à micro-ondes. Cet appareil cuit les aliments de l'intérieur vers l'extérieur en les bombardant d'ondes électromagnétiques. Il est utile pour faire éclater le maïs, cuire les pommes de terre, faire « frire » le bacon, réchauffer les soupes et les restes, décongeler les aliments surgelés, ou brouiller des œufs dans un récipient pour micro-ondes. Il ne rôtit pas convenablement la viande. À noter que je n'ai jamais possédé de four à micro-ondes.

Mijoteuse. Cet appareil permet aussi l'approche « régler et ne plus y penser ». Les aliments sont cuits dans un récipient lourd en céramique ou en métal équipé d'un élément chauffant (comme le Crock-Pot). La mijoteuse permet de braiser hors du four. Des amateurs de barbecue vivant dans de petits appartements ne jurent que par elle pour la préparation de l'effiloché de porc.

Cuisson sous vide. Il s'agit de cuire les aliments sous vide dans un sachet de plastique à des températures très basses (65 °C [145 °F] pour les bouts de côtes, par exemple) et sur une période qui peut durer quelques jours. Populaire chez les amateurs de cuisine moléculaire, la cuisson sous vide permet de cuire les aliments à une température interne précise tout en préservant l'essentiel de leurs liquides et jus naturels. Comme je préfère rôtir et griller les aliments, je ne suis pas un grand amateur du sous vide; n'empêche que j'ai goûté à d'excellentes côtes cuites de cette manière. Un nombre croissant de chefs ne jurent que par cette technique.

ÉQUIPER LA CUISINE : MATÉRIEL ESSENTIEL

Si le fait de posséder une batterie de cuisine dispendieuse ne fera pas nécessairement de vous un grand chef, il reste que le bon équipement vous facilitera la tâche et vous procurera plus de plaisir. Bien sûr, à mesure que vous acquerrez de l'expérience, vous souhaiterez améliorer votre batterie de base mais, en tant que débutant, vous n'avez pas à vous procurer l'inventaire complet de Williams-Sonoma ! Voici ce dont vous avez minimalement besoin.

Liste du matériel sur les tablettes

1 Casserole de 1,5 litre (6 tasses)
2 Poêles de 25 cm (10 po)
3 Faitout
4 Planche à découper
5 Pilon à purée
6 Fouet
7 Cuiller et fourchette en bois
8 Passoire
9 Grille anti-éclaboussure
10 Cuillers et fourchettes (pour goûter)
11 Torchons ou linges à vaisselle
12 Bols à mélanger
13 Râpe carrée
14 Tasse à mesurer de 500 ml (2 tasses)
15 Plaque de cuisson
16 Grandes tasses à café
17 Cafetière à piston
18 Mélangeur
19 Faitout
20 Grilles métalliques
21 Louches, spatule, passoire, cuillers à mesurer
22 Verres de bar, shaker
23 Chinois, pince, gobelet doseur
24 Poêles en fonte de 25 et 30 cm (10 et 12 po)
25 Thermomètre à viande
26 Casserole de 2 litres (8 tasses)
27 Chalumeau de cuisine
28 Moule et plat à pain en fonte
29 Tasses à mesurer les ingrédients secs
30 Robot culinaire
31 Moulins à sel et à poivre
32 Marmite
33 Plat à rôtir et grille
34 Mélangeur à main

Matériel

(voir page 21 liste du matériel sur les tablettes)

All-Clad
HERCULES
All-Clad
anchor
9
10
11
12
13
14
22
23
24
25
26
31
32
33
34

Tasses et cuillers à mesurer. Cuisiner relève à la fois de l'art et de la chimie. D'où l'importance de posséder des tasses à mesurer pour les ingrédients solides et une tasse de 500 ml (2 tasses) pour les liquides. Pour les petites quantités, vous aurez besoin de cuillers à mesurer. Optez pour des ustensiles robustes en métal, qui ne risqueront pas de se casser ou de se déformer au lave-vaisselle.

► Si vous ne deviez posséder qu'un seul couteau, ce devrait être un *santoku* de 20 cm (8 po).

Couteau *santoku*. Il existe des couteaux de toutes les tailles et les formes, chacun ayant sa fonction particulière (consultez les pages 26 à 28 à ce sujet). Cependant, si vous deviez n'en posséder qu'un seul, ce devrait être un *santoku* de 20 cm (8 po), couteau japonais qui ressemble à un couperet fin se terminant en pointe. Il est assez long pour permettre de hacher, assez maniable pour parer et possède une lame large qui permet d'écraser l'ail et de faire passer les oignons ou autres ingrédients hachés de la planche à découper à un bol ou à une casserole. Il en existe de bons qui ne vous coûteront pas une petite fortune.

Vous aurez aussi besoin d'une planche à découper d'environ 38 x 50 cm (15 x 20 po). Personnellement, je préfère le bois pour hacher les aliments.

Pèle-légumes ou économe. Je préfère le pèle-légumes à lame fixe plutôt que pivotante, car il me permet de mieux maîtriser le travail. D'une manière ou d'une autre, il n'y a rien de tel que cet ustensile pour prélever de très fines lanières de zeste de citron et d'orange pour les martinis, les Manhattan et les cocktails à base de whisky, sans compter les tâches courantes consistant à peler pommes de terre, carottes, concombres et autres.

Râpe. Elle est essentielle pour réduire en fines lanières le fromage et en poudre savoureuse les racines aromatiques (par exemple le gingembre et le raifort). Employez une râpe carrée pour le fromage et une râpe fine de type Microplane (qui ressemble à une râpe de menuisier ou à une lime à ongle turbocompressée) pour le zeste d'agrumes et la noix de muscade.

Bols à mélanger. Il vous faudra un ou deux bols robustes en acier inoxydable d'environ 30 cm (12 po) de diamètre, qui serviront à mélanger et à mariner les ingrédients, et un ou deux bols en verre de 25 cm (10 po) que vous pourrez employer tant pour mélanger que pour servir (par exemple les salades ou le maïs éclaté). Il vaut aussi la peine d'investir dans quelques petits bols de 13 cm (5 po) dans lesquels vous pourrez mettre les ingrédients préparés.

Robot culinaire. Bien que cet appareil ne soit pas indispensable, les tâches consistant à râper, à hacher, à trancher, à réduire en purée et même à pétrir la pâte vous demanderont beaucoup de temps si vous n'en possédez pas. Je pense qu'il vous en faut un.

Outils à main. Il vous en faut cinq.

- **Un fouet** pour mélanger pâtes et sauces: il devrait faire 25 à 30 cm (10 à 12 po).

- **Une cuiller en bois** avec un manche de 30 à 40 cm (12 à 16 po) pour remuer soupes et ragoûts.

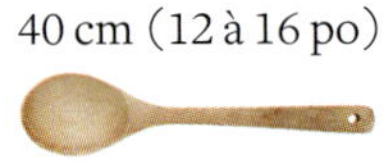

- **Des pinces** de 25 à 30 cm (10 à 12 po) pour retourner les biftecks, les côtelettes, les nouilles et une foule d'autres aliments.

▸ **Une maryse en silicone ou en caoutchouc** pour racler les pâtes et les autres préparations liquides, et les retirer des bols et des pots.

▸ **Une spatule en métal ou en plastique** (munie d'une tête large et plate) pour retourner les aliments tels qu'œufs frits et quesadillas. Remarque : pour éviter de rayer le revêtement des poêles antiadhésives, employez une spatule en plastique.

Poêle. Voici l'ustensile que vous emploierez le plus souvent. Je préfère la poêle en fonte de 25 cm (10 po) de Lodge, mais bien des gars ne jurent que par la poêle antiadhésive de 25 cm (10 po), particulièrement pour la cuisson des omelettes, des frittatas et autres aliments qui attachent facilement. Si vous optez pour celle-là, veillez à ce qu'elle soit dotée d'un manche allant au four. Tôt ou tard, vous souhaiterez posséder les deux. Remarque : si vous cuisinez pour un grand nombre de convives, optez pour le format de 30 cm (12 po). Vous souhaiterez aussi probablement compléter votre équipement par une ou deux petites poêles de 15 à 20 cm (6 à 8 po) pour cuire les œufs frits et les omelettes (bien que ce soit possible de le faire dans une poêle de 25 cm [10 po]).

Casseroles. Il vous en faudra une, voire deux, de 1,5 litre (6 tasses) et de 25 cm (10 po) de diamètre, pour la cuisson des soupes et des légumes vapeur. Qu'elle soit en cuivre, en acier inoxydable ou en aluminium anodisé, veillez à ce qu'elle soit aussi épaisse que possible (les parois épaisses distribuent la chaleur uniformément). Plus tard, vous ajouterez à votre batterie une ou deux casseroles de 2 litres (8 tasses) qui serviront à faire mijoter les sauces.

Marmite. En peaufinant vos compétences culinaires, vous souhaiterez certainement vous procurer une casserole de grande taille, ou marmite. Elle devrait avoir au moins 20 cm (8 po) de hauteur et 25 cm (10 po) de diamètre, de préférence plus, et une capacité de 2,75 à 4 litres (11 à 16 tasses). Vous l'emploierez pour cuire les pâtes, saumurer le poulet, cuire les fruits de mer et, bien sûr, préparer du bouillon. Elle devrait être en acier inoxydable et aussi épaisse que possible.

Faitout. Grande casserole épaisse employée pour la cuisson des ragoûts et des braisés. Elle devrait avoir une capacité d'au moins 3 litres (12 tasses), une hauteur de 15 à 20 cm (6 à 8 po) et un diamètre de 30 à 36 cm (12 à 14 po) si elle est ronde, ou de 40 cm (16 po) de longueur si elle est ovale.

Passoire. Elle est utile pour égoutter les nouilles et les légumes, et pour rincer la laitue. Elle devrait être assez grande pour contenir 450 g (1 lb) de pâtes cuites et avoir 25 à 30 cm (10 à 12 po) de diamètre. La passoire fine en fil de métal avec poignée est utile pour la préparation des sauces et des cocktails. Si la salade est régulièrement au menu (elle le devrait), procurez-vous une **essoreuse à salade,** sorte de passoire montée sur une centrifugeuse.

Plaque de cuisson. Elle ne sert pas uniquement à la cuisson au four, mais également à la mise en place ainsi qu'à déplacer d'un point à un autre ingrédients, burgers, côtelettes et autres mets cuits. Optez pour deux ou trois plaques antiadhésives avec rebord. Je me procure les miennes chez les fournisseurs d'équipement de cuisine (meilleurs prix et qualité).

◂ On peut se procurer un bon couteau sans dépenser une petite fortune.

Plat à rôtir ou lèchefrite. Si vous êtes comme la majorité des gars, vous ferez cuire de grandes pièces de viande. La meilleure manière de le faire est d'employer un plat rectangulaire qui aura idéalement 30 x 40 cm (12 x 16 po) et 10 cm (4 po) de hauteur. Il devrait posséder une paroi épaisse (l'aluminium offre le meilleur rapport qualité/prix) et être antiadhésif, ce qui facilitera la tâche du nettoyage. Idéalement, il sera muni d'une grille. Procurez-vous aussi un plat allant au four en verre ou en céramique, de taille plus petite que le plat à rôtir, et qui servira à la cuisson au four de mets tels que le macaroni au fromage (page 301) et les brownies à la bière belge (page 366). Idéalement, il aura 22 x 33 cm (9 x 13 po).

Thermomètre à mesure instantanée. La seule manière précise de déterminer si un rôti est cuit consiste à employer ce genre de thermomètre.

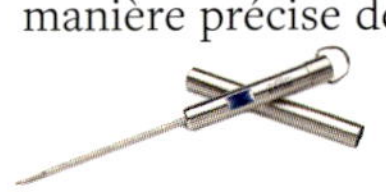

CE QU'IL FAUT SAVOIR SUR LES COUTEAUX

▶ En réalité, il ne vous faut que deux couteaux pour répondre à 90 % de vos besoins.

Mon premier était un couteau à découper les filets de poisson de marque Sabatier vendu par le fournisseur d'équipement de cuisine E. Dehillerin de Paris. (Pensez à la quincaillerie la plus cool au monde, mais réservée aux chefs.) Sa lame en acier au carbone, qui a noirci dès la première fois où je l'ai employé, était la plus laide de mon porte-couteau, mais je n'ai jamais possédé un couteau qui s'affûtait aussi facilement, qui était aussi maniable et tenait aussi bien dans la main. Quelle leçon en tirer?

- Choisissez un couteau pour sa fonctionnalité et non seulement pour sa beauté.
- Assurez-vous qu'il tienne bien dans *votre* main.

Dans le tiroir à équipement

1 Louche
2 Spatule en métal
3 Écumoire et cuiller de cuisine
4 Fourchette à viande
5 Maryse en caoutchouc
6 Pinceau à pâtisserie
7 Jeu de cuillers à mesurer
8 Pilon à purée
9 Fouet
10 Cuiller en bois
11 Spatule en bois
12 Passoire
13 Ouvre-boîte
14 Pèle-légumes ou économe
15 Gobelet doseur
16 Passoire Hawthorne
17 Pince à glaçons
18 Jeu de tasses à mesurer
19 Thermomètre à viande
20 Couperet
21 Couteau à découper
22 Couteau à pain dentelé
23 Couteau de chef
24 Couteau *santoku*
25 Couteau à découper les filets de poisson
26 Couteau d'office
27 Couteau à huîtres
28 Fourchette à découper
29 Fusil à affûter
30 Râpe Microplane
31 Pinces
32 Thermomètre à mesure instantanée
33 Ciseaux de cuisine

Dans le tiroir à équipement

(voir page 26 pour la liste des équipements)

Il existe des couteaux de toutes les formes et tailles, et composés des métaux les plus divers. Comme le marchand de batterie de cuisine cherchera à vous convaincre de les acheter tous, vous serez certainement étonné d'apprendre que, en fait, il ne vous en faut que deux pour répondre à 90 % de vos besoins. Vous les compléterez ensuite par deux ou trois autres destinés aux tâches particulières.

Couteau d'office. Doté d'une lame rigide et courte de 8 à 10 cm (3 à 4 po), il vous servira à couper les légumes ainsi qu'à parer et à désosser les viandes. Selon l'aliment que vous devez couper, vous emploierez surtout la moitié avant de la lame pour trancher et la moitié arrière pour parer.

Couteau de chef. C'est celui qui vient à l'esprit de la plupart des gens quand ils songent à un couteau de cuisine. Il est doté d'une lame de 4 à 6 cm (1 ½ à 2 ½ po) de largeur dans sa partie la plus large, rigide et de longueur moyenne, soit de 20 à 30 cm (8 à 12 po). Il sert essentiellement à hacher les aliments. Il est plus lourd que la plupart des couteaux et sa lame est plus épaisse, ce qui permet de repousser plus facilement les ingrédients pendant que vous les hachez. C'est la moitié arrière de la lame que vous emploierez le plus souvent.

Si vous deviez n'acheter qu'un couteau, ce devrait être un *santoku* japonais : la pointe de sa lame est celle d'un couteau d'office et le plat, celui d'un couteau de chef (voir à la page 24).

COUTEAUX À USAGE SPÉCIAL

Le couteau à pain, ou dentelé, possède une longue lame mince au bout arrondi et aux dentelures profondes et cannelées qui permet de couper de façon bien nette les croûtes, le pain et les tomates mûres sans les déchirer.

Le couteau à trancher, ou tranchelard, possède une longue lame mince de 30 à 36 cm (12 à 14 po) tranchante comme un rasoir, et sert à couper le saumon fumé, le jambon, le gigot d'agneau, la côte de bœuf et d'autres gros rôtis.

Tandis que vous y êtes, procurez-vous également une **fourchette à découper**, qui est munie de deux longues dents et d'un manche robuste. Employez-la pour retenir la dinde, la côte de bœuf ou les autres rôtis tandis que vous les découpez, de même que pour déposer les tranches de viande dans les assiettes.

Le couteau à découper les filets de poisson est doté d'une lame mince et suffisamment flexible pour suivre les contours du squelette du poisson. Étant donné la finesse de sa lame, ce couteau est idéal pour couper les oignons et les légumes-racines.

Le couperet est un gros ustensile plat qui, à certains égards, rappelle une arme dangereuse ; il permet de trancher les os, les articulations et les nerfs des pièces de viande. On s'en sert aussi pour écraser l'ail. On en trouve de deux genres : le couperet lourd et épais que préfèrent les Occidentaux, et le rectangulaire et fin que l'on emploie en Asie.

Massif et court, le couteau à huîtres possède une lame épaisse (et, souvent, une garde en métal qui ressemble à une garde de coutelas ancienne). Conçu spécialement pour ouvrir les huîtres, il ne doit pas être confondu avec le couteau à palourdes, qui ressemble plutôt à un couteau à beurre robuste.

UN MOT SUR LES INGRÉDIENTS DE BASE (OU QUOI CONSERVER AU GARDE-MANGER)

Dans ces pages, vous apprendrez à employer tant les ingrédients familiers que les moins connus. Vous trouverez la description de ces derniers dans la partie INGRÉDIENTS des recettes. Voici la liste des ingrédients de base que vous devriez toujours avoir sous la main de sorte qu'il vous soit possible de préparer un repas sublime sur-le-champ.

Beurre. Autrefois, il était nécessaire de saler le beurre pour le conserver. Par conséquent, le produit non salé était censé être plus frais, mais ce n'est plus le cas. La plupart des chefs le préfèrent tout de même, car ils peuvent ainsi doser l'assaisonnement du plat. Sauf indication contraire, les deux sont interchangeables.

Cassonade. Elle est composée de mélasse mélangée avec du sucre granulé. Selon la quantité de mélasse employée, elle est foncée ou blonde. Bien que la cassonade foncée possède une saveur plus prononcée, les deux sont interchangeables, sauf indication contraire.

Chapelure. Essentielle pour enrober les filets de poisson et les poitrines de poulet d'une croûte dorée, et pour garnir gratins, plats de légumes, macaroni au fromage et salades. Facile à préparer, la chapelure maison est infiniment meilleure que ses équivalents commerciaux.

Farine. Sauf indication contraire, employez de la farine tout usage non blanchie. La farine blanchie est traitée au peroxyde et au chlore, supposément dans le but d'obtenir des pains et des pâtisseries plus légers et de consistance plus fine. Personnellement, je l'évite. Quant à la farine avec levure, dont on se sert pour confectionner les biscuits, elle renferme de la levure chimique et du sel. Enfin, la farine de blé complet provient du grain entier et comprend le son, riche en fibres, le germe et l'endosperme, ou amande. Remarque: employée seule, cette farine donne des pâtes lourdes; on peut l'alléger en la mélangeant avec de la farine tout usage à raison d'une partie pour deux ou trois. Ainsi, elle conférera aux mets une agréable saveur et apportera ses nutriments utiles.

Huile d'olive. Je l'emploie plus que tout autre huile, que ce soit pour les sautés, les sauces à salade et les marinades, ou pour arroser les plats à griller, par exemple les poivrons rôtis (page 122) et le bifteck de côte en poêle (page 147). Optez pour l'huile d'olive extra vierge. Reportez-vous à la page 103 pour en savoir plus sur cet ingrédient essentiel.

Huile végétale. On s'en sert pour frire des aliments ainsi que comme ingrédient dans les vinaigrettes. J'opte généralement pour l'huile de canola, qui possède une saveur douce et un point de fumée élevé; autrement dit, vous pouvez la chauffer jusqu'à 200 °C (400 °F) avant qu'elle commence à brûler. C'est le cas aussi de l'huile d'arachide mais comme bien des gens souffrent d'une allergie à l'arachide, je l'évite généralement.

Lait. Sauf indication contraire, vous pouvez employez, selon vos préférences, du lait entier, à faible teneur en gras ou écrémé, biologique autant que possible.

Moutarde. Il existe des centaines de moutardes, de la jaune vive à saveur prononcée à la douce, aromatisée au miel, en passant par l'épicée, assaisonnée au piment jalapeno. J'emploie couramment la moutarde de Dijon, qui comprend du vin blanc et peu ou pas d'édulcorants.

◂ Facile à préparer, la chapelure maison est infiniment meilleure que ses équivalents commerciaux.

Œufs. Employez de gros œufs, de préférence biologiques ou provenant de poules fermières.

Paprika. Cette épice rouge brique consiste en fait en poivrons hongrois ou espagnols séchés et moulus. Elle peut être douce, piquante ou fumée. Doux ou fort, le paprika de la marque hongroise Szeged est un bon choix, d'autant plus qu'on le trouve dans la plupart des supermarchés.

▶ Le poivre fraîchement moulu vous donnera les meilleurs résultats.

Poivre. Le fruit de cette plante grimpante tropicale est l'épice la plus populaire au monde. Il est piquant, soit, mais il confère aussi beaucoup de saveur aux plats. Le noir est le plus aromatique, tandis que le blanc, qui consiste en grains de poivre noir débarrassés de leur peau, est plus doux. Le poivre vert, qui consiste en grains frais saumurés ou marinés, possède une saveur à la fois piquante et herbeuse qui convient bien à la cuisson du bifteck (page 152). De préférence, employez du poivre fraîchement moulu. Vous pouvez le moudre dans un moulin à poivre (comme celui en bois que les serveurs brandissent dans les grilladeries), mais si vous en utilisez autant que moi, vous préférerez peut-être en moudre de bonnes quantités dans un moulin à épices électrique une fois par semaine par exemple, et le conserver dans un récipient hermétique.

Sel. Assaisonnement le plus important de tous (sans compter que c'est l'un des principaux minéraux du corps humain), le sel provient de deux sources principales: de l'eau de mer évaporée ou des extraits de gisements minéraux. Je préfère le sel de mer grossier, du fait qu'il contient des dizaines d'oligo-éléments contribuant à sa saveur et que ses cristaux se dissolvent lentement. Certains chefs ne jurent que par la pureté du sel casher, qui provient de gisements et se présentent aussi sous forme de cristaux grossiers se dissolvant lentement. Vous trouverez à la page 142 une description détaillée du sel.

Sucre. Quand une recette comprend du sucre, sans autre mention, il s'agit de sucre blanc granulé.

LES REHAUSSEURS DE SAVEUR DE A À Z

Une des caractéristiques de la cuisine masculine est notre enthousiasme (disons plutôt notre obsession) pour la saveur. Nous aimons le feu des piments chipotles et de la sauce piquante. Nous recherchons les condiments à saveur prononcée tels que la pâte d'olive et le miso, même si nous ne savons pas toujours en quoi ils consistent exactement. Voici donc un guide de A à Z de mes rehausseurs de saveur préférés.

Anchois. Petits poissons saumurés débordant de saveur umami (reportez-vous à la page 33 pour une description de l'umami). Essentiels dans la salade César authentique (page 98), ils sont étonnamment savoureux associés au bifteck. Je préfère ceux qui sont conservés dans l'huile et présentés dans une boîte de conserve plate.

Bacon. On peut difficilement imaginer une cuisine masculine sans flanc de porc fumé, c'est-à-dire de bacon. Optez pour des tranches épaisses de bacon artisanal, lequel est fumé au vrai bois dans un fumoir. (Le bacon bon marché que l'on trouve au supermarché est habituellement injecté de fumée liquide.)

Câpres. Ces boutons floraux salés et marinés proviennent du câprier, un arbrisseau méditerranéen.

On en trouve des gros et des petits (ces derniers, appelés nonpareils, sont les meilleurs). Certains sont uniquement salés, mais je trouve que les marinés possèdent une saveur plus complexe. Les câprons, fruits du câprier, sont vendus avec leur tige; consommez-les comme vous le feriez pour les olives ou garnissez-en un gaspacho (page 69). Quant au jus de câpre, il fait merveille dans la sauce marinara.

Crème glacée. Fondue, elle donne une sauce fine pour le flan au chocolat et d'autres desserts. Ajoutez de l'extrait de vanille, de la muscade, de la cannelle et du bourbon à de la crème glacée à la vanille fondue et vous aurez là un lait de poule des plus festifs.

Croustilles d'ail. L'ail est un condiment très polyvalent. Pour connaître diverses manières de l'utiliser en cuisine, reportez-vous à la page 72. Les Thaïlandais, les Malaisiens et les Birmans l'emploient de manière sublime en faisant frire de fines lamelles dans de l'huile chaude pour les transformer en croustilles dorées aromatiques et agréablement croquantes. Parsemez-en satés, plats de nouilles et salades.

Expresso. En plus de composer notre boisson matinale préférée, les grains de café moulus constituent une excellente marinade sèche pour les viandes, particulièrement le porc. Quelques gouttes d'expresso donnent du pep à une sauce barbecue.

Fumée liquide. Bien sûr, il n'y a rien comme la véritable fumée de bois provenant d'un barbecue ou d'un fumoir au charbon de bois. Cependant, la fumée liquide, produit naturel de distillation du bois, est utile pour qui vit en appartement et ne dispose pas d'un barbecue. Employez-la avec parcimonie: 1 ou 2 gouttes suffisent dans un braisé, un ragoût de bœuf ou une sauce barbecue.

Huile de sésame. C'est l'un des ingrédients essentiels des cuisines japonaise et coréenne, et l'un de ceux que je préfère quand je recherche un surcroît de saveur. Optez pour l'huile de sésame grillé, qui possède un riche goût de noisette. (Évitez l'huile nature, plutôt insipide.)

Kimchi. Il s'agit de marinades coréennes épicées, composées surtout de chou napa et de radis daikon (les ingrédients les plus courants).

Miso. Cette pâte à la fois douce et salée, riche en protéines, provient du haricot de soya et d'autres grains fermentés. Originaire du Japon mais désormais fabriqué en Amérique du Nord, le miso se présente sous forme de pâte blanche (le *shiro*, composé de soya et de riz) ou rouge (l'*aka*, de type fermier et particulièrement salé). On en trouve aussi à base d'orge (le *mugi*, qui est brun et possède une saveur légèrement terreuse) ou exclusivement de soya (le *hatcho*, qui est vieilli 3 ans dans des cuves de cèdre). Ajoutez-en dans les soupes de légumes et les sauces à salade à l'asiatique ou faites-en une sauce exquise en le mélangeant avec de la mayonnaise.

Moutarde de Dijon. Bien sûr, on en assaisonne les hot-dogs et les sandwichs, mais la moutarde apporte de la saveur à pratiquement tous les plats salés, de la sauce à salade au macaroni au fromage en passant par le saumon sur planche. Enrichie de vin et heureusement exempte d'édulcorants, la moutarde de Dijon possède une saveur beaucoup plus fine que l'américaine classique. J'emploie celle de marque Maille.

Muscade. Autrefois très appréciée comme remède contre la peste bubonique et une foule d'autres problèmes de santé, la noix de muscade est le fruit odorant et ovale d'un arbre indigène de l'Indonésie. Râpez-la fraîche, à l'aide d'une râpe fine de type Microplane, et ajoutez-en dans le lait de poule et les autres cocktails, dans les tartes aux pommes et à la citrouille, dans la purée de pommes de terre, sur les oignons rôtis et dans divers autres plats salés, auxquels elle conférera une douceur musquée inattendue.

Pâte de coing. Cette gelée est tellement épaisse qu'on peut la couper au couteau. Elle est composée de coing, fruit jaune dont la saveur et l'aspect évoquent ceux de la pomme et de la poire. On la sert généralement sur le plateau de fromages, mais on peut aussi la trancher et en ajouter dans un grilled cheese (page 37) ou dans une sauce barbecue maison.

Pâte d'olives. Cette purée d'olives (noires ou vertes) comprend souvent des câpres et des anchois. C'est une spécialité de la Provence, où elle porte le nom de *tapenade*. (L'Italie et l'Espagne en possèdent également des variantes.) Vous pouvez acheter une préparation du commerce ou concocter la vôtre (page 208). Elle est excellente sur la bruschetta (pain à l'ail grillé, page 117), la poitrine de poulet, le carré d'agneau et les œufs à la diable.

Piment jalapeno. Autrefois considéré comme un mets exotique, ce piment est aujourd'hui aussi répandu que le poivron; il est même devenu un incontournable de la cuisine américaine dans les plats exigeant un peu de piquant et une saveur légèrement herbeuse. Faites fumer des jalapenos frais et conservez-les dans de la sauce adobo à base de vinaigre; vous obtiendrez des chipotles fumés et piquants qui feront partie de vos meilleurs alliés en cuisine (ils font aussi partie des rares aliments à avoir meilleur goût quand ils sont en conserve).

***Pimentón* (paprika fumé).** Le paprika fumé provenant d'Espagne constitue une excellente manière d'ajouter une saveur fumée aux plats que l'on peut difficilement cuire sur le barbecue (par exemple, les œufs brouillés). Il fait également des merveilles avec le porc et le poulet. Vous pouvez aussi remplacer le paprika de votre marinade sèche (voir la Raichlen n° 2 à la page 341) par du paprika fumé, qui conférera à vos grillades un goût de fumée encore plus prononcé. On trouve du *pimentón* doux et du piquant. La Dalia et Santa Domingo sont deux bonnes marques.

Roquefort. Ce fromage de brebis fabriqué dans le Sud-Ouest de la France est inoculé avec une moisissure qui est responsable de son persillage et de sa saveur salée, piquante et agréablement métallique. La sauce au bleu acquiert un goût extraordinaire quand on l'y ajoute. Il est également excellent sur le bifteck et le pain grillé. Autres bleus intéressants: le gorgonzola, fromage de vache du Nord de l'Italie, le stilton, fromage de vache d'Angleterre, le cabrales, fromage espagnol composé de lait de vache, de chèvre et de brebis, le port reyes californien et le maytag de l'Iowa. Remarque: comme pour tous les fromages, on n'en a que pour son argent. Ainsi, la différence entre un roquefort authentique et un bleu américain bon marché équivaut à celle qui existe entre dormir dans un hôtel huppé et avoir recours au service loge-trotteurs.

▶ La différence entre un roquefort authentique et un bleu américain bon marché équivaut à celle qui existe entre dormir dans un hôtel huppé et avoir recours au service loge-trotteurs.

Safran. Il s'agit des stigmates parfumés d'une espèce de crocus qui confèrent une vive couleur orangée et une saveur aromatique intense à divers plats méditerranéens, allant de la bouillabaisse française au risotto milanais. Optez de préférence pour les stigmates plutôt que pour la poudre; il en faut très peu pour parfumer un plat.

Sauce de poisson. Ce condiment malodorant composé d'anchois fermentés est employé comme la sauce soya dans le Sud-Est asiatique. Riche en saveur umami (voir à la page 33), son goût est nettement plus agréable que son odeur. Ma marque préférée est la Red Boat (redboatfishsauce.com). Remarque: Red Boat offre une variante de sauce de poisson vieillie dans des barils ayant servi au bourbon. Génial!

Sauce piquante. Je garde toujours au moins une douzaine de variétés de sauces piquantes dans mon réfrigérateur, qu'il s'agisse de la cholula mexicaine (assaisonnée aux piments péquin et árbol), de la piri-piri de Nando's provenant d'Afrique du Sud (essentielle pour le poulet piri-piri), de la Matouk de Trinidad à base de piment Scotch Bonnet (un des piments les plus piquants), de la sriracha thaïlandaise aromatisée à l'ail ou de la tabasco de la Louisiane (qui est vieillie dans des barils de chêne). Il en existe littéralement des milliers dans le monde et, en ce qui me concerne, je n'en ai jamais assez à mon goût.

Sauce XO. L'une des dizaines de pâtes de piment chinoises que je garde au frigo. Elle est aromatisée aux crevettes, aux palourdes et au poisson séchés ainsi qu'au piment, à l'ail et à l'oignon. Piquante et salée, elle regorge de saveur umami. En dépit de son nom, ce condiment cantonais ne contient pas de cognac.

Tamari. L'une des dizaines de sauces soya que l'on emploie comme assaisonnement et condiment, particulièrement en Extrême-Orient. J'imagine qu'il y en a aussi dans votre cuisine. Le tamari est moins salé et plus savoureux que la sauce soya ordinaire. Tandis que vous y êtes, prenez aussi une bouteille de kejap manis, une sauce soya épaisse produite en Indonésie. C'est de là que vient le mot *ketchup*.

Umami. Il s'agit moins d'un ingrédient que d'une saveur et d'un état d'esprit. Les Japonais considèrent l'umami comme étant la cinquième saveur (complétant la douce, l'aigre, la salée et l'amère) ; elle renvoie à des ingrédients au goût légèrement terreux, viandeux et salé qui sont riches en acide glutamique et agréables au palais. Sauce de poisson, miso, bouillon de bœuf, champignons, tomate, oignon caramélisé, légumes rôtis et parmesan se caractérisent tous par leur saveur umami. Pour vous faire une bonne idée de la chose, préparez le burger de L.A. de la page 56.

Vinaigre. Si le mot signifie littéralement «vin aigre», on trouve tout de même divers vinaigres à base d'autres ingrédients: de riz (employé dans le riz à sushi et les sauces à salade japonaises), de malt (dont les Anglais assaisonnent leur poisson-frites), de cidre et de jus de raisin réduit, soit le vinaigre balsamique (*aceto balsamico*). Ce dernier, une spécialité de Modène (Italie), est vieilli successivement dans des barils de plus en plus petits composés de chêne, de cerisier, de mûrier et d'autres bois, où sa saveur et sa douceur se concentrent, donnant un vinaigre aigre-doux dont le goût complexe rappelle celui du vin. Toutefois, il ne faudrait pas sous-estimer le vinaigre de vin ordinaire, dont la franche acidité rehausse la saveur des sauces à salade, des relishs, des soupes et des ragoûts.

Wasabi. On dissout cette pâte verte épicée dans la sauce soya pour accompagner les sushis. Sa saveur poivrée et moutardée contribue à dégager les sinus. Ce condiment provient de la racine d'une plante de la famille des brassicacées, qui comprend notamment le chou et le raifort. On peut commander en ligne la racine fraîche d'une entreprise du Nord-Ouest Pacifique (wasabia.com). La plupart des produits qui passent pour être du wasabi et que l'on sert dans les restaurants à sushis en Amérique sont en réalité composés de poudre de raifort, de graines de moutarde et d'un colorant vert. Agréables au goût soit, mais il ne s'agit pas de wasabi.

Yuzu. Petit agrume aromatique japonais dont le goût rappelle à la fois ceux du jus de citron et du jus de pamplemousse. C'est l'agent aigre de la sauce ponzu (à base de sauce soya, de vinaigre de riz et d'autres ingrédients). (Si vous avez déjà mangé dans l'un des restaurants Nobu, vous y aurez goûté dans le *tiradito*, une spécialité du restaurant composée de fines tranches d'hamachi crues et marinées dans du jus de yuzu assaisonné au piment du Pérou.) On trouve du yuzu sous forme de jus embouteillé ou surgelé dans les épiceries asiatiques et dans certains supermarchés.

Zeste. Écorce externe du citron, du citron vert, de l'orange, du pamplemousse ou d'autres agrumes. Le zeste contient les huiles aromatiques des fruits mais est exempt d'acidité. Il rehausse la saveur de tous les plats auxquels on l'ajoute. Deux exemples: le ragoût de bœuf (page 161) et la sauce barbecue (page 346). Quand un plat me semble insipide, j'ajoute généralement du zeste de citron. Employez une râpe fine de type Microplane pour le râper (voir page 24) et veillez à ne prélever que l'écorce extérieure colorée en omettant la partie blanche dessous, qui est amère.

◀ Je garde au moins une douzaine de sauces piquantes au réfrigérateur.

◀ Quand un plat me semble insipide, j'ajoute généralement du zeste de citron.

SANDWICHS, QUESADILLAS ET BURGERS

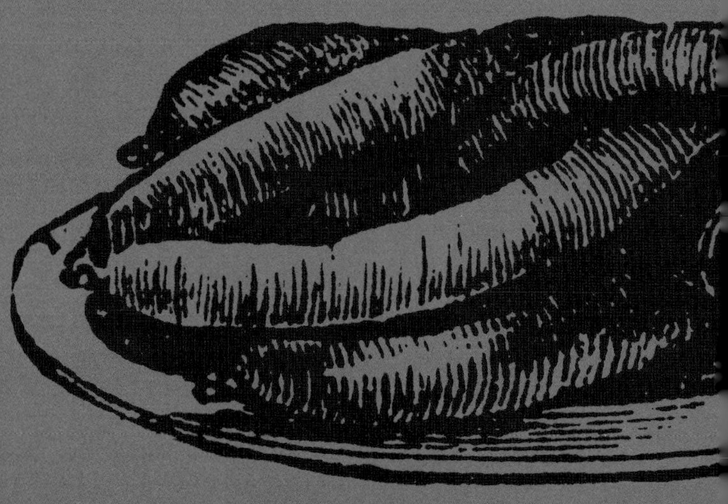

Parmi toutes les personnes dont le nom a été accolé à un sandwich – le Reuben et le Dagwood, par exemple – aucune n'a été aussi célèbre que le plat lui-même. L'idée de consommer une pièce de viande entre deux tranches de pain vient-elle vraiment du quatrième comte de Sandwich, qui souhaitait ainsi passer plus de temps à jouer aux cartes ? Ou serait-ce plutôt que le noble anglais John Montagu, de son vrai nom, avait à son service un bon spécialiste en communication, qui a glorifié ce plat, ô combien utile pour ce joueur invétéré, dans un guide touristique du Londres du 18e siècle ? Quoi qu'il en soit, le sandwich est devenu l'un des mets les plus appréciés des gars, et tout cuisinier qui se respecte devrait savoir en préparer une bonne dizaine de variantes, d'ici et d'ailleurs dans le monde.

Parmi les meilleurs, citons le BLT (agrémenté dans ce livre de roquette et d'avocat) et le *chivito* (sandwich sud-américain stupéfiant composé de bifteck, de bacon, d'œuf, de fromage et de tomate). En cours de route, vous maîtriserez les classiques, tels que la guedille au homard (*lobster roll*) du Maine et le *medianoche*, sandwich composé d'une double portion de porc dont l'origine est cubaine mais que l'on trouve bien plus au nord, soit à Montréal. Je vous propose aussi cinq variantes savoureuses du *Grilled cheese*. Quant aux quesadillas mexicaines, je vous en propose aussi cinq variantes.

Pour certains gars, le burger est l'alimentation type de l'homme nord-américain. Si vous êtes un néophyte en cuisine, vous auriez intérêt à lire attentivement la section sur les burgers du début à la fin. Le défi consiste à faire en sorte que les galettes de viande restent succulentes et moelleuses tout en étant cuites à la température requise afin qu'elles soient sans danger (vous trouverez la solution dans la recette du hamburger au fromage déconstruit, à la page 61).

Sir John, qui que vous soyez, je vous remercie d'avoir été pour moi une source d'inspiration.

Recette de base

GRILLED CHEESE

Plat croustillant et fondant « de gars » que l'on peut préparer en quelques minutes ou mets banal détrempé ? Pour préparer un *grilled cheese* de qualité, les ingrédients comptent autant que la technique. Mais, chose certaine, vous pouvez, et devriez, adapter la recette à votre goût, y compris la doubler ou la tripler pour en faire autant que vous le désirez ! **1 sandwich (à multiplier à volonté)**

INGRÉDIENTS Comme tous les plats simples, le *grilled cheese* sera délicieux ou désastreux selon la qualité des ingrédients employés. Si possible, choisissez du pain et du fromage artisanaux ainsi que des condiments de qualité.

ÉQUIPEMENT Votre batterie de base dont une grande poêle en fonte ou antiadhésive de 25 à 30 cm (10 à 12 po) et, si désiré, une presse à burger. On peut aussi utiliser un grille-sandwichs (appareil à panini).

AUTRES Il y a au moins deux manières de cuire le *grilled cheese* : à la poêle (ou sur une plaque chauffante) ou au grille-sandwichs. Pour une texture ultra-croustillante, faites-le cuire sous une presse à burger (si vous n'employez pas le grille-sandwichs).

DURÉE Environ 10 minutes.

Sandwich

2 tranches de pain au choix : blanc, de blé entier, multigrain, de seigle, au levain, brioché ou aux raisins

1 c. à soupe de beurre fondu ou d'huile d'olive extra vierge

1 à 2 c. à café de moutarde au choix : de Dijon, de Meaux, anglaise, allemande, au miel ou au poivre

60 g (2 oz) de fromage tranché finement ou râpé grossièrement, au choix : cheddar, gruyère, emmental, comté, monterey jack, munster, taleggio, mozzarella, gouda, edam ou jarlsberg

Garnitures (facultatif)

1 à 2 c. à soupe de condiment, tel que chutney, pesto, piccalilli, relish à l'olive ou sauce au raifort

Tomate, cornichon, avocat et poivron rôti tranchés ou choucroute

Bacon croustillant, bacon de dos, jambon salé, cuit ou fumé, ou prosciutto

Champignons sautés (page 318), grillés ou marinés

1 Sur un plan de travail, enduire une face des tranches de pain de ½ c. à soupe de beurre fondu ou d'huile d'olive (pour la cuisson à la poêle) ou de 1 c. à soupe de l'un ou de l'autre (pour la cuisson au grille-sandwichs). Retourner les tranches et les enduire de moutarde et de tout autre condiment désiré.

2 Sur une des tranches de pain, disposer le fromage uniformément sur les condiments et ajouter des garnitures (si désiré). Couvrir de la seconde tranche de pain, face enduite de moutarde dessous.

3 *Cuisson à la poêle :* dans une poêle en fonte ou antiadhésive, chauffer le reste du beurre ou de l'huile à feu moyen. Quand le beurre grésille ou que l'huile est chaude, ajouter le sandwich. (Si on en cuit plusieurs, les espacer d'au moins 2,5 cm [1 po].) Cuire 2 ou 3 minutes ou jusqu'à ce que le dessous soit doré. (Soulever un coin à l'aide d'une spatule pour vérifier le degré de cuisson.) À l'aide d'une spatule, retourner le sandwich en évitant que la garniture se répande. Faire dorer l'autre face 2 ou 3 minutes. Quand le pain est bien doré et le fromage entièrement fondu, servir aussitôt.

Cuisson au grille-sandwichs : préchauffer l'appareil. Quand il est chaud, y cuire le sandwich 4 à 6 minutes ou jusqu'à ce que le pain soit grillé et le fromage, fondu. Servir aussitôt.

Cinq variantes du

GRILLED CHEESE

Les indications qui suivent concernent la cuisson du sandwich à la poêle. Si vous optez pour le grille-sandwichs, enduisez la face extérieure de chaque sandwich de la quantité totale de beurre ou d'huile d'olive. Inutile d'en enduire la surface de l'appareil.

1 sandwich (à multiplier à volonté)

FROMAGE AU PIMENT ET BACON

LE SUDISTE

Pain blanc? Bacon? Fromage au piment? Il s'agit bien d'un *grilled cheese,* mais qui a subi l'influence du Sud américain profond.

1 c. à soupe de beurre, à température ambiante

2 tranches de pain à sandwich blanc

60 g (2 oz) de fromage au piment, à température ambiante

2 tranches de bacon, coupées en deux en travers et bien cuites

Réserver ½ c. à soupe de beurre pour la poêle. Étaler le reste du beurre sur une face de chaque tranche de pain. Retourner les tranches et les garnir de fromage au piment. Disposer le bacon sur le fromage d'une tranche de pain. Couvrir de l'autre tranche de pain, face enduite de fromage dessous. Cuire le sandwich comme à l'étape 3 de la recette de base de la page 37.

MOZZARELLA, ANCHOIS ET PIMENTS FORTS

LE SICILIEN

Bourré de testostérone, ce sandwich au fromage du Sud de l'Italie est enrichi d'anchois et de piments forts.

- 1 c. à soupe d'huile d'olive extra vierge, sicilienne de préférence
- 2 tranches de pain à sandwich blanc bien dense
- 4 filets d'anchois
- 60 g (2 oz) de mozzarella fraîche tranchée finement
- 2 pepperoncini marinés, tranchés finement en travers
- Poivre noir fraîchement moulu

Réserver ½ c. à soupe d'huile pour la poêle. Enduire du reste d'huile une face de chaque tranche de pain. Retourner une tranche et disposer les anchois dessus. Couvrir de mozzarella puis de pepperoncini. Poivrer au goût. Couvrir de la seconde tranche de pain, face huilée dessus. Cuire le sandwich comme à l'étape 3 de la recette de base de la page 37.

CHEDDAR ET SAUCISSE BRATWURST

LE SANDWICH DU WISCONSIN

Ce sandwich à base de cheddar et de saucisse bratwurst plaira certainement aux amateurs de fromage du Wisconsin. Pour une variante polonaise, remplacez la bratwurst par une saucisse kielbassa. Le *semmel* est un petit pain mince à croûte dure et à mie tendre. Si vous n'en trouvez pas, employez un petit pain empereur (*kaiser*).

- 1 c. à soupe de beurre, à température ambiante
- 1 petit pain empereur (*kaiser*) ou *semmel*, coupé en deux à l'horizontale, ou 2 tranches de pain à sandwich blanc
- 1 à 2 c. à café de moutarde allemande
- 2 tranches de 3 mm (⅛ po) d'épaisseur de cheddar du Wisconsin
- 1 saucisse bratwurst fumée ou cuite (facultatif, voir ci-dessus), tranchée finement en diagonale
- Tranches de cornichons sucrés ou choucroute

Réserver ½ c. à soupe de beurre pour la poêle. Étaler le reste du beurre sur les faces extérieures du pain. Enduire les faces intérieures de moutarde. Garnir de cheddar, de saucisse, de cornichons ou de choucroute. Cuire le sandwich comme à l'étape 3 de la recette de base de la page 37. Remarque : il est préférable de cuire les sandwichs composés d'un petit pain dans un grille-sandwichs (appareil à panini). Baisser le feu au besoin de sorte que le fromage fonde sans que le pain brûle.

MOZZARELLA, TOMATE ET BASILIC

LE CAPRESE

Ce plat est en quelque sorte la variante sous forme de sandwich de la célèbre salade caprese. La fougasse (ou focaccia) et la ciabatta sont des pains italiens tendres et gonflés qu'on trouve désormais au rayon boulangerie de la plupart des supermarchés. Optez pour de la mozzarella conservée dans l'eau ou bien humide. Évitez celle, trop caoutchouteuse, qu'on vend dans un sachet de plastique sous vide.

- 1 carré de 10 x 10 cm (4 x 4 po) de fougasse ou de ciabatta, ou 2 tranches de pain italien
- 1 c. à soupe d'huile d'olive extra vierge
- 4 feuilles de basilic frais ou 1 c. à soupe de pesto du commerce
- 60 g (2 oz) de mozzarella fraîche tranchée finement (si possible conservée dans l'eau et ruisselante)
- 3 tranches fines de tomate rouge bien mûre

Couper la fougasse ou la ciabatta en deux à l'horizontale. Réserver ½ c. à soupe d'huile d'olive pour la poêle. Enduire l'extérieur du pain du reste d'huile. Disposer les feuilles de basilic sur la face coupée du pain de dessous ou étaler le pesto sur les faces intérieures du pain. Disposer la mozzarella sur la moitié inférieure de la fougasse ou de la ciabatta et couvrir de tomate. Déposer la partie supérieure de la fougasse sur la tomate. Cuire le sandwich comme à l'étape 3 de la recette de base de la page 37.

JARLSBERG ET SAUMON FUMÉ

LE NORVÉGIEN

Le jarlsberg est un fromage doux à saveur de noisette que l'on pourrait qualifier de «suisse norvégien». Employez du poisson fumé à froid, tel que le saumon de Norvège.

- 1 c. à soupe de beurre fondu
- 2 tranches de pain à sandwich blanc
- 60 g (2 oz) de jarlsberg tranché finement
- 30 g (1 oz) de saumon fumé tranché
- 1 fine tranche de citron frais (facultatif), pelée, épépinée, chair coupée en dés

Réserver ½ c. à soupe de beurre pour la poêle. Étaler le reste du beurre sur une face de chaque tranche de pain. Retourner une tranche et disposer le fromage dessus. Couvrir de saumon fumé, puis de citron (si désiré). Couvrir de la seconde tranche de pain, face beurrée dessus. Cuire le sandwich comme à l'étape 3 de la recette de base de la page 37.

LES SEPT GRANDES FAMILLES DE

FROMAGES

Comme il existe des milliers de fromages dans le monde, vous disposez d'un vaste choix!

FROMAGES FRAIS La fabrication de tout fromage commence par la séparation des solides du lait, ou caillé, de la partie liquide, ou petit-lait. Les fromages frais consistent en caillé mou, crémeux et minimalement transformé. Cottage et fromage à la crème nord-américains, paneer indien ainsi que ricotta, mozzarella et mascarpone italiens, pour ne nommer que ceux-là, appartiennent à cette catégorie.

FROMAGES À PÂTE MOLLE On les obtient en pulvérisant de moisissure des disques ou des cylindres de caillé pressé, de sorte qu'ils s'affinent de l'extérieur vers l'intérieur. Le brie, le camembert et l'Explorateur en sont de bons exemples.

FROMAGES À CROÛTE LAVÉE Durant le processus d'affinage, on lave à plusieurs reprises la croûte de ces fromages avec de la bière, de la saumure, de l'eau de mer, du cognac, du cidre ou d'autres liquides parfumés, ce qui leur confère une croûte humide, un arôme très prononcé et un parfum tel qu'il en est parfois embarrassant. L'époisses et le reblochon français, le chimay belge et le red hawk californien appartiennent à cette catégorie, de même que les fromages saumurés tels que la feta grecque ou moyen-orientale.

FROMAGES À PÂTE SEMI-FERME C'est de loin la catégorie la plus importante. Les fromages sont d'abord pressés dans des moules rectilignes ou ronds; dotés d'une croûte ferme et cireuse, ils présentent une incroyable gamme de goûts, du doux au piquant en passant par la saveur de noisette. Ils comprennent des fromages des Alpes, tels que l'emmental et le gruyère, des anglais, tels que le cheshire et le cheddar, et des hollandais, tels que l'edam et le gouda.

FROMAGES À PÂTE FERME Ils sont composés de caillé cuit pressé sous des poids et affiné durant des mois, voire des années, ce qui leur confère leur consistance ferme permettant de les râper. Le parmesan et le pecorino romano italiens, le gouda vieilli hollandais et le monterey jack sec américain en sont de bons exemples.

FROMAGES PERSILLÉS Ces fromages doivent leur pâte bleu-vert persillée à une moisissure injectée en profondeur dans la masse, ce qui leur confère une saveur forte, piquante et salée. Sont compris dans cette catégorie le roquefort et la fourme d'Ambert français, le stilton anglais, le gorgonzola italien, le cabrales espagnol et le maytag américain.

FROMAGES AROMATISÉS Fabriqués suivant l'une ou l'autre des techniques décrites ci-dessus, ces fromages peuvent être aromatisés aux herbes, aux épices, aux piments, aux fruits, voire à la poudre de cacao. Le leiden au cumin et le beemster aux graines de moutarde hollandais, le provolone au poivre, le monterey jack au piment américain et le vermont à la sauge en sont quelques exemples.

LA QUESADILLA DE BASE
(ET SES VARIANTES)

INGRÉDIENTS Si la quesadilla classique est faite d'une tortilla de blé, celle au maïs possède une saveur plus intéressante. Un bon compromis: la tortilla de maïs blanc.

ÉQUIPEMENT Votre batterie de base. Au Mexique, on se sert d'une plaque, appelée *comal*, pour la cuisson des quesadillas, mais vous pouvez aussi employer une grande poêle de 25 à 30 cm (10 à 12 po) en fonte ou antiadhésive.

Faites griller du fromage entre deux tortillas plutôt qu'entre des tranches de pain et vous obtiendrez une quesadilla. Cette variante mexicaine du sandwich au fromage fondant a conquis depuis longtemps le reste de l'Amérique où, comme c'est généralement le cas, on l'a transformée au point de ne plus la reconnaître. J'ai consommé des quesadillas au homard aux Bahamas, au canard grillé à Las Vegas et au *huitlacoche* (champignon mexicain noir qui pousse sur le maïs) à Denver. Cela suffit pour vous donner envie du plat original dans sa prime simplicité, c'est-à-dire composé de tortillas et de fromage fondu, et garni d'un soupçon de jalapeno et, parfois, d'oignon vert ou de tomate. Dans le cas, peu probable, où vous n'en avez jamais préparé, voici comme faire.

Pour la recette de base, il vous faudra des tortillas (de blé ou bien de maïs blanc ou jaune) ainsi que du fromage tel que cotija (fromage mexicain piquant), monterey jack, monterey jack au piment, cheddar, gruyère, gouda ou chèvre. Les garnitures peuvent comprendre des piments frais ou marinés, ou des *rajas* (piments poblano rôtis), de l'ail frit, des oignons caramélisés, des grains de maïs et des champignons sautés, ainsi que de la crème sure ou de la *crema* (crème sure mexicaine). **2 quesadillas**

Quesadillas

3 c. à soupe de crème sure (facultatif)

2 tortillas de blé de 20 cm (8 po) de diamètre ou 4 petites tortillas de maïs

90 g (3 oz) de fromage monterey jack, monterey jack au piment ou cheddar blanc râpé

1 c. à soupe de beurre à température ambiante ou d'huile végétale

Salsa maison ou du commerce au choix (facultatif; voir les recettes aux pages 128 à 132)

Garnitures (facultatif)

1 jalapeno frais ou mariné, tranché finement (pour une saveur plus douce, ôter les graines)

1 oignon vert, parties blanche et verte tranchées finement en travers

3 c. à soupe d'olives dénoyautées tranchées finement

3 c. à soupe de dés de tomate fraîche

3 c. à soupe de coriandre fraîche hachée

1 Sur un plan de travail, étaler la moitié de la crème sure (si on l'utilise) sur la moitié d'une tortilla. Couvrir de la moitié du fromage râpé, puis de la moitié du jalapeno, de l'oignon vert, des olives, de la tomate et de la coriandre fraîche (si désiré). Replier la moitié libre sur la garniture. Répéter avec la deuxième tortilla. (Si on utilise de petites tortillas, garnir deux d'entre elles et placer les deux autres par-dessus.)

2 Dans une grande poêle, faire chauffer à feu moyen ½ c. à soupe de beurre ou d'huile. Faire tourner la poêle pour en recouvrir le fond. Ajouter les quesadillas, en évitant de répandre la garniture. Les cuire 2 à 3 minutes ou jusqu'à ce que le dessous soit doré.

3 À l'aide d'une spatule, retourner délicatement les quesadillas, en ajoutant le reste de beurre ou d'huile dans la poêle. Poursuivre la cuisson 2 à 3 minutes ou jusqu'à ce que la deuxième face soit dorée et croustillante et que le fromage soit fondu.

4 Servir les quesadillas entières comme s'il s'agissait de sandwichs ou les couper en 4 pointes à l'aide d'un couteau ou d'une roulette à pizza et les servir comme hors-d'œuvre. Si désiré, accompagner de salsa, à ajouter à la cuiller ou dans laquelle tremper les quesadillas.

AUTRES Ronde ou en demi-lune? Les deux formes sont populaires. Quand j'emploie de grandes tortillas de blé, je les replie en deux pour en faire des demi-lunes, car elles se retournent plus facilement. En revanche, comme les tortillas de maïs se rompent facilement quand on les replie, je les laisse entières et j'en emploie deux. Étant donné qu'elles sont petites, elles se retournent facilement.

En bien des endroits du Mexique, on cuit les quesadillas en haute friture, mais je préfère les faire griller. Enduisez légèrement de beurre fondu ou d'huile leur face extérieure et faites-les griller à chaleur directe et à feu moyen.

DURÉE Environ 10 minutes.

Cinq variantes de la quesadilla

Au bacon et au cheddar: préparer les quesadillas comme indiqué dans la recette de base de la page 42, en employant du cheddar et en ajoutant des tranches de bacon frit. (Pour plus de saveur, faire frire le bacon dans la poêle qui servira à cuire les quesadillas, puis cuire celles-ci dans la graisse de bacon.)

Au jambon et au fromage hollandais: préparer les quesadillas comme indiqué dans la recette de base de la page 42, en employant du gouda vieilli râpé ou du leiden épicé (fromage à pâte semi-ferme aromatisé aux graines de cumin), des dés de jambon fumé et de la moutarde.

À la mangue et aux crevettes: préparer les quesadillas comme indiqué dans la recette de base de la page 42, en répartissant entre elles 40 g (¼ tasse) de dés de 0,5 cm (¼ po) de mangue mûre et 30 g (1 oz) de crevettes cuites et décortiquées. Le manchego râpé convient tout particulièrement à ces quesadillas.

Au poulet et au chipotle: préparer les quesadillas comme indiqué dans la recette de base de la page 42, en ajoutant 30 g (1 oz) de poulet cuit coupé en dés ou tranché finement et 1 à 2 c. à café de piment chipotle émincé. Le fromage monterey jack râpé est tout indiqué dans cette variante.

Au *huitlacoche* (charbon du maïs): ce champignon noir qui s'attaque au maïs est parfois qualifié de « truffe mexicaine », quoique sa saveur soit vraiment plus proche de celle du champignon. On peut se le procurer surgelé ou en boîte dans les épiceries mexicaines et fines, ou le commander en ligne à mexgrocer.com. Peler et couper en dés un petit oignon et, dans une poêle contenant 1 c. à soupe de beurre ou d'huile, le cuire à feu moyen 4 minutes ou jusqu'à ce qu'il soit doré. Ajouter 50 g (¾ tasse) de *huitlacoche* coupé en dés ou tranché finement et poursuivre la cuisson 5 à 8 minutes ou jusqu'à évaporation du liquide. Garnir les tortillas de cette préparation ainsi que de fromage monterey jack ou cheddar blanc râpé.

LA GUEDILLE AU HOMARD
DE LA NOUVELLE-ANGLETERRE

INGRÉDIENTS Pour ce plat, il est préférable de cuire votre propre homard (voir à la page 280). Sinon, procurez-vous du homard cuit chez votre poissonnier ou au rayon poissonnerie de votre supermarché.

ÉQUIPEMENT Votre batterie de base dont une maryse et une grande poêle antiadhésive de 25 à 30 cm (10 à 12 po).

AUTRES Dans une tentative malheureuse d'améliorer sa parfaite simplicité, des âmes en peine ajoutent du céleri ou de l'oignon à la guedille au homard. Ne le faites pas. De même, la sauce Miracle Whip n'a aucunement sa place dans ce plat. Donnez-moi de la vraie mayonnaise, autrement changez ma commande pour des palourdes frites! Le zeste de citron ne fait décidément pas partie de la recette classique, mais j'aime comment il rehausse la saveur du homard. Remarque: pour préparer une guedille au crabe, remplacez le homard par 360 g (12 oz / 1 ½ tasse) de chair fraîche de crabe.

DURÉE Environ 15 minutes.

Sur la côte de la Nouvelle-Angleterre, la guedille au homard (*lobster roll*) est un plat commun alors que, partout ailleurs, c'est un luxe. Ce qui pourrait expliquer pourquoi le sandwich le plus célèbre du Maine figure au menu des restaurants les plus branchés des États-Unis, de Los Angeles à Miami en passant par New York. On pourrait croire qu'un sandwich ne comportant que trois ingrédients principaux (homard, laitue et pain) ne demanderait pas d'indications particulières, mais les détails comptent vraiment: un petit pain grillé au beurre, du homard frais bien froid et de la laitue Boston croustillante (ce doit absolument être de la Boston). **2 guedilles**

- 360 g (12 oz / 1 ½ tasse) de chair de homard cuite et refroidie, coupée en petits morceaux
- 3 à 4 c. à soupe de mayonnaise, Hellmann's de préférence
- ½ c. à café de zeste de citron râpé (facultatif, voir page 33)
- 2 petits pains à hot-dog fendus sur le haut (voir la remarque ci-dessous)
- 2 c. à soupe de beurre salé fondu
- 4 petites feuilles de laitue Boston, rincées et épongées à l'aide de papier absorbant
- Poivre noir fraîchement moulu

1 Dans un bol, mélanger délicatement à la maryse le homard, la mayonnaise et, si désiré, le zeste de citron. Saler et poivrer au goût.

2 Ouvrir les petits pains en veillant à ne pas les rompre entièrement, et enduire légèrement de beurre fondu les faces intérieures et extérieures. S'il s'agit de petits pains de boulangerie, les fendre dans le haut à l'aide d'un couteau dentelé en laissant une partie intacte. Chauffer une grande poêle antiadhésive à feu moyen-vif. Faire griller les petits pains, face coupée dessous, dans la poêle chaude 2 minutes ou jusqu'à ce qu'ils soient légèrement dorés mais encore tendres au centre. Les retourner et faire griller rapidement l'autre face.

3 Garnir les petits pains de 2 feuilles de laitue et farcir celles-ci de la préparation au homard. La chair de homard devrait déborder du haut des pains. Couper les guedilles en deux et servir aussitôt.

Remarque: les petits pains qu'on emploie habituellement pour la guedille au homard sont fendus dans le haut et cuits l'un contre l'autre de sorte que leurs deux faces sont composées d'une mie grossière qui grille facilement. Populaires, ceux de Country Kitchen sont offerts en ligne sur le site de FamousFoods.com. Autrement, les petits pains à hot-dog de la boulangerie du supermarché feront l'affaire.

La guedille au homard de la Nouvelle-Angleterre ▸

Sandwich au thon à la provençale

LE PAN BAGNAT

INGRÉDIENTS J'aime le thon Bumble Bee autant que n'importe qui et si vous préférez le thon doux, n'hésitez surtout pas à l'employer. Cependant, pour tirer le meilleur parti possible de ce plat, vous devriez opter pour le thon foncé conservé dans l'huile et, de préférence, provenant de France, d'Espagne ou d'Italie. La ventrèche, ou thon gras, qui est tirée du ventre du poisson, est particulièrement riche. La marque Ortiz est à conseiller.

ÉQUIPEMENT Votre batterie de base.

AUTRES Pour le pan bagnat classique, on emploie habituellement un petit pain rond de bonne taille possédant la croûte dure et la mie tendre du pain français. Des morceaux de baguette de 20 cm (8 po) ou même des petits pains empereur (*kaiser*) feront parfaitement l'affaire. On assaisonne habituellement ce sandwich d'une bonne huile d'olive fruitée d'origine provençale.

DURÉE 5 minutes + 11 minutes de cuisson pour les œufs.

Voici un fait peu connu au sujet de cet explorateur de l'univers des grillades et incorrigible omnivore que je suis, celui-là même qui a avalé des termites en Thaïlande et des intestins d'agneau grillés en Uruguay: enfant, j'avais la réputation d'être particulièrement difficile sur la nourriture. Durant une de mes périodes peu glorieuses, qui a duré neuf mois, je n'ai rien avalé d'autre que des sandwichs au thon en boîte de marque Bumble Bee. Voilà un sandwich qui attaque les papilles gustatives avec la force d'un poids lourd : thon foncé et huileux dont la saveur robuste est accentuée par celle des anchois salés, des olives saumurées, des câpres acidulées, de l'oignon cru, du poivron et d'un œuf dur. Bref, un sandwich au thon qui mérite d'être qualifié de plat « de gars ». **2 sandwichs**

- 2 gros œufs
- 2 petits pains français ronds (croustillants à l'extérieur et tendres au centre) ou 2 morceaux de baguette de 20 cm (8 po) ou 2 petits pains empereur (*kaiser*)
- 4 feuilles de laitue Boston, rincées et épongées à l'aide de papier absorbant
- 1 boîte de 140 à 170 g (5 à 6 oz) de thon (idéalement foncé et conservé dans l'huile), égoutté et défait en morceaux
- 1 belle tomate rouge bien mûre, tranchée finement
- 1 poivron vert, tige ôtée, épépiné et coupé en travers en fines rondelles
- 60 g (½ tasse) d'olives noires dénoyautées, de préférence des petites niçoises ou des Kalamata
- 6 à 8 anchois égouttés
- 1 c. à soupe de câpres égouttées
- ½ petit oignon rouge doux, tranché finement
- 8 feuilles de basilic frais
- 2 c. à soupe d'huile d'olive extra vierge d'excellente qualité
- Gros sel (casher ou de mer) et poivre noir fraîchement moulu

1 Dans une petite casserole, couvrir les œufs de 8 cm (3 po) d'eau froide. Porter à ébullition à feu vif, puis régler le feu à moyen et laisser les œufs mijoter 11 minutes ou jusqu'à ce qu'ils soient durs (en haute altitude, compter quelques minutes de plus). Jeter l'eau et remplir la casserole d'eau froide afin d'interrompre la cuisson. Quand les œufs ont tiédi, les écaler (les œufs durs s'écalent mieux quand ils sont tièdes). Remettre les œufs écalés dans l'eau froide et les laisser refroidir. Les égoutter et les trancher finement.

2 Couper presque entièrement les petits pains à l'horizontale et les ouvrir comme un livre. Disposer 2 feuilles de laitue sur la moitié inférieure de chacun d'eux. Empiler le thon dessus, puis les tranches de tomate, les rondelles de poivron, les tranches d'œuf, les olives, les anchois, les câpres, les tranches d'oignon et les feuilles de basilic, en les répartissant également entre les 2 sandwichs. Arroser la garniture et la moitié supérieure du pain de chaque sandwich de 1 c. à soupe d'huile d'olive. Saler légèrement (olives, anchois et câpres sont salés) et poivrer au goût, puis fermer les sandwichs. Laisser reposer 10 minutes avant de servir, histoire que les jus imprègnent le pain, puis déguster (surtout, ne pas omettre les serviettes).

LE REUBEN

Ce sandwich est l'un des jalons culinaires de l'Amérique, sorte de creuset ethnique associant bœuf salé irlandais, fromage suisse, choucroute allemande, sauce russe et pain de seigle juif. Une légende veut qu'il ait été créé en 1914 par Arnold Reuben, propriétaire d'un restaurant de la 58e Rue à New York. Un Reuben réussi est une véritable étude de contrastes : salé et sucré (viande et sauce russe), sucré et aigre (sauce et choucroute), croquant et viandeux (marinades et bœuf salé), croustillant et coulant (pain grillé beurré et fromage fondant). Si vous croyez que le Reuben ordinaire au bœuf salé a bon goût, attendez de goûter à celui que je vous propose ici et qui est à base de pastrami aillé et fumé. **1 sandwich**

- 2 tranches de pain de seigle foncé ou marbré
- 1 c. à soupe de beurre salé, à température ambiante
- 3 c. à soupe de sauce russe (selon la recette de la page 49 ou du commerce)
- 85 g (3 oz) de pastrami maigre, tranché finement en travers du grain
- 60 g (2 oz) de gruyère ou d'emmental tranché finement
- 50 g (⅓ tasse) de choucroute, égouttée et bien essorée (voir la remarque page 49)
- 5 tranches de cornichons à l'aneth

1 Enduire les tranches de pain de ½ c. à soupe de beurre. Déposer une tranche de pain, face beurrée dessous, sur un plan de travail. Enduire l'autre face d'environ 1 ½ c. à soupe de sauce russe. Garnir de pastrami, puis de fromage, de choucroute et de tranches de cornichon à l'aneth.

2 Enduire la seconde tranche de 1 ½ c. à soupe de sauce russe. Placer la tranche sur le sandwich, face saucée sur les cornichons.

3 *Cuisson à la poêle:* dans une grande poêle en fonte ou antiadhésive, faire fondre le reste de beurre à feu moyen. Y déposer le sandwich et le couvrir d'une presse à burger ou de la seconde poêle épaisse.

INGRÉDIENTS Il vous faudra du pastrami maigre, tranché très finement. L'usage veut qu'on emploie de l'emmental, mais le sandwich sera encore plus savoureux si vous optez pour le gruyère, fromage à plus petits trous et à saveur acidulée. Optez de préférence pour la choucroute vendue en vrac dans les épiceries fines ou en sachet de plastique au rayon des charcuteries du supermarché plutôt que pour le produit en conserve.

ÉQUIPEMENT Votre batterie de base dont une grande poêle de 25 à 30 cm (10 à 12 po) en fonte ou antiadhésive avec une presse à burger ou une deuxième poêle épaisse. Vous pouvez aussi utiliser un grille-sandwichs.

AUTRES Vous pouvez acheter de la sauce russe embouteillée mais vous avez probablement dans votre frigo tout ce qu'il vous faut pour la préparer.

DURÉE Environ 15 minutes.

En le retournant délicatement à l'aide d'une spatule, le cuire 2 à 3 minutes par face ou jusqu'à ce que le pain soit doré et croustillant, et le fromage, fondu. Baisser le feu au besoin afin d'éviter que le pain brûle avant que le fromage fonde.

Cuisson au grille-sandwichs: préchauffer l'appareil. Quand il est chaud, y cuire le sandwich 4 à 6 minutes ou jusqu'à ce que le pain soit doré et croustillant, le pastrami, chaud, et le fromage, fondu.

4 Couper le sandwich en deux et servir aussitôt.

Remarque: s'il reste de la choucroute, mettez-la dans un récipient en plastique muni d'un couvercle hermétique. Elle se conservera indéfiniment au frigo. Ainsi, vous en disposerez en tout temps quand l'envie d'un Reuben, d'un hot-dog ou de tout aliment qu'elle peut accompagner vous prendra.

SAUCE RUSSE

Malgré son nom, la sauce russe est un authentique condiment américain composé de mayonnaise et de sauce chili ou de ketchup. (La sauce chili dont il est question ici consiste en un condiment de poivron rouge doux semblable au ketchup. On trouve facilement celle de marque Heinz.) Cette recette vous permettra d'en préparer plus que ce qui est requis pour le sandwich Reuben de la page 47, mais il est toujours bon d'en avoir au frigo, où elle se conservera au moins une semaine. **Environ 250 ml (1 tasse)**

- 160 ml ($\frac{2}{3}$ tasse) de mayonnaise, Hellmann's de préférence
- 60 ml ($\frac{1}{4}$ tasse) de sauce chili ou de ketchup
- 3 c. à soupe de relish de cornichons sucrés

Dans un bol, mélanger la mayonnaise, la sauce chili (ou le ketchup) et la relish. Peut se conserver 1 semaine au réfrigérateur, dans un récipient fermé.

Sandwich au porc, au jambon et au gruyère

LE CUBANO ET SON AMIGO

INGRÉDIENTS Il vous faudra du porc rôti, par exemple des restes de porchetta (voir à la page 180). Bien sûr, tout bon supermarché ou les épiceries fines tiennent du porc rôti à trancher.

Vous pouvez employer du jambon fumé et cuit ou, pour une touche spéciale, de très fines tranches de serrano, un jambon salé espagnol. Si vous trouvez du gruyère vieilli en cave, vos cubanos n'en seront que plus savoureux. Enfin, le pain cubain a la forme d'une baguette mais une croûte plus molle; cependant, cette dernière fera tout aussi bien l'affaire.

ÉQUIPEMENT Votre batterie de cuisine de base dont une grande poêle épaisse de 25 à 30 cm (10 à 12 po), une presse à burger ou une deuxième poêle épaisse. Vous pouvez aussi utiliser un grille-sandwichs.

AUTRES Si vous avez acheté un grille-sandwichs dans l'espoir d'y cuire vos biftecks et burgers mais l'avez remisé aussitôt après les piètres résultats obtenus, c'est le moment de le ressortir du placard. Cet appareil cuit à merveille les sandwichs grillés de toutes sortes.

DURÉE Environ 10 minutes.

Le cubano est possiblement le meilleur sandwich au porc dans le Sud américain. Vous pouvez me croire puisque je vis présentement dans ce que d'aucuns considèrent comme la sixième province de Cuba, c'est-à-dire Miami. Le cubano doit sa réputation à sa quadruple explosion de saveurs, nommément le rôti de porc à l'ail, le jambon fumé, le gruyère piquant et les cornichons acidulés. Curieusement, ce n'est pas dans les tropiques que j'ai goûté le meilleur, mais au Olive et Gourmando, un café animé du Montréal nordique. Le secret du chef? Il a apporté deux changements au plat classique: il emploie des petits cornichons français aigres à souhait plutôt que des cornichons à l'aneth, et de la mayonnaise aromatisée au chipotle. **2 sandwichs**

- 2 morceaux de pain cubain ou français de 20 cm (8 po) chacun ou 2 pains à sous-marin
- 2 c. à soupe de moutarde de Dijon
- 2 à 4 c. à soupe de mayonnaise au chipotle, à la coriandre et au citron vert (voir recette à la page 51) ou nature
- 85 g (3 oz) de rôti de porc tranché finement
- 85 g (3 oz) de jambon fumé tranché finement
- 85 g (3 oz) de gruyère tranché finement
- 8 cornichons aigres tranchés finement ou 8 tranches de cornichons à l'aneth
- 1 c. à soupe de beurre, fondu ou à température ambiante

1 Couper les morceaux de pain à l'horizontale presque jusqu'au centre et les ouvrir à plat. Enduire une face intérieure de moutarde et l'autre, de mayonnaise nature ou aromatisée. Garnir de porc, de jambon, de fromage et de cornichons, puis fermer les sandwichs. Enduire légèrement les faces extérieures de la moitié du beurre (cuisson à la poêle) ou de tout le beurre (cuisson au grille-sandwichs).

2 *Cuisson à la poêle:* dans la poêle, faire fondre à feu moyen ½ c. à soupe de beurre. Y déposer les sandwichs et couvrir d'une presse à burger ou de la seconde poêle épaisse. Cuire 3 à 6 minutes par face ou jusqu'à ce que le pain soit doré, croustillant et aplati, que le fromage fonde et que la garniture soit chaude. Baisser le feu au besoin afin d'éviter que le pain brûle avant que le fromage fonde.

Cuisson au grille-sandwichs: préchauffer l'appareil. Quand il est chaud, y cuire les sandwichs 4 à 6 minutes ou jusqu'à ce que le pain soit doré, croustillant et aplati, que le fromage fonde et que la garniture soit chaude.

3 Couper les sandwichs en deux en diagonale et servir aussitôt.

Variante

Le *medianoche* (sandwich « du milieu de la nuit ») : petit frère du cubano, le *medianoche* était autrefois servi à La Havane à la fin des séances de cinéma ou des spectacles. Pour le préparer, remplacer le pain du cubano par 2 petits pains légèrement sucrés tels que pain brioché ou petits pains à hot-dog. Ajouter des feuilles de laitue et des tranches de tomate, et cuire le sandwich comme à l'étape 2 de la page ci-contre.

MAYONNAISE AU CHIPOTLE, À LA CORIANDRE ET AU CITRON VERT

Le chipotle (jalapeno fumé) est un piment non pas cubain mais mexicain, dont la saveur piquante et fumée se marie à merveille avec celle du porc. Vous emploierez certainement les restes de sauce rapidement.

- 160 ml ($^2/_3$ tasse) de mayonnaise, Hellmann's de préférence
- 1 c. à soupe de chipotles en boîte, émincés, avec leur jus
- 3 c. à soupe de feuilles de coriandre fraîche émincées
- 1 c. à soupe de jus de citron vert frais

Dans un bol, bien mélanger la mayonnaise, les chipotles et leur jus, la coriandre et le jus de citron vert. Cette mayonnaise aromatisée se conservera au moins 1 semaine au réfrigérateur dans un récipient fermé.

CE QU'IL FAUT SAVOIR SUR

LE FROMAGE

1. Bien que ce soit l'un des aliments les plus diversifiés du monde, le fromage ne comprend que trois ingrédients de base: du lait, du sel et des bactéries. Selon la source de lait (vache, brebis, chèvre, bufflonne, renne, yack, etc.), la souche bactérienne ainsi que le processus de fabrication et d'affinage, on obtient des fromages aussi variés que le cheddar (anglo-américain, à base de lait de vache), le roquefort (persillé français à base de lait de brebis) et le gjetost (fromage norvégien à pâte ferme à base de lait de chèvre), pour ne nommer que ceux-là.

2. Certains produits portant le nom de «fromage» n'en sont pas, que ce soit du point de vue esthétique, biologique ou légal. Citons, entre autres, le fromage dit «américain» (incarné par le Velveeta) et le Cheez Whiz. Le fromage peut figurer sur la liste de leurs nombreux ingrédients polysyllabiques, mais ne confondez surtout pas ces produits avec la chose authentique.

3. En matière de fromage, comme pour bien d'autres choses d'ailleurs, on n'en a jamais que pour son argent. S'il est vrai que le véritable parmesan (parmigiano reggiano) coûte quelques dizaines de dollars le kilo, sa texture unique, à la fois croquante et crémeuse, et sa saveur extraordinaire, à la fois douce, salée et rappelant celle du lait, en font un fromage à râper exceptionnel. (Il est également délicieux consommé en morceaux.) Recherchez les mots «parmigiano reggiano» imprimés sur la croûte et optez pour des morceaux dont le ratio croûte / pâte est relativement faible. Enfin, râpez-le juste au moment de l'utiliser à l'aide d'une râpe fine de type Microplane (voir page 24) ou carrée, ou passez-le au robot culinaire. Sa saveur sera supérieure à celle du fromage râpé à l'avance.

4. Conservez le fromage au frigo dans du papier ciré, de la pellicule de plastique ou du papier à fromage (offert dans les fromageries), mais servez-le à la température ambiante. Chambré, sa saveur sera nettement plus nuancée que si vous le servez tout juste sorti du frigo. Couvrez-le d'un linge propre et laissez-le reposer environ 1 heure sur un plateau ou une grande assiette.

5. Pour la préparation d'un plateau de fromages, jouez sur le contraste des saveurs, des textures, des couleurs et des formes. Contrebalancez le goût salé d'un bleu, tel que le stilton anglais, par la douceur d'un fromage alpin à saveur de noisette, tel que le fribourg ou le comté. Servez un fromage à pâte molle et crémeux comme le camembert à côté d'une pâte ferme, par exemple le pecorino romano.

L'extraordinaire sandwich au bifteck et à l'œuf de l'Uruguay

LE CHIVITO

Le *chivito* est le premier plat que j'ai consommé la première fois que je suis allé en Uruguay. Il annonçait l'orgie de viande qui marquerait mon séjour. (« Nous consommons de la viande treize fois par semaine », m'a confié mon guide, le quatorzième repas étant composé de poisson, qu'on sert à midi le vendredi.) Dans sa plus simple expression, le *chivito* est un sandwich au bifteck au même titre que, tout aussi simplement décrit, le Super Bowl est une partie de football. Il s'agit d'empiler sur le pain du bifteck finement tranché, suivi de bacon, d'œufs, de fromage, de laitue, de tomate, de poivrons rôtis et de mayonnaise. En comparaison, le sandwich au bifteck et au fromage de Philadelphie semble carrément anorexique. **2 sandwichs**

- 2 petits pains empereur (*kaiser*)
- 3 c. à soupe de mayonnaise, Hellmann's de préférence
- 2 feuilles de laitue Boston, rincées et épongées à l'aide de papier absorbant
- 4 tranches de bacon, coupées en deux en travers
- 2 biftecks de 85 à 115 g (3 ou 4 oz) chacun, coupés ou attendris à 0,5 cm (¼ po) d'épaisseur
- 2 tranches de fromage monterey jack ou cheddar doux, d'environ 30 g (1 oz) chacune
- 2 gros œufs
- 1 belle tomate rouge bien mûre, tranchée finement
- 2 grosses lanières de poivron rouge rôti (facultatif, page 122)
- Gros sel (casher ou de mer) et poivre noir fraîchement moulu

1 Couper presque entièrement les pains en deux à l'horizontale. Enduire les faces coupées de mayonnaise. Déposer une feuille de laitue sur la partie inférieure.

2 Disposer le bacon en une seule couche dans une grande poêle froide et chauffer à feu moyen. Le cuire 3 minutes par face. Le mettre à égoutter sur une assiette tapissée de papier absorbant. Laisser la graisse de bacon dans la poêle.

3 Saler et poivrer les biftecks au goût. Chauffer la poêle à feu vif. Cuire les biftecks jusqu'à atteindre le degré de cuisson désiré, soit 2 minutes par face pour une viande à point.

4 Déposer les biftecks dans les petits pains et les garnir de bacon et de fromage. Laisser la graisse dans la poêle.

5 Chauffer la poêle à feu moyen-vif. Y casser les œufs et, en les retournant délicatement à l'aide d'une spatule, les cuire 2 minutes sur la première face et 1 minute sur la seconde ou jusqu'à ce que le blanc soit croustillant et doré dessous. Déposer sur le fromage dans les sandwichs.

6 Couvrir chacun des œufs de tranches de tomate et d'une lanière de poivron rouge (si désiré), puis saler et poivrer légèrement. Servir.

INGRÉDIENTS Pour le bifteck, prenez du faux-filet, de la surlonge ou encore de l'intérieur ou de l'extérieur de ronde. L'important, c'est que le bifteck soit attendri ou tranché finement à 0,5 cm (¼ po) d'épaisseur. (Demandez à votre boucher de le couper à la trancheuse ou attendrissez-le vous-même entre deux feuilles de pellicule de plastique en le battant à l'aide d'une poêle épaisse.) En Uruguay, le *chivito* est présenté sur un petit pain tendre et légèrement sucré, mais un petit pain empereur (*kaiser*) ou un pain à sous-marin fera aussi l'affaire.

ÉQUIPEMENT Votre batterie de base dont une grande poêle de 25 à 30 cm (10 à 12 po) et une assiette tapissée de papier absorbant.

AUTRES En Uruguay, les opinions sur la composition du véritable *chivito* varient considérablement. Certains remplacent le bacon par du jambon; d'autres, les œufs frits par des durs. On trouve des oignons grillés ou des poivrons rôtis; à noter que, dans ce pays, la viande provient de bétail nourri à l'herbe (voir l'explication à la page 141) et est cuite à point.

DURÉE Environ 20 minutes.

LE BURGER UR

Le burger parfait existe-t-il ? Si vous employez la bonne viande et le bon petit pain, que vous façonnez correctement vos galettes et hamonisez les assaisonnements au bœuf, tout burger peut être fabuleux. Dans les prochaines pages, vous trouverez certains des favoris, à commencer par le burger Ur (du mot allemand *ur* qui signifie « original, fondamental ou de base »), que vous pourrez apprêter à votre goût.
4 burgers

INGRÉDIENTS La viande hachée idéale est un mélange de surlonge (40%), d'épaule (40%) et de pointe de poitrine (20%). Liez-vous d'amitié avec votre boucher et demandez-lui de vous préparer ce mélange. Le pain brioché (pain français aux œufs) donne d'excellents petits pains à burger. Complétez le tout avec une tomate, de la laitue en feuilles ou de la roquette.

ÉQUIPEMENT Votre batterie de base dont une grande poêle de 25 à 30 cm (10 à 12 po) en fonte ou antiadhésive et un thermomètre à mesure instantanée.

680 à 900 g (1 ½ à 2 lb) de bœuf haché, bien froid

3 c. à soupe + 1 c. à café de beurre salé à température ambiante

4 petits pains à hamburger ou pains briochés fraîchement cuits

Sauce à burger secrète (page 349) ou condiments au choix

4 feuilles de laitue Boston ou de laitue beurre, ou 8 feuilles de roquette, rincées et égouttées à l'aide de papier absorbant

1 belle tomate rouge bien mûre tranchée finement

Gros sel (casher ou de mer) et poivre noir fraîchement moulu

Garnitures au choix (voir suggestions à la page 59)

1 Humecter les mains à l'eau froide avant de manipuler la viande; la travailler en douceur en la manipulant le moins possible. Diviser le bœuf en 4 parties égales, puis façonner 4 galettes d'environ 2,5 cm (1 po) d'épaisseur et légèrement plus larges que les petits pains. Faire un léger creux au centre des galettes, qui devraient être légèrement concaves. On peut les préparer jusqu'à 6 heures à l'avance. Les déposer sur une assiette tapissée de pellicule de plastique et les couvrir de pellicule. Les réfrigérer jusqu'au moment de les cuire.

2 Juste avant la cuisson, saler et poivrer généreusement les galettes sur les deux faces, en les retournant délicatement.

3 Dans une grande poêle, faire fondre 1 c. à soupe de beurre à feu moyen-vif. Ajouter les galettes en les espaçant de 5 cm (2 po). Les

Burgers sous le gril du four

Pour cuire les burgers sous le gril, suivre les deux premières étapes de la préparation du burger Ur. Préchauffer le gril à haute intensité. Déposer les galettes dans une lèchefrite et enfourner celle-ci à 2,5 ou 5 cm (1 ou 2 po) de l'élément chauffant. Les faire griller 4 minutes ou jusqu'à ce qu'elles grésillent et soient dorées à la surface. Les retourner délicatement à l'aide d'une spatule et les cuire jusqu'au degré de cuisson désiré, soit 4 à 6 minutes pour une viande à point. Pour vérifier le degré de cuisson, insérer un thermomètre à mesure instantanée dans le côté d'une galette. Il devrait indiquer 70 °C (160 °F) pour une viande à point. Reprendre la recette du burger Ur à l'étape 4. Faire griller les petits pains sous le gril, face coupée dessus, 1 à 2 minutes.

◂*Le chivito*

AUTRES Je préfère cuire mes burgers sur le barbecue; vous trouverez à la page 60 les instructions pour le faire. Or, les personnes qui n'ont pas accès à un barbecue peuvent se consoler à l'idée que bien des burgers emblématiques sont cuits sur une plaque de cuisson et que l'on peut obtenir le même résultat en employant une poêle.

DURÉE Environ 20 minutes.

cuire 3 à 5 minutes ou jusqu'à ce que le dessous soit doré. À l'aide d'une spatule, les retourner et cuire jusqu'au degré de cuisson désiré, soit environ 5 minutes pour une viande à point. Pour vérifier le degré de cuisson, insérer un thermomètre à mesure instantanée dans le côté d'une galette. Il devrait indiquer 70 °C (160 °F) pour une viande à point.

4 Déposer les galettes dans une assiette chaude. Garnir chacune d'une petite quantité de beurre (environ 1 c. à café) et laisser reposer 1 à 2 minutes. (Cette technique permet d'obtenir des burgers plus juteux.)

5 Entre-temps, enduire l'intérieur des petits pains de la dernière c. à soupe de beurre. Ôter le gras de la poêle et essuyer celle-ci à l'aide de papier absorbant. Faire griller à feu moyen-vif les pains, face coupée dessous, 1 à 2 minutes ou jusqu'à ce qu'ils soient dorés. Au besoin, procéder par lots.

6 Pour assembler les burgers, enduire les petits pains de «sauce secrète» (si désiré) ou d'autres condiments au choix. Couvrir la sauce d'une galette de viande, d'une feuille de laitue, d'une tranche de tomate et de toute autre garniture désirée. Couvrir de la seconde moitié de pain et servir.

LE BURGER DE L.A.

INGRÉDIENTS Le seul ingrédient inhabituel dans ce plat est le ketchup umami, qui possède une saveur plus prononcée et plus riche (il contient des anchois et de la sauce soya) que le ketchup ordinaire. Vous pouvez le commander en ligne à umami.com/shop.

ÉQUIPEMENT Votre batterie de base dont une grande poêle antiadhésive de 25 à 30 cm (10 à 12 po), un thermomètre à mesure instantanée et une plaque de cuisson.

DURÉE Environ 30 minutes.

Ce burger est certainement l'un des plus satisfaisants! Et pour les habitants de Los Angeles, une ville centrée sur la voiture, c'est probablement la meilleure chose qui soit arrivée au burger depuis l'avènement du service au volant. Fondé par Adam Fleischman, étudiant en littérature devenu conseiller en vins et restaurateur, l'Umami Burger est un restaurant-minute dont la philosophie culinaire s'appuie sur ce que les Japonais appellent «la cinquième saveur», soit l'umami. Elle est associée aux aliments riches en acide glutamique tels que champignons (particulièrement le shiitake), fromages (particulièrement le parmesan), tomates rôties, oignons et échalotes caramélisés ainsi que MSG, ou glutamate de sodium, un rehausseur de goût largement employé en Asie et qui était autrefois extrait des algues. (Pour en savoir plus sur l'umami, reportez-vous à la page 33.) L'endroit est une sorte de haut lieu du burger où l'on sert aussi des bières artisanales et des vins provenant de petits vignobles. Il suffit d'une simple bouchée du burger de L.A. pour réveiller aussitôt vos papilles gustatives, sa saveur étant plus prononcée et plus colorée que ce qu'on pourrait attendre d'un burger, particulièrement s'il est cuit sur une plaque chauffante. Si vous passez par L.A., allez manger là. La variante maison est un peu complexe à réaliser mais elle en vaut la peine. **4 burgers**

Le burger UR ▸

GUIDE CULINAIRE À L'INTENTION DES GARS

LES BURGERS

Omniprésent et emblématique, le burger fait à ce point partie de l'alimentation nord-américaine que vous vous demandez sûrement ce que je pourrais vous dire de plus que ce que vous savez déjà. La technique de base – une galette de viande hachée cuite et servie sur un petit pain – se maîtrise en 10 minutes et, contrairement à d'autres plats de gars (le chili ou les côtes de bœuf, par exemple), un néophyte peut obtenir un excellent burger dès son premier essai. Qu'est-ce donc qui permet d'obtenir un burger hors du commun ? Voici les 10 étapes qu'il vous faut connaître pour réussir vos burgers à la perfection.

1. CHOISISSEZ BIEN VOTRE VIANDE : il y a quelques années, Pat LaFrieda, célèbre boucher américain, a mis au point un mélange à base d'épaule, de bout de côtes et de pointe de poitrine de bœuf hachés. D'autres ont placé la barre plus haut (et le prix) en hachant du bœuf wagyu ou à la mode de Kobe. Si le bœuf de premier choix (Canada Primé) donne l'impression d'être riche en bouche, en ce qui me concerne, celui de qualité AAA permet d'obtenir de bons résultats.

2. REJETEZ LA VIANDE COMPORTANT DE LA GLUROSE : l'endroit où vous vous approvisionnez a autant d'importance que la viande elle-même. Idéalement, vous la prendrez chez un boucher de confiance qui hache son bœuf quotidiennement ou vous le hacherez vous-même. Mais si vous l'achetez au supermarché, demandez qu'il soit haché sur place le jour même et provienne d'animaux élevés au pays. Évitez les galettes surgelées provenant de multinationales. C'est à ces entreprises géniales que nous devons la «glu rose», cet amalgame de restes de découpes de viande et de tissus de bœuf traités à l'ammoniaque et dont l'origine est incertaine. Tout cela, dans un seul burger. C'est bon marché, soit, mais, croyez-moi, à long terme, vous en paierez le prix.

3. OPTEZ POUR UNE VIANDE RELATIVEMENT GRASSE : pour obtenir l'excellent burger qui vous laissera en bouche une riche sensation rappelant celle du beurre, votre viande doit comprendre au minimum 15 % de gras et au maximum 22 %. Personnellement, je vise les 18 %.

4. ÉVITEZ LA CONTAMINATION CROISÉE : lavez-vous les mains au savon avant de manipuler du bœuf haché et après l'avoir fait. Ne déposez jamais des burgers cuits dans une assiette qui a contenu du bœuf cru ; prenez plutôt une assiette propre. Ne coupez jamais de la laitue, des tomates ou d'autres légumes sur une planche à découper qui a servi à préparer de la viande crue ; employez une planche propre. Enfin, conservez les galettes de viande au réfrigérateur jusqu'au moment de les cuire.

5. LA TAILLE ET LA FORME ONT DE L'IMPORTANCE : elles interviennent dans la texture et la saveur des burgers.

- Pour façonner les burgers, humectez vos mains à l'eau froide, divisez la viande en portions égales puis donnez-leur la forme d'une galette épaisse.
- Employez au moins 170 g (6 oz) de bœuf par burger, 225 g (8 oz) pour une galette qui remplira le petit pain.
- La galette devrait avoir environ 2,5 cm (1 po) d'épaisseur et posséder un léger creux au centre, étant donné qu'elle lèvera plus là que sur les bords durant la cuisson.

► Manipulez délicatement la viande : si vous y mélangez des assaisonnements, employez une cuiller en bois plutôt que vos mains. (La chaleur de celles-ci réchaufferait la viande.)

► Déposez les galettes dans une assiette tapissée de pellicule de plastique (afin de les empêcher d'y adhérer). Couvrez-les de pellicule de plastique (afin de prévenir l'oxydation) et réfrigérez-les jusqu'au moment de les cuire. Vous pouvez les préparer jusqu'à 6 heures à l'avance.

6. ASSAISONNEZ COMME ÇA VOUS PLAÎT : j'assaisonne mes burgers de gros cristaux de sel de mer ou de fleur de sel (voir à la page 142) juste avant de les cuire de sorte que le sel puisse se dissoudre lentement dans la viande et rester quelque peu croquant sous la dent. J'ajoute aussi du poivre noir fraîchement moulu, qui possède une saveur plus intense que celui qui est déjà moulu. Je suis contre l'idée d'ajouter à la viande un tas d'autres ingrédients, tels que oignons hachés, piments, sauce à bifteck, sauce piquante et autres assaisonnements ; c'est plutôt là la recette du pain de viande. Je préfère mettre l'accent sur la saveur du bœuf lui-même.

7. FAIRE GRILLER OU POÊLER ? Comme vous devez vous en douter, j'opte pour le premier mode de cuisson. La chaleur sèche et forte du barbecue saisit la viande, fait fondre une partie de son gras et lui confère une croûte carbonisée et fumée qu'on ne peut obtenir en la cuisant à la poêle. Cela dit, on prépare dans le monde d'excellents burgers qui sont cuits à la poêle ou sur une plaque chauffante. Si vous devez les cuire dans la maison, je vous conseille d'employer une poêle, à moins que vous ne disposiez d'un gril industriel. Le grille-sandwichs (ou appareil à panini) arrive, de loin, en quatrième place, sa température n'étant pas assez élevée pour saisir adéquatement la viande.

8. VÉRIFIEZ LA TEMPÉRATURE : dans mon enfance, nous consommions régulièrement de la viande hachée crue à la maison. Faire la même chose aujourd'hui relèverait du suicide gastro-intestinal. Par mesure de sécurité, vous devriez faire cuire vos burgers jusqu'à ce qu'ils atteignent 70 °C (160 °F). Insérez la sonde d'un thermomètre à mesure instantanée dans le côté du burger (vous n'obtiendriez pas une lecture exacte en l'insérant par le haut). Votre burger pourrait être plus cuit que vous ne le souhaiteriez mais c'est la seule manière de vous assurer qu'il est sans danger.

9. NE SOUS-ESTIMEZ PAS L'IMPORTANCE DU PETIT PAIN : vous n'accrocheriez pas un Rembrandt dans un cadre en plastique, n'est-ce pas ? De la même manière, vous ne devriez pas servir votre burger maison sur un petit pain industriel aux allures anémiques. Procurez-vous des petits pains fraîchement cuits chez un artisan boulanger ou au rayon boulangerie du supermarché (on en confectionne d'excellents à celui que je fréquente). Mieux encore, employez des petits pains briochés beurrés et grillés (composés d'une pâte enrichie d'œuf et de beurre).

10. UTILISEZ CONDIMENTS ET GARNITURES AVEC MODÉRATION : les feuilles de laitue conviennent parfaitement puisqu'elles empêchent le pain de se détremper. Les tranches de tomate ont leur place aussi mais à la condition qu'elles soient bien pulpeuses et mûres. J'aime bien ajouter une tranche de cheddar ou de provolone et je lève rarement le nez sur le bacon. Mais quand la viande est de qualité et cuite correctement, il faut peu de garnitures. Quant aux condiments, personnellement, j'aime la mayonnaise, mais à vous d'ajouter avec modération celui (ou ceux) qui vous convient.

3 à 4 c. à soupe de beurre à température ambiante

170 g (6 oz) de shiitake essuyés à l'aide de papier absorbant humide, pieds ôtés

1 oignon moyen coupé en petits dés

680 à 900 g (1 ½ à 2 lb) de bœuf haché

4 petits pains à hamburger

Ketchup umami (voir INGRÉDIENTS page 56) ou 60 ml (¼ tasse) de ketchup mélangé avec 2 c. à café de sauce de poisson asiatique ou de sauce soya

85 g (3 oz) de parmesan

4 tranches de tomate mûre ou 4 moitiés de tomates rôties (voir à la page 338)

Gros sel (casher ou de mer) et poivre noir fraîchement moulu

1 Dans une grande poêle antiadhésive, faire fondre 1 c. à soupe de beurre à feu moyen. Cuire les champignons 3 à 5 minutes de chaque côté ou jusqu'à ce qu'ils soient tendres à l'intérieur mais légèrement croustillants sur les bords. Les déposer dans une assiette.

2 Ajouter 1 c. à soupe de beurre dans la poêle et y cuire l'oignon 8 à 12 minutes ou jusqu'à ce qu'il soit bien doré. Au besoin, baisser le feu. Ajouter l'oignon aux champignons. Réserver la poêle. (Les champignons et l'oignon peuvent rester à température ambiante environ 1 heure.)

3 Humecter les mains à l'eau froide pour mieux manipuler la viande; la travailler en douceur en la manipulant le moins possible. Diviser le bœuf en 4 parties égales, puis faire 4 galettes d'environ 2,5 cm (1 po) d'épaisseur et légèrement plus larges que les petits pains. Faire un petit creux au centre des galettes, qui devraient être légèrement concaves. On peut les préparer jusqu'à 6 heures à l'avance. Les déposer sur une assiette tapissée de pellicule de plastique et les couvrir de pellicule. Les réfrigérer jusqu'au moment de les cuire.

4 Juste avant de les cuire, saler et poivrer généreusement les deux faces des galettes, en les retournant délicatement.

5 S'il ne reste pas assez de beurre dans la poêle, en faire fondre 1 c. à soupe à feu moyen-vif. Ajouter les galettes en les espaçant de 5 cm (2 po). Les cuire 3 à 5 minutes ou jusqu'à ce que le dessous soit doré. À l'aide d'une spatule, les retourner délicatement et les cuire jusqu'au degré de cuisson désiré, soit environ 5 minutes pour une viande à point. Pour vérifier le degré de cuisson, insérer un thermomètre à mesure instantanée sur le côté d'une galette. Il devrait indiquer 70 °C (160 °F) pour une viande à point. (Pour cuire les galettes sous le gril du four, suivre les indications données à la page 55. Pour les faire griller au barbecue, voir l'encadré ci-contre.)

Burgers cuits sur le barbecue

S'il est vrai que l'on peut cuire d'excellents burgers sur la cuisinière, je n'ai pas pour autant renoncé à la cuisson au barbecue. En fait, je manquerais à mon devoir si je n'ajoutais pas quelques conseils à cet effet.

Réglez le barbecue pour la cuisson directe et préchauffez-le à feu vif (voir à la page 18). Idéalement, vous ferez vos grillades sur un feu de bois, mais si vous employez un barbecue au charbon de bois ou au gaz, vous pouvez ajouter quelques poignées de copeaux de bois dur trempés puis égouttés afin de favoriser l'émission de fumée.

Quand le barbecue est chaud, enduisez la grille d'huile. Faites dorer les galettes sur la grille chaude de 3 à 5 minutes. À l'aide d'une spatule, retournez-les délicatement. Surtout, n'écrasez jamais vos galettes à la spatule au risque que les jus savoureux se répandent. Faites griller jusqu'au degré de cuisson désiré, soit environ 3 minutes de plus pour une viande saignante et 5 minutes pour une viande à point. À moins d'être absolument certain de la pureté de votre viande, cuisez-la jusqu'à ce qu'elle atteigne une température de 70 °C (160 °F). Les galettes de dinde doreront sur leur première face au bout d'environ 4 minutes et nécessiteront environ 5 minutes de cuisson additionnelle; leur température interne devrait être d'au moins 75 °C (165 °F). Insérez un thermomètre à mesure instantanée dans le côté des galettes pour la vérifier. Faites griller les pains, face coupée dessous, 1 minute ou jusqu'à ce qu'ils soient dorés.

6 Laisser reposer les galettes 1 à 2 minutes dans une assiette chaude.

7 Entre-temps, enduire l'intérieur des petits pains d'environ 1 c. à soupe de beurre. Retirer le gras de la poêle et essuyer celle-ci à l'aide de papier absorbant. Faire griller à feu moyen-vif les pains, face coupée dessous, 2 minutes ou jusqu'à ce qu'ils soient dorés. (*Cuisson sous le gril du four:* faire griller les petits pains, face coupée dessus, 1 à 2 minutes ou jusqu'à ce qu'ils soient dorés. *Cuisson au barbecue:* les faire griller, face coupée dessous, environ 1 minute.)

8 Pour assembler les burgers, enduire les petits pains de ketchup umami. Déposer les champignons et l'oignon à la cuiller sur la moitié inférieure des petits pains et couvrir des galettes. À l'aide d'un pèle-légumes, prélever des copeaux de parmesan et en garnir les burgers; couvrir d'une tranche de tomate et de la seconde moitié du petit pain. Il vous suffira d'une bouchée pour *assurément* comprendre le concept d'umami.

HAMBURGER AU FROMAGE
DÉCONSTRUIT

J'ai créé ce fabuleux burger il y a quelques années alors que je cherchais à mettre au point un hamburger qui resterait tendre même cuit à une température sécuritaire. La solution: un hamburger au fromage déconstruit, c'est-à-dire dans lequel le fromage, grossièrement râpé, est incorporé au bœuf haché. Il fond durant la cuisson, laissant en bouche une agréable sensation de richesse. Employez le fromage de votre choix. **4 burgers**

INGRÉDIENTS Voir les remarques sur l'achat de bœuf haché à la page 58. Optez de préférence pour un fromage à pâte ferme, qui se râpera facilement.

ÉQUIPEMENT Votre batterie de base dont une grande poêle de 25 à 30 cm (10 à 12 po) et une râpe carrée ou circulaire (telle que la Moulinex, offerte dans les boutiques de batterie de cuisine. Très utile particulièrement pour les amateurs de pâtes ou de hamburgers au fromage déconstruits).

DURÉE Environ 15 minutes.

- 680 à 900 g (1 ½ à 2 lb) de bœuf haché bien froid
- 115 g (4 oz) de fromage au choix (voir les suggestions à la page 62)
- 2 c. à soupe de beurre
- 4 petits pains à hamburger ou empereur (*kaiser*) fendus
- 4 feuilles de laitue Boston ou de laitue beurre, rincées et épongées à l'aide de papier absorbant
- 1 belle tomate rouge bien mûre, tranchée
- Gros sel (casher ou de mer) et poivre noir fraîchement moulu
- Garnitures au choix (voir suggestions à la page 59)

1 Déposer le bœuf dans un bol à mélanger. Ôter la croûte du fromage (au besoin). À l'aide d'une râpe carrée ou circulaire (ou au robot culinaire), le râper grossièrement et l'ajouter au bœuf. Avec une cuiller en bois, bien mélanger le fromage et le bœuf.

2 Humecter les mains à l'eau froide pour mieux manipuler la viande; la travailler en douceur en la manipulant le moins possible. Diviser le mélange bœuf-fromage en 4 parties égales, puis faire 4 galettes d'environ 2,5 cm (1 po) d'épaisseur et légèrement plus larges que les petits pains. Faire un léger creux au centre des galettes, qui devraient être légèrement concaves. On peut les préparer jusqu'à 6 heures à l'avance. Les déposer sur une assiette tapissée de pellicule de plastique et les couvrir de pellicule. Les réfrigérer jusqu'au moment de les cuire.

3 Juste avant de les cuire, saler et poivrer les galettes sur leurs deux faces. Il faudra moins de sel que pour un burger ordinaire, le fromage étant généralement plutôt salé.

4 Dans une grande poêle, faire fondre 1 c. à soupe de beurre à feu moyen-vif. Ajouter les galettes en les espaçant de 5 cm (2 po). Les cuire 3 à 5 minutes ou jusqu'à ce que le dessous soit doré. Les retourner à l'aide d'une spatule et les cuire jusqu'au degré de cuisson désiré, soit environ 5 minutes pour une viande à point. Pour vérifier le degré de cuisson, insérer un thermomètre à mesure instantanée sur le côté d'une galette. Il devrait indiquer 70 °C (160 °F) pour une viande à point. (Pour cuire les galettes sous le gril, suivre les indications données à la page 55. Pour les faire griller au barbecue, voir l'encadré de la page 60.)

5 Laisser reposer les galettes 1 à 2 minutes dans une assiette chaude. Entre-temps, enduire l'intérieur des petits pains de la dernière c. à soupe de beurre. Retirer le gras de la poêle et essuyer celle-ci à l'aide de papier absorbant. Faire griller à feu moyen-vif les pains, face coupée dessous, 2 minutes ou jusqu'à ce qu'ils soient dorés. (Cuisson sous le gril du four: faire griller les petits pains, face coupée dessus, 1 à 2 minutes ou jusqu'à ce qu'ils soient dorés. Cuisson au barbecue: les faire griller, face coupée dessous, environ 1 minute.)

6 Pour assembler les burgers, déposer une feuille de laitue sur la moitié inférieure des petits pains, couvrir d'une galette de viande, de tranches de tomate, des garnitures désirées et de l'autre moitié de pain. Servir aussitôt.

Vous préparez un hamburger au fromage?

Voici certains des fromages les plus populaires:

- Cheddar piquant ou doux, monterey jack, monterey jack au piment
- Gouda ou leiden vieilli
- Cheddar ou gouda fumés, ou autre fromage fumé
- Fromage alpin tel que gruyère, fribourg ou appenzeller
- Provolone vieilli ou au poivre
- Parmesan or pecorino romano
- Roquefort, stilton ou gorgonzola (le gorgonzola se râpera plus facilement s'il est congelé)

BURGER DE PORC AU BARBECUE

Ce burger fumé rappelle un effiloché de porc qui serait préparé rapidement. La marinade sèche lui confère la saveur du plat cuit au barbecue, le bacon émietté y jouant le rôle de « brownies », ces morceaux de peau de porc croustillants qui distinguent l'effiloché de porc façon Caroline des autres. Pour recréer entièrement l'effet sudiste, empiler les cornichons sucrés, la sauce barbecue et la salade de chou. **4 burgers**

INGRÉDIENTS Le porc devrait être composé de 15 à 20% de gras; évitez la saucisse de porc qui peut en comprendre jusqu'à 30%.

ÉQUIPEMENT Votre batterie de cuisine de base dont une grande poêle de 25 à 30 cm (10 à 12 po) en fonte.

AUTRES Vous trouverez à la page 186 les indications pour préparer la marinade sèche Raichlen n° 1 et, à la page 346, la sauce barbecue Dark and Stormy. Autrement, employez vos marinade sèche et sauce du commerce préférées. La fumée liquide est un ingrédient naturel provenant d'une véritable fumée de bois. Quelques gouttes suffisent pour accentuer l'effet barbecue; n'en abusez toutefois pas.

DURÉE Environ 20 minutes.

- 4 tranches de bacon
- 680 à 900 g (1 ½ à 2 lb) de porc haché maigre bien froid
- 1 c. à soupe de marinade sèche
- ½ c. à café de fumée liquide (facultatif)
- 2 c. à soupe de beurre à température ambiante
- 4 petits pains à hamburger, fendus
- Petits cornichons sucrés
- Salade de chou à la moutarde, façon Sud-Ouest (facultatif; page 108)
- Sauce barbecue telle que la Dark and Stormy (page 346)

1 Disposer les tranches de bacon dans une poêle en fonde froide et chauffer à feu moyen. En le retournant à l'aide de pinces, cuire le bacon 3 minutes par face ou jusqu'à ce qu'il soit doré et croustillant. Le mettre à refroidir sur une planche à découper, puis le hacher finement et le déposer dans un bol à mélanger. Jeter la graisse de bacon ou la laisser refroidir, puis la mettre au réfrigérateur dans un pot muni d'un couvercle en la réservant pour un autre usage (cette graisse donne meilleur goût à tout ce qu'on y cuit).

2 Ajouter le porc au bacon, puis la marinade sèche et la fumée liquide, si désiré, et mélanger à l'aide d'une cuiller en bois. Humecter les mains à l'eau froide pour mieux manipuler la viande; la travailler en douceur en la manipulant le moins possible. Diviser la préparation en 4 parties égales, puis façonner 4 galettes d'environ 2,5 cm (1 po) d'épaisseur et légèrement plus larges que les petits pains. Faire un léger creux au centre des galettes, qui devraient être légèrement concaves. On peut les préparer jusqu'à 6 heures à l'avance. Les déposer sur une assiette tapissée de pellicule de plastique et les couvrir de pellicule. Les réfrigérer jusqu'au moment de les cuire.

3 Dans une grande poêle, faire fondre 1 c. à soupe de beurre à feu moyen-vif. Ajouter les galettes en les espaçant de 5 cm (2 po). Les cuire 3 à 5 minutes ou jusqu'à ce que le dessous soit doré. Les retourner à l'aide d'une spatule et les cuire jusqu'au degré de cuisson désiré, soit environ 5 minutes pour une viande à point. Pour vérifier le degré de cuisson, insérer un thermomètre à mesure instantanée sur le côté d'une galette. Il devrait indiquer 70 °C (160 °F) pour une viande à point. (Pour cuire les galettes sous le gril du four, suivre les indications données à la page 55. Pour les faire griller au barbecue, voir l'encadré de la page 60.)

4 Laisser reposer les galettes 1 ou 2 minutes dans une assiette chaude.

5 Entre-temps, enduire les petits pains de la dernière c. à soupe de beurre. Retirer le gras de la poêle et essuyer celle-ci à l'aide de papier absorbant. Faire griller à feu moyen-vif les petits pains, face coupée dessous, 2 minutes ou jusqu'à ce qu'ils soient dorés. (Cuisson sous le gril du four: les faire griller, face coupée dessus, 1 à 2 minutes ou jusqu'à ce qu'ils soient dorés. Cuisson au barbecue: les faire griller, face coupée dessous, environ 1 minute.)

6 Tapisser l'intérieur des petits pains de cornichons sucrés. Couvrir d'une galette de viande, puis de salade de chou, si désiré, de sauce barbecue et de l'autre moitié de pain. Servir aussitôt.

BURGER DE DINDE TEX-MEX

INGRÉDIENTS La dinde hachée peut être très maigre ou terriblement grasse. Optez pour la viande blanche à 5 ou 10 % de gras; si elle est préemballée, lisez attentivement l'étiquette.

Le dolique bulbeux est un légume-racine mexicain qui possède le croquant frais du radis et une saveur se situant entre la pomme de terre et la pomme. On en trouve au rayon des fruits et légumes de la plupart des supermarchés.

ÉQUIPEMENT Votre batterie de base dont une grande poêle de 25 à 30 cm (de 10 à 12 po) et des pinces.

AUTRES Pour relever davantage les burgers (non pas qu'ils en aient besoin), garnissez-les de rajas (lanières de piment poblano rôti) et de crème sure (riche ou pauvre en gras).

DURÉE Environ 20 minutes.

Le burger de dinde répond au besoin de profiter de la richesse des burgers et du plaisir de mordre dedans tout en sachant que l'on avale un repas à faible teneur en cholestérol et autres gras. Le burger que je vous propose est agrémenté de poudre de piment, de piment jalapeno et de coriandre fraîche. Pour rester dans le thème tex-mex, vous le servirez sur des tortillas de blé avec de l'avocat et de fines lanières de dolique bulbeux. **4 burgers**

680 à 900 g (1 ½ à 2 lb) de dinde hachée, refroidie

5 g (¼ tasse) de coriandre fraîche hachée

1 ou 2 piments jalapenos épépinés et émincés (pour des burgers plus piquants, ne pas épépiner)

1 oignon vert, parties blanche et verte parées et émincées

1 c. à soupe de poudre de piment pur (chili), de préférence de piment ancho

½ c. à café de cumin moulu

Gros sel (casher ou de mer)

1 c. à soupe d'huile d'olive

4 tortillas de blé de 20 cm (8 po)

250 ml (1 tasse) de pico de gallo (page 130), de salsa au chipotle (page 131) ou d'une autre salsa au choix (facultatif)

225 g (8 oz) de dolique bulbeux pelé et coupé en bâtonnets fins (facultatif)

1 avocat pelé, dénoyauté et coupé en dés (facultatif)

125 ml (½ tasse) de rajas (lanières de piment poblano rôti; facultatif)

Crème sure (facultatif)

1 Dans un bol, mélanger à la cuiller en bois la dinde, la coriandre, le jalapeno, l'oignon vert, la poudre de piment et le cumin.

2 Mouiller légèrement ses mains à l'eau froide pour manipuler la viande plus facilement. Diviser la dinde en 4 parties égales, puis les façonner en galettes d'environ 2,5 cm (1 po) d'épaisseur. Travailler la viande le moins possible. Pratiquer un léger creux au centre des galettes (elles seront alors légèrement concaves). On peut les façonner jusqu'à 6 heures à l'avance. Les disposer sur une assiette tapissée de pellicule de plastique et les couvrir de pellicule. Les réfrigérer jusqu'au moment de les cuire.

3 Juste avant de les cuire, saler généreusement leurs deux faces, en les retournant délicatement.

Burger de dinde tex-mex ▸

4 Dans une grande poêle, chauffer l'huile d'olive à feu moyen-vif. En les espaçant de 5 cm (2 po), cuire les galettes 3 à 5 minutes ou jusqu'à ce que le dessous soit doré. À l'aide d'une spatule, les retourner délicatement et cuire jusqu'au degré de cuisson désiré, soit environ 5 minutes pour une viande cuite à point. Pour vérifier le degré de cuisson, insérer un thermomètre à mesure instantanée dans le côté d'une galette. Il devrait indiquer 74 °C (165 °F) pour une cuisson à point. (Pour cuire les galettes sous le gril du four, suivre les indications données dans l'encadré de la page 55. Pour les cuire sur le barbecue, voir à la page 60.)

5 Laisser reposer les galettes 1 à 2 minutes dans une assiette chaude.

6 Entre-temps, essuyer la poêle et y réchauffer les tortillas 10 secondes par face ou jusqu'à ce qu'elles soient souples. Les retourner à l'aide de pinces. (On peut aussi les réchauffer sous le gril ou au barbecue environ 10 secondes par face.)

7 Déposer les galettes sur une moitié des tortillas en les garnissant, si désiré, de pico de galo (ou de salsa), de dolique bulbeux, d'avocat, de *rajas* et de crème sure. Replier les tortillas et servir.

SOUPES ET CHILIS

La soupe, c'est le plat liquide réconfortant par excellence durant l'hiver. C'est aussi un remède contre la gueule de bois et le rhume. Bien que l'humain ne puisse vivre que de pain, il peut très bien vivre de pain trempé dans un bol de soupe bien chaude! De fait, la soupe moderne est la descendante de la *sop* médiévale, composée d'une tranche de pain rassis qu'on faisait ramollir dans du bouillon.

Ce chapitre porte donc en quelque sorte sur la nourriture liquide. On peut préparer les soupes froides, comme le gaspacho, en 15 minutes. Comme j'habite à temps partiel en Nouvelle-Angleterre, je vous apprendrai à préparer la chaudrée aux palourdes classique de la région. Et comme tout homme devrait savoir préparer du chili, je vous offre les recettes de trois variantes: le classique à la viande, le chili *verde* piquant du Nouveau-Mexique et le chili de haricots pour les lundis sans viande.

Voilà, soupes et chilis. Parce que, parfois, les plats les plus réconfortants se servent à la louche.

GASPACHO DE BASE

Si vous n'avez jamais préparé de soupe auparavant, le gaspacho (littéralement une salade liquide) est un bon plat pour vous y initier. Il se prépare en quelques minutes et ne nécessite ni chaleur ni cuisson. Il est très rafraîchissant durant l'été, moment idéal pour le préparer puisque les tomates et les autres ingrédients qui entrent dans sa composition sont à leur apogée. Remarque : cette soupe se prête à de nombreuses variantes intéressantes, dont certaines comprennent de la vodka, des palourdes ou de la fumée de bois. **4 portions (à multiplier à volonté)**

INGRÉDIENTS La qualité du gaspacho tient à celle des tomates. Idéalement, elles viendront de votre jardin ou d'un producteur local et n'auront jamais vu l'intérieur d'un réfrigérateur. (La réfrigération détériore la texture et la saveur de la tomate.) Optez si possible pour une variété d'oignon doux, par exemple le vidalia, le walla walla ou le maui.

ÉQUIPEMENT Votre batterie de base dont un mélangeur ou un mélangeur à main ou encore un robot culinaire.

DURÉE Environ 15 minutes.

- 4 belles tomates rouges bien mûres (environ 900 g [2 lb])
- 1 concombre moyen
- 1 petit oignon, pelé et haché grossièrement (environ 100 g [⅔ tasse])
- ½ poivron vert équeuté, épépiné et haché grossièrement
- ½ poivron rouge équeuté, épépiné et haché grossièrement
- 1 gousse d'ail hachée grossièrement
- 3 c. à soupe d'huile d'olive extra vierge de première qualité, + pour arroser
- 1 à 2 c. à soupe de vinaigre de vin rouge (ou de xérès), ou au goût
- Gros sel (casher ou de mer) et poivre noir fraîchement moulu
- 1 c. à soupe de ciboulette fraîche ou de vert d'oignon vert haché

1 Retirer l'extrémité portant la queue des tomates. Couper les tomates en gros dés de 2,5 cm (1 po). Peler le concombre, le couper en deux dans le sens de la longueur et retirer les graines en grattant la chair à la cuiller. Couper la chair en morceaux de 2,5 cm (1 po).

2 *Mélangeur :* réduire les tomates, le concombre, l'oignon, les poivrons vert et rouge, l'ail, l'huile d'olive, le vinaigre, le sel et le poivre (commencer par 1 c. à café pour le premier et ½ c. à café pour le second) jusqu'à ce que la préparation soit homogène, en ajoutant 125 ml (½ tasse) d'eau froide, ou suffisamment pour obtenir une purée épaisse. *Mélangeur à main :* réduire les ingrédients en purée dans une grande casserole profonde ou un grand bol, en ajoutant 125 ml (½ tasse) d'eau froide. *Robot culinaire :* réduire d'abord en purée les tomates, le concombre, l'oignon, les poivrons et l'ail, puis ajouter 125 ml (½ tasse) d'eau froide, l'huile d'olive et le vinaigre.

3 Goûter et ajouter du sel, du poivre et du vinaigre au besoin. Le gaspacho devrait avoir une saveur intense, l'acidité du vinaigre équilibrant la douceur des légumes.

4 Verser le gaspacho dans des bols ou de grandes tasses. Arroser chaque portion d'un filet d'huile. Parsemer de ciboulette et servir. La fraîcheur constitue la principale qualité de cette soupe. Par conséquent, il vaut mieux la servir 1 heure tout au plus après l'avoir préparée. Elle n'aura pas aussi bon goût le lendemain.

Variantes

Bloody gaspacho: servir le gaspacho dans de grands verres en y ajoutant une giclée de vodka glacée ou de vodka au piment.

Gaspacho aux palourdes ou aux huîtres: ouvrir environ une dizaine d'huîtres ou de palourdes du Pacifique en travaillant au-dessus d'un bol afin de récupérer le jus (voir pages 262 et 266). Préparer le gaspacho comme indiqué à la page 69, mais en remplaçant 125 ml (½ tasse) d'eau par la même quantité de jus de palourde embouteillé. Ajouter 3 palourdes ou huîtres ouvertes par portion.

SOUPE À L'AIL

Pour se remettre d'aplomb, un fêtard, qui avait fait la tournée des grands ducs à Tolède (en Espagne, et non dans l'Ohio!) la veille, s'est préparé un petit-déjeuner capable de ressusciter les morts; il était composé d'ail frit, de jambon salé, de paprika fumé et d'un œuf poché dans du bouillon de poulet. C'est ainsi que serait née la *sopa de ajo*, une soupe à l'ail corsée, bien que ses origines soient sans doute plus prosaïques. Comme bien des «plats de gars» classiques, elle est probablement le fait d'un pauvre homme tentant de ressusciter du pain rassis avec de l'ail et de l'eau. Quoi qu'il en soit, elle devrait faire partie de votre répertoire de plats pour le petit-déjeuner, le brunch, un dîner léger ou une entrée pour le souper. D'autant plus qu'elle se prépare en quelques minutes. Voici comment fait le chef Jon Gonzalez, originaire de San Sebastian, au Xixon, bar à tapas de Miami. **1 portion (à multiplier à volonté)**

- 1 c. à soupe d'huile d'olive extra vierge, espagnole de préférence
- 2 tranches de 1 cm (½ po) d'épaisseur de pain de campagne ou français, coupées en cubes de 1 cm (½ po)
- 2 à 4 gousses d'ail (au goût) pelées et tranchées finement
- 30 g (1 oz) de jambon serrano (espagnol) ou de jambon cuit, coupé finement en julienne
- ½ c. à café de paprika fumé ou de paprika doux
- 250 ml (1 tasse) de bouillon de poulet (maison de préférence, ou opter pour un produit sans sodium ou faible en sodium)
- Gros sel (casher ou de mer) et poivre noir fraîchement moulu
- 1 gros œuf (bio de préférence)

INGRÉDIENTS Le *pimentón* est le paprika fumé espagnol (voir à la page 32). Vous en trouverez probablement au supermarché (ou à amazon.com). Santo Domingo et La Dahlia sont deux bonnes marques. J'emploie généralement du *pimentón* doux, quoique le piquant ait certainement le pouvoir de réveiller!

ÉQUIPEMENT Votre batterie de base dont une petite poêle de 15 à 20 cm (6 à 8 po) ou une casserole peu profonde.

AUTRES Originellement, la soupe à l'ail (ou *sopa de ajo*) était probablement préparée avec de l'eau. Le bouillon de poulet lui confère considérablement plus de saveur.

DURÉE Environ 10 minutes.

◂*Gaspacho de base*

PELER, ÉMINCER, HACHER ET CUIRE

L'AIL

Dans la préparation des plats de ce livre, vous emploierez beaucoup d'ail, d'où l'importance de savoir le choisir et l'apprêter. Mais d'abord, une petite leçon de chimie s'impose, histoire de savoir ce qui en fait un aliment aussi piquant. Quand on le coupe ou l'écrase, ses cellules se rompent et libèrent un composé appelé «alliinase». Quand l'alliinase entre en contact avec l'oxygène, il y a formation d'une forme légère d'acide chlorhydrique, qui irrite (ou, si on veut, stimule) les yeux et les voies nasales. Plus l'ail est haché finement, plus il libère de ce composé.

Pour une saveur légère, employez des gousses entières pelées. Pour une saveur plus prononcée, les écraser légèrement avec le plat d'un couperet ou d'un couteau de chef. Enfin, pour une saveur vraiment forte, hachez-les ou émincez-les finement. L'ail cru a un goût plus prononcé que le cuit. Doré, il prend une saveur de noisette et perd beaucoup de son piquant. Évitez toutefois de le faire brûler, car il deviendrait amer.

BIEN CHOISIR SON AIL. La tête d'ail consiste en un ensemble de gousses, qui constituent les unités de base; selon les variétés, il y en a de 4 à 12 par tête. Optez pour des têtes fermes, charnues, propres, exemptes de flétrissures ou de taches brunes et ne présentant pas de germe vert au sommet.

L'AIL À ÉVITER. Celui qui est haché et conservé dans l'huile. Ce produit possède un goût terrible qui me cause de l'indigestion. On trouve aussi des gousses pelées dans le commerce. C'est une bonne solution pour ceux qui en emploient beaucoup, mais il faut savoir qu'elles s'abîment plus rapidement que les autres. Personnellement, je m'en tiens aux têtes entières fraîches.

SÉPARER LES GOUSSES D'AIL. Au moment de commencer la cuisson, appuyez sur la tête d'ail avec la base de la main afin de séparer les gousses. Écartez délicatement celles-ci avec les doigts.

PELER LES GOUSSES D'AIL.
1RE MÉTHODE : appuyez sur la gousse avec le plat d'un couperet ou d'un couteau de chef, juste assez pour déchirer la peau qui recouvre la gousse mais pas suffisamment pour broyer l'ail. Ôtez la peau avec les doigts.
2E MÉTHODE : mettez les gousses dans un pot, fermez et secouez vigoureusement le pot durant 20 secondes. La peau se détachera alors des gousses.

PARER L'AIL. À l'aide d'un couteau d'office, ôtez l'extrémité fibreuse. Si un germe vert traverse la gousse, coupez celle-ci en deux dans le sens de la longueur et retirez-le avec la pointe du couteau.

DÉBARRASSER SES MAINS DE L'ODEUR D'AIL. On aime ou on n'aime pas l'odeur persistante de l'ail, c'est selon. La meilleure manière d'éviter d'en imprégner ses doigts consiste à porter des gants de latex quand on en manipule. Autrement, lavez vos doigts au savon liquide, puis au bicarbonate de soude dissous dans de l'eau.

Préparer l'ail

1 Appuyez sur la tête d'ail avec la base de la main pour séparer les gousses.

2 Appuyez délicatement sur la gousse avec le plat d'un couperet ou d'un couteau de chef pour en détacher la peau.

3 Ôtez la peau avec les doigts.

4 Coupez la gousse en travers en tranches de 0,5 cm ($\frac{1}{4}$ po).

5 Ou encore, écrasez la gousse avec le plat d'un couteau : orientez le bord de la lame vers la planche à découper de sorte que vous ne risquiez pas de vous couper et appuyez dessus avec le côté du poing.

6 Pour hacher ou émincer la gousse, coupez-la au couteau dans un mouvement de haut en bas jusqu'à ce que les morceaux soient de la taille désirée.

Comment préparer des croustilles d'ail

Les tranches d'ail frit sont excellentes dans les salades, sur le poisson et les côtelettes de porc, dans la sauce à l'arachide asiatique, en garniture dans les soupes et dans une foule d'autres plats. Si possible, les préparer tout au plus 1 heure avant de les servir.

Peler et parer 6 à 8 gousses d'ail, puis les couper en travers en fines tranches. (Outil utile: la lame d'un rasoir à barbe convient bien pour cette tâche.) Verser l'huile végétale à hauteur de 1 cm (½ po) dans une petite poêle; il en faudra environ 125 ml (½ tasse). Chauffer à feu moyen pendant 1 ou 2 minutes, selon la cuisinière. Ajouter 1 tranche d'ail; l'huile sera suffisamment chaude quand des bulles se formeront autour de l'ail quelques secondes après qu'on l'aura jeté dedans.

Jeter toutes les tranches d'ail dans l'huile et, en remuant à l'écumoire ou à la fourchette, les cuire 1 à 2 minutes ou jusqu'à ce qu'elles soient dorées. Les retirer aussitôt de l'huile à l'aide d'une écumoire et les mettre à égoutter sur une assiette tapissée de papier absorbant. Surveiller attentivement la cuisson: les tranches d'ail ne doivent pas brûler. Conserver l'huile, qui sera imprégnée de la saveur de l'ail et pourra être employée dans de futurs sautés. Garder l'ail frit sur le papier absorbant ou dans un petit bol et l'employer au plus tard 1 ou 2 heures après l'avoir frit. L'huile se conservera plusieurs heures à température ambiante ou quelques jours au réfrigérateur.

1 Dans une petite poêle, chauffer l'huile d'olive à feu moyen-vif. En remuant à la cuiller en bois, cuire les cubes de pain 1 à 2 minutes ou jusqu'à ce qu'ils soient dorés. Ajouter l'ail et le jambon, et cuire 1 à 2 minutes ou jusqu'à ce que l'ail commence à dorer. Ne pas le laisser brûler, car il serait amer.

2 Ajouter le paprika et le bouillon de poulet. Faire bouillir 2 minutes (assez longtemps pour qu'il absorbe la saveur de l'ail). Saler et poivrer au goût; la soupe doit être bien assaisonnée.

3 Casser un œuf dans un petit bol en veillant à ne pas répandre le jaune. Glisser l'œuf dans la soupe. Régler le feu à moyen de sorte que le liquide mijote à peine. Pocher l'œuf dans la soupe 2 à 3 minutes ou jusqu'à ce qu'il coagule tout juste, en l'arrosant de bouillon chaud pour le cuire à la surface. Déposer la soupe à la louche dans un bol, en veillant à ne pas défaire l'œuf, et servir. À noter qu'il vaut mieux préparer cette soupe juste avant de la servir. Sa force réside dans la spontanéité de sa préparation.

SOUPE À LA BIÈRE
AVEC CHEDDAR ET STOUT

La bière et le fromage sont des aliments de base des Anglais depuis la période anglo-saxonne (songez à *Beowulf*, le film d'action tiré du poème épique tout aussi riche en action et que les élèves étudiaient en classe de littérature anglaise au collège) et probablement avant. Les deux résultent d'une fermentation; ajoutez un autre aliment fermenté, le pain, et vous avez le traditionnel lunch du laboureur composé d'une assiette de fromages et de pickles. Cette soupe à la bière épaisse et crémeuse est comme une fondue qu'on avale à la cuiller et qui présente un intéressant contraste entre la saveur amère de la stout et le goût piquant du cheddar. **4 portions**

INGRÉDIENTS Pour préserver l'authenticité du plat, optez pour de la stout Guinness et un cheddar anglais piquant, tel que le Dorset Drum ou le Quickes. Cependant, votre soupe sera tout aussi savoureuse si vous optez pour un autre cheddar, tel que

- 3 c. à soupe de beurre
- 1 botte d'oignons verts, racines ôtées, parties blanche et verte hachées finement
- 2 carottes pelées et hachées finement
- 2 tiges de céleri hachées finement
- 3 c. à soupe de farine tout usage non blanchie
- 1 bouteille de 341 ml (12 oz) de stout, Guinness ou autre
- 125 ml (½ tasse) de crème 11,5 % M.G. ou 25 % M.G., ou de lait
- 500 ml (2 tasses) de bouillon de poulet (de préférence maison, ou opter pour un produit sans sodium ou faible en sodium)
- 450 g (environ 4 tasses) de cheddar vieilli, fraîchement et finement râpé, de préférence anglais
- 1 c. à soupe de moutarde anglaise ou de Dijon
- 1 ou 2 c. à café de sauce Worcestershire
- Gros sel (casher ou de mer) et poivre noir fraîchement moulu

1 Dans une grande casserole, faire fondre le beurre à feu moyen. Réserver 2 c. à soupe d'oignon vert pour le service. Ajouter dans la casserole le reste de l'oignon vert, ainsi que les carottes et le céleri. En remuant à la cuiller en bois, cuire 4 minutes ou jusqu'à ce que les légumes commencent à dorer. Incorporer la farine et cuire 1 minute, ou le temps de bien mélanger.

2 Incorporer graduellement au fouet la bière; la préparation moussera et épaissira. Incorporer au fouet la crème (ou le lait) et le bouillon de poulet. Laisser mijoter 10 minutes ou jusqu'à ce que les légumes soient bien tendres. Réduire en purée à l'aide d'un mélangeur à main (voir page 23) ou au mélangeur; ou encore, pour une soupe plus grossière, laisser les morceaux de légumes entiers. Conseil de sécurité: pour réduire la soupe en purée au mélangeur, il faut procéder par petites quantités (ne pas remplir le bocal à plus de la moitié de sa contenance); fermer hermétiquement le couvercle, le couvrir d'un linge propre avec lequel le tenir fermement en place. Remettre la soupe dans la casserole.

3 Au moment de servir, porter la soupe à léger frémissement, puis incorporer au fouet le fromage, la moutarde et la sauce Worcestershire (en mettre d'abord 1 c. à café puis rectifier au goût). Saler et poivrer au goût; la soupe devrait être bien assaisonnée. La laisser mijoter 3 minutes ou jusqu'à ce que le fromage fonde. Servir dans des bols en parsemant du reste d'oignon vert.

le Tillamook américain, et une stout américaine, comme la Riste Up de la Maryland's Evolution Brewing Company. Les bières de microbrasserie et les cheddars canadiens conviennent aussi.

ÉQUIPEMENT Votre batterie de base dont une grande casserole épaisse et un mélangeur ou un mélangeur à main.

AUTRES Vous désirez préparer rapidement une fondue au fromage? Dans une casserole épaisse frottée avec une gousse d'ail coupée, portez à ébullition 500 ml (2 tasses) de stout, d'ale ou de vin blanc. Mélangez 450 g (1 lb) de fromage râpé avec 3 c. à soupe de farine, puis incorporer cette préparation dans le liquide bouillant. Ajouter 1 c. à soupe de moutarde de Dijon ou anglaise, puis salez et poivrez au goût. Trempez cubes de pain ou légumes dans le fromage fondu.

DURÉE Environ 30 minutes.

SOUPE AUX HARICOTS BLANCS,
AU CHOU FRISÉ ET À LA KIELBASSA

Inspirée de la cuisine toscane et agrémentée d'une touche polonaise, cette soupe consistante comprend de la kielbassa (saucisse fumée à l'ail). Pour un plat italien authentique, employez de la saucisse italienne fraîche, douce ou épicée (vous devrez la cuire un peu plus longtemps). Pour une variante portugaise, employez de la *linguiça*, une saucisse aromatisée au paprika et à l'ail. **4 portions**

DURÉE Environ 15 minutes de préparation + 15 minutes de cuisson.

ÉQUIPEMENT Votre batterie de base dont une râpe et une grande casserole.

AUTRES La plupart du temps, les haricots en boîte sont présentés dans un liquide épais et riche en féculents. Je préfère les rincer et les égoutter afin de ne conserver que la saveur pure des haricots.

1 botte de chou frisé (*kale*) (si possible le noir, qui est excellent, voir page 99) ou de chou cavalier

1 gros poireau ou 1 botte d'oignons verts

1 c. à soupe d'huile d'olive extra vierge

225 g (8 oz) de saucisse kielbassa (saucisse polonaise à l'ail cuite) ou de saucisse italienne fraîche (douce ou forte), coupée en tranches fines

1 boîte de 540 ml (19 oz) de petits haricots blancs ou de cannellini, rincés et égouttés

750 ml (3 tasses) de bouillon de poulet (de préférence maison, ou opter pour un produit sans sodium ou à faible teneur en sodium)

Gros sel (casher ou de mer) et poivre noir fraîchement moulu

25 à 50 g (¼ à ½ tasse) de parmesan fraîchement râpé

1 Rincer le chou frisé et le secouer pour le sécher. Couper et jeter les tiges centrales fibreuses. Rouler les feuilles dans le sens de la longueur en un long tube et le couper en tranches de 0,5 cm (¼ po) (c'est, à mon sens, la manière la plus simple de couper du chou frisé). Réserver.

2 Si on utilise le poireau, le laver en suivant les conseils dans l'encadré ci-dessous et le trancher finement. Si on utilise les oignons verts, jeter les racines et toute partie verte flétrie, puis le trancher finement. Réserver poireau ou oignons verts.

3 Dans une grande casserole épaisse, chauffer l'huile d'olive à feu moyen. En remuant à la cuiller en bois, cuire la kielbassa 2 à 3 minutes ou jusqu'à ce qu'elle soit dorée; si on utilise plutôt de la saucisse italienne fraîche, la faire cuire 4 à 5 minutes, ou jusqu'à ce qu'elle ait perdu toute trace de couleur rosée, en remuant et défaisant la chair à la cuiller en bois. Laisser la saucisse dans la casserole, mais jeter le gras en en laissant 1 ½ c. à soupe.

4 Ajouter le poireau ou les oignons verts à la saucisse et cuire à feu moyen 3 minutes ou jusqu'à ce qu'ils dorent légèrement. Ajouter le chou frisé et le cuire 3 minutes ou jusqu'à ce qu'il tombe et ait réduit d'environ les ¾.

5 Ajouter les haricots et le bouillon de poulet. Porter à ébullition, puis baisser le feu et laisser la soupe mijoter 10 à 15 minutes ou jusqu'à ce qu'elle soit riche en arômes et que le chou soit tendre. Goûter et rectifier l'assaisonnement au besoin. La soupe doit être bien relevée.

6 Servir la soupe à la louche dans des bols. Râper le parmesan au-dessus des bols.

Nettoyer un poireau

Comme les poireaux contiennent souvent du sable, il faut bien les nettoyer avant de les employer. Pour ce faire, coupez et jetez la partie vert foncé des feuilles pour ne conserver que les parties blanche et vert tendre. Pratiquez quatre incisions dans le sens de la longueur en évitant de couper l'extrémité portant les racines. Plongez le poireau à plusieurs reprises dans un grand bol d'eau froide (comme vous le feriez pour un débouchoir à ventouse) afin d'éliminer le sable. Changez l'eau au besoin jusqu'à ce qu'il n'y ait plus de sable. Secouez le poireau pour le sécher puis tranchez-le finement en travers. Coupez et jetez l'extrémité portant les racines.

Soupe aux haricots blancs, au chou frisé et à la kielbassa ▸

SOUPE AUX HARICOTS NOIRS
ET AU CHORIZO

DURÉE Environ 15 minutes de préparation + 15 minutes de cuisson.

Voici la soupe par excellence des Caraïbes espagnoles et de l'Amérique latine, enrichie de saucisse chorizo espagnole et parfumée au cumin et à la coriandre. Remarque: si vous faites partie des 10 % de la population pour qui la coriandre fraîche a le goût du savon plutôt que celui d'une herbe agréablement aromatique, c'est probablement que vous y êtes allergique. Dans ce cas, remplacez-la par du persil plat. **4 portions**

- 1 c. à soupe d'huile d'olive extra vierge
- 225 g (8 oz) de saucisse chorizo ou linguiça précuite, coupée en tranches fines (voir la remarque ci-dessous)
- 1 oignon moyen pelé et haché finement
- 1 gousse d'ail pelée et émincée
- 1 c. à café de cumin moulu
- 10 g (½ tasse) de coriandre fraîche hachée
- 1 boîte de 540 ml (19 oz) de haricots noirs, rincés et égouttés
- 750 ml (3 tasses) de bouillon de poulet (de préférence maison, ou opter pour un produit sans sodium ou faible en sodium)
- Gros sel (casher ou de mer) et poivre noir fraîchement moulu
- 25 à 50 g (¼ à ½ tasse) de fromage manchego ou monterey jack ou cheddar, grossièrement râpé

1 Dans une grande casserole épaisse, chauffer l'huile d'olive à feu moyen. En remuant à la cuiller en bois, cuire la saucisse 3 minutes ou jusqu'à ce qu'elle soit dorée. Selon la variété, elle libérera peu ou beaucoup de gras; garder environ 1 ½ c. à soupe de gras dans la poêle et jeter le reste de gras.

2 Ajouter l'oignon, l'ail et le cumin, et cuire à feu moyen 3 minutes ou jusqu'à ce que l'oignon et l'ail soient dorés. Ajouter la coriandre, en réservant 2 c. à soupe pour le service, les haricots noirs et le bouillon de poulet. Porter à ébullition, puis baisser le feu et laisser mijoter 10 à 15 minutes ou jusqu'à ce que la soupe soit bien parfumée. Goûter et rectifier l'assaisonnement au besoin; la soupe devrait être bien relevée. On peut préparer cette partie du plat à l'avance. Laisser refroidir à température ambiante, puis réfrigérer dans un récipient muni d'un couvercle. Elle se conservera ainsi 2 jours. Réchauffer dans une casserole à feu moyen.

3 Servir la soupe à la louche dans des bols et garnir des 2 dernières c. à soupe de coriandre. Parsemer de fromage râpé.

Remarque: pour une variante végétarienne, omettre simplement la saucisse et remplacer le bouillon de poulet par du bouillon de légumes (opter pour une bonne marque). Les haricots fourniront les protéines.

Émincer des herbes

1 Ôtez les feuilles des tiges épaisses en passant délicatement celles-ci entre l'index et le pouce, de haut en bas. Si désiré, enlevez aussi les tiges plus fines.

2 Réunissez les feuilles en un tas serré de sorte qu'elles soient toutes orientées dans le même sens et hachez-les en déplaçant le couteau d'avant en arrière.

3 Faites en sorte que la pile soit aussi serrée que possible tandis que vous continuez à hacher. Modifiez légèrement la direction du couteau chaque fois que vous hachez.

4 Une fois l'opération terminée, vos herbes seront réduites en un tas de très fins morceaux.

SOUPE DU BÛCHERON
(SOUPE AUX POIS CASSÉS ET AU JAMBON DE CAMPAGNE)

INGRÉDIENTS Les pois verts cassés se vendent au poids dans des sachets de plastique ou en vrac dans les magasins de produits naturels.

ÉQUIPEMENT Batterie de cuisine de base dont une grande casserole.

AUTRES Comme les pois cassés sont généralement vendus en sachet de 450 g (1 lb), cette recette permet de préparer une bonne quantité de soupe, soit assez pour nourrir 8 convives. Congelez les surplus dans des récipients de 500 ml (2 tasses) pour en avoir en tout temps.

DURÉE Environ 45 minutes.

Jadis populaire auprès des bûcherons du Québec et du Maine, cette purée de pois cassés possède tout ce qu'on attend d'une soupe: une texture riche et crémeuse, une saveur de jambon fumé insistante et des ingrédients bon marché. Sa préparation demande un peu plus de temps que les autres soupes du fait qu'on emploie des pois cassés secs. (Ce qui ne signifie pas que vous passerez tout ce temps à cuisiner, bien au contraire.) Comme la plupart des soupes à base de légumineuses, elle est encore meilleure le lendemain ou le surlendemain (conservez-la au réfrigérateur). Remarque: comme la soupe épaissira à la longue, vous devrez l'étendre avec du bouillon, de l'eau ou un peu de lait quand vous la réchaufferez. **8 portions**

- 2 c. à soupe d'huile d'olive extra vierge ou de beurre
- 1 gros oignon pelé et haché finement
- 340 g (12 oz) de jambon fumé, de jambon Smithfield ou de steak de jambon, coupé en dés
- 450 g (1 lb) de pois verts cassés
- 4 carottes pelées et coupées en tranches de 1 cm (½ po)
- 250 ml (1 tasse) de lait ou de crème 11,5 % M.G.
- 1,75 litre (7 tasses) de bouillon de poulet (de préférence maison, ou opter pour un produit sans sodium ou faible en sodium) ou d'eau, + au besoin
- 1 feuille de laurier
- Gros sel (casher ou de mer) et poivre noir fraîchement moulu

1 Dans une grande casserole épaisse, chauffer l'huile d'olive à feu moyen. Cuire l'oignon et le jambon 4 minutes, ou jusqu'à ce que l'oignon soit légèrement doré.

2 Incorporer les pois cassés, les carottes, le lait (ou la crème), le bouillon de poulet et la feuille de laurier. Porter lentement à ébullition, puis baisser le feu à moyen-doux et, en remuant souvent, laisser mijoter 30 à 40 minutes ou jusqu'à ce que la soupe soit épaisse et crémeuse. Si elle est trop épaisse, ajouter du bouillon ou de l'eau. Au moment de servir, jeter la feuille de laurier, goûter et rectifier l'assaisonnement; la soupe devrait être bien relevée.

3 Pour une soupe grossière (comme je l'aime), servir telle quelle. Pour une soupe crémeuse, réduire en purée au mélangeur ou directement dans la casserole à l'aide d'un mélangeur à main. Servir aussitôt. Les restes se conserveront quelques jours au réfrigérateur dans un récipient hermétique (laisser refroidir à température ambiante avant de réfrigérer). Réchauffer dans une casserole à feu doux, en ajoutant au besoin du bouillon ou de l'eau.

CHAUDRÉE DE PALOURDES

Il y a plus de 500 ans, des pêcheurs bretons venus de la côte ouest française (ceux-là même qui sont censés avoir « découvert » l'Amérique du Nord des décennies avant Christophe Colomb) faisaient cuire un ragoût de poisson dans une casserole en fonte portant le nom de « chaudière ». C'est là l'origine de la chaudrée, cette soupe crémeuse, fumée et saumurée. On peut la préparer avec du poisson. Elle peut être blanche, rouge ou végétarienne (voir la chaudrée de maïs dans les variantes à la page 82). Si vous n'avez jamais goûté à une véritable chaudrée maison, ce sera pour vous une révélation. **4 portions**

2 tranches épaisses de bacon artisanal, coupées en morceaux de 0,5 cm (¼ po)

1 oignon moyen pelé et haché finement

2 c. à soupe de farine tout usage non blanchie

500 ml (2 tasses) de bouillon ou de jus de palourde embouteillé, ou de bouillon de poulet

500 ml (2 tasses) de crème 11,5 % M.G.

½ c. à café de thym frais (facultatif)

450 g (1 lb) de pommes de terre, pelées et coupées en cubes de 2 cm (¾ po)

24 palourdes du Pacifique, petites ou moyennes, ou 12 grosses dans leur coquille, ou l'équivalent d'environ 250 ml (1 tasse) de palourdes décoquillées avec leur jus

Poivre noir fraîchement moulu et, au besoin, un soupçon de gros sel (casher ou de mer)

1 c. à soupe de ciboulette émincée ou de vert d'oignon vert haché

1 Dans une grande casserole épaisse, cuire le bacon à feu moyen 1 minute ou jusqu'à ce que la graisse commence à fondre. Ajouter l'oignon et, en remuant souvent, cuire 3 minutes ou jusqu'à ce que bacon et oignon soient légèrement dorés. Ajouter la farine et, en remuant souvent, cuire 1 minute jusqu'à ce qu'elle grésille mais sans qu'elle dore.

2 Incorporer le bouillon (ou le jus) de palourde et la crème, et porter à ébullition à feu moyen-vif, en grattant le fond de la casserole à la cuiller en bois pour éviter que la préparation ne colle au fond. Le liquide épaissira légèrement. Ajouter le thym frais, si désiré, et les pommes de terre, régler le feu à moyen et laisser mijoter 8 à 10 minutes ou jusqu'à tendreté (on peut alors les piquer facilement à la fourchette). Réserver. (La chaudrée peut être préparée à l'avance jusqu'à cette étape; la laisser refroidir à température ambiante, puis la réfrigérer dans la casserole fermée, où elle se conservera 3 jours.) Réchauffer à feu moyen.

3 Gratter les coquilles des palourdes. En travaillant au-dessus d'un grand bol, les ouvrir. Il devrait y avoir environ 250 ml (1 tasse) de chair et de jus. On peut laisser les petites palourdes entières. Couper les plus grosses en dés de 0,5 cm (¼ po).

4 Un peu avant de servir, remuer les palourdes et leur jus. Les laisser mijoter à feu moyen 1 à

INGRÉDIENTS Idéalement, vous emploierez des palourdes fraîchement ouvertes. Vous trouverez à la page 266 les indications pour les ouvrir. Pour gagner du temps, demandez à votre poissonnier de les ouvrir pour vous. (Le mien le fait pour un montant additionnel de 1$ la livre.) Autre possibilité: employez des palourdes fumées ou en boîte (oubliez que j'ai mentionné ces dernières...). Pour intensifier la saveur des palourdes, utilisez du bouillon de palourde embouteillé (ou jus de palourde), qu'on trouve habituellement à côté du thon en boîte.

J'opte pour les pommes de terre à peau rouge fine ou les petites pommes de terre blanches de type ratte. Vous en trouverez au marché et dans la plupart des supermarchés.

ÉQUIPEMENT Batterie de base dont une grande casserole épaisse, et un couteau à palourdes.

AUTRES Certains New-Yorkais (mais pas mon éditrice, Suzanne Rafer) et habitants du Rhode Island aiment que leur chaudrée soit peu épaisse et contienne des tomates. Si vous souscrivez à cette hérésie, ajoutez de l'eau à la place de la crème 11,5% M.G. et quelques tomates mûres coupées en dés.

Voir à la page 266 les indications pour ouvrir les palourdes.

DURÉE Environ 30 minutes.

2 minutes ou juste le temps de les cuire. Voilà le secret de la réussite de ma chaudrée: j'évite de trop les cuire. Poivrer généreusement. Les palourdes étant salées, le sel est probablement superflu, mais en ajouter au besoin. Servir la chaudrée à la louche dans des bols et parsemer de ciboulette.

Variantes

Chaudrée de poisson frais ou fumé: préparer la chaudrée comme ci-dessus, en remplaçant les palourdes par 450 g (1 lb) de poisson cru en dés. Aiglefin, aiglefin fumé, flétan, morue, vivaneau, saumon, saumon fumé conviennent tous pour ce plat.

Chaudrée de maïs: préparer la chaudrée comme ci-dessus, en remplaçant les palourdes par 150 g (1 tasse) de grains de maïs grillés (l'équivalent de 2 ou 3 épis). Pour une variante végétarienne, remplacer le bacon par 70 g (½ tasse) de poivron rouge et 70 g (½ tasse) de céleri; remplacer aussi la graisse de bacon par de l'huile d'olive. Au lieu du jus de palourde, employez 500 ml (2 tasses) de bouillon de légumes.

Un excellent

CHILI AU BŒUF ET AU PORC

INGRÉDIENTS Employez une poudre de piment pur, plutôt qu'un mélange, et de préférence à base de piment ancho.

ÉQUIPEMENT Votre batterie de base dont une grande casserole épaisse telle qu'un faitout.

Pour ce premier chili, nous avons adopté une approche en quelque sorte œcuménique, puisqu'il comprend du bœuf et du porc, qui sont à la fois coupés en dés et hachés, deux variétés de haricots et de bonnes quantités de poudre de piment ainsi que de piments poblano et jalapeno, pour le piquant. Ne vous laissez pas décourager par la longue liste d'ingrédients: vous avez probablement déjà la plupart des aromates. Et malgré les consignes élaborées, vous pouvez probablement le réaliser en 1 heure. **8 portions**

AUTRES À première vue, la présence de chocolat semi-sucré dans un chili peut sembler bizarre, mais gardez à l'esprit que les Aztèques préparaient leur chocolat chaud avec des grains de cacao et des piments. (On raconte que Montezuma en consommait 12 litres [50 tasses] par jour.) Bien sûr, comme la plupart des chilis, sa saveur s'améliore quand il est préparé quelques heures, voire quelques jours, à l'avance.

DURÉE 1 heure à 1 heure 30 minutes.

- 2 c. à soupe d'huile d'olive extra vierge
- 450 g (1 lb) de queue de filet de bœuf, coupée en dés de 0,5 à 1 cm (¼ à ½ po)
- 900 g (2 lb) de bœuf ou de bison haché maigre
- 115 g (¼ lb) de porc haché
- 1 gros oignon pelé et haché finement
- 1 piment poblano épépiné et haché finement
- 1 à 3 piments jalapenos frais épépinés et hachés finement
- 2 gousses d'ail pelées et émincées
- 80 ml (⅓ tasse) de poudre de piment, ou + au goût
- 2 c. à café de cumin moulu
- 1 c. à café de poivre noir fraîchement moulu
- 1 c. à café d'origan séché
- ½ c. à café de cannelle moulue
- 1 litre (4 tasses) de bouillon de bœuf ou de poulet, de préférence maison
- 1 bouteille de 341 ml (12 oz) de bière blonde ou brune
- 1 boîte de 227 ml (8 oz) de sauce tomate, de préférence biologique
- 2 boîtes de 540 ml (19 oz) de haricots pinto, de préférence biologiques et faibles en sodium, rincés et égouttés
- 2 boîtes de 540 ml (19 oz) de haricots rouges, de préférence biologiques et faibles en sodium, rincés et égouttés
- 1 c. à soupe comble de cassonade foncée, + au goût
- 1 à 3 c. à café de sauce tabasco
- 30 g (1 oz) de chocolat semi-sucré, tel que Baker's (économique) ou Scharffen Berger (plus cher)
- Gros sel (casher ou de mer)
- Garnitures : voir « Que servir avec le chili ? » ci-dessous

1 Dans un faitout, chauffer l'huile à feu vif. En remuant souvent, cuire les dés de filet de bœuf 4 à 6 minutes ou jusqu'à ce qu'ils soient dorés sur toutes leurs faces. Au besoin, procéder par lots pour ne pas surcharger la poêle. Déposer la viande dans une grande assiette.

2 En procédant par 2 ou 3 lots, faire dorer le bœuf et le porc hachés à feu vif, environ 4 minutes par lot. Déposer la viande hachée dans l'assiette et jeter le gras du faitout sauf 2 c. à soupe.

3 Ajouter l'oignon, le poblano, les jalapenos et l'ail, régler le feu à moyen-vif et cuire 4 minutes ou jusqu'à ce qu'ils soient légèrement dorés. Ajouter la poudre de piment, le cumin, le poivre noir, l'origan et la cannelle. Cuire 2 minutes ou jusqu'à ce que les épices libèrent leur arôme.

4 Ajouter le bouillon, la bière et la sauce tomate. Remettre la viande dans le faitout. En remuant à l'occasion, laisser mijoter doucement à feu moyen 30 à 40 minutes ou jusqu'à ce que les cubes de bœuf soient bien tendres et que le chili soit parfumé. (Baisser le feu au besoin de sorte que la viande mijote doucement.)

5 Ajouter les haricots pinto et rouges, la cassonade, la sauce tabasco et le chocolat. Laisser mijoter doucement 5 minutes ou jusqu'à ce que le chili épaississe. Goûter et ajouter au besoin du sel, de la cassonade, de la poudre de piment, du cumin ou de la sauce tabasco ; le chili devrait être bien relevé.

6 On peut servir le chili aussitôt ou laisser les saveurs se marier quelques heures voire quelques jours au réfrigérateur. Servir les garnitures à part.

Que servir avec le chili ?

Ce qu'on ajoute au chili dépend de ses ingrédients. Le fromage râpé, la crème sure et les oignons verts sont indispensables. Les autres garnitures ne sont limitées que par votre imagination.

- Croustilles de maïs
- Crème sure
- Cheddar (orange ou blanc) grossièrement râpé
- Monterey jack au piment grossièrement râpé
- Oignons verts hachés finement
- Tomates mûres hachées
- Oignon doux coupé en dés fins
- Dolique bulbeux pelé et coupé en dés
- Piments jalapeno frais ou marinés, tranchés finement
- Olives noires dénoyautées et tranchées finement
- Feuilles de coriandre fraîche hachées

Préparer les tomates

ÉPÉPINER UNE TOMATE

1 Coupez la tomate en deux en travers (si c'était un globe terrestre, vous le couperiez au niveau de l'équateur).

2 Tenez une moitié dans la main et pressez délicatement pour en extraire les graines et le liquide.

3 À l'aide d'un manche de cuiller, grattez la chair pour en retirer les graines restantes.

HACHER UNE TOMATE

1 Coupez la tomate en deux en travers, puis chaque moitié en tranches de 1 cm (½ po).

2 Empilez les tranches et coupez-les dans le sens de la largeur en lanières de 1 cm (½ po).

3 Coupez les lanières en travers pour obtenir des dés.

GUIDE CULINAIRE À L'INTENTION DES GARS

CHILI

(OU LES 10 ÉTAPES D'UN CHILI RÉUSSI)

D'abord, quelques propos hérétiques : il n'existe pas une telle chose qu'un chili unique et parfait. Les Texans préfèrent le leur tout bœuf, idéalement avec de la viande coupée en petits cubes plutôt que hachée, et les cuisiniers qui y ajoutent des haricots ou d'autres agents de remplissage perdent des points. Au Nouveau-Mexique, ce sont les piments qui ont de l'importance, certaines variantes étant même exemptes de viande. Le plus étrange de tous est peut-être celui de Cincinnati, qui comprend cinq couches : spaghettis, bœuf haché parfumé à la cannelle, oignons, haricots rouges et fromage orange râpé.

Puis, il y a les accompagnements, qui doivent comprendre au moins de la crème sure, du cheddar ou du monterey jack râpé et des oignons verts hachés. On peut ajouter à cela des dés de tomate, qui rafraîchissent le tout, tandis que les avocats et les olives noires tranchées confèrent au plat une touche tex-mex. Pratiquement partout au pays, on accompagne le chili de craquelins mais, en ce qui me concerne, ce plat n'est pas complet sans pain de maïs.

John Jepson de Merced, en Californie, connaît une ou deux choses sur le chili. Cet ex-gagnant du grand championnat de l'International Chili Society a un jour battu 137 champions étatiques et régionaux devant 30 000 spectateurs, remportant ainsi un prix de 25 000 $. Que faut-il donc pour devenir champion du monde en matière de chili ?

D'abord, de la pratique. Jepson a commencé à préparer des chilis il y a plus de 30 ans, participant à plus d'une douzaine de compétitions chaque année. Puis de la rétroaction. Le champion prend des notes sur chaque chili qu'il prépare. Il revoit même les notes des juges afin de savoir ce qui a fonctionné ou pas. Finalement, il y a les piments. Jepson emploie un mélange de poudres de piment doux et piquant du Nouveau-Mexique, en ajoutant un peu de piment Anaheim de la Californie, ce qui lui confère de la douceur.

Voici ce que, à son avis, vous devriez savoir pour réussir un chili parfait :

1. VISEZ LA PURETÉ. Le chili con carne ne devrait comprendre que deux ingrédients principaux, à savoir du bœuf et des piments ou de la poudre de piment. Pas de haricots. Pas d'agents de remplissage. Pas de pâtes (désolé, Cincinnati).

2. CHOISISSEZ LA VIANDE APPROPRIÉE. Jepson emploie du triangle de bas de surlonge. Dans l'Ouest, vous en trouverez au supermarché. Dans l'Est, vous devrez peut-être le commander à votre boucher (ou remplacez-le par du haut de surlonge ou des queues de filet). Jepson coupe la viande en cubes de 0,5 cm (¼ po), ce qui, selon lui, donne une meilleure consistance au plat que le bœuf haché.

3. EMPLOYEZ LA CASSEROLE ADÉQUATE. Durant des décennies, Jepson a cuit son chili dans une casserole épaisse en acier inoxydable multicouches. Épaisse, de sorte que la chaleur soit distribuée uniformément, multicouches (avec une âme en cuivre) afin d'empêcher les aliments de brûler, et acier inoxydable parce que si la fonte éveille la nostalgie du cowboy, Jepson estime qu'elle confère un goût métallique au chili. Bref, une grande casserole épaisse en acier inoxydable devrait faire l'affaire.

4. SUIVEZ LE BON ORDRE DES OPÉRATIONS. Faites d'abord dorer la viande, puis ajoutez le bouillon. (Jepson emploie un mélange de bouillon de bœuf et de bouillon de poulet, qui confère une saveur plus complexe au plat.) Enfin, ajoutez les poudres de piment, les tomates et les autres assaisonnements.

5. AJOUTEZ LES POUDRES DE PIMENT UNE PETITE QUANTITÉ À LA FOIS. En procédant graduellement, vous aurez une meilleure maîtrise de la préparation et assaisonnerez votre chili à votre goût. Vous pouvez toujours rajouter du piment, mais impossible d'en enlever.

6. EMPLOYEZ DE LA POUDRE D'OIGNON ET D'AIL. Vous serez peut-être étonné que Jepson préfère l'oignon et l'ail séchés à leur équivalent frais. C'est que, selon lui, la saveur de ces deux ingrédients frais varie d'une région à l'autre, alors que, s'ils sont séchés, elle est plus uniforme, ce qui se traduit dans le produit final.

7. ALLEZ-Y MOLLO SUR LA TOMATE. Il en faut un peu (Jepson n'en n'ajoute pas plus de 60 g [$\frac{1}{3}$ tasse] par 450 g [1 lb] de viande), mais pas trop, à défaut de quoi la saveur des autres ingrédients en sera altérée.

8. RENONCEZ AUX INGRÉDIENTS INSOLITES. Jepson rejette le rocou (graines d'annatto), la cannelle, la poudre de cacao et les autres assaisonnements excentriques auxquels ont recours les innovateurs dans le but de se distinguer des autres.

9. FAITES EN SORTE QUE VOTRE CHILI SOIT PIQUANT mais pas brûlant. Jepson classe son chili dans la catégorie «trois alarmes», c'est-à-dire assez piquant pour présenter un intérêt culinaire, mais pas au point qu'on ne souhaite pas se resservir. Le but à atteindre est l'équilibre: le plat doit être savoureux, mais aucune saveur ne doit dominer les autres.

10. ÉTUDIEZ AVANT DE VOUS LANCER. Le site de l'International Chili Society (chilicookoff.com) présente les recettes (en anglais) des chilis qui ont obtenu des prix au cours des 45 dernières années. Gardez toutefois à l'esprit que vous n'avez pas à gagner: la chose la plus importante quand on prépare un chili, c'est de s'amuser.

Vous trouverez la recette du chili gagnant de John Jepson sur chilicookoff.com *(anglais seulement). Cliquez sur* Recipes.

Chili vert du Nouveau-Mexique

CHILI VERDE

INGRÉDIENTS Le piment Hatch frais est en saison de la mi-août à la fin de septembre. On peut en commander en ligne à melissas.com. À défaut d'en trouver, remplacez-le par des poblano, des Anaheim ou d'autres piments du Nouveau-Mexique.

La tomatille est un petit fruit ressemblant à une tomate verte munie d'une enveloppe parcheminée. On en trouve dans la plupart des supermarchés. La masa harina, une farine de maïs qu'on emploie pour confectionner des tortillas, peut être utilisée comme épaississant. On en trouve dans les épiceries mexicaines et plusieurs supermarchés. Quant à l'origan mexicain, on le trouve au rayon des produits ethniques de certains supermarchés ou en ligne à amazon.com. Apparentée à la verveine citronnée, sa saveur est plus robuste que celle de l'origan commun, qui appartient à la famille de la menthe. Cependant, dans un plat aux saveurs aussi prononcées que le chili *verde*, vous ne noterez probablement pas la différence.

Le courriel est arrivé tôt un matin d'août : « Nous avons de véritables petites bombes incendiaires ; combien de livres en voulez-vous ? » Les bombes en question étaient des piments Hatch du Nouveau-Mexique, que m'offrait Robert Schueller de Melissa, auprès de qui je me fournis en produits exotiques. J'ai commandé une caisse de ces piments produits dans la Hatch Valley du Nouveau-Mexique. Étant donné leur arôme herbeux et leur piquant contrôlé, ils ne possèdent pas la morsure sadique du habanero, mais un feu lent qui vous pousse à en vouloir plus. Et plus. Ce qui m'amène au deuxième chili de notre liste, le chili *verde* (ou chili vert) du Nouveau-Mexique. Il devrait faire partie de vos recettes ; il contribuera sûrement à réveiller vos convives lors de votre fête d'avant match ou du Super Bowl. **6 à 8 portions**

Chili *verde*

24 piments Hatch ou d'une autre variété du Nouveau-Mexique

450 g (1 lb) de tomatilles, enveloppe ôtée (la faire glisser avec les doigts), rincées

750 ml (3 tasses) de bouillon de poulet (de préférence maison, ou opter pour un produit sans sodium ou faible en sodium), ou + au besoin

10 g (¾ tasse) de coriandre fraîche hachée

1,35 kg (3 lb) d'épaule ou de côtelettes de porc campagnardes, désossées

2 c. à soupe d'huile végétale

1 gros oignon pelé et haché finement

2 gousses d'ail pelées et hachées finement

1 c. à café de cumin moulu, ou + au goût

1 c. à café d'origan séché, de préférence mexicain (voir INGRÉDIENTS), ou + au goût

1 c. à soupe de farine ou de semoule de maïs jaune (facultatif)

Gros sel (casher ou de mer) et poivre noir fraîchement moulu

Accompagnements (facultatif)

Totopos (croustilles de maïs) fraîchement frits ou du commerce, mais de bonne qualité, ou tortillas de maïs fraîches

Garnitures : voir « Que servir avec le chili ? » (page 84)

1 *Cuisson au barbecue des piments et des tomatilles :* régler le barbecue pour la cuisson directe et le préchauffer à feu vif.

2 Quand il est chaud, déposer les piments et les tomatilles sur la grille chaude et, en les retournant avec des pinces de manière à bien carboniser la peau, les faire rôtir 8 à 10 minutes ou jusqu'à ce que les peaux soient bien dorées sur toutes les faces. On peut aussi les faire rôtir sous le gril du four, ou au-dessus du bec de gaz ou du foyer (les déposer directement sur le foyer).

3 Laisser piments et tomatilles refroidir. À l'aide d'un couteau d'office, gratter la peau noircie des piments. Remarque: porter des gants en latex si la peau des mains est sensible. Retirer les membranes et les graines des piments ainsi que les queues des tomatilles. Les hacher grossièrement et les passer au robot culinaire ou au mélangeur avec le bouillon de poulet et 7 g (½ tasse) de coriandre (si on prépare le chili un jour à l'avance, conserver le reste de coriandre dans un sachet de plastique au réfrigérateur). Réduire en purée grossière et réserver.

4 Couper le porc en cubes de 2,5 cm (1 po). Ne pas le parer excessivement: il faut un peu de gras. Le saler et le poivrer généreusement sur toutes ses faces.

5 Dans un faitout ou une grande casserole, chauffer l'huile à feu vif. En procédant par 2 ou 3 lots et en remuant à la cuiller en bois, cuire les cubes de porc en une seule couche 6 à 8 minutes par lot ou jusqu'à ce qu'ils soient dorés sur toutes leurs faces. Déposer à mesure les cubes cuits dans une assiette. Jeter le gras de la casserole en en laissant environ 2 c. à soupe.

6 Ajouter l'oignon, l'ail, le cumin et l'origan dans la casserole, régler le feu à moyen-vif et cuire 4 minutes ou jusqu'à ce que les épices soient dorées et libèrent leur arôme. Remettre le porc dans la casserole. Incorporer la purée de piments et de tomatilles.

7 Régler le feu à moyen-doux ou à doux et, en remuant à l'occasion, laisser mijoter doucement le chili de 2 heures 30 minutes à 3 heures ou jusqu'à ce que le porc soit bien tendre. (On peut aussi cuire le chili dans un four réglé à 135 °C [275 °F].) S'il est trop liquide, le cuire à découvert durant les 30 dernières minutes afin de laisser une partie du liquide s'évaporer. Si désiré, on peut aussi ajouter une cuillerée de farine de maïs (masa harina) pour l'épaissir. (La saupoudrer à la surface, puis remuer.) S'il est trop épais, rajouter du bouillon de poulet, 125 ml (½ tasse) à la fois. La consistance recherchée se trouve entre celles de la soupe et du ragoût: épaisse mais qu'on peut verser. Goûter et rectifier l'assaisonnement (sel, poivre, cumin et origan) au besoin; le mélange devrait être bien relevé. Servir aussitôt ou laisser refroidir à température ambiante, puis couvrir et conserver au réfrigérateur. Réchauffer à feu moyen environ 30 minutes avant de servir.

8 Servir le chili *verde* dans de grands bols peu profonds en garnissant de la coriandre restante. Accompagner de totopos (croustilles) et de toute autre garniture désirée.

ÉQUIPEMENT Votre batterie de base dont un robot culinaire ou un mélangeur et une grande casserole telle qu'un faitout.

AUTRES Dans le sud des États-Unis, on trouve facilement au marché des piments Hatch ou d'autres piments néo-mexicains fraîchement rôtis quand ils sont en saison. (Les fermiers les font rôtir dans des paniers de fil métallique cylindriques à l'aide d'un chalumeau industriel.) Si vous pouvez trouver des piments rôtis frais ou surgelés, omettez les étapes 1 et 2.

DURÉE Environ 1 heure de préparation + 3 heures de cuisson.

CHILI SIN CARNE

Tout homme devrait savoir comment préparer un excellent chili sans viande. Un chili qu'il pourra servir à sa petite amie ou aux copains végétariens, ou qu'il consommera lui-même dans le but de réduire son apport en gras et de rehausser la valeur santé de ce plat emblématique de l'Amérique. Ce chili est fumé et piquant à souhait, grâce à l'ajout de chipotle (jalapenos fumés) et de cheddar fumé. Comme il est composé de trois variétés de haricot (noir, rouge et pinto), qui lui apportent consistance et protéines, il serait étonnant que la viande vous manque. **6 à 8 portions**

INGRÉDIENTS Procurez-vous des piments chipotles en boîte; vous aurez alors de la sauce adobo acidulée en plus des jalapenos fumés. Procurez-vous aussi du cheddar fumé pour servir.

ÉQUIPEMENT Votre batterie de base dont une râpe carrée et une grande casserole.

AUTRES Pour rehausser la saveur du plat, faites griller 1 ou 2 épis de maïs quand il est en saison, prélevez les grains au couteau et ajoutez-les au chili en même temps que les haricots.

DURÉE Environ 30 minutes.

2 c. à soupe d'huile d'olive extra vierge

1 piment poblano ou un petit poivron vert, épépiné et coupé en dés

1 gros oignon pelé et haché finement

2 gousses d'ail pelées et émincées

1 c. à soupe de piment en poudre, tel que piment ancho, ou de paprika fumé

1 c. à café de cumin moulu

1 c. à café d'origan séché, de préférence mexicain

125 ml (½ tasse) de bière brune, de préférence mexicaine

1 boîte de 540 ml (19 oz) de haricots noirs, de préférence biologiques et faibles en sodium, rincés et égouttés

1 boîte de 540 ml (19 oz) de petits haricots rouges, de préférence biologiques et faibles en sodium, rincés et égouttés

1 boîte de 540 ml (19 oz) de haricots pinto, de préférence biologiques et faibles en sodium, rincés et égouttés

1 boîte de 796 ml (28 oz) de tomates pelées, hachées, avec le jus (voir la remarque ci-dessous)

1 ou 2 piments chipotles en sauce adobo, émincés, avec 1 c. à soupe de leur jus

500 ml (2 tasses) de bouillon de légumes maison, ou bouillon du commerce de qualité

Gros sel (casher ou de mer) et poivre noir fraîchement moulu

Sauce piquante (facultatif)

2 c. à soupe de farine ou de fécule de maïs jaune (facultatif)

Garnitures : voir « Que servir avec le chili ? » (page 84)

1 Dans une grande casserole épaisse, chauffer l'huile à feu moyen. En remuant souvent à la cuiller en bois, cuire le poblano (ou le poivron) et l'oignon 4 à 6 minutes ou jusqu'à ce qu'ils soient bien dorés. Au bout d'environ 2 minutes de cuisson, ajouter l'ail. Ne pas le laisser brûler, car il serait amer.

2 Ajouter la poudre de piment, le cumin et l'origan, et cuire 30 secondes ou jusqu'à ce qu'ils libèrent leur arôme. Incorporer la bière, régler le feu à vif et porter à ébullition. Ajouter les haricots noirs, rouges et pinto, les tomates, les chipotles avec la sauce adobo et le bouillon de légumes, puis saler et poivrer au goût.

3 En remuant à l'occasion avec une cuiller en bois, laisser mijoter doucement 20 minutes ou jusqu'à ce que le chili soit épais et bien parfumé. S'il est trop sec ou épais, ajouter un peu d'eau. Pour plus de piquant, ajouter une cuillerée de sauce piquante. Pour une consistance plus épaisse, saupoudrer de farine de maïs (masa harina), remuer et laisser mijoter 5 minutes de plus. Goûter et rectifier l'assaisonnement ; le chili devrait être bien relevé. Il se conservera quelques jours au réfrigérateur. Le laisser refroidir à température ambiante et le déposer dans un récipient muni d'un couvercle hermétique. Réchauffer à feu moyen dans la casserole.

4 Servir dans des bols, accompagné des garnitures à ajouter à la cuiller, au goût.

Remarque : on peut hacher les tomates directement dans la boîte à l'aide de deux couteaux actionnés comme des ciseaux.

SALADES

On n'associe pas nécessairement la salade à un plat de gars. Or, certaines des plus célèbres ont été créées par des hommes : la Cobb (censée avoir emprunté son nom au propriétaire du Brown Derby, un restaurant du Hollywood des années 1930) notamment, ou la César, créée par Caesar Cardini, un restaurateur deTijuana.

Dans les pages qui suivent, vous apprendrez à faire une salade pour chacune des saisons, de la salade d'été à la tomate et au maïs à celle d'hiver aux endives, aux noix et aux olives. Quant à la salade aux pommes de terre, elle monte en grade grâce à sa sauce au bacon chaud. Le fait est que même les carnivores les plus affirmés ont envie d'une salade de temps à autre.

SALADE FARFELUE

Vous connaissez probablement Oliver Platt, qui a tenu de nombreux rôles au cinéma et à la télé, notamment dans *Casanova* et dans la série *The Bronx Is Burning*. Ce que vous ne savez probablement pas, c'est qu'il est obsédé de cuisine, particulièrement de ce qu'il appelle l'*Icebox cooking*, que l'on pourrait traduire par «cuisine vide-frigo». Voici comment il explique la chose: «Vous avez affaire à cinq personnes affamées qui réclament à manger. Vous avez oublié de faire les courses. Il n'y a plus de courant électrique. Vos enfants pianotent des doigts sur la table. Les méchants apparaissent à l'horizon. Vous ouvrez alors le réfrigérateur et en sortez quelques ingrédients: une poire pas trop mûre, un morceau de fromage et un sachet de noix. Vous avez des raisins secs et, sur le comptoir, un avocat. Vous mettez tout ça dans un bol et assaisonnez comme un dingue de sel et de vinaigre de riz. Voilà comment on prépare une salade!» **4 portions**

INGRÉDIENTS Vous pouvez reproduire en tous points cette salade, qui est délicieuse. Mais le principe de sa confection consiste à employer ce que vous avez sous la main. Servez-vous plutôt de cette recette comme modèle.

ÉQUIPEMENT Votre batterie de base, ainsi qu'une essoreuse à salade et un bol à salade.

AUTRES Oliver Platt adore le vinaigre. Pas seulement le balsamique et le vinaigre de vin, mais aussi le vinaigre de riz, de xérès ou de figue. Pour en compenser l'acidité, employez du sel, qui atténuera son piquant sans contribuer à sucrer trop la salade.

DURÉE 10 à 15 minutes.

Verdures

1 laitue, telle que Boston, laitue beurre, romaine ou iceberg, feuilles séparées, rincées, égouttées à l'essoreuse ou épongées à l'aide de papier absorbant (voir page 95)

Garnitures au choix

1 avocat mûr

1 pomme (Oliver Platt aime la fuji)

1 pomme-poire ou 1 poire anjou ou bosc

40 g (¼ tasse) de noix ou d'amandes (entières, en moitiés ou en julienne, au goût)

35 g (¼ tasse) de raisins secs ou de canneberges séchées

60 g (½ tasse) de fromage à saveur prononcé tel que pecorino romano, feta, cheddar ou gruyère, grossièrement râpé

3 c. à soupe d'huile d'olive extra vierge

1 ou 2 c. à soupe de vinaigre de riz, de figue, balsamique ou de cidre, ou de vinaigre blanc distillé

Gros sel (casher ou de mer) et poivre noir fraîchement moulu

1 Déchirer la laitue en petits morceaux et les déposer dans un grand bol à salade. Peler, dénoyauter et couper l'avocat en dés de 1 cm (½ po) et les ajouter à la laitue. Ôter et jeter le cœur de la pomme et celui de la pomme-poire (ou de la poire). Couper les fruits en dés de 1 cm (½ po) et les mettre dans le bol. Ajouter les noix, les raisins secs et le fromage.

2 Au moment de servir, arroser la salade d'huile d'olive et de vinaigre, et bien remuer. Saler et poivrer au goût; la salade devrait être bien relevée.

GUIDE CULINAIRE À L'INTENTION DES GARS

SALADE

Dans mon enfance, laitue équivalait essentiellement à iceberg. Aujourd'hui, le gars qui fait les courses se retrouve devant un choix renversant de verdures à salade. C'est parfois déroutant, mais c'est tout de même une bonne chose, dans la mesure où il n'aura jamais été aussi facile de préparer une salade intéressante.

SACHEZ DIFFÉRENCIER LA MÂCHE DE LA MIZUMA. Il existe cinq grandes catégories de verdures à salade. Bien qu'elles soient savoureuses individuellement, elles sont généralement meilleures en mélange.

- Laitues pommées : iceberg, laitue beurre et laitue Boston appartiennent à cette catégorie. De forme ronde, elles possèdent une saveur douce.
- Laitues en feuilles : composées d'une seule tige, elles comprennent la romaine, la mâche, la chêne rouge et les laitues frisées.
- Verdures amères : le radicchio et sa cousine, la trévise, la scarole, l'endive, la chicorée et la chicorée frisée ainsi que le pissenlit possèdent une agréable saveur amère. Employez-les avec parcimonie dans les salades, de la même manière que vous n'ajouteriez que quelques gouttes d'amer dans un cocktail.
- Verdures poivrées : elles comprennent la roquette, le cresson de fontaine, de jardin et de terre, la feuille de moutarde et la mizuma (verdure asiatique à feuilles découpées).
- Verts de légumes : les feuilles (habituellement petites) de plantes qu'on consomme généralement comme légumes, tels que épinard, bok choy, chou frisé (*kale*), chou cavalier et feuilles de betterave ; elles donnent également d'excellentes salades.

DÉCHIREZ-LES PLUTÔT QUE DE LES COUPER. Au retour des courses, ôtez et jetez les feuilles extérieures abîmées. Pour prélever les feuilles des laitues pommées, détachez-les du trognon en les déchirant et en jetant ce dernier. En ce qui concerne les laitues en feuilles, ôtez, en les déchirant, les tiges coriaces, le cas échéant ; remarquez que je parle de *déchirer*. En effet, le couteau abîme les bords des feuilles de laitue. Exception : la laitue iceberg, qu'on doit couper en quatre à l'aide d'un couteau de chef et dont on détache le trognon au couteau.

LAVEZ-LES. Rincez les feuilles de laitue dans un grand bol (ou le plat d'une essoreuse à salade) rempli d'eau froide. N'en mettez pas trop. Agitez-les délicatement avec les doigts pour en déloger la terre. Mettez-les ensuite dans une passoire (ou le panier de l'essoreuse), et jetez l'eau sale. (Cela va sans dire, ne versez pas l'eau sale sur la laitue !) Continuez de rincer et d'égoutter les feuilles jusqu'à ce que l'eau soit propre.

CONSERVEZ-LES HUMIDES. La laitue se conservera mieux si elle est rincée mais pas entièrement égouttée. Laissez-la égoutter 1 minute dans la passoire ou l'essoreuse à salade. Couvrez-la de papier absorbant humide sans serrer. Ainsi traitée, elle se conservera 3 jours au réfrigérateur. Ne la mettez pas dans un sachet de plastique hermétique, car elle dégagerait une mauvaise odeur.

ÉGOUTTEZ-LES BIEN. Au moment de préparer la salade, secouez délicatement les feuilles dans la passoire, puis séchez-les à l'aide de papier absorbant. Ou essorez-les dans l'essoreuse à salade. Mouillée, la laitue dilue la sauce.

ASSEMBLEZ LA SALADE. Il y a deux écoles de pensée en la matière. Les Français font les choses simplement : des feuilles d'une seule variété et une simple vinaigrette. Les Nord-Américains préfèrent les mélanges de couleurs, de textures et de saveurs. Ajoutez les légumes de votre choix, tels que tomate, concombre, radis, dés d'avocat, des fruits à coque (noix, pignon, pistache) et des croûtons ou de la chapelure, qui apporteront au plat leur croquant. Ajoutez aussi des raisins secs, des canneberges séchées ou d'autres fruits qui lui conféreront de la douceur. Enfin, ajoutez, si désiré, des anchois, des œufs durs (râpés ou tranchés) ou des crevettes, du poulet ou du bifteck que vous aurez fait griller, pour leur apport en protéines. Bien sûr, n'oubliez pas la sauce. J'imagine que vous comprenez le principe.

NE CONSERVEZ PAS LES RESTES. Au bout d'un certain temps, la salade se détrempe. Autant que possible, ne préparez que ce qui sera consommé à un seul repas.

SALADE BLT

INGRÉDIENTS Vous connaissez la chanson : tomates mûres de variété ancienne, tranches de bacon épaisses artisanales et pain croûté d'une boulangerie artisanale.

ÉQUIPEMENT Votre batterie de base dont une grande poêle de 25 à 30 cm (10 à 12 po) ainsi qu'une écumoire, une assiette tapissée de papier absorbant et un bol à salade.

AUTRES Préparez vos propres croûtons. Si vous étiez raisonnable, vous feriez griller votre pain dans de l'huile d'olive extra vierge ou du beurre fondu. Mais vous ne l'êtes pas, ni moi. Par conséquent, nous emploierons plutôt la graisse du bacon, en gardant cette information pour nous. Bien sûr, pour gagner du temps, vous pouvez opter pour des croûtons du commerce, mais faisons comme si je n'avais rien suggéré de tel.

DURÉE Environ 20 minutes.

Si le BLT est l'un des meilleurs sandwichs du monde, imaginez à quoi peut ressembler une salade à base de ses ingrédients ! C'est l'une des rares occasions où la laitue iceberg est à préférer à des verdures plus recherchées, telle que la roquette. Pour conférer une note vigoureusement américaine à l'omniprésente bruschetta italienne, vous pouvez garnir de cette salade des tranches de baguette grillées plutôt que de mélanger des croûtons avec les verdures. La salade est bonne pour vous. Le bacon lui donnera meilleur goût. **4 à 6 portions**

- 4 tranches de bacon coupées en travers en morceaux de 1 cm (½ po)
- 4 tranches de pain croûté ou baguette, coupées en cubes de 1 cm (½ po), soit environ 45 g (1 ½ tasse)
- 1 c. à soupe d'huile d'olive extra vierge ou de beurre (facultatif)
- 2 c. à soupe de mayonnaise, Hellmann's de préférence
- 2 c. à soupe de babeurre, de crème 35 % ou 11,5 % M.G.
- 1 c. à soupe de vinaigre blanc distillé ou de vinaigre de riz
- 1 petite laitue iceberg ou ½ grosse
- 2 belles grosses tomates rouges bien mûres ou 4 moyennes
- Gros sel (casher ou de mer) et poivre noir fraîchement moulu

1 Disposer le bacon dans une grande poêle épaisse froide et chauffer à feu moyen. En remuant souvent, le cuire 4 à 6 minutes ou jusqu'à ce qu'il soit croustillant et doré et que son gras soit presque entièrement fondu. À l'aide d'une écumoire, le mettre à égoutter dans une assiette tapissée de papier absorbant. Laisser la graisse de bacon dans la poêle.

2 En remuant souvent, cuire à feu moyen les cubes de pain dans la graisse de bacon 5 à 8 minutes ou jusqu'à ce qu'ils soient dorés. Si la graisse de bacon semble excessive (ou s'il n'y en a pas suffisamment, disons 1 ½ c. à soupe), essuyer la poêle, ajouter l'huile d'olive ou le beurre et y faire griller les cubes de pain, en veillant à ce qu'ils ne brûlent pas. À l'aide d'une écumoire, les déposer dans l'assiette contenant le bacon.

3 Dans un bol à salade, mélanger au fouet la mayonnaise, le babeurre et le vinaigre. Réserver la sauce.

4 Si elle est entière, couper la pomme de laitue en deux. Ôter et jeter le trognon et hacher

Salade verte

Tout homme devrait savoir comment préparer une simple salade verte : rincer, éponger et déchirer une laitue Boston. Pas plus de 30 minutes avant de servir, déposer la laitue dans un saladier avec 3 ou 4 c. à soupe de vinaigrette à la moutarde et à l'échalote (page 110). Pas plus de 5 minutes avant de servir, remuer la salade. Et voilà !

Salade BLT ▸

grossièrement les feuilles. Il devrait y en avoir environ 1 litre (4 tasses). Enlever l'extrémité portant la queue des tomates, puis couper la chair en dés. Déposer la laitue, les tomates, les croûtons et le bacon dans le bol; ne pas remuer.

5 Au moment de servir, remuer délicatement la salade avec la sauce à l'aide d'une écumoire ou d'une maryse. Saler au goût et poivrer généreusement; garder à l'esprit que le bacon est déjà salé.

Variante
Salade BLT sur bruschetta

Préparer la salade en omettant les croûtons; ne pas remuer. Couper en diagonale 8 tranches de pain croûté d'environ 1 cm (½ po) d'épaisseur et enduire leurs deux faces de graisse de bacon ou d'huile d'olive. Enfourner dans un four réglé à 180 °C (350 °F) ou cuire au grille-pain 5 minutes par face ou jusqu'à ce que le pain soit croustillant et doré; ou encore, faire dorer le pain au barbecue. Enduire légèrement le pain grillé de mayonnaise. Remuer la salade et la déposer à la cuiller sur le pain grillé.

SALADE CÉSAR

INGRÉDIENTS Pour gagner du temps, procurez-vous des cœurs de romaine (de préférence bio, comme toujours). Comme fromage, employez du véritable pecorino romano, un fromage à râper italien piquant et salé qui doit sa saveur prononcée au lait de brebis. Voilà une autre chose qui distinguera votre salade César des variantes banales qu'on sert dans les buffets de salades. Quant aux anchois, je préfère pour ma part ceux qui sont conservés dans l'huile et présentés dans des conserves plates.

Il y a maintenant 80 ans que Caesar Cardini, un restaurateur de Tijuana, a remué pour la première fois des feuilles de romaine avec des anchois écrasés, de l'ail, du jus de citron, du pecorino romano et un œuf mollet. Cette salade est devenue si populaire qu'elle figure désormais au menu des restaurants-minute. En cours de route, la salade César a perdu le côté spectacle qui en faisait un plat remarquable, particulièrement le rite qui consistait à la mélanger à la table des convives. Peut-être souhaitez-vous renouer avec cette tradition et en faire de l'art performance rétro! **4 portions**

Croûtons et salade

- 4 tranches de 1 cm (½ po) d'épaisseur de pain croûté, tranchées en diagonale
- 2 c. à soupe (¼ plaquette) de beurre fondu ou 2 c. à soupe d'huile d'olive extra vierge
- 4 cœurs de romaine ou 1 romaine entière

Sauce

- 1 gousse d'ail pelée et émincée
- 2 filets d'anchois hachés grossièrement, + 4 à 8 filets pour servir
- 2 c. à café de moutarde de Dijon
- 2 c. à soupe de mayonnaise, Hellmann's de préférence
- 1 c. à soupe de jus de citron frais, + au goût
- 1 c. à café de sauce Worcestershire
- 3 c. à soupe d'huile d'olive extra vierge
- Gros sel (casher ou de mer) et poivre noir fraîchement moulu
- 85 g (¾ tasse) de pecorino romano râpé

1 *Croûtons:* préchauffer un four-grilloir, un four ou un gril à 200 °C (400 °F).

2 Enduire légèrement les deux faces du pain de beurre ou de 2 c. à soupe d'huile d'olive. Le faire griller 3 à 5 minutes par face ou jusqu'à ce qu'il soit légèrement doré et croustillant. Surveiller attentivement la cuisson, pour éviter que le pain brûle. Mettre les tranches grillées à refroidir sur une grille. On peut préparer le pain quelques heures à l'avance.

3 *Salade:* Séparer les feuilles de romaine du trognon. Les rincer dans un bol d'eau froide, en changeant l'eau au besoin, puis les essorer dans une essoreuse à salade ou les éponger à l'aide de papier absorbant. (Omettre le rinçage s'il s'agit de cœurs de romaine.) Déchirer la laitue en morceaux d'environ 5 cm (2 po). On peut rincer la romaine quelques heures à l'avance et la conserver au réfrigérateur en la couvrant de papier absorbant humide.

4 Au moment de servir, préparer la sauce à salade, de préférence à la table: dans un bol, avec le dos d'une cuiller, écraser l'ail et les 2 filets d'anchois de manière à former une pâte. À l'aide d'un fouet, mélanger, en ajoutant graduellement la moutarde, la mayonnaise, le jus de citron, la sauce Worcestershire et 3 c. à soupe d'huile d'olive; la sauce devrait être lisse et crémeuse. Saler et poivrer au goût.

5 Ajouter les morceaux de romaine dans le bol. Émietter le pain grillé en gros morceaux au-dessus de la laitue. Remuer délicatement. Parsemer de 60 g (½ tasse) de pecorino romano et remuer délicatement de nouveau.

6 Répartir la salade dans 4 assiettes et garnir chaque portion de 1 ou 2 filets d'anchois. Parsemer de 25 g (¼ tasse) de pecorino romano et servir.

ÉQUIPEMENT Votre batterie de base, plus une essoreuse à salade et un grand bol à salade (de préférence en bois).

AUTRES Étant donné les craintes associées à la consommation d'œufs crus, j'emploie désormais une mayonnaise à base d'œufs pour émulsifier (lier) la sauce. La riche saveur umami des anchois et du fromage reste la même.

DURÉE Environ 20 minutes.

Variante

César au chou frisé noir

Besoin d'un changement? Il y a quelques mois, j'ai décidé de remplacer la laitue romaine de la salade César par des feuilles de chou frisé noir. En plus de ses bienfaits nutritionnels considérables (mégadoses de calcium, de fer et autres), le chou frisé possède une texture fabuleuse, à la fois croquante et tendre, et présente une agréable saveur terreuse et aromatique. La riche saveur umami des anchois et du pecorino romano de la César classique reste inchangée.

Le chou frisé noir, appelé aussi chou frisé noir de Toscane, possède de longues feuilles minces et ondulées d'un vert profond et une saveur légèrement terreuse et minérale. Vous en trouverez auprès de votre fournisseur de produits naturels et dans certaines épiceries. Optez de préférence pour les bottes de petites feuilles. Autrement, employez du chou frisé ordinaire ou du chou cavalier (en optant de préférence pour les jeunes feuilles).

Préparez la salade comme indiqué ci-dessus, en remplaçant la romaine par une botte de chou frisé de 340 à 450 g (12 à 16 oz). Coupez et jetez les tiges centrales fibreuses avant de tailler les feuilles en morceaux de 5 cm (2 po).

SALADE DE PAIN RASSIS

INGRÉDIENTS Belles tomates mûries sur le pied, basilic et persil plat frais; le pain est le seul ingrédient qui ne doit pas être frais.

ÉQUIPEMENT Votre batterie de base ainsi qu'un bol à salade.

AUTRES La panzanella est généralement préparée avec du pain italien blanc rassis, mais rien n'interdit d'employer du pain de blé complet ou multigrain. (Qu'est-ce donc que le pain rassis? Vous le saurez quand vous y goûterez, car il est sec et dur!) Cette recette est un guide général. Ne vous inquiétez pas si vous n'avez pas sous la main tous les ingrédients.

DURÉE Environ 20 minutes.

La frugalité est une valeur essentielle des chefs professionnels. Quand on respecte la nourriture, on ne la gaspille pas. Ce qui nous amène à la panzanella, cette salade populaire dans les cultures méditerranéennes. C'est l'une des meilleures manières de ressusciter du pain rassis. Cette salade simple devrait faire partie de votre répertoire. Complétez-la par une assiette d'antipasti – prosciutto et fromages, par exemple – et vous aurez là un fabuleux pique-nique ou repas du soir. **4 portions**

- 2 litres (8 tasses) de cubes de pain rassis de 2,5 cm (1 po) (½ à 1 miche, selon la taille)
- 2 grosses tomates juteuses bien mûres coupées en dés de 1 cm (½ po), avec le jus
- 1 gros concombre pelé et coupé en dés de 1 cm (½ po) (épépiné ou non, au choix)
- 1 petit oignon rouge pelé et haché finement
- 2 tiges de céleri hachées finement en diagonale
- 65 g (½ tasse) d'olives Kalamata ou d'une autre variété d'olives noires, dénoyautées, hachées
- 15 g (¼ tasse) de persil plat frais haché grossièrement
- 12 feuilles de basilic frais hachées grossièrement
- 1 c. à soupe de câpres avec leur saumure
- 3 c. à soupe d'huile d'olive extra vierge
- 1 c. à soupe de vinaigre de vin rouge, ou + au goût
- Gros sel (casher ou de mer) et poivre noir fraîchement moulu

1 Dans un grand bol à salade, déposer les cubes de pain puis, en remuant, les tomates et leur jus, le concombre, l'oignon, le céleri, les olives, le persil, le basilic, les câpres, l'huile d'olive et le vinaigre de vin. Laisser la salade reposer 10 minutes ou jusqu'à ce que le jus ramollisse le pain.

2 Au moment de servir, remuer de nouveau. Goûter et ajouter au besoin du vinaigre de vin, du sel et du poivre; la salade devrait être bien relevée.

Variante

Fatouche (salade de pain pita)

Si votre pain rassis est du pita, votre plat portera le nom de fatouche, une salade populaire au Moyen-Orient. Remplacez la miche de pain par 4 pitas moyens (déchirez-les en morceaux de 5 cm [2 po)], l'oignon rouge par 3 ou 4 oignons verts, le basilic par 15 g (¼ tasse) de menthe fraîche hachée et le vinaigre par environ 2 c. à soupe de jus de citron frais. Coupez une grenade en deux, défaites-la en morceaux, prélevez les graines et ajoutez-les à la salade en remplacement des câpres et des olives. Si vous avez accès à une épicerie moyen-orientale, procurez-vous une bouteille de mélasse de grenade; ce sera l'une de vos armes culinaires secrètes.

SALADE DE POMMES DE TERRE
CHAUDES

Tous les gars devraient avoir une recette de salade de pommes de terre dans leur répertoire. Vous pouvez opter pour la salade classique à base de mayonnaise et de moutarde (dont vous trouverez la recette à la page 104) mais, à mon avis, la meilleure est allemande : préparée à chaud, elle comprend du bacon dont la saveur de fumée explose en bouche alors que le vinaigre stimule les papilles gustatives. **4 portions**

680 g (1 ½ lb) de pommes de terre ratte ou Yukon Gold

Gros sel (casher ou de mer)

4 tranches (115 g [¼ lb]) de bacon, coupées en morceaux de 0,5 cm (¼ po)

4 oignons verts tranchés finement (réserver 2 c. à soupe de vert pour servir)

1 ou 2 c. à soupe d'huile d'olive extra vierge (facultatif)

3 c. à soupe de vinaigre de vin rouge, ou au goût

1 c. à soupe de moutarde de Dijon

1 c. à soupe de sucre, ou au goût

Poivre noir fraîchement moulu

1 Brosser les pommes de terre et couper les plus grosses en deux de sorte que les morceaux soient plus ou moins de la même taille, environ 4 cm (1 ½ po) de longueur. Dans une grande casserole, les couvrir de 8 cm (3 po) d'eau froide. Saler généreusement. Porter à ébullition à feu vif, puis baisser le feu et laisser mijoter jusqu'à tendreté 15 à 25 minutes, selon leur taille. Les égoutter dans une passoire, puis les remettre dans la casserole et couvrir pour garder au chaud.

2 Entre-temps, disposer le bacon dans une grande poêle et, en remuant souvent à la cuiller en bois, cuire à feu moyen 3 à 4 minutes ou jusqu'à ce qu'il soit doré et croustillant. Au bout d'environ 1 ½ minute, ajouter les oignons verts et les faire dorer avec le bacon. (À ce stade, ceux qui se soucient de leur santé pourraient préférer jeter 1 ou 2 c. à soupe de graisse de bacon et la remplacer par une quantité égale d'huile d'olive extra vierge.)

3 Ajouter le vinaigre de vin, la moutarde et le sucre, porter à ébullition à feu vif, et cuire environ 1 minute. Verser la préparation au vinaigre sur les pommes de terre et remuer délicatement. Saler et poivrer la salade au goût, la déposer dans une assiette ou un grand bol et la servir chaude en parsemant du vert d'oignon réservé.

INGRÉDIENTS Voilà une bonne recette pour les petites pommes de terre bio de type ratte ou grelot que l'on trouve au marché ou dans certains supermarchés. Optez pour un mélange de couleurs – blanches, rouges et pourpres ou bleues. Quant au bacon, procurez-vous de préférence celui d'un fumoir artisanal.

ÉQUIPEMENT Votre batterie de base dont une grande casserole, une passoire et une grande poêle de 25 à 30 cm (10 à 12 po).

AUTRES La graisse de bacon possède une riche saveur et est agréable en bouche. Mais pour alléger votre salade, vous pouvez la remplacer en partie par de l'huile d'olive extra vierge.

On pourrait penser que la salade de pommes de terre chaude ou à température ambiante mène directement à l'empoisonnement alimentaire, mais ce n'est pas le cas. C'est que celle-ci est exempte de mayonnaise. En revanche, si vous préparez celle qui est présentée à la page 104 et qui comprend de la mayonnaise, vous devrez la garder au réfrigérateur en tout temps.

DURÉE Environ 30 minutes.

CE QUE VOUS DEVEZ SAVOIR SUR

L'HUILE D'OLIVE

L'huile d'olive compte parmi les deux ou trois ingrédients les plus importants en cuisine, occupant probablement la deuxième place, tout de suite après le sel.

Aujourd'hui, nous disposons de centaines d'huiles d'olive, parmi lesquelles les huiles extra vierges, biologiques, provenant d'un seul producteur et pressées à froid. Une bouteille d'huile de qualité peut coûter aussi cher qu'une bouteille de vin et être aussi difficile à choisir.

1. Optez toujours pour l'huile d'olive extra vierge. Cette appellation indique que l'huile satisfait tous les critères d'excellence du Conseil oléicole international (COI) et que son taux d'acidité est faible, soit 0,8 % ou moins (l'acidité altère la saveur).

2. Les huiles non filtrées présentent un sédiment au fond de la bouteille. Elles ne sont ni supérieures ni inférieures aux huiles filtrées ; c'est une affaire de goût personnel. (Ne vous inquiétez pas s'il y a un sédiment dans votre huile ; cela se produit naturellement.)

3. Les huiles pressées à froid sont extraites par des moyens mécaniques à des températures n'excédant généralement pas 27 °C (80 °F). Comme les huiles d'olive sont pratiquement toutes pressées à froid de nos jours, cette appellation ne signifie pas nécessairement que l'huile que vous achetez est meilleure.

4. La variété compte également. En fait, on cultive près de 300 variétés d'oliviers dans le monde, chacune donnant des olives aux caractéristiques gustatives uniques. Prenez note de celles que vous aimez. Quant aux huiles bios, leur qualité varie considérablement de l'une à l'autre (sans compter ce qu'il faut pour qu'elles soient étiquetées comme étant bios). La plupart des meilleures huiles d'olive dans le monde ne sont pas biologiques.

5. La bouteille joue également un rôle. Optez pour une huile présentée dans une bouteille vert foncé ou brune ; les bouteilles transparentes laissent passer plus de lumière, ce qui contribue à dégrader l'huile. Évitez celles qui sont empoussiérées, signe qu'elles sont sur les tablettes depuis trop longtemps. En revanche, la couleur de l'huile elle-même n'est pas nécessairement un indice de sa saveur : celle des huiles de qualité supérieure varie de doré pâle à vert vif.

6. Évitez les huiles étiquetées « légères ». Elles sont généralement de qualité inférieure, ne répondent pas aux normes du COI et sont traitées chimiquement de sorte qu'elles sont dépouillées de leur saveur et de leur couleur.

7. À moins d'en consommer beaucoup, optez pour de petites bouteilles ou boîtes de fer-blanc, l'huile d'olive se détériorant quand elle est exposée à l'oxygène et acquérant alors une saveur désagréable. Conservez votre huile au frais et à l'abri de la lumière. Tenez-la loin de la cuisinière en tout temps.

◂ *Salade de pommes de terre chaudes*

SALADE DE POMMES DE TERRE
FROIDES (AVEC MOUTARDE ET MAYONNAISE)

INGRÉDIENTS Vous trouverez de petits cornichons vinaigrés au rayon des produits fins des supermarchés.

ÉQUIPEMENT Votre batterie de base dont une grande casserole.

AUTRES Comme cette salade contient de la mayonnaise, vous devez la garder au réfrigérateur ou dans la glacière en tout temps, particulièrement si vous la servez à un pique-nique et qu'il fait 32 °C (90 °F) à l'ombre.

DURÉE Environ 30 minutes.

Cette salade ressemble probablement plus à celle qu'on vous servait à la maison. L'usage veut qu'on emploie des pommes de terre à peau fine et à chair ferme, du fait qu'elles sont moins riches en amidon. Cependant, j'ai fait des salades fabuleuses avec des restes de pommes de terre cuites au four. Ce qui fait la différence, ce sont les cornichons aigres, les câpres, les olives et la sauce moutardée. **4 portions**

680 g (1 ½ lb) de pommes de terre à chair ferme et à peau fine, telles que Yukon Gold

Gros sel (casher ou de mer)

3 c. à soupe de mayonnaise, Hellmann's de préférence

2 c. à soupe de crème sure

1 c. à soupe de moutarde de Dijon, ou au goût

2 c. à café de vinaigre de vin rouge, ou au goût

3 oignons verts, parties blanche et verte tranchées finement en diagonale

65 g (½ tasse) d'olives noires ou vertes dénoyautées et tranchées

2 c. à soupe de feuilles de céleri émincées (facultatif)

2 c. à soupe de cornichons aigres ou à l'aneth, coupés en dés

1 c. à soupe de câpres égouttées

2 œufs durs, écalés et tranchés (facultatif)

Poivre noir fraîchement moulu

Paprika doux ou fumé

1 Brosser les pommes de terre et couper les plus grosses en deux de sorte que tous les morceaux soient plus ou moins de la même taille, environ 4 cm (1 ½ po) de longueur. Dans une grande casserole, les couvrir de 8 cm (3 po) d'eau froide. Saler généreusement. Porter à ébullition à feu vif, puis baisser le feu et laisser mijoter jusqu'à tendreté, 15 à 25 minutes selon leur taille. Pour vérifier le degré de cuisson, les piquer avec une fourchette; elle devrait pénétrer facilement. Les égoutter dans une passoire et les laisser refroidir à température ambiante.

2 Entre-temps, préparer la sauce. Dans un grand bol, mélanger au fouet la mayonnaise, la crème sure, la moutarde et le vinaigre. Ajouter les pommes de terre refroidies, les oignons verts, les olives, les feuilles de céleri, si désiré, les cornichons, les câpres et les œufs, si désiré. Remuer délicatement à la maryse juste le temps de mélanger. (Ne pas trop remuer pour éviter que les pommes de terre se défassent.) Couvrir et réfrigérer jusqu'au moment de servir. La salade se conservera 24 heures au réfrigérateur.

3 Au moment de servir, remuer de nouveau en ajoutant du sel, du poivre et du vinaigre au besoin. Saupoudrer de paprika et servir.

Salade de tomates, de haricots verts et de maïs

SALADE DU MARAÎCHER

Peut-être aimez-vous fréquenter les kiosques de producteurs et les marchés publics (vous le devriez !). Ou encore, peut-être que votre conjointe aime fréquenter les marchés et l'accompagnez-vous, en homme avisé que vous êtes... Quoi qu'il en soit, il n'y a pas de doute que l'on mange mieux, se sent mieux et contribue à sa communauté quand on achète ses produits des fermes régionales. À preuve, cette salade d'été colorée composée de maïs sucré, de haricots verts légèrement croustillants et de tomates du coin. **2 à 4 portions (à multiplier à volonté)**

2 épis de maïs sucré, épluchés et ébarbés

1 barquette (environ 500 ml [2 tasses]) de tomates cerises, coupées en deux, ou 1 grosse tomate de variété ancienne bien mûre, coupée en morceaux de 2,5 cm (1 po)

170 g (1 ½ tasse) de haricots verts fins, rincés et équeutés

1 botte de roquette, rincée et épongée à l'aide de papier absorbant

2 c. à soupe d'aneth, de basilic, d'estragon, de cerfeuil ou d'une autre herbe fraîche grossièrement hachée, ou d'un mélange d'herbes fraîches

2 c. à soupe d'huile de noisette ou de noix, ou d'huile d'olive extra vierge, ou + au goût

1 c. à soupe de vinaigre de riz ou de vinaigre de vin, ou + au goût

1 c. à soupe de sirop d'érable pur

Gros sel (casher ou de mer) et poivre noir fraîchement moulu

1 Prélever les grains de maïs sur les épis. Pour ce faire, déposer un épi debout et solidement à plat sur une planche à découper et prélever les grains en larges bandes dans le sens de la longueur à l'aide d'un couteau de chef, en faisant tourner l'épi à mesure. Répéter avec le second épi. Déposer les grains de maïs dans un grand bol à salade. Ajouter les tomates, les haricots verts, la roquette et les herbes. Arroser d'huile, de vinaigre et de sirop d'érable, sans remuer. On peut assembler la salade quelques heures avant de la servir (si c'est plus de 1 heure, la garder au réfrigérateur).

2 Au moment de servir, remuer la salade et ajouter, au besoin, de l'huile, du vinaigre ainsi que du sel et du poivre au goût.

INGRÉDIENTS Désolé les gars, mais si vous n'avez pas trouvé le temps de faire cette salade durant l'été, vous devrez attendre l'été prochain. Les tomates (de même que d'autres légumes) de variétés anciennes ont été sélectionnées à une époque où leur apparence et leur adaptation au transport sur de longues distances comptaient moins que leur texture et leur saveur. Si vos tomates sentent la tomate et si, quand vous mordez dedans, elles possèdent la saveur acide caractéristique de ce fruit, vous êtes bien tombés. Quant aux haricots verts, s'ils sont de petite taille, on peut les consommer entiers et crus.

On trouve de l'huile de noix, de noisette ou d'autre fruit à coque dans certains supermarchés ainsi que dans les magasins de produits naturels. Une fois la bouteille entamée, réfrigérez-la et consommez l'hulie dans les quelques mois qui suivent, sa durée de conservation étant plutôt limitée.

ÉQUIPEMENT Votre batterie de base ainsi qu'un bol à salade.

DURÉE Environ 15 minutes.

Salade d'endive, de noix et de fromage

SALADE BLANCHE ET NOIRE

On ne se pose généralement pas la question de savoir quelle salade servir l'été. Mais que servir en plein milieu de l'hiver ? L'endive, ce légume en forme de cylindre aux feuilles blanchâtres et aux pointes vertes, de texture croquante et de saveur agréablement amère, est l'une des «verdures» de saison en janvier. Il suffit de lui ajouter des olives noires, des noix croustillantes, de l'huile de noix et du fromage acidulé pour obtenir une salade savoureuse et particulièrement agréable à l'œil. Pour ce qui est du fromage, vous pouvez opter pour la douceur du gruyère (fromage de lait de vache produit dans les Alpes suisses et françaises) ou la note acidulée et salée du roquefort (fromage de lait de brebis persillé, produit dans le Sud-Ouest de la France). **2 à 4 portions**

- 50 g (⅓ tasse) de noix écalées, coupées en moitiés ou en morceaux
- 2 endives
- 85 g (3 oz) de gruyère, coupé en bâtonnets de 2,5 x 0,5 x 0,5 cm (1 x ¼ x ¼ po), ou 85 g (3 oz) de roquefort, émietté
- 30 g (¼ tasse) d'olives noires, telles que Kalamata ou conservées dans l'huile
- 2 c. à soupe d'huile de noix ou d'olive extra vierge, ou + au goût
- 1 c. à soupe de vinaigre de xérès ou de vinaigre de vin rouge
- Gros sel (casher ou de mer) et poivre noir fraîchement moulu
- 2 c. à soupe de ciboulette ou d'oignon vert haché finement

1 Pour faire griller les noix, chauffer à sec et à feu moyen une poêle de fonte environ 20 secondes. En secouant la poêle, cuire les noix 2 minutes ou jusqu'à ce qu'elles libèrent leur arôme. Les laisser refroidir dans un grand bol à salade résistant à la chaleur.

2 Couper les endives en travers en tranches de 1 cm (½ po) d'épaisseur. Jeter l'extrémité du trognon. Mettre les endives dans le bol avec les noix. Ajouter le fromage et les olives. Arroser la salade d'huile de noix (ou d'olive) et de vinaigre, sans remuer. La salade peut être préparée quelques heures à l'avance (si c'est plus de 1 heure, la conserver au réfrigérateur).

3 Au moment de servir, remuer la salade et ajouter de l'huile, au besoin, ainsi que du sel (juste un peu, le fromage étant salé) et du poivre, au goût; elle devrait être bien relevée. Parsemer de ciboulette et servir.

INGRÉDIENTS L'huile de noix possède une fabuleuse saveur. Elle est offerte en bouteille ou en boîte de fer-blanc dans les magasins de produits naturels et certains supermarchés. Comme elle rancit rapidement, achetez-la en petite quantité et conservez-la au réfrigérateur. Vous pouvez aussi la remplacer par de l'huile d'olive. Pour tirer le meilleur parti de cette salade, employez du gruyère vieilli en cave, qui est plus piquant que le gruyère ordinaire, ou encore du roquefort.

ÉQUIPEMENT Votre batterie de base dont une grande poêle en fonte de 25 à 30 cm (10 à 12 po), et un bol à salade résistant à la chaleur.

AUTRES Je conseille de faire griller les noix à la poêle, mais vous pouvez aussi le faire au four ou dans un four-grilloir. Étalez-les dans un plat à rôtir et faites-les cuire à 200 °C (400 °F) pendant 5 minutes ou jusqu'à ce qu'elles libèrent leur arôme.

DURÉE Environ 20 minutes.

◂ *Salade du maraîcher*

SALADE DE CHOU
À LA MOUTARDE, FAÇON SUD-OUEST

INGRÉDIENTS La moutarde sèche est une poudre tirée des graines de moutarde. Mélangée à du vinaigre ou à de l'eau, c'est de la moutarde préparée. Recherchez la Colman's dans une boîte de conserve jaune: vous la trouverez dans la majorité des supermarchés avec les autres épices. Tandis que vous y êtes, prenez des graines de céleri, à l'agréable saveur de noisette et de céleri.

ÉQUIPEMENT Votre batterie de base ainsi qu'un bol à salade et un robot culinaire (facultatif).

AUTRES Pour une variante intéressante, remplacez la cassonade par du miel ou du sirop d'érable.

DURÉE Environ 15 minutes.

Assaisonnée de moutarde préparée et de moutarde sèche, cette salade de chou rend hommage à celle que l'on sert sur les sandwichs de porc cuit au barbecue à Memphis et dans les Carolines. **4 à 6 portions; environ 1 litre (4 tasses)**

Sauce

60 ml (¼ tasse) de moutarde de Dijon

2 c. à soupe de cassonade, ou au goût

1 c. à soupe de moutarde sèche, Colman's de préférence

2 c. à soupe d'huile végétale

2 c. à soupe de vinaigre blanc distillé

1 c. à soupe de sauce piquante, ou au goût (j'aime bien la Texas Pete)

Salade

1 petit chou vert d'environ 450 g (1 lb), trognon ôté, coupé en gros quartiers

1 carotte pelée et coupée en morceaux de 5 cm (2 po)

Environ ½ c. à café de graines de céleri

Gros sel (casher ou de mer) et poivre noir fraîchement moulu

1 **Sauce:** dans un bol à salade, mélanger au fouet la moutarde de Dijon, la cassonade et la moutarde sèche. En fouettant, incorporer graduellement l'huile, le vinaigre et la sauce piquante.

2 **Salade:** hacher finement le chou et la carotte au robot culinaire équipé d'un hachoir. Procéder par lots (afin de ne pas surcharger l'appareil) et faire fonctionner le moteur par pulsations. À défaut de posséder un robot, hacher finement les légumes au couteau.

3 Incorporer la salade dans la sauce. Ajouter les graines de céleri, saler et poivrer (abondamment) ; la salade devrait être bien relevée. Si elle est préparée plus de 1 heure à l'avance, la réfrigérer. Elle se conservera au moins 3 jours au réfrigérateur, dans un bol couvert.

SALADE AU FENOUIL
ET À L'ORANGE

Cette salade emprunte à la cuisine méditerranéenne ses riches saveurs d'olive, d'orange et d'anis. Servez-la comme plat principal, comme plat d'accompagnement ou même comme condiment pour du poulet ou du poisson grillé. Les olives conservées dans l'huile sont ratatinées, à l'instar des raisins secs. À défaut d'en trouver, optez pour des olives Kalamata ou niçoises. **4 à 6 portions; environ 1 litre (4 tasses)**

1 gros bulbe de fenouil ou 2 petits, soit environ 450 g (1 lb) en tout

2 grosses oranges

65 g (½ tasse) d'olives noires dénoyautées ou conservées dans l'huile

3 c. à soupe d'huile d'olive extra vierge

2 c. à soupe de jus de citron ou de citron vert frais

Gros sel (casher ou de mer) et poivre noir fraîchement moulu

1 Couper le bulbe de fenouil en fines tranches, soit dans un robot culinaire équipé d'un disque éminceur, soit au couteau de chef ou encore à la mandoline. Déposer les tranches dans un grand bol à salade. Hacher l'équivalent de 1 c. à soupe de feuilles (s'il y en a). Jeter les tiges.

2 Peler une orange. Au-dessus du bol contenant le fenouil, pratiquer des incisions en forme de V entre les membranes afin d'en libérer la chair. Épépiner, le cas échéant, et ajouter les quartiers d'orange au fenouil. Faire de même avec l'autre orange. Ajouter les olives (les dénoyauter au besoin), l'huile d'olive et le jus de citron; ne pas remuer. On peut préparer la salade quelques heures à l'avance et la réfrigérer jusqu'au moment de servir.

3 Remuer la salade juste avant de servir, puis saler et poivrer au goût; la salade devrait être bien relevée.

INGRÉDIENTS Le fenouil frais (à ne pas confondre avec les graines de fenouil) se présente sous forme de bulbe blanc verdâtre, surmonté de tiges minces semblables à celles du céleri. (On le décrit parfois comme du céleri à saveur de réglisse.) Vous le trouverez au rayon des fruits et légumes des supermarchés.

ÉQUIPEMENT Votre batterie de base et un robot culinaire ou un couteau de chef affûté ainsi qu'un bol à salade.

AUTRES Je conseille de trancher le fenouil à la main ou au robot culinaire, mais si vous désirez ajouter un ustensile cool à votre équipement, procurez-vous une mandoline, dont la forme rappelle celle d'une planche en métal ou en plastique plate munie d'une lame affûtée au centre. C'est au moyen de cet ustensile que les chefs tranchent les pommes de terre pour en faire des croustilles.

DURÉE Environ 15 minutes.

SAUCES À SALADE
EN POT DE CONSERVE

INGRÉDIENTS Il vous faudra de bonnes huiles, de canola ou d'olive extra vierge, par exemple, et de bons vinaigres de vin ou un vinaigre balsamique de qualité.

ÉQUIPEMENT Votre batterie de base ainsi qu'un pot à conserve de 500 ml (16 oz) muni d'un couvercle fermant hermétiquement.

AUTRES La plupart de ces sauces se conserveront au moins 3 jours au réfrigérateur, mais elles se préparent tellement rapidement et facilement qu'on peut les concocter au fur et à mesure des besoins.

DURÉE Environ 5 minutes.

Peut-être vous demandez-vous ce qu'il y a dans le réfrigérateur de Steven Raichlen... De la sauce barbecue, c'est certain. Des sauces piquantes et des pâtes de chili. Beaucoup. Mais vous ne trouverez jamais dans mon frigo de sauces à salade du commerce. La raison en est simple: elles se préparent à la maison en un rien de temps et sont nettement plus savoureuses que celles du commerce. Il vous suffit de mettre les ingrédients dans un pot de conserve propre, de le fermer hermétiquement et de le secouer. J'emploie les pots de type Ball ou Mason, mais tout pot d'environ 500 ml (2 tasses) muni d'un couvercle vissant conviendra. Bien sûr, vous pouvez préparer la sauce selon la méthode classique, qui consiste à mélanger les ingrédients au fouet dans un bol. Voici donc quelques sauces irrésistibles. (Remarque: comptez environ 1 à 2 c. à soupe de sauce par portion de salade.)

VINAIGRETTE À LA MOUTARDE ET À L'ÉCHALOTE

Vous serez peut-être étonné de découvrir que, pour cette vinaigrette classique, on emploie de l'huile de canola en remplacement (ou en supplément) de l'huile d'olive. En France, où j'ai appris à cuisiner, on mettait plus l'accent sur la moutarde et le vinaigre que sur l'huile. **Donne environ 180 ml (¾ tasse)**

125 ml (½ tasse) d'huile de canola, ou 60 ml (¼ tasse) d'huile de canola et 60 ml (¼ tasse) d'huile d'olive extra vierge

2 à 3 c. à soupe de vinaigre de vin rouge

1 c. à soupe de moutarde de Dijon

1 c. à soupe de crème 35 % ou de mayonnaise

1 petite échalote pelée et émincée (environ 2 c. à soupe)

Gros sel (casher ou de mer) et poivre noir fraîchement moulu

Déposer dans un pot l'huile, le vinaigre, la moutarde, la crème (ou la mayonnaise) et l'échalote. Ajouter 2 c. à soupe d'eau. Fermer hermétiquement et secouer jusqu'à ce que la vinaigrette soit émulsionnée (bien mélangée). Saler (environ ½ c. à café) et poivrer au goût. La vinaigrette se conservera au moins 3 jours au réfrigérateur. Secouer le pot juste avant de servir afin de mélanger de nouveau les ingrédients.

VINAIGRETTE BALSAMIQUE AU MIEL ET AUX GRAINES DE PAVOT

Cette sauce confère de la consistance et de la douceur aux salades. La graine de pavot possède une saveur légèrement terreuse et un agréable croquant. **Donne environ 250 ml (1 tasse)**

- 125 ml (½ tasse) d'huile d'olive extra vierge
- 3 c. à soupe de vinaigre balsamique de qualité
- 1 ou 2 c. à soupe de miel
- 1 c. à soupe de moutarde de Dijon
- 1 c. à soupe de graines de pavot
- Gros sel (casher ou de mer) et poivre noir fraîchement moulu

Déposer dans un pot l'huile, le vinaigre balsamique, le miel, la moutarde et les graines de pavot. Ajouter 2 c. à soupe d'eau chaude. Fermer hermétiquement et secouer jusqu'à ce que la vinaigrette soit émulsionnée (bien mélangée). Saler et poivrer au goût. La vinaigrette se conservera au moins 3 jours au réfrigérateur. Secouer le pot juste avant de servir afin de mélanger de nouveau les ingrédients.

SAUCE RANCH AUX HERBES FRAÎCHES

Cette sauce nous amène dans l'univers des sauces crémeuses à base de mayonnaise. Le babeurre y contribue par son agréable saveur acidulée, tandis que les herbes et le zeste de citron apportent leurs arômes vivifiants. **Donne environ 250 ml (1 tasse)**

- 80 ml (⅓ tasse) de babeurre
- 60 ml (¼ tasse) de mayonnaise, Hellmann's de préférence
- 2 c. à soupe d'huile de canola
- 1 c. à soupe de vinaigre de cidre, ou + au goût
- 3 c. à soupe de fines herbes fraîches émincées, telles que ciboulette, estragon, basilic
- 1 gousse d'ail pelée et émincée
- ½ c. à café de zeste de citron fraîchement râpé
- Gros sel (casher ou de mer) et poivre noir fraîchement moulu

Déposer dans un pot le babeurre, la mayonnaise, l'huile, le vinaigre de cidre, les herbes, l'ail et le zeste de citron. Fermer hermétiquement et secouer jusqu'à ce que la vinaigrette soit émulsionnée (bien mélangée). Goûter et ajouter au besoin du vinaigre de cidre ainsi que du sel et du poivre, au goût. La sauce se conservera au moins 3 jours au réfrigérateur. Secouer le pot juste avant de servir afin de mélanger de nouveau les ingrédients.

SAUCE AU PARMESAN ET AUX GRAINS DE POIVRE

Si vous aimez la salade César mais pas les anchois, cette sauce crémeuse vous conviendra sûrement. Pour en tirer un maximum de plaisir, employez du véritable parmesan (voir page 52). **Donne environ 180 ml (¾ tasse)**

- 60 ml (¼ tasse) de babeurre
- 60 ml (¼ tasse) de mayonnaise, Hellmann's de préférence
- 60 g (2 oz) de parmesan (parmigiano reggiano) fraîchement et finement râpé
- 2 c. à soupe d'huile d'olive extra vierge
- ½ c. à café de zeste de citron fraîchement râpé
- 1 c. à soupe de jus de citron frais
- 1 c. à café de grains de poivre noir concassés grossièrement ou de poivre noir fraîchement moulu
- Gros sel (casher ou de mer)

Déposer dans un pot le babeurre, la mayonnaise, le parmesan, l'huile d'olive, le zeste et le jus de citron, et les grains de poivre. Fermer hermétiquement et secouer jusqu'à ce que la vinaigrette soit émulsionnée (bien mélangée). Saler (environ ¼ c. à café) et poivrer au goût. La sauce se conservera au moins 3 jours au réfrigérateur. Secouer le pot juste avant de servir afin de mélanger de nouveau les ingrédients.

VINAIGRETTE
À LA MOUTARDE
ET À L'ÉCHALOTE
SAUCE AU PARMESAN ET
AUX GRAINS DE POIVRE
SAUCE AU SÉSAME
ET AU SOYA
SAUCE RANCH AUX
HERBES FRAÎCHES
VINAIGRETTE BALSAMIQUE
AU MIEL ET AUX GRAINES
DE PAVOT

SAUCE AU SÉSAME ET AU SOYA

Cette sauce vous amènera dans l'univers des salades asiatiques. Elle est aussi formidable en garniture de poulet ou de fruits de mer grillés. Pour de l'information sur le tamari et l'huile de sésame, voir aux pages 33 et 31. **Donne environ 250 ml (1 tasse)**

- 60 ml (¼ tasse) de sauce soya ou de sauce tamari
- 3 c. à soupe de vinaigre de riz
- 3 c. à soupe d'huile de sésame grillé
- 1 c. à soupe de gingembre frais pelé et émincé
- 1 c. à soupe d'oignon vert (partie verte seulement) émincé
- 1 gousse d'ail pelée et émincée

Déposer dans un pot la sauce soya (ou tamari), le vinaigre de riz, l'huile de sésame, le gingembre, l'oignon vert et l'ail. Ajouter 2 c. à soupe d'eau. Fermer hermétiquement et secouer jusqu'à ce que la sauce soit émulsionnée (bien mélangée). La sauce se conservera au moins 3 jours au réfrigérateur.

HORS-D'ŒUVRE

Hors-d'œuvre : ce terme ne rend décidément pas compte de l'importance de ces petits plats salés que l'on sert au début d'un repas.

Un bon assortiment de hors-d'œuvre constitue un fabuleux repas en soi, comme en témoignent les tapas des Espagnols… qui les ont aussi créés pour éloigner les mouches du xérès. (En Espagnol, *tapar* signifie «couvrir»; l'histoire veut que ces petits plats soient posés sur les verres de vin afin que ceux-ci restent couverts.)

Qu'est-ce qui caractérise un bon hors-d'œuvre ? Il doit être assez petit pour que vous puissiez le prendre avec les doigts et assez salé pour vous donner envie de boire. Souvent, il présente un contraste de textures (extérieur croustillant, intérieur fondant), le croquant étant la consistance la plus importante. S'ajoutent à cela les populaires sauces froides dans lesquelles tremper les croustilles, les nachos, les beignets et les ailes de poulet. Pensez petits plats riches en saveurs.

Le premier pain à l'ail

LA BRUSCHETTA

Bien avant la création du pain à l'ail cuit au four, les Italiens faisaient griller des tranches de pain sur un feu de bois, les frottaient avec un morceau d'ail, les arrosaient d'huile, puis les salaient et les poivraient. C'est ce qu'ils appelaient «bruschetta», laquelle n'était pas garnie de salsa à la tomate, comme cela se fait aujourd'hui dans bien des restaurants. Bien que je donne la recette d'une variante, pour ma part, je préfère souvent m'en tenir à l'authentique: c'est une bonne manière de réunir les gens autour du barbecue et de les faire participer à la préparation du repas. **12 à 16 tranches de bruschetta**

1 miche de pain italien

4 gousses d'ail non pelées, coupées en deux sur la longueur (laisser la peau afin de faciliter la manipulation)

125 ml (½ tasse) d'huile d'olive extra vierge toscane, fraîche, parfumée et d'excellente qualité, en carafe

Gros sel (casher ou de mer) ou, mieux encore, fleur de sel (*fiore di sale*) et poivre noir fraîchement moulu

Salsa à la tomate et au basilic (facultatif)

1 Allumer un feu de bois et attendre qu'il fasse des braises. Ou encore, régler un barbecue au charbon de bois ou au gaz pour la cuisson indirecte à feu moyen-vif. Il va de soi que le feu de bois donnera de meilleurs résultats.

2 Couper le pain en tranches de 1 cm (½ po) d'épaisseur.

3 Disposer quelques tranches de pain sur la grille et les faire griller 1 à 2 minutes par face ou jusqu'à ce qu'elles soient dorées sur les deux faces. Répéter avec le reste de pain.

4 Présenter à chaque convive une tranche de pain sur une serviette de papier et leur donner la consigne d'en frotter la surface avec une gousse d'ail coupée, puis d'arroser d'huile d'olive, de saler et de poivrer. (S'il s'agit de pain toscan, augmenter la quantité de sel.) Il importe de frotter l'ail sur le pain chaud, histoire qu'il cuise légèrement. Consommer aussi tandis que c'est chaud. Si désiré, garnir ou accompagner de salsa de tomate.

Variante

En Catalogne, on concocte une préparation semblable, qui porte le nom de *pa amb tomàquet* (littéralement, pain à la tomate). Préparer la bruschetta comme indiqué ci-dessus, puis frotter la face coupée d'une tomate sur le pain après l'avoir frotté d'ail.

INGRÉDIENTS La coutume veut que l'on emploie pour la bruschetta du *pane toscano*, pain toscan non salé. (Selon Peter Reinhart, maître-boulanger, ce pain étonnant aurait été créé pour contourner la taxe, alors très élevée, sur le sel.) Si vous vivez à proximité d'une boulangerie italienne, vous en trouverez peut-être. Sachez toutefois que tous ne l'apprécient pas nécessairement (dont mon éditrice). Dans ce cas, remplacez-le par un bon pain croûté italien ou français.

ÉQUIPEMENT Votre batterie de base dont un couteau dentelé, plus un barbecue.

AUTRES Si vous ne disposez pas d'un barbecue, faites griller le pain dans un four-grilloir ou sous le gril du four. Vous pouvez garnir la bruschetta de salsa à la tomate, entre autres.

DURÉE Environ 10 minutes.

HORS-D'ŒUVRE THAÏLANDAIS

INGRÉDIENTS Vous pouvez acheter à l'épicerie des épinards frais, des piments jalapenos et des arachides rôties ou aller à l'épicerie asiatique afin de vous procurer les ingrédients que l'on emploie en Thaïlande: épinards chinois (de saveur plus terreuse et légèrement plus amère que ceux que l'on connaît) ou bai cha plu (feuilles de poivre sauvage thaïlandais), piments oiseaux et crevettes séchées. (Pour former les papillotes, on peut aussi employer des feuilles de basilic ou de shiso japonais, ou même de la laitue Boston.) Vous trouverez de la sauce thaïlandaise ou de piment doux asiatique dans la plupart des supermarchés.

ÉQUIPEMENT Votre batterie de base. On sert généralement ces hors-d'œuvre dans de petits bols assortis, mais vous pouvez aussi empiler individuellement les ingrédients dans une grande assiette.

AUTRES Pour un plat authentique, ajoutez des crevettes séchées, qui ressemblent à des virgules surdimensionnées; leur saveur douce et salée éclate en bouche. Vous pouvez les omettre sans rien enlever à l'aspect spectaculaire du plat. Si vous décidez de les inclure, vous en trouverez dans les épices asiatiques ou hispaniques.

Vous avez certainement entendu parler des hors-d'œuvre thaïlandais les plus célèbres : criquets au piment, tourniquets frits et vers à soie. (Je les ai tous goûtés.) En voici un qui ne requiert aucun arthropode et dont chaque bouchée vous bombardera de ses multiples saveurs : piquante (gingembre et piment), douce (noix de coco grillée), acidulée (citron vert), légèrement terreuse (arachide et échalote) et, le cas échéant, salée (crevette séchée ; voir à ce sujet la partie AUTRES). Ce hors-d'œuvre, appelé *miang kham,* est éminemment adaptable (vous n'avez donc pas à vous inquiéter si vous manquez de l'un ou l'autre des ingrédients) : il peut être piquant à souhait ou d'une grande douceur. En outre, je peux vous assurer que vous serez le seul gars de votre entourage à le servir.

24 bouchées ou 4 à 6 portions

24 grosses feuilles d'épinard, d'épinard chinois, de poivre sauvage thaïlandais (chaphlu), de basilic ou des feuilles de laitue Boston déchirées en carrés de 5 cm (2 po)

35 g (½ tasse) de noix de coco non sucrée, râpée et séchée

2 piments jalapenos, 4 piments Serrano ou 8 piments oiseaux thaïlandais

1 morceau de 5 cm (2 po) de gingembre frais pelé

2 échalotes ou ½ oignon rouge

1 citron vert

65 g (½ tasse) d'arachides rôties à sec, salées ou non

60 ml (¼ tasse) de petites crevettes séchées (facultatif)

250 ml (1 tasse) de sauce au piment doux thaïlandaise dans un petit bol, pour tremper

1 Bien rincer les feuilles d'épinard (ou autres feuilles), car elles peuvent contenir de la terre. Les éponger avec du papier absorbant et les disposer dans un bol de service ou une assiette.

2 Dans une poêle, faire dorer la noix de coco à sec et à feu moyen 2 à 4 minutes, en remuant à la cuiller en bois. La déposer dans un petit bol de service.

3 Couper les piments, le gingembre, les échalotes (ou l'oignon) et le citron vert en morceaux de 0,5 cm (¼ po). Le plus simple est de les couper en tranches de 0,5 cm (¼ po) d'épaisseur, puis en morceaux de 0,5 cm (¼ po). On peut laisser les graines dans les piments, qui seront alors plus piquants, ou les retirer ainsi que les membranes en coupant ceux-ci en deux dans le sens de la longueur et en grattant l'intérieur avant de les couper en petits morceaux. La chair et l'écorce du citron vert ainsi coupées possèdent une saveur intense. Disposer les piments, le gingembre, les échalotes (ou l'oignon), le citron vert, les arachides et les crevettes (si désiré) dans des bols de service individuels.

4 Pour servir, disposer les bols sur un plateau, chacun avec une petite cuiller. Pour consommer le *miang kham,* on se sert d'une feuille d'épinard (ou de laitue, etc.) que l'on recouvre d'un peu de noix de coco, de piment, de gingembre, d'échalote, de citron vert, d'arachides et, le cas échéant, de crevettes séchées. Rouler en un petit cylindre, tremper dans la sauce au piment et déguster!

DURÉE Environ 15 minutes.

PIMENTS JALAPENOS FARCIS
DE FROMAGE, ENVELOPPÉS DE BACON ET RÔTIS

Qui a eu l'idée de farcir un piment jalapeno de fromage, de l'envelopper de bacon et de le faire rôtir? Un gars sans aucun doute et je parie que c'était un Texan. Ce mets (qu'on appelle aussi «œuf de serpent à sonnette») est peut-être un incontournable des concours américains de barbecue, mais on ne peut garder bien longtemps pour soi un secret aussi intéressant (piment piquant, fromage et viande salée). Voici donc la recette classique. À vous de créer votre variante. Vous pouvez m'envoyer des photos à barbecuebible.com! **16 beignets ou 4 portions**

16 gros piments jalapenos

225 g (8 oz) de fromage (cheddar, monterey jack, monterey jack au piment, fromage à la crème ou autre), coupé finement en julienne s'il s'agit d'un fromage ferme

16 brins de coriandre fraîche

8 tranches de bacon artisanal, coupées en deux

1 Préchauffer le four à 200 °C (400 °F). Si possible, couvrir une plaque de cuisson d'une grille.

2 *Pour farcir un jalapeno entier:* couper le haut du piment. À l'aide d'un vide-pomme ou de la lame d'un pèle-légumes, ôter les graines en grattant. Farcir le piment de fromage et de coriandre. Remettre le haut du piment.

Pour farcir un jalapeno coupé en deux: couper le piment en deux dans le sens de la longueur puis ôter les graines à l'aide d'une cuiller. Farcir une moitié de fromage (s'il s'agit de fromage à la crème, le faire à la cuiller) et de coriandre et couvrir de l'autre moitié.

3 Envelopper les piments de bacon et piquer l'extrémité avec un cure-dent. Disposer les piments sur la plaque de cuisson.

4 Enfourner et cuire 20 à 25 minutes ou jusqu'à ce que piments et bacon soient croustillants et que les piments soient tendres sous la pression des doigts. Mettre à égoutter sur du papier absorbant et servir aussitôt.

INGRÉDIENTS Fromage: vous pouvez choisir entre le monterey jack au piment, le manchego, le cheddar ou la mozzarella fumée.

ÉQUIPEMENT Votre batterie de base, dont des cure-dents, une plaque de cuisson et, si possible, une grille dont les dimensions conviennent pour la plaque. Pour épépiner les jalapenos, employez une cuiller à pamplemousse, dont les bords sont dentelés, ou la lame d'un pèle-légumes.

AUTRES Les premiers piments farcis étaient cuits sur le barbecue, ce qui leur conférait une agréable saveur de fumée, mais vous pouvez les cuire au four, sous le gril, voire au grille-sandwichs.

DURÉE De 30 à 40 minutes.

Variantes

Piments variés farcis, cuits au barbecue: remplacer les jalapenos par des piments piquillos espagnols en boîte (égouttés et épongés), des piments de Padron frais ou des shishito japonais. Remplacer le cheddar par du manchego, du chèvre, du mascarpone ou de la chair de crabe humectée de mayonnaise. Remplacer le bacon par de la pancetta, du prosciutto ou du jambon serrano. Plutôt que de cuire les piments au four, les faire griller à cuisson indirecte sur le barbecue préchauffé à feu moyen-vif pendant 20 à 25 minutes ou jusqu'à ce que le bacon soit doré et croustillant et que les piments soient tendres sous la pression des doigts. Les égoutter sur du papier absorbant et servir aussitôt.

Autres aliments enveloppés de bacon

Crevettes ou pétoncles: envelopper de bacon de grosses crevettes déveinées ou des pétoncles géants, en intercalant une tranche de piment jalapeno entre le bacon et le fruit de mer (retenir à l'aide de cure-dents). Poêler ou cuire sous le gril du four ou au barbecue à feu moyen-vif 2 à 4 minutes par face ou jusqu'à ce que le bacon soit croustillant et que les fruits de mer soient bien cuits.

Pruneaux ou dattes: farcir des dattes ou des pruneaux dénoyautés de petits cubes de gouda, de gruyère ou d'un autre fromage et les envelopper de bacon (retenir à l'aide de cure-dents). Poêler ou cuire sous le gril du four ou au barbecue à feu moyen-vif 2 à 4 minutes par face ou jusqu'à ce que le bacon soit croustillant et que les fruits soient assez chauds pour faire fondre le fromage.

GRILLED CHEESE (SANS PAIN)

Bien sûr, vous trouverez une recette de *grilled cheese* ainsi que des variantes à la page 37 et aux suivantes. Cependant, dans bien des endroits dans le monde, le fromage grillé est servi sans pain et n'en est pas moins délectable pour autant. Voici la recette d'un classique: voyez-le comme du fromage grillé destiné à ceux qui suivent un régime à faible teneur en glucides.

Piments jalapenos farcis de fromage, enveloppés de bacon et rôtis ▸

QUESO FUNDIDO

FROMAGE FONDANT À LA MEXICAINE

INGRÉDIENTS J'emploie généralement un mélange de monterey jack (ou de monterey jack au piment) et de cheddar blanc, le premier pour sa consistance crémeuse, le second pour son piquant.

ÉQUIPEMENT Votre batterie de base plus un sous-plat. La coutume exige que le *queso fundido* soit cuit et servi dans une *cazuela*, plat peu profond en argile. On le trouve dans les boutiques d'équipement de cuisine ou encore en ligne à tienda.com. Vous pouvez aussi employer un petit plat allant au four ou une poêle en fonte.

AUTRES J'apprécie tout particulièrement la polyvalence du *queso fundido*. Vous pouvez le faire fondre nature ou le garnir de *rajas* (piments poblano rôtis), de chorizo (saucisse mexicaine), de haricots frits ou même de *huitlacoche* (champignon noir qui parasite le maïs et possède une saveur légèrement terreuse; voir l'encadré ci-contre).

DURÉE Environ 15 minutes.

Ce hors-d'œuvre mexicain classique est tellement simple à réaliser que je suis presque gêné d'en donner la recette, sauf que j'oublie souvent de le préparer. On l'apporte grésillant à table, après l'avoir cuit au four ou sous le gril. **4 portions**

225 g (½ lb) de monterey jack ou de monterey jack au piment, grossièrement râpé

225 g (½ lb) de cheddar blanc piquant, grossièrement râpé

Garnitures: rajas, chorizo, haricots frits ou *huitlacoche* (voir ci-dessous; facultatif)

Tortillas ou croustilles de maïs (voir page 137)

Garnitures du fromage fondant à la mexicaine

Vous trouverez ces quatre garnitures savoureuses dans bien des plats mexicains dont je donne les recettes dans ce livre, des quesadillas (pages 42 et 43) en passant par les tacos (page 311) et les fajitas. Employez-les toutes, ou l'une ou l'autre au choix.

Rajas (lanières de piment poblano rôti): griller deux piments poblano sur un barbecue chaud (mieux encore, directement sur les braises d'un barbecue au charbon de bois), sur un brûleur de la cuisinière au gaz ou dans une poêle en fonte. Les retourner de sorte que la peau cloque et soit entièrement noircie. Les laisser refroidir, puis retirer la peau brûlée en grattant. Couper les piments en lanières de 0,5 cm (¼ po) d'épaisseur, en jetant la tige, les membranes et les graines.

Chorizo: cette saucisse épicée (au paprika, à l'ail et au vin) est consommée dans tous les pays hispaniques. La variante mexicaine est présentée fraîche dans des boyaux ou en vrac, ou cuite, en chaînons. *Chorizo frais en boyau:* dans une poêle en fonte, cuire la saucisse à feu moyen dans 1 c. à soupe d'huile d'olive 4 à 6 minutes par face ou jusqu'à ce qu'elle soit dorée sur toutes ses faces. Laisser refroidir, en jetant le gras, puis trancher et disposer les tranches sous le fromage. *Chorizo frais en vrac:* en brisant la saucisse en morceaux à la cuiller en bois, cuire à la poêle dans l'huile 5 à 8 minutes ou jusqu'à ce qu'elle soit dorée. Égoutter dans une passoire, en jetant le gras et disposer la chair cuite sous le fromage. *Chorizo cuit:* trancher ou couper finement en dés 1 ou 2 saucisses et disposer sous le fromage.

Frijoles refritos (haricots frits): vous pouvez ajouter 250 ml (1 tasse) de haricots frits de la marque de votre choix.

Huitlacoche: ce champignon noir qui parasite le maïs possède une saveur légèrement terreuse qui en fait un mets apprécié au Mexique. On en trouve rarement du frais au nord de la frontière mexicaine, mais on peut en trouver en conserve ou surgelé dans les épiceries hispaniques (ou le commander à mexgrocer.com). Couper un petit oignon en dés et le cuire à feu moyen-vif à la poêle dans 1 c. à soupe d'huile d'olive extra vierge ou de beurre. Ajouter 170 à 225 g (6 à 8 oz) de *huitlacoche* frais, surgelé ou en boîte et cuire 5 à 8 minutes ou jusqu'à ce que le liquide soit presque entièrement évaporé.

1 Préchauffer le four à 260 °C (500 °F), ou le gril du four.

2 Dans un bol, remuer le monterey jack et le cheddar. Le cas échéant, disposer la ou les garnitures en une seule couche dans un plat en argile ou une poêle en fonte. Couvrir du mélange de fromages râpés à hauteur de 1 cm (½ po).

3 *Cuisson du queso fundido au four*: enfourner et cuire 8 à 12 minutes ou jusqu'à ce que le fromage fonde, bouillonne et soit légèrement doré.

Cuisson du queso fundido sous le gril: déposer le fromage dans une lèchefrite, enfourner à environ 8 cm (3 po) de la source de chaleur et le faire griller 4 à 6 minutes ou jusqu'à ce que le fromage fonde, bouillonne et soit légèrement doré.

4 Servir aussitôt sur un sous-plat avec des tortillas fraîches ou des croustilles de maïs en prenant garde de ne pas se brûler sur le plat chaud.

CAMEMBERT CUIT SUR PLANCHE ET CHUTNEY

Si vous faites partie des millions d'amateurs de grillades, vous avez peut-être déjà préparé du saumon cuit sur la planche (voir les détails à la page 245). Mais vous ne savez peut-être pas à quel point la planche peut vous être utile pour la préparation d'un hors-d'œuvre ridiculement simple à servir à votre prochaine fête d'avant-match ou du Super Bowl. (Pratique, bien sûr, mais également délicieux, le cèdre infusant le fromage de son arôme particulier.) Variez les fromages et les garnitures, bref, voyez cette recette comme un modèle de base. **6 à 8 portions**

1 camembert de 225 g (8 oz) ou 1 petit brie de 370 g (13 oz)

125 ml (½ tasse) de chutney à la mangue, à la poire ou à un autre fruit

50 g (½ tasse) de pacanes entières

Pain grillé ou craquelins de qualité

1 Préchauffer le four à 200 °C (400 °F). Faire tremper une planche de cèdre dans l'eau environ 30 minutes, puis la mettre à égoutter.

2 Disposer le fromage au centre de la planche. Couvrir uniformément de chutney, puis des pacanes.

3 Enfourner et cuire 15 à 20 minutes ou jusqu'à ce que les pacanes soient dorées, que le chutney bouillonne et que le fromage soit mou au toucher. (Ne pas trop cuire, à défaut de quoi la croûte fendra et le fromage se répandra sur la planche.)

4 Déposer la planche sur une assiette à l'épreuve de la chaleur. Étaler le fromage et ses garnitures sur le pain grillé ou les craquelins.

INGRÉDIENTS Vous opterez pour un fromage à pâte molle, tel que le camembert, un petit brie ou un fromage de forme semblable à croûte fleurie, d'ici ou d'ailleurs. On parle de pâte molle du fait qu'on vaporise une culture bactérienne à la surface et qu'elle ramollit en s'affinant de l'extérieur vers l'intérieur.

ÉQUIPEMENT Il vous faudra une planche de cèdre d'environ 13 x 28 cm (5 x 11 po). On en trouve dans les boutiques d'équipement de cuisine et la plupart des supermarchés. Autrement, vous pouvez couper la vôtre dans une planche achetée chez le marchand de bois; assurez-vous simplement qu'il s'agit de bois non traité.

AUTRES Vous pouvez réutiliser la planche. Pour la nettoyer, frottez-la dans l'eau chaude et laissez-la sécher.

DURÉE 30 minutes de trempage pour la planche, environ 5 minutes de préparation + 15 à 20 minutes de cuisson.

Variantes

Fromage, pesto et pignons: garnir le fromage de 125 ml (½ tasse) de bon pesto du commerce et de 65 g (½ tasse) de pignons. Cuire au four comme dans la recette de la page 123.

Fromage, tapenade et noix: garnir le fromage de 125 ml (½ tasse) de tapenade (pâte d'olives), de préférence maison (page 208) ou, à défaut, d'une tapenade du commerce, et de 50 g (½ tasse) de morceaux de noix. Cuire au four comme dans la recette de la page 123.

BAGUETTE GRILLÉE AUX ANCHOIS

INGRÉDIENTS Autant que possible, employez des anchois conservés dans l'huile et présentés dans des boîtes plates de 60 g (2 oz).

ÉQUIPEMENT Votre batterie de base dont un robot culinaire (facultatif).

AUTRES J'aime bien la simplicité de cette variante, mais certains y ajoutent de l'ail, des câpres et de la sauce Worcestershire.

DURÉE Environ 25 minutes.

Voici un hors-d'œuvre rétro à servir avec votre cocktail classique préféré. Bien qu'il s'inspire des grandes recettes des gentlemen du siècle dernier, il possède tout ce que l'on attend d'un plat servi dans les bars les plus modernes : du sel pour vous donner envie de boire, du gras pour neutraliser l'alcool et du pain croustillant dans lequel planter bruyamment les dents. Évidemment, dans les années 1960, peu de gens employaient de la baguette et du véritable parmesan. Vous avez donc une longueur d'avance sur les autres. **24 rôties ou 6 à 8 portions**

- 1 boîte de 60 g (2 oz) de filets d'anchois de qualité, égouttés
- 70 g (¾ tasse) de parmesan (parmigiano reggiano) fraîchement râpé
- 250 ml (1 tasse) de mayonnaise, Hellmann's de préférence
- Quelques gouttes de jus de citron frais
- ½ c. à café de poivre noir fraîchement moulu
- 1 baguette

1 Préchauffer le four à 200 °C (400 °F).

2 Réduire les anchois et le parmesan en purée au robot culinaire. Ajouter la mayonnaise, le jus de citron et le poivre, et mélanger en une purée lisse. À défaut de disposer d'un robot culinaire, hacher finement les anchois au couteau et, dans un bol, les écraser avec le fromage à l'aide d'une cuiller en bois. Puis, en fouettant, incorporer la mayonnaise, le jus de citron et le poivre.

3 Couper la baguette en diagonale en tranches de 1 cm (½ po) d'épaisseur. Disposer les tranches sur une plaque de cuisson et les cuire au four 5 minutes ou jusqu'à ce qu'elles soient grillées. Retirer la plaque du four et retourner les tranches de pain (comme elles seront chaudes, employer au besoin des pinces).

4 Étaler la préparation aux anchois sur la face non grillée des tranches de pain, enfourner et cuire 5 minutes ou jusqu'à ce qu'elle gonfle et soit dorée. Surveiller pour ne pas laisser brûler. Servir aussitôt.

COCKTAIL DE CREVETTES
NOUVELLE MODE

Je n'ai jamais compris pourquoi le cocktail de crevettes classique était aussi populaire. Après tout, il n'y a pas pire manière de cuire les crevettes que de les faire bouillir; elles y perdent en saveur et deviennent caoutchouteuses. En outre, il n'y a rien d'héroïque à concocter une sauce composée de ketchup et de préparation au raifort du commerce. Dans la variante que je vous propose, les crevettes sont enrobées d'épices, puis saisies à la poêle ou cuites sous le gril. Quant à la sauce, elle est doublement piquante, le raifort râpé et le piment chipotle contribuant tous deux à l'assaisonner. Voilà un véritable cocktail de crevettes! **4 portions (à multiplier à volonté)**

Crevettes

680 g (1 ½ lb) de crevettes géantes crues, décortiquées et déveinées

2 ou 3 c. à soupe d'assaisonnement Old Bay ou de marinade sèche Raichlen n° 2 (voir à la page 341)

1 c. à soupe d'huile d'olive extra vierge ou de beurre, plus 2 c. à soupe de l'un ou de l'autre si poêlées (facultatif)

4 brins de coriandre fraîche (facultatif)

Sauce au chipotle

175 ml (¾ tasse) de ketchup

60 ml (¼ tasse) de préparation au raifort (égouttée)

1 c. à café de zeste d'orange fraîchement râpé (voir la remarque page 127)

3 c. à soupe de jus d'orange frais

1 c. à soupe de sauce Worcestershire

1 ou 2 piments chipotles en sauce adobo, égouttés, émincés, avec 1 ou 2 c. à café de leur sauce

1 Dans un bol, saupoudrer les crevettes de l'assaisonnement désiré. Les remuer pour bien les enrober, puis ajouter 1 c. à soupe d'huile d'olive ou de beurre, et remuer de nouveau.

2 *Cuisson à la poêle*: dans une grande poêle, chauffer l'huile ou faire fondre le beurre à feu moyen-vif. Cuire les crevettes 2 à 3 minutes par face ou jusqu'à ce qu'elles soient dorées sur leurs deux faces et cuites à point.

Cuisson sous le gril: préchauffer le gril du four à feu vif. Déposer les crevettes dans une lèchefrite, enfourner à environ 8 cm (3 po) de la source de chaleur et faire griller 2 à 3 minutes par face ou jusqu'à ce qu'elles soient dorées et cuites à point.

3 Laisser les crevettes refroidir à température ambiante dans une assiette de service, puis couvrir et réfrigérer au moins 1 heure. On peut les préparer 24 heures à l'avance jusqu'à cette étape.

4 Entre-temps, préparer la sauce: dans un bol, mélanger au fouet le ketchup, le raifort, le zeste et le jus d'orange, la sauce Worcestershire et les chipotles avec leur jus. Réfrigérer à couvert jusqu'au moment de servir les crevettes.

INGRÉDIENTS Vos crevettes devraient être fraîches et encore dans leur carapace (idéalement, avec leur tête et issues de la pêche durable ou pêchées localement). Pour gagner du temps, demandez à votre poissonnier de les décortiquer et de les déveiner.

ÉQUIPEMENT Votre batterie de base dont une râpe ou un robot culinaire pour hacher le raifort (facultatif), une grande poêle de 25 à 30 cm (10 à 12 po) ou une lèchefrite et des bols de service pour les crevettes et la sauce.

AUTRES Pour des crevettes façon Maryland, employez l'assaisonnement Old Bay; pour celles qui sont préparées à la mode de Kansas City, utilisez la marinade sèche Raichlen n° 2 (page 341).

DURÉE Environ 20 minutes de cuisson + 1 heure pour refroidir les crevettes.

5 Pour servir, répartir la sauce dans 4 petits bols, un par convive. Servir les crevettes dans l'assiette, garnies de coriandre fraîche, si désiré.

Remarque: pour prélever le zeste, l'écorce extérieure riche en huile essentielle de l'orange, employer une râpe fine de type Microplane (voir à la page 24) en veillant à ne pas prélever la partie blanche, qui est amère.

AILES DE POULET INCENDIAIRES

Tout homme devrait savoir cuire des ailes de poulet épicées. Vous gagnerez quelques points en plus si elles sont assez piquantes pour vous brûler la langue et le palais. Vous pouvez les préparer à la mode de Buffalo, suivant la recette créée par Anchor Bar, qui les passait dans de la farine assaisonnée au piment de Cayenne avant de les faire frire et de les arroser de beurre fondu et de sauce piquante. Pour ma part, je préfère les assaisonner de paprika fumé, qui leur confère une saveur fumée, et de jalapenos frits dans le beurre. **6 portions de hors-d'œuvre**

INGRÉDIENTS On trouve du *pimentón* (paprika espagnol fumé) dans les épiceries espagnoles et la plupart des supermarchés ou en ligne à tienda.com.

ÉQUIPEMENT Votre batterie de base dont une grille, une plaque de cuisson et une grande poêle de 25 à 30 cm (10 à 12 po).

AUTRES Pour ce plat, on fait rôtir les ailes de poulet au four (leur peau est croustillante mais elles sont moins grasses). Si vous désirez une peau plus croustillante et plus de gras, passez-les dans de la farine, en les secouant pour éliminer l'excédent, puis, dans une casserole épaisse, faites-les frire par lots dans 500 ml (2 tasses) d'huile végétale 6 à 8 minutes ou jusqu'à ce qu'elles soient dorées et cuites à point. Les mettre à égoutter sur une plaque de cuisson tapissée de papier absorbant. (Suivez les indications données à la page 224 pour le poulet frit.) Pour une peau croustillante et une saveur de fumée plus prononcée, faites-les

Ailes et assaisonnement

1,4 à 1,6 kg (3 à 3 ½ lb) d'ailes de poulet

1 c. à soupe de paprika fumé ou de paprika doux

1 c. à café de gros sel (casher ou de mer)

1 c. à café de poivre noir fraîchement moulu

1 c. à café de poudre d'oignon ou de poudre d'ail

½ à 1 c. à café de piment de Cayenne

½ c. à café de graines de céleri (facultatif)

2 c. à soupe d'huile d'olive extra vierge ou d'huile végétale, + pour la grille

Sauce

8 c. à soupe (1 plaquette) de beurre non salé

3 à 6 piments jalapenos (rouges de préférence) ou une autre variété de piment plus ou moins piquant, au goût, tranchés finement

10 g (½ tasse) de feuilles de coriandre fraîche

125 ml (½ tasse) de sauce piquante à la louisianaise, telle que la RedHot, la Crystal ou de sauce tabasco (ou au goût)

½ c. à café de fumée liquide (facultatif)

1 Ailes de poulet: les couper en deux parties au niveau de l'articulation pour obtenir le pilon d'aile et l'aileron, et jeter la pointe (ou la conserver pour faire un bouillon). Déposer les morceaux d'aile dans un grand bol.

2 Dans un petit bol, mélanger avec les doigts le paprika, le sel, le poivre, la poudre d'oignon ou d'ail, le piment de Cayenne et les graines de céleri, si désiré. Saupoudrer la préparation sur le poulet et remuer. Ajouter l'huile d'olive et remuer.

3 Préchauffer le four à 200 °C (400 °F). Poser une grille sur une plaque de cuisson tapissée de papier aluminium. Huiler la grille à l'aide d'une

◂*Cocktail de crevettes nouvelle mode*

griller à cuisson indirecte sur un barbecue au charbon de bois, en répandant sur le charbon 375 ml (1 ½ tasse) de copeaux de bois trempés puis égouttés.

DURÉE De 30 à 40 minutes.

feuille de papier absorbant repliée et trempée dans de l'huile végétale.

4 Disposer les ailes de poulet sur la grille. Enfourner et, en les retournant une ou deux fois à l'aide de pinces, les cuire 30 à 40 minutes ou jusqu'à ce qu'elles soient dorées et cuites à point. Pour vérifier le degré de cuisson, pratiquer une incision dans la partie la plus épaisse du pilon; la chair devrait avoir perdu sa teinte rosée.

5 Entre-temps, préparer la sauce: dans une poêle de 25 cm (10 po), faire fondre le beurre à feu moyen-vif. Il sera à la bonne température si des bulles se forment quand on y trempe une tranche de piment. Cuire les piments et la coriandre 2 minutes ou jusqu'à ce qu'ils libèrent leur arôme. Ajouter la sauce piquante et porter à ébullition. Si désiré, ajouter quelques gouttes de fumée liquide.

6 Déposer les ailes de poulet dans un grand bol de service peu profond. Arroser de sauce et remuer. Servir.

TRIPLEMENT SALSA

INGRÉDIENTS Comme aucune cuisson n'intervient dans la préparation d'une salsa, sa réussite dépend entièrement de la qualité des ingrédients, autrement dit tomates du jardin ou d'un producteur local, oignon doux, fruits tropicaux bien mûrs et coriandre ou menthe fraîche.

Oubliez les débats politiques: si vous voulez vraiment savoir quelle direction prennent les États-Unis, voyez ce qu'il en est de la salsa. Depuis plus de 10 ans, les ventes de ce condiment mexicain dépassent de loin celles du ketchup. Vous pouvez, bien sûr, acheter de la salsa du commerce, mais pourquoi le feriez-vous, étant donné qu'il est très facile d'en préparer soi-même et que les résultats obtenus sont nettement supérieurs? La salsa semble améliorer la saveur de tous les aliments: croustilles de maïs, poisson ou bifteck grillé, œufs, sandwichs et même hot-dogs. Voici les recettes de trois salsas de base que tout homme devrait savoir préparer.

Ailes de poulet incendiaires ▸

PICO DE GALLO

AUTRES La beauté de la salsa, c'est la spontanéité qu'elle permet. On peut hacher les ingrédients à l'avance (quelques heures, non pas quelques jours) et les mélanger juste au moment de servir.

ÉQUIPEMENT Votre batterie de base.

DURÉE Environ 15 minutes.

Voyez la pico de gallo comme la salsa primordiale; ce condiment composé de cinq ingrédients se retrouve pratiquement sur toutes les tables du Mexique et se prête à une multitude de variantes. Employez des tomates rouges, jaunes ou vertes, des oignons ou des oignons verts, des piments doux, piquants ou incendiaires. Faites griller ou fumer les légumes, ou encore faites-les rôtir sur les braises ou sur la cuisinière. Acidulez la salsa au jus de citron vert, d'orange, de citron ou de *naranja agria* (jus d'orange amère). Assaisonnez-la à la coriandre ou à la menthe fraîche, à l'origan séché ou au cumin. Lancez-vous en vous servant de la recette suivante comme tremplin. **500 ml (2 tasses) ou 4 portions**

Salsa

2 belles tomates rouges bien mûres coupées en dés de 0,5 cm (¼ po)

2 piments jalapenos épépinés et hachés finement (pour une salsa plus piquante, laisser les graines)

½ oignon blanc doux moyen coupé en dés fins

5 g (⅓ tasse) de coriandre fraîche hachée finement

3 c. à soupe de jus de citron vert frais, + au goût

Ingrédients additionnels (facultatif)

4 radis rouges parés et coupés en dés fins

1 gousse d'ail pelée et émincée

½ à 1 c. à café de piment chipotle en sauce adobo, haché

½ c. à café de cumin moulu ou d'origan séché

Gros sel (casher ou de mer) et poivre noir fraîchement moulu

Dans un bol, mélanger les tomates, les jalapenos, l'oignon, la coriandre, le jus de citron vert et, si désiré, les ingrédients additionnels. Goûter et ajouter au besoin du jus de citron vert. Servir la salsa tout au plus 1 heure après l'avoir préparée.

Variante

Pour une saveur plus prononcée, faire griller, fumer ou noircir les légumes sur les braises ou les faire rôtir à sec dans une poêle jusqu'à ce que leur peau cloque et noircisse. Laisser refroidir à température ambiante, puis ôter la peau en la grattant; hacher la chair et l'ajouter à la salsa. Voilà une variante en Technicolor de la pico de gallo en noir et blanc.

SALSA AU CHIPOTLE

La saveur de cette salsa à base de tomatilles cuites est rehaussée par l'ajout de chipotle (jalapeno fumé). En plus de jouer le rôle évident de sauce à tremper pour les croustilles de maïs, elle est splendide sur du poulet ou du poisson. Malgré son nom, la tomatille appartient au genre botanique de la cerise de terre et de l'alkékenge du Pérou. Elle ressemble à une tomate verte entourée d'une enveloppe parcheminée. Elle possède une saveur sucrée à laquelle s'ajoute un soupçon de tomate verte. On trouve des tomatilles fraîches au rayon des fruits et légumes de la plupart des supermarchés. **500 ml (2 tasses) ou 4 portions**

ÉQUIPEMENT Votre batterie de base dont une grande poêle en fonte de 25 à 30 cm (10 à 12 po) ainsi qu'un robot culinaire.

DURÉE Environ 20 minutes.

- 4 tomatilles (225 à 285 g [8 à 10 oz] en tout), enveloppe ôtée, rincées
- 4 tomates italiennes (225 à 285 g [8 à 10 oz] en tout)
- ½ petit oignon blanc pelé et coupé en deux
- 4 gousses d'ail entières pelées
- 1 ou 2 piments chipotles en sauce adobo, avec 2 c. à café de leur sauce
- 5 g (¼ tasse) de coriandre fraîche hachée
- ½ c. à café de gros sel (casher ou de mer), + au goût
- ½ c. à café de sucre, + au goût
- 1 citron vert (facultatif)

1 Chauffer une poêle en fonte à sec et à feu moyen-vif 1 à 2 minutes. (Pour savoir si elle est chaude, y jeter une goutte d'eau en secouant le doigt; elle devrait s'évaporer en 2 ou 3 secondes.) Ajouter les tomatilles, les tomates, l'oignon et l'ail et, en retournant avec des pinces, cuire l'ail 4 minutes et les autres légumes 6 à 10 minutes ou jusqu'à ce qu'ils soient grillés sur toutes leurs faces. (Au besoin, cuire les légumes en 2 lots, en commençant par les tomatilles et les tomates.)

2 Au robot culinaire, réduire en purée grossière les légumes grillés, les chipotles et leur sauce, la coriandre, le sel et le sucre. Faire fonctionner l'appareil en pulsant. Goûter et, au besoin, ajouter du sel et du sucre. (Pour une salsa plus acidulée, ajouter une giclée de jus de citron vert.) Cette salsa se conservera quelques jours au réfrigérateur dans un contenant fermé hermétiquement.

SALSA À LA MANGUE

INGRÉDIENTS Comme je vis à Miami, j'ai un faible pour les mangues de la Floride telles que les succulentes glenn, keitt et florigold. Elles sont offertes au supermarché durant l'été.

ÉQUIPEMENT Votre batterie de base.

AUTRES Pour une variante intéressante, remplacez la mangue par de l'ananas frais, du cantaloup mûr ou du melon miel.

DURÉE Environ 15 minutes.

Cette salsa d'inspiration caribéenne est idéale comme sauce à tremper pour le yucca frit et les croustilles de plantain. Elle est également fabuleuse sur du poisson, des crevettes, du poulet ou du porc grillés ou frits. La mangue mûre dégage un agréable parfum (tout comme la pêche et le café) et cède légèrement sous la pression du doigt sans être molle pour autant. Si votre peau est sensible, portez des gants de caoutchouc quand vous manipulez des mangues, leur sève risquant de déclencher une éruption apparentée à celle de l'herbe à puce. Autrefois considérés comme les plus piquants du monde, les piments Scotch Bonnet et habanero ont récemment été détrônés par le bhut jolokia, ou « piment fantôme », et le scorpion moruga, tous deux 10 000 fois plus piquants que la sauce tabasco. **500 ml (2 tasses) ou 4 portions**

- 1 grosse mangue mûre ou deux moyennes, dénoyautées et coupées en dés, environ 240 g (1 ½ tasse) en tout
- 1 petit concombre pelé, épépiné (voir la remarque ci-dessous) et coupé en dés
- 2 oignons verts parés, parties blanche et verte tranchées finement
- 1 c. à soupe de gingembre confit émincé, ou de gingembre frais pelé
- ½ à 1 piment Scotch Bonnet ou habanero, ou une plus petite quantité de piment bhut jolokia ou scorpion moruga (ou une autre variété au choix), épépiné et émincé
- 5 g (¼ tasse) de menthe fraîche hachée
- 3 c. à soupe de jus de citron vert frais
- 1 à 2 c. à soupe de cassonade dorée

Dans un bol, déposer la mangue, le concombre, les oignons verts, le gingembre, le piment, la menthe et le jus de citron vert; ne mélanger qu'au moment de servir. Ajouter de la cassonade au goût.

Remarque : pour épépiner le concombre, le couper en deux dans le sens de la longueur et ôter les graines en grattant la chair à la cuiller.

SAUCES À TREMPER RÉTRO
RÉINVENTÉES

Les sauces à tremper manquent peut-être du machisme associé au bifteck grillé ou à l'épaule de porc fumée, mais ni fête du Super Bowl ni partie de poker en semaine ne serait complète sans elles. Le truc consiste à renoncer aux raccourcis indignes tout en préservant les saveurs prononcées que nous aimons. Autrement dit, il faut renoncer au mélange de soupe à l'oignon et aux artichauts en boîte. Ce qui ne signifie pas que l'on se passera de sauces à tremper. En voici cinq classiques qui ont été revisitées.

SAUCE À L'OIGNON DE MICHAEL SCHWARTZ

La saveur réconfortante des oignons caramélisés est une véritable révélation dans cette nouvelle variante d'un grand classique. C'est devenu un gros succès quand Michael Schwartz, un chef de Miami, a ouvert le Michael's Genuine Food & Drink dans le Design District de la ville. Croustilles maison, pitas grillés ou croustilles du commerce, au choix, accompagneront à merveille cette sauce (voir les recettes, page 135 et suivantes). **500 ml (2 tasses)**

- 2 c. à soupe (¼ plaquette) de beurre ou 2 c. à soupe d'huile d'olive extra vierge, + au besoin
- 1 gros oignon doux pelé, coupé en deux et tranché finement
- 115 g (4 oz) de fromage à la crème (la moitié d'un paquet de 225 g [8 oz]) à température ambiante
- 125 ml (½ tasse) de mayonnaise, Hellmann's de préférence
- 125 ml (½ tasse) de crème sure
- 25 g (¼ tasse) de parmesan (parmigiano reggiano) fraîchement râpé (facultatif; ma variante de la recette de Michael)
- Gros sel (casher ou de mer) et poivre noir fraîchement moulu
- Croustilles de pommes de terre au four (page 137) ou pointes de pita grillées au sésame (page 136)

INGRÉDIENTS Il n'y a rien là de bien exotique, mais si vous pouvez trouver des oignons doux (appelés aussi «oignons espagnols»), tels que vidalia, walla walla, maui ou texas sweet, votre sauce n'en sera que meilleure.

ÉQUIPEMENT Votre batterie de base dont une grande poêle en fonte ou antiadhésive de 25 à 30 cm (10 à 12 po).

AUTRES Il y a véritablement une différence entre le parmigiano reggiano et les fromages à râper de moindre qualité. Pour en savoir plus, reportez-vous à la page 52.

DURÉE Environ 20 minutes.

1 Dans une poêle épaisse, faire fondre le beurre ou chauffer l'huile à feu moyen. Cuire l'oignon jusqu'à ce qu'il caramélise (prenne une couleur dorée brunâtre) et soit bien tendre. Baisser le feu en cours de cuisson et remuer souvent. Le processus prend 10 à 15 minutes. Ne pas laisser l'oignon brûler. Ajouter du beurre ou de l'huile au besoin. Laisser refroidir à température ambiante.

2 Entre-temps, déposer le fromage à la crème dans un bol et, en fouettant, incorporer la mayonnaise, puis la crème sure et, finalement, le parmesan si désiré. Ajouter l'oignon refroidi, saler et poivrer au goût. Servir avec les croustilles ou le pita grillé.

GUACAMOLE AU CHIPOTLE

INGRÉDIENTS Le guacamole sera une réussite ou un échec selon la qualité des avocats, qui devraient être bien mûrs (ils sont mûrs lorsqu'ils cèdent sous la pression du pouce et de l'index). Autrement, vous devrez les laisser mûrir à température ambiante. Inutile de tenter d'accélérer le processus.

ÉQUIPEMENT Votre batterie de base.

AUTRES Si vous souhaitez placer la barre plus haut (et faire bénéficier un nouveau plat populaire d'un vieux truc de pro), procurez-vous un *molcajete*, mortier et pilon mexicains en pierre de lave. On en trouve dans les boutiques d'ustensiles de cuisine. Puis préparez le guacamole à la table devant des convives admiratifs.

DURÉE 5 minutes.

Aucun répertoire de sauces à tremper n'est complet sans le guacamole. Dans celui-ci, les jalapenos frais sont complétés par du chipotle (jalapeno fumé), qui confère à la sauce un peu plus de piquant et une formidable saveur de fumée. Les quantités de piment données dans la recette permettent à chacun de doser l'intensité de la peine infligée. Il peut sembler étonnant d'ajouter les jalapenos, l'oignon et la coriandre en deux étapes différentes. La raison en est simple : la préparation doit être en partie sous forme de pâte, afin de bien parfumer le plat, et en partie sous forme de morceaux, qui lui confèrent une texture intéressante. **750 ml (3 tasses) ou 6 portions**

- ½ à 1 piment chipotle avec son jus
- 1 c. à café de gros sel (casher ou de mer), + au goût
- ½ c. à café de poivre noir fraîchement moulu, + au goût
- 1 à 3 piments jalapenos épépinés et coupés en dés (conserver les graines pour un guacamole plus piquant)
- ¼ d'oignon doux moyen coupé en dés (3 ou 4 c. à soupe)
- 10 g (½ tasse) de coriandre fraîche hachée
- 2 avocats mûrs dénoyautés, pelés et coupés en dés
- 1 belle tomate rouge bien mûre coupée en dés (jus réservé)
- 2 c. à soupe de jus de citron vert frais, ou au goût
- Croustilles de maïs (page 137) cuites au four

1 Déposer le chipotle, le sel et le poivre noir dans un bol. Ajouter la moitié des jalapenos, de l'oignon et de la coriandre, et les réduire en pâte au mortier et au pilon ou à la cuiller en bois. Ajouter les avocats, la tomate, le jus de citron vert et le reste des jalapenos, de l'oignon et de la coriandre. Remuer juste assez pour bien mélanger, de sorte qu'il reste des morceaux dans le guacamole (c'est précisément cette consistance qui permet de distinguer un maître d'un néophyte). Goûter et rectifier l'assaisonnement en sel, en poivre et en jus de citron vert au besoin.

2 Servir avec les croustilles de maïs.

PAIN GRILLÉ ET CROUSTILLES

Pain grillé, croustilles de maïs, pointes de pita grillées, vous avez certainement employé tout cela à un moment ou un autre avec une sauce à tremper. Vous pouvez les acheter mais, tant qu'à prendre le temps de concocter vos sauces, pourquoi ne pas aussi préparer ces accompagnements ? En plus d'être plus savoureux et moins gras, ils seront exempts de ces préservatifs chimiques aux noms polysyllabiques que l'on trouve dans les produits du commerce.

RÔTIES AU BEURRE CUITES AU FOUR

C'est un vrai plaisir de mordre dans une tranche de pain brioché ou de baguette croustillante et enduite de beurre. **16 à 32 rôties (selon la taille de la miche)**

1 miche de pain brioché, de pain de campagne, de pain à sandwich de blé complet tranché fin, de pain de seigle, de pumpernickel ou de baguette

8 c. à soupe (1 plaquette) de beurre fondu

1 Préchauffer le four à 180 °C (350 °F).

2 Pain entier: à l'aide d'un couteau dentelé (ou couteau à pain), couper la miche en tranches de 0,5 à 1 cm (¼ à ½ po) d'épaisseur. Trancher la baguette en diagonale. Pain à sandwich tranché: couper les tranches en deux en diagonale de manière à obtenir des triangles. Disposer le pain sur une plaque de cuisson et enduire ses deux faces de beurre fondu à l'aide d'un pinceau à pâtisserie (ou d'un pinceau ordinaire propre en soies naturelles).

3 En le retournant avec des pinces, cuire le pain 5 à 8 minutes par face ou jusqu'à ce qu'il soit doré sur les deux faces. Ne pas le laisser brûler. Servir les rôties chaudes ou à température ambiante. Dans ce dernier cas, les laisser refroidir sur une plaque de cuisson. Laisser refroidir à température ambiante celles qui ne seront pas consommées aussitôt, puis les mettre dans un sachet de plastique refermable, où elles se conserveront 2 jours.

INGRÉDIENTS Vous êtes soucieux de votre santé? Employez du pain de grain complet et de l'huile d'olive extra vierge.

ÉQUIPEMENT Votre batterie de base dont une plaque de cuisson, un pinceau à pâtisserie et un couteau dentelé.

AUTRES Pour préparer vos biscottes Melba, faites cuire de fines tranches de pain blanc ou de blé complet (comme celui de Pepperidge Farm) sans beurre dans un four réglé à 180 °C (350 °F). Elles seront nettement meilleures que celles du commerce.

DURÉE 20 minutes.

RÔTIES AU PARMESAN

INGRÉDIENTS Optez pour une baguette croûtée provenant d'une bonne boulangerie.

ÉQUIPEMENT Votre batterie de base dont une plaque de cuisson, un couteau dentelé et un pinceau à pâtisserie.

AUTRES Bien que facultatif, le persil apporte de la couleur et de la saveur au plat.

DURÉE Environ 15 minutes.

Ajoutez du parmesan véritable (parmigiano reggiano) et un peu de persil aux ingrédients de la recette précédente et vous obtiendrez de fabuleuses rôties au fromage. **Une baguette devrait donner 32 rôties**

1 baguette

8 c. à soupe (1 plaquette) de beurre non salé, fondu

100 g (1 tasse) de parmesan (parmigiano reggiano) fraîchement râpé

5 g (¼ tasse) de persil plat frais haché finement (facultatif)

Poivre noir fraîchement moulu

1 Préchauffer le four à 180 °C (350 °F).

2 Trancher finement le pain en diagonale à l'aide d'un couteau dentelé. Disposer les tranches en une seule couche sur une plaque de cuisson. Enduire légèrement mais entièrement leurs deux faces de beurre fondu. Parsemer le dessus du pain de parmesan puis de persil, si désiré, et poivrer.

3 Enfourner et cuire 6 à 10 minutes ou jusqu'à ce que les rôties soient dorées et que le fromage grésille.

POINTES DE PITA GRILLÉES AU SÉSAME

INGRÉDIENTS On trouve du pain pita dans les supermarchés. Pour une variante plus saine, optez pour le pita de blé entier.

ÉQUIPEMENT Votre batterie de base dont une plaque de cuisson et un pinceau à pâtisserie.

AUTRES Pour une variante asiatique, enduisez le pita d'huile de sésame grillé et parsemez-le de graines de sésame noires.

DURÉE 5 minutes.

Le pita, pain plat cuit sur la sole, convient à merveille aux sandwichs. De plus, les pointes recuites au four sont assez robustes pour recevoir de bonnes quantités de houmous, de tzatziki ou de purée de haricots. **24 pointes**

4 pains pitas de 15 cm (6 po) de diamètre chacun

Huile d'olive extra vierge

2 c. à soupe de graines de sésame

1 Préchauffer le four à 180 °C (350 °F).

2 Enduire légèrement d'huile d'olive les deux faces des pitas. À l'aide d'un couteau de chef, les couper en 6 pointes chacun. Parsemer les deux faces de graines de sésame.

3 Disposer les pointes en une seule couche sur une plaque de cuisson à rebord. Enfourner et cuire 6 à 10 minutes ou jusqu'à ce qu'elles soient croustillantes et légèrement dorées. Laisser refroidir à température ambiante sur la plaque. Ranger les restes dans un sachet de plastiques refermable, où ils se conserveront 2 jours.

TOTOPOS

CROUSTILLES DE MAÏS CUITES AU FOUR

À l'époque où je rédigeais des critiques de restaurants (et avant l'avènement du Lipitor), je me suis retrouvé avec un taux de cholestérol trop élevé, que j'ai traité avec succès en adoptant une alimentation à faible teneur en gras. J'ai donc commencé à cuire mes croustilles de maïs au four, ce qui leur conférait la consistance croquante requise sans le gras collatéral. J'en suis venu à préférer ces croustilles cuites au four, dont la saveur est à mes yeux plus pure, à celles qui sont frites. **24 à 32 croustilles**

INGRÉDIENTS Idéalement, vous prendrez des tortillas fraîchement préparées dans une boulangerie mexicaine. Autrement, rabattez-vous sur celles qu'on vend au supermarché au rayon des produits réfrigérés.

ÉQUIPEMENT Votre batterie de base dont une plaque de cuisson et un pinceau à pâtisserie.

AUTRES Selon que vous optez pour des tortillas de maïs ou de blé, les croustilles seront, bien entendu, composées de l'un ou de l'autre de ces grains. Si le cœur vous en dit, employez-les en mélange.

DURÉE 5 minutes.

2 c. à soupe d'huile d'olive extra vierge (facultatif)

4 tortillas de maïs

Gros sel (casher ou de mer; facultatif)

1 Préchauffer le four à 180 °C (350 °F).

2 Si désiré, enduire légèrement d'huile d'olive les deux faces des tortillas. À l'aide d'un couteau de chef, les couper en 6 à 8 pointes chacune. Disposer les pointes en une seule couche sur une plaque de cuisson à rebord. Saler légèrement si désiré.

3 Enfourner et cuire 6 à 10 minutes ou jusqu'à ce que les pointes soient croustillantes et légèrement dorées. Les laisser refroidir à température ambiante sur la plaque; elles durciront. Ranger les restes dans un sachet de plastique refermable, où ils se conserveront 2 jours.

CROUSTILLES DE POMMES DE TERRE AU FOUR

Voici des croustilles de pommes de terre maison qui n'exigent pas de haute friture et sont pratiquement exemptes de gras. Elles accompagnent à merveille la sauce à tremper à l'oignon de la page 133. Vous pouvez employer des tubercules blancs, jaunes, rouges ou bleus ou encore des patates douces. C'est une bonne occasion d'investir dans une mandoline, qui vous permettra de couper les tubercules en tranches d'épaisseur uniforme (idéalement de la taille d'une pièce de un dollar). **2 portions (à multiplier à volonté)**

INGRÉDIENTS J'emploie généralement de grosses pommes de terre biologiques à chair ferme pour la confection de ces croustilles; elles se tranchent facilement et donnent des croustilles de bonne taille.

ÉQUIPEMENT Votre batterie de base dont une plaque de cuisson et un pinceau à pâtisserie.

1 grosse pomme de terre ou patate douce, ou 2 moyennes, rincées et brossées

Environ 2 c. à soupe d'huile d'olive extra vierge

Gros sel (casher ou de mer) et poivre noir fraîchement moulu

AUTRES Inutile de peler les pommes de terre, leur peau étant une source additionnelle de fibres. Frottez-la simplement sous l'eau à l'aide d'une brosse à légumes. Pour gagner du temps, employez une mandoline (voir AUTRES à la page 109) ou un robot culinaire muni d'un disque émínceur.

DURÉE 20 minutes.

1 Préchauffer le four à 180 °C (350 °F).
2 En maniant le couteau avec prudence (si on n'utilise pas la mandoline), couper les pommes de terre en tranches de 0,3 cm ($^1/_8$ po) d'épaisseur. Les éponger avec du papier absorbant. Déposer les tranches dans un grand bol, ajouter l'huile d'olive et bien remuer. Employer le moins d'huile possible; les tranches devraient en être toutes enduites d'une fine couche. Saler et poivrer au goût; les croustilles devraient être bien relevées.
3 Disposer les tranches en une seule couche sur une plaque de cuisson antiadhésive. Enfourner et cuire 5 à 8 minutes ou jusqu'à ce qu'elles soient légèrement dorées à la surface. Les retourner et poursuivre la cuisson 5 à 8 minutes ou jusqu'à ce qu'elles soient dorées et croustillantes. Déposer dans un grand bol et servir chaudes ou refroidies à température ambiante sur la plaque.

CROUSTILLES DE SALAMI, DE PEPPERONI ET DE PROSCIUTTO

INGRÉDIENTS On peut certainement employer des charcuteries bon marché pour préparer des croustilles, mais on n'en a jamais que pour son argent. (En d'autres mots, meilleur est le tissu, meilleur est le vêtement.) Optez plutôt pour du salami importé de Gênes ou du salami au *finocchio* (fenouil), ou encore pour un très bon prosciutto, tel celui de La Quercia fabriqué en Iowa (eh oui, en Iowa).

ÉQUIPEMENT Votre batterie de base dont une plaque de cuisson et une grille.

AUTRES Ces croustilles se passent volontiers de sauce à tremper, mais je ne refuserais pas la sauce à l'oignon de Michael Schwartz dont la recette figure à la page 133.

DURÉE Environ 15 minutes.

Pourquoi faire moins bien quand on peut faire mieux ? Vous pourriez servir des pointes de pita grillées ou des totopos (croustilles de maïs fraîchement préparées ; voir pages 136 et 137) à votre prochaine fête du Super Bowl. Vous le devriez et le ferez probablement. Et si vous pouviez réunir le croquant agréable d'une croustille et les aliments que nous, les gars, aimons vraiment, à savoir du salami, du pepperoni et du jambon ? Un jour, lors d'une expérience culinaire, j'ai découvert que je pouvais transformer pratiquement tous les saucissons et d'autres charcuteries en croustilles fabuleuses en y consacrant un minimum de temps. **16 à 20 croustilles, assez pour servir 2 à 4 convives s'il y a abondance d'autres bouchées**

115 g (4 oz) de salami, de pepperoni ou d'un autre saucisson sec, ou encore de prosciutto ou de jambon serrano, coupé en fines tranches

1 Préchauffer le four à 180 °C (350 °F).
2 Tapisser une plaque de cuisson de papier aluminium ou sulfurisé. (Le nettoyage en sera facilité.) Déposer une grille dessus.
3 Disposer les tranches de viande sur la grille en une seule couche. Enfourner et cuire 5 à 8 minutes ou jusqu'à ce qu'elles soient sèches et croustillantes. Au besoin, procéder par quelques lots, histoire d'éviter de surcharger la plaque. À noter que le pepperoni dore plus rapidement que le salami et le prosciutto.
4 Retirer la plaque et la grille du four. Éponger les croustilles (particulièrement le salami et le pepperoni) à l'aide d'une feuille de papier absorbant repliée. Laisser refroidir à température ambiante (les croustilles durciront) et servir.

BŒUF

Nous abordons maintenant l'aliment par excellence des gars : le bœuf. Si vous ne deviez maîtriser qu'une technique présentée dans ce livre, ce devrait être la cuisson d'un bifteck. Tout homme devrait savoir cuire un bifteck à la poêle, un bifteck au poivre et un bifteck de flanc roulé mariné dans du jus de citron frais et de la sauce soya.

Mais, bien sûr, nous ne nous arrêterons pas là. Vous souhaiterez certainement vous attaquer au plus formidable des rôtis de bœuf, à savoir la côte. Vous souhaiterez aussi partager avec autrui le plaisir luxueux de consommer un filet de bœuf rôti, maîtriser la technique de cuisson des bouts de côtes braisés à la citronnelle ainsi que celle de la tranche de palette cuite dans la bière. Cher étudiant, poursuivez votre lecture ! Votre éducation est sur le point de commencer.

COMMENT CHOISIR SON BŒUF

En tant que membre du genre masculin (et en présumant que vous n'êtes pas végétarien), vous achèterez probablement beaucoup de bœuf. Vous vous posez donc sûrement de nombreuses questions : devriez-vous choisir le bœuf Primé ou AAA ? provenant d'un animal nourri à l'herbe ou au grain ? Voici comment vous entretenir avec votre boucher en lui donnant l'impression que vous savez de quoi vous parlez.

PRIMÉ OU AAA ?

Au Canada et aux États-Unis, le bœuf est classé selon sa tendreté, sa texture et son persillage, c'est-à-dire la distribution du gras intramusculaire. (Gardez à l'esprit que *gras* équivaut à *saveur*.) S'il existe plusieurs catégories, c'est le bœuf des catégories Primé ou AAA (*Choice*, aux États-Unis) qu'on trouve le plus souvent dans le commerce.

Canada Primé: Le bœuf de qualité supérieure appartient à la catégorie Primé, son degré de persillage étant le plus élevé. Au Canada et aux États-Unis, on a recours à un système d'inspection complexe qui évalue le degré de persillage du muscle du faux-filet tout en tenant compte de l'âge de l'animal. (Comme souvent dans la vie, ce qui est plus jeune est considéré comme meilleur.) Seulement 2 % du bœuf appartient à la catégorie Primé et l'essentiel de cette viande se retrouve dans les restaurants, les boucheries spécialisées ou les fournisseurs haut de gamme qui vendent en ligne, tels que Allen Brothers (allenbrothers.com) et Lobel's (lobels.com) aux États-Unis. S'il n'est pas essentiel que le bœuf soit de catégorie Primé, en matière de bifteck, on remarque toutefois immanquablement la différence. Si vous le pouvez, n'hésitez pas à faire des folies lors d'une occasion spéciale.

Canada AAA: Le bœuf de catégorie AAA est généralement vendu dans les supermarchés. Comme les lignes directrices en matière de qualité de la viande sont plutôt subjectives, il peut être acceptable, bon ou très bon. Ce bœuf convient parfaitement pour les braisés ou d'autres plats à cuisson lente. Cependant, au fil des ans, j'ai aussi goûté à de nombreux biftecks savoureux de catégorie AAA.

ISSU D'UN ÉLEVAGE BIOLOGIQUE OU CONVENTIONNEL ?

Si, à l'instar de Brillat-Savarin, philosophe culinaire français du 19e siècle, vous croyez que vous êtes ce que vous mangez, vous opterez probablement, tout comme moi d'ailleurs, pour de la viande biologique chaque fois que possible. Non pas que cela signifie automatiquement qu'elle aura meilleure saveur (quoique ce soit souvent le cas) ou qu'elle sera plus tendre (ce qui n'est pas souvent le cas). C'est plutôt que la viande biologique est exempte de résidus d'hormones de croissance, d'antibiotiques, de pesticides et d'autres substances chimiques associées à l'élevage en parc d'engraissement. De plus, le bétail des élevages biologiques est généralement traité avec plus de compassion, ce qui contribue davantage au plaisir de manger et, à mon sens, à la saveur de la viande.

BOVIN NOURRI À L'HERBE OU AU GRAIN ?

Dans la nature, vaches et bœufs consommaient de l'herbe et non du maïs ou d'autres grains. Mais comme la chair d'un animal nourri à l'herbe est plus maigre, elle est aussi plus sèche et plus coriace, et par conséquent moins riche en bouche. D'où le fait que, dans nos cultures, nous en soyons venus à apprécier celle du bœuf nourri au grain.

Côté inconvénients, les bovins nourris au grain sont traités aux antibiotiques et à d'autres substances chimiques destinées à faciliter la digestion d'aliments qui sont artificiels pour eux. De nombreux éleveurs progressistes optent donc pour le compromis qui consiste à nourrir le bœuf à l'herbe durant la plus grande partie de son existence et au grain durant les six derniers mois. Cependant, bien des Sud-Américains préfèrent la texture et la saveur aromatique du bœuf nourri à l'herbe uniquement. À vous de décider.

◀ Gardez à l'esprit que *gras* équivaut à *saveur*.

MATURÉE SOUS VIDE OU À SEC ?

Contrairement aux légumes, aux fruits de mer et aux poissons, dont la saveur est meilleure quand ils sont fraîchement cueillis ou pêchés, la viande de bœuf doit être maturée, ou vieillie, afin d'en améliorer la saveur et de l'attendrir. Cela se fait de deux manières, soit sous vide ou à sec.

La viande maturée sous vide est enfermée hermétiquement dans du plastique et réfrigérée quelques jours ou quelques semaines afin de permettre à ses enzymes naturelles de l'attendrir depuis l'intérieur et d'en accentuer la saveur. Comme il n'y a aucune perte de volume, contrairement à la viande vieillie à sec, elle coûte moins cher.

La viande maturée à sec est suspendue ou déposée sur des râteliers et gardée dans un réfrigérateur-chambre où la température, l'humidité et la circulation de l'air sont contrôlées. Durant les 2 à 4 semaines, voire plus, que dure le processus de maturation, les enzymes de la viande l'attendrissent et en accentuent la saveur. Une partie de l'eau s'évapore, concentrant davantage la saveur. Mais comme la viande n'est pas enveloppée, son extérieur sèche et doit être retiré et jeté, si bien qu'il peut y avoir jusqu'à 35% de perte. Puisque le temps et la perte de volume ont un prix, le bœuf vieilli à sec est considérablement plus cher que celui qui est vieilli sous vide. Mais la qualité en vaut la peine.

WAGYU OU DE KOBE ?

Le bœuf wagyu (et l'appellation «bœuf de Kobe») est apparu sur les cartes des restaurants nord-américains il y a une dizaine d'années à des prix allant d'élevé à exorbitant. Le bœuf de Kobe est une viande de qualité supérieure qui provient d'animaux élevés dans la ville de Kobe au Japon. Elle est tellement persillée qu'une tranche crue ressemble à de la dentelle blanche posée sur une nappe rouge. Vous avez peut-être entendu dire que les bovins de Kobe recevaient des séances de massage. C'est faux. Cependant, leur alimentation comprend de la bière, qui agit comme stimulant de l'appétit durant la saison chaude. Malheureusement, les Japonais n'exportent pas ce bœuf. Par conséquent, en Amérique du Nord, ce terme est, au mieux, impropre et, au pire, frauduleux. Le bœuf à la Kobe désigne en fait le wagyu, qui est élevé et vieilli comme le Kobe. Cependant, en toute honnêteté, je n'ai jamais rien goûté en Amérique du Nord qui s'approchait de l'exquise saveur de ce que l'on trouve au Japon.

Le bœuf wagyu est une race de bétail qui produit la viande à la Kobe. On l'élève en Amérique du Nord. Sa chair peut être exceptionnellement persillée, savoureuse et en valoir le prix.

Le sel dans la cuisson du bœuf

Je garde un bol de sel de mer près de la cuisinière ou du barbecue, de sorte que je peux facilement assaisonner les ingrédients d'une pincée de sel. En salant ainsi, on exerce un meilleur contrôle sur la quantité ajoutée qu'avec la salière ou la boîte (sans compter le plaisir tactile). Les boutiques de produits fins vendent des moulins à sel semblables à ceux qu'on emploie pour le poivre. Cela ne présente aucun intérêt, la saveur du sel fraîchement moulu ne différant en rien de celle du sel fin.

Quand vous salez, prenez une grosse pincée, levez la main à bonne distance de l'aliment et laissez tomber le sel en frottant le pouce et l'index. Les cristaux doivent tomber en une couche uniforme. Les néophytes n'assaisonnent pas suffisamment leurs plats ; c'est là une des erreurs les plus répandues. Par conséquent, salez à votre goût. (La deuxième erreur la plus répandue consiste à trop assaisonner. Gardez à l'esprit que vous pouvez toujours rajouter du sel mais pas en enlever.)

Voici certaines choses que vous pouvez faire avec le sel :

Préparer une saumure : mélangez du sel, du sucre et de l'eau dans un rapport d'environ une partie de sel, une partie de sucre et seize parties d'eau, par exemple 300 g (1 tasse) de sel et de sucre et 4 litres (16 tasses) d'eau. Cette solution saline est employée pour mariner des fruits de mer, de la volaille, des côtelettes de porc et d'autres viandes sèches avant de les faire fumer, griller ou rôtir. (La chair sèche absorbe la saumure, qui l'humidifie.) La viande devrait être recouverte de 5 cm (2 po) de saumure.

Préparer une macération : mélangez une partie de gros sel et deux parties de cassonade. Vous emploierez ce mélange pour préparer du saumon fumé ou un autre poisson, ou du gravlax (saumon macéré à froid).

Préparer une croûte de sel : la cuisson en croûte de sel est une manière fabuleuse et savoureuse de préparer le poisson et la volaille. Mélangez du sel avec assez d'eau pour obtenir une pâte ayant la consistance de la neige fondue (voir à la page 150).

Ajoutez-en au dessert : une pincée de sel contribue à contrebalancer la douceur d'un dessert, truc bien connu des pâtissiers et des confiseurs. (Les caramels salés présentent une saveur plus sucrée que ceux qui ne comportent pas de sel.) Une simple pincée de sel possède ce fabuleux pouvoir de concentrer la saveur du caramel dur. Voyez la recette de crème au caramel et au miso de la page 364.

GOS
ALOYAU
FAUX-FILET
BIFTECK DE COQUILLE D'ALOYAU
BAVETTE
BIFTECK DE HAMPE
ONGLET
CHATEAUBRIAND
FILET MIGNON

COMMENT SAVOIR :

EST-CE CUIT ?

Combien de fois vous êtes-vous demandé si le bifteck qui grésillait sur le barbecue ou si le rôti d'épaule de porc que vous aviez enfourné étaient adéquatement cuits ? Savoir reconnaître quand un aliment est prêt est l'une des choses les plus importantes en cuisine. Heureusement, il y a un certain nombre de signes visuels, olfactifs et scientifiques qui peuvent vous y aider.

APPARENCE ET ODEUR. Vos yeux et votre nez sont vos premiers alliés. Un rôti cuit à point aura une croûte et sera bien doré. Les biftecks, les côtelettes et les darnes de poisson adéquatement cuits posséderont une croûte foncée bien visible. De plus, la viande cuite dégage une odeur caractéristique de plat grillé, caramélisé et fumé.

LE TEST DE LA PRESSION DU DOIGT. Une des meilleures manières d'estimer le degré de cuisson des biftecks, des côtelettes et autres morceaux relativement minces consiste à exercer une pression avec l'index. Selon qu'ils sont plus ou moins spongieux ou fermes, on peut savoir si la viande est saignante, bien cuite ou quelque part entre les deux (voir le tableau ci-contre).

Le test de la pression du doigt. Si la chair est molle et spongieuse, le bifteck est saignant (ou encore cru). Si elle cède, il est mi-saignant ; si elle cède légèrement, il est à point ; si elle résiste, il est cuit ou bien cuit.

LE TEST DE LA BROCHETTE. Pour ce qui est des aliments dont on ne peut déterminer le degré de cuisson du fait qu'ils sont trop fermes pour l'estimer d'une simple pression du doigt ou qu'on ne peut les voir (par exemple les pommes de terre cuites au four ou un aliment enveloppé dans du papier aluminium), on peut y enfoncer une fine brochette de métal jusqu'au centre. Si elle ne rencontre aucune résistance, c'est que l'aliment est cuit. Vous pouvez aussi vérifier de cette manière le degré de cuisson du poisson entier ou cuit sur la planche. Insérez la brochette à travers l'une des extrémités étroites jusqu'au centre du poisson et laissez-la 15 à 20 secondes. Si elle est chaude quand vous la retirez, c'est que le poisson est cuit.

LE TEST DU COUTEAU. Bien qu'il soit désapprouvé par la plupart des auteurs, tous, chefs et autres cuisiniers confondus, y ont recours. À l'aide d'un couteau d'office, pratiquez une petite incision dans le bifteck ou la côtelette (idéalement sur la face qui sera dessous lors du service) et vérifiez le degré de cuisson au centre. Remarque : n'abusez pas de cette technique, qui viole l'intégrité de la viande.

LE TEST DE LA CHAIR FLOCONNEUSE. Ce test est utile tant pour les darnes et les filets que pour le poisson entier. Appuyez sur la chair à l'aide de l'index. Si le poisson est cuit, elle se défera en gros flocons.

LE TEST DE L'OS DÉNUDÉ. Ce test convient pour les petites côtes levées de dos, les côtes levées et les bouts de côtes : quand les côtes sont cuites, la viande se détache de l'os, le dénudant sur 0,5 à 1 cm (¼ à ½ po) pour les petites côtes de dos et sur 1 cm (½ po) pour les bouts de côtes et les côtes levées.

LE TEST DE LA DÉCHIRURE. Employé aussi pour les côtes : quand la viande est assez tendre pour qu'on puisse déchirer un carré de côtes avec les doigts, c'est qu'elle est cuite.

LE TEST DU THERMOMÈTRE À MESURE INSTANTANÉE. Voilà la manière la plus précise de déterminer si la viande est adéquatement cuite. Même les pros y ont recours. Insérez la sonde du thermomètre au centre de la viande, en évitant qu'elle soit en contact avec un os, ce qui fausserait les résultats. Pour les morceaux minces, tels que burger, bifteck ou poitrine de poulet, insérez-la dans le côté. Les thermomètres numériques donnent les lectures les plus justes. Pour vérifier la justesse d'un thermomètre à mesure instantanée analogique (au niveau de la mer), trempez la sonde dans une casserole d'eau bouillante. Il devrait indiquer 100 °C (212 °F).

Les cinq degrés de cuisson

Voici les cinq degrés de cuisson et leurs températures correspondantes. Comme les viandes continuent à cuire après qu'on les a retirées du feu, vous pourriez les laisser reposer quand elles ont atteint le premier chiffre (température la plus basse).

DEGRÉ DE CUISSON	TEMPÉRATURE INTERNE (pour rôtis, volaille entière, etc.)	PRESSION DU DOIGT (pour biftecks, côtelettes et poitrines de poulet)	CONVIENT À
Saignant	49 à 52 °C (120 à 125° F)	Chair molle et spongieuse	Biftecks de bœuf et d'agneau, thon
Mi-saignant	57 à 63 °C (135 à 145 °F)	Cède légèrement	Bœuf et agneau, poitrine de canard, triangle de bas de surlonge, porc (côtelettes, longe, ou filet)
À point (médium)	60 à 63 °C (140 à 145 °F)	Se défait facilement sous la pression	Poisson et homard
À point (médium)	68 à 70 °C (155 à 160 °F)	Cède à moitié, est ferme à moitié	Porc et canard
À point (médium)	70 à 74 °C (160 à 165 °F)	Cède à moitié, est ferme à moitié	Bœuf haché et poulet
Cuit	77 à 82 °C (170 à 180 °F)	Ferme	Dinde
Bien cuit	88 à 91 °C (190 à 195°F)	La viande est dure et élastique, mais les aliments cuits au barbecue, tels que l'épaule de porc et la poitrine, seront mous au toucher.	Poitrine, épaule de porc, côtes levées, petites côtes levées de dos

Bifteck de coquille d'aloyau et beurre aux anchois

LE BIFTECK DE BASE

INGRÉDIENTS Vos biftecks devraient avoir 2,5 cm à 4 cm (1 à 1 ½ po) d'épaisseur, être bien persillés et posséder une belle bande de gras sur le bord (en fondant, il conférera de la saveur à la viande). Vous gagnez des points supplémentaires si la viande est biologique ou provient d'un animal nourri à l'herbe.

ÉQUIPEMENT Votre batterie de base dont une casserole moyenne, plus un barbecue. Si vous n'avez pas de barbecue, suivez les indications de la page 147 pour la cuisson du bifteck à la poêle.

AUTRES Rien n'égale le bifteck cuit sur un feu de bois. Peut-être avez-vous la chance de posséder un barbecue au bois, comme le modèle argentin à chargement frontal de The Grillworks (grillery. com). Voici une possibilité si vous possédez un barbecue au charbon de bois sphérique: procurez-vous des morceaux de bois dur dans une boutique d'équipement pour barbecue ou une quincaillerie et allumez-les dans une cheminée d'allumage, comme vous le feriez pour du charbon de bois.

DURÉE Environ 5 minutes pour le beurre d'anchois + 10 minutes pour la grillade.

Vous savez désormais comment choisir votre bœuf et cuire un bifteck à la perfection. Alors, ami, le spectacle commence! Vous débuterez par l'un des plus faciles et des plus satisfaisants qui soient (qui se trouve être aussi mon préféré), soit le bifteck de coquille d'aloyau. Vous le cuirez comme le font tous les fanatiques de bifteck, c'est-à-dire au barbecue, de préférence sur un feu de bois. Pour l'accompagner, un condiment simple qui s'est distingué en figurant dans les livres de recettes des gentlemen d'autrefois, soit le beurre d'anchois. Cela peut surprendre mais, quand on y songe, le poisson salé est l'un des principaux ingrédients des sauces à bifteck classiques telles que la Worcestershire et la A. 1. Les anchois, particulièrement ceux qui sont conservés dans l'huile et offerts en boîte plate, possèdent une saveur umami salée qui accompagne à merveille le bœuf saisi à la flamme. Servez le bifteck avec une bouteille de malbec, de syrah ou de bordeaux. Surtout, n'oubliez pas de m'appeler! **2 biftecks (à multiplier à volonté)**

- 4 c. à soupe (½ plaquette) de beurre non salé
- 3 filets d'anchois conservés dans l'huile, égouttés et hachés finement
- 2 c. à soupe de persil plat frais haché finement
- 1 gousse d'ail pelée et tranchée finement (facultatif)
- 2 tranches de bifteck de coquille d'aloyau de 225 à 285 g (8 à 12 oz) chacune
- Marinade sèche au sel fumé (page 343), ou gros sel (casher ou de mer) et poivre noir fraîchement moulu
- Huile végétale pour huiler la grille

1 Dans une poêle moyenne, faire fondre le beurre à feu moyen-vif. Cuire les anchois, le persil et l'ail, si désiré, pendant 2 minutes ou jusqu'à ce qu'ils grésillent et que l'ail soit légèrement doré. Retirer la poêle du feu et réserver.

2 Préparer le barbecue pour la cuisson indirecte et le préchauffer à feu vif.

3 Assaisonner généreusement les deux faces des biftecks de marinade sèche au sel fumé ou de sel et de poivre.

4 Frotter la grille à l'aide d'une brosse métallique rigide. La huiler au moyen d'un morceau de papier absorbant replié et trempé dans l'huile végétale. Passer le papier sur les barres de la grille en le tenant avec des pinces. (Ainsi, les aliments risqueront moins d'attacher, sans compter que les marques noires laissées par la grille seront plus accentuées.)

5 Disposer les biftecks sur la grille à un angle de 45 degrés par rapport aux barres. Les faire griller environ 2 minutes, puis les faire tourner d'un quart de tour, pour quadriller la viande. Poursuivre la cuisson 2 à 3 minutes ou jusqu'à ce que le dessous des biftecks grésille et soit doré. Les retourner et faire griller l'autre face de la même manière. Il faudra environ 8 à 10 minutes en tout pour une viande mi-saignante. Vérifier le degré de cuisson à l'aide du test de la pression du doigt (page 144).

6 Laisser reposer les biftecks environ 2 minutes dans une grande assiette ou des assiettes individuelles. (Cette période de repos contribue à rendre la viande plus juteuse. On ne doit jamais couper un bifteck qui sort tout droit du barbecue.) Entre-temps, réchauffer le beurre d'anchois, le verser sur les biftecks et servir.

BIFTECK DE CÔTE À LA POÊLE

Idéalement (du moins selon moi), tous devraient posséder un barbecue et y cuire leurs biftecks. Mais cela exclut certains de mes amis qui vivent en appartement ou en condo. De plus, certains biftecks, particulièrement ceux qui proviennent de bétail nourri à l'herbe, sont tellement maigres qu'ils se dessèchent sur le barbecue. D'où l'intérêt du bifteck saisi à la poêle puis rôti au four. La poêle retient les jus et le gras, préservant ainsi le moelleux de la viande. Une fois le bifteck enfourné, le travail est quasiment terminé mais le résultat laissera stupéfaite la personne qui a la chance de le partager avec vous. **2 ou 3 portions**

- 1 bifteck de côte non désossé de 4 à 5 cm (1 ½ à 2 po) d'épaisseur et de 680 à 900 g (1 ½ à 2 lb)
- 1 ½ c. à soupe d'huile d'olive extra vierge
- 1 tête d'ail coupée en deux
- 2 à 3 c. à café de marinade sèche au fenouil, à la moutarde et au poivre (page 153) ou de marinade sèche au sel fumé (page 343), ou 1 à 1 ½ c. à café de gros sel (casher ou de mer) et de grains de poivre noir broyés grossièrement
- 2 gros brins de romarin frais ou 2 feuilles de laurier

1 Préchauffer le four à 200 °C (400 °F).

2 Arroser les deux faces du bifteck de la quasi-totalité de l'huile d'olive, en la frottant sur la viande du bout des doigts. Arroser du reste d'huile les faces coupées de l'ail.

3 Assaisonner généreusement d'une des marinades sèches les deux faces du bifteck (en réserver un peu pour l'ail). À défaut de marinade sèche, saler et poivrer généreusement les deux faces du bifteck. Assaisonner de la même manière la face coupée des moitiés d'ail.

4 Chauffer à feu moyen-vif pendant 1 à 2 minutes une poêle en fonte ou une autre poêle allant au four. Vérifier la température en jetant quelques gouttes d'eau dans la poêle. Elles devraient grésiller et s'évaporer en environ 3 secondes.

5 Cuire le bifteck 3 à 5 minutes ou jusqu'à ce que le dessous soit doré. Le retourner et le faire dorer la même manière. Ajouter l'ail, face coupée dessous, et faire dorer 1 à 2 minutes.

6 Retourner l'ail de sorte que la face coupée soit dessus. Couvrir le bifteck des tiges de romarin ou

INGRÉDIENTS Le bifteck de côte (tiré de la côte de bœuf rôtie) n'est pas un ingrédient courant. Vous devrez le commander à l'avance, de préférence à votre boucher. L'inconvénient de ce bifteck, c'est qu'il peut servir deux ou trois convives mais un seul aura le plaisir de grignoter l'os. Qui a dit que l'existence était juste?

ÉQUIPEMENT Votre batterie de base dont une grande poêle en fonte de 25 à 30 cm (10 à 12 po).

AUTRES Le chateaubriand et le bifteck d'aloyau sont deux biftecks que j'aime bien cuire à la poêle. Si le bifteck est cuit avant que l'ail ait ramolli, mettre celui-ci sur un morceau de papier aluminium et le cuire au four 5 à 10 minutes de plus tandis que la viande repose.

DURÉE Environ 5 minutes de préparation + 20 minutes de cuisson.

des feuilles de laurier. Enfourner la poêle et cuire au degré de cuisson désiré, soit environ 20 minutes pour une viande mi-saignante. Vérifier le degré de cuisson au moyen du test de la pression du doigt (page 144) ou en insérant un thermomètre à mesure instantanée à cœur dans le côté du bifteck (en évitant le contact avec l'os). Il devrait indiquer 57 °C (135 °F) pour une viande mi-saignante.

7 Déposer la poêle sur la cuisinière ou un sous-plat et y laisser reposer le bifteck 3 à 5 minutes. Présenter le bifteck dans la poêle, histoire d'impressionner la galerie, puis le déposer sur une planche à découper. Ôter et jeter le romarin ou le laurier. Retirer l'os au couteau, puis couper la viande en tranches de 1 cm (½ po) d'épaisseur. Remettre la viande dans la poêle avec l'os. Servir en accompagnant d'ail rôti, que les convives presseront pour en ôter la peau et qu'ils étaleront sur le bifteck.

BIFTECK SUR LES BRAISES

ET POIVRONS POÊLÉS

INGRÉDIENTS Pour de l'information sur le choix des biftecks, reportez-vous à la page 150. Vous pouvez employer des lanières de poivron ou des petits poivrons coupés en deux.

ÉQUIPEMENT Votre batterie de base dont une grande poêle en fonte de 25 cm (10 po) plus un barbecue au charbon de bois, des morceaux de charbon de bois et un pinceau à pâtisserie.

AUTRES Si vous ne disposez pas d'un barbecue au charbon de bois, faites griller les biftecks à la poêle tel qu'indiqué à la page 147.

DURÉE Environ 20 minutes.

Depuis le moment où nos ancêtres préhistoriques ont commencé à cuire de la viande sur le feu (environ 1,8 million d'années avant notre ère), le bifteck d'aloyau de l'homme des cavernes danse sur les barbecues. C'est de loin l'un des plats les plus populaires de l'émission *Barbecue University*. Au moins un président américain, Dwight D. Eisenhower, en a fait un plat spécial à la Maison-Blanche (auquel il a donné le nom de *dirty steak*). Cuire sur les braises a quelque chose de fascinant, de bouleversant, d'enchantant. La viande ainsi cuite acquiert une croûte incomparable et une saveur intense de fumée qu'il est tout simplement impossible de reproduire sur un barbecue ordinaire. Ajoutez à cela le spectacle en Technicolor du sauté de poivrons rouge et jaune qui tient également lieu de sauce. On peut difficilement faire plus primitif!

2 portions (à multiplier à volonté)

Bifteck

2 biftecks d'aloyau de 3 à 4 cm (1 ¼ à 1 ½ po) d'épaisseur et de 340 à 400 g (12 à 14 oz) chacun

Gros sel (casher ou de mer) et grains de poivre noir grossièrement broyés

Poivrons

60 ml (¼ tasse) d'huile d'olive extra vierge

1 poivron rouge équeuté, épépiné et coupé en lanières de 0,5 x 5 cm (¼ po x 2 po)

1 poivron jaune équeuté, épépiné et coupé en lanières de 0,5 x 5 cm (¼ po x 2 po)

4 gousses d'ail pelées et hachées finement

45 g (¾ tasse) de persil plat frais haché grossièrement

Bifteck de côte à la poêle ▸

GUIDE CULINAIRE À L'INTENTION DES GARS

BIFTECK

Le bifteck est le seul plat que tout homme qui se respecte devrait savoir cuisiner, peu importe qu'il ait ou non la phobie de la cuisine. Bien sûr, cuire un bifteck à la perfection n'est pas l'apanage des hommes, bien des femmes y excellant. Mais même si votre mère/épouse/petite amie cuisine comme une pro, voire *est* une pro, il y a de fortes chances qu'elle vous demande de cuire les biftecks. Vous laisserez-vous intimider par un morceau de viande crue ou un brasier, ou saisirez-vous calmement les pinces en vous avançant avec confiance vers le barbecue?

Vous pouvez en maîtriser la base en 30 minutes (et passer le reste de votre existence à en perfectionner les éléments délicats). Comme il y a de nombreux enjeux dans ce chapitre, lisez-le attentivement.

LE BIFTECK

Le bifteck se présente sous de nombreuses coupes, formes et épaisseurs (voir la photo de la page 143). On peut toutefois classer les coupes en trois catégories.

COUPES SUPÉRIEURES. Biftecks intrinsèquement tendres, dont la coquille d'aloyau, le filet mignon, le bifteck de côte, le faux-filet, la surlonge, le chateaubriand et l'aloyau. (Ces coupes proviennent de la partie supérieure du bœuf, d'où leur nom.)

COUPES INFÉRIEURES. Biftecks filandreux plutôt coriaces qui s'attendrissent quand on les tranche en travers de la fibre. Appartiennent à cette catégorie le bifteck de hampe, la bavette et l'onglet, qui sont prélevés dans la partie ventrale du bœuf.

COUPES CORIACES. Biftecks qui nécessitent une cuisson prolongée à basse température et dans un liquide (braisage, voir à la page 20), tels que la tranche de palette ou de soc.

LES ASSAISONNEMENTS

Certains des biftecks les plus savoureux du monde, tel que le *chuletón* (bifteck de côte) espagnol, ne sont assaisonnés que d'un ingrédient: le sel. Le splendide *bistecca alla fiorentina* italien n'en nécessite, pour sa part, que deux, soit du sel et de l'huile d'olive extra vierge. Quel que soit l'assaisonnement, il devrait être accessoire, c'est-à-dire rehausser la saveur de la viande et non pas la dominer.

SEL. Pour réussir un bon bifteck, il faut du sel, de préférence sous forme de cristaux, qui resteront intacts durant la cuisson. Je préfère le sel de mer grossier ou les cristaux plats et croustillants de la fleur de sel (sel de mer naturellement évaporé). Le sel casher convient également. Par contre, le sel de table commun ne permet pas d'obtenir une belle croûte.

POIVRE. À mon goût, le poivre est essentiel. Il devrait être fraîchement et grossièrement moulu. (Pour une mouture grossière, desserrez l'écrou situé sur le dessus du moulin.) Si vous servez souvent des biftecks, vous pourriez moudre à l'avance votre poivre dans un moulin à épices (vous en aurez plus en moins de temps). Le poivre concassé du commerce convient aussi, les morceaux étant suffisamment gros pour préserver la saveur des grains entiers.

MARINADES SÈCHES. Il s'agit de mélanges faits de sel, de poivre, d'herbes et d'épices que l'on frotte sur le bifteck pour l'assaisonner avant de le cuire. Vous trouverez à la page 153 ma recette de marinade sèche au fenouil, à la moutarde et au poivre.

MARINADES. Ces assaisonnements liquides attendrissent les viandes plus coriaces telles que la bavette ou le bifteck de surlonge. La sauce teriyaki japonaise (composée de sauce soya salée, de sucre ou de mirin – un vin sucré – et d'huile de sésame grillé à saveur de noisette) est populaire pour les biftecks.

GRAS. En matière de bifteck, *gras* équivaut à *saveur*. Il préserve le moelleux de la viande et transforme un bon bifteck en un chef-d'œuvre culinaire. Quelques exemples: enveloppez un filet mignon dans du bacon, faites sauter un bifteck d'onglet dans une bonne quantité de beurre, arrosez un bifteck à la florentine (*bistecca alla fiorentina*) d'huile d'olive ou couronnez un bifteck d'aloyau de beurre à la truffe tandis qu'il repose.

MODE DE CUISSON

En tant qu'auteur de huit livres sur les grillades (et animateur de trois séries télévisées sur la question), je devrais normalement affirmer que la seule manière d'obtenir un excellent bifteck consiste à le cuire sur le barbecue. Il est vrai qu'il n'y a guère mieux qu'un bifteck d'aloyau grillé sur un feu de bois ou de charbon de bois (ou directement sur les braises), mais le fait est qu'il existe de nombreuses autres techniques valables.

GRILLADE. Voici le mode de cuisson que je préfère pour les biftecks tendres. Réglez le barbecue pour la cuisson directe et assurez-vous que le feu est très chaud. (Il faudra diviser le barbecue en trois parties; voir à la page 19). Fait exception le chateaubriand de plus de 4 cm (1 ½ po) d'épaisseur, que vous devrez cuire sur un feu divisé en deux parties: une chaude, l'autre moyennement chaude. Vous saisissez le bifteck sur la partie chaude durant quelques minutes, puis vous terminez la cuisson sur l'autre.

CUISSON DIRECTE SUR LES BRAISES. C'est la méthode que je préfère pour la cuisson du bifteck d'aloyau. Vous devez allumer le charbon de bois dans la cheminée d'allumage, l'étendre en une couche uniforme dans le barbecue, éventer les cendres qui se détachent des braises et cuire les biftecks directement sur les braises chaudes. La grille est inutile.

CUISSON À LA POÊLE. La cuisson du bifteck à la poêle peut paraître une technique inférieure à la grillade, mais le fait est que la plupart des chefs (et des citoyens) français y ont recours. Chauffez la poêle jusqu'à ce qu'elle soit bien chaude, ajoutez-y du beurre ou de l'huile végétale, puis saisissez les biftecks, qui auront une belle croûte grésillante et seront moelleux à cœur. Contrairement à la grillade, qui dessèche les viandes maigres, le poêlage leur ajoute du gras. Vous trouverez à la page 152 une fabuleuse recette de bifteck au poivre (filets mignons, crème aux grains de poivre).

RÔTISSAGE EN POÊLE. C'est la méthode que je préfère pour la cuisson des viandes épaisses et maigres, comme le chateaubriand provenant d'un animal nourri à l'herbe. Il s'agit de saisir le bifteck sur les deux faces dans une poêle allant au four, par exemple en fonte, puis d'enfourner la poêle et de terminer la cuisson au four. La poêle préserve le gras, empêchant ainsi la viande de se dessécher. Vous trouverez à la page 147 une excellente recette de bifteck de côte cuit à la poêle avec ail et romarin.

CUISSON SOUS LE GRIL. Dans ma jeunesse, ma grand-mère nous servait de la surlonge cuite sous le gril et dont la couleur rappelait celle de la flanelle grise. Cette méthode est celle qui me plaît le moins pour la cuisson des biftecks. Si vous la choisissez, préchauffez le gril à très haute température et rapprochez le plus possible le bifteck de la source de chaleur (1 cm [½ po] ou moins) afin de le saisir. Astuce: quand vous assaisonnez le bifteck avant la cuisson, saupoudrez-le d'environ ½ c. à café de sucre: il caramélisera et sera ainsi plus croustillant à la surface.

1 *Cuisson des biftecks:* allumer le charbon de bois du barbecue et étaler le charbon en une couche uniforme, en laissant le tiers avant du barbecue vide. Quand le charbon vire à l'orange, l'éventer à l'aide de papier journal afin d'éloigner les cendres qui s'en détachent.

2 Saler et poivrer généreusement les deux faces des biftecks et déposer ceux-ci directement sur les braises en les espaçant d'environ 5 cm (2 po). En les retournant, les faire griller au degré de cuisson désiré, soit environ 4 minutes par face pour une viande mi-saignante. Au bout d'environ 2 minutes par face, interchanger leur position sur les braises afin que leur cuisson soit uniforme.

3 À l'aide de pinces, retirer les biftecks des braises en les secouant pour éliminer celles qui pourraient y être attachées. À l'aide d'un pinceau, enlever les cendres, le cas échéant, et déposer les biftecks dans une assiette. Les laisser reposer environ 2 minutes, le temps de préparer le sauté de poivron.

4 *Cuisson des poivrons:* chauffer à feu vif l'huile d'olive dans une grande poêle en fonte posée directement sur les braises, le manche surplombant la partie à nu du barbecue, ou sur la cuisinière. Quand elle est chaude, cuire les poivrons, l'ail et le persil 2 minutes ou jusqu'à ce que les poivrons et l'ail soient dorés. Couvrir les biftecks de cette préparation et servir.

FILETS MIGNONS,

CRÈME AUX GRAINS DE POIVRE

INGRÉDIENTS Le filet mignon est un bifteck que je ne fais pas souvent griller. Il est préférable de le cuire à la poêle, le beurre préservant son moelleux et la viande étant alors assez tendre pour être coupée à la fourchette. Vous pouvez toutefois employer du bifteck de coquille d'aloyau pour ce plat au poivre, qui aura ainsi plus de saveur.

ÉQUIPEMENT Votre batterie de base dont une grande poêle de 25 à 30 cm (10 à 12 po), de préférence en fonte.

Ce que je vais dire relève de l'hérésie: un bon bifteck n'est pas obligatoirement cuit au grilloir. Songez au bifteck au poivre français. Ce plat classique est habituellement cuit dans une poêle, ce qui permet de préserver la croûte de poivre sur le bifteck et laisse amplement de jus pour la confection de la sauce. Les Français emploient du poivre noir concassé. J'ai monté la barre plus haut en préparant une marinade sèche à base de grains de poivre, de graines de moutarde et de fenouil, ainsi que d'autres épices, tous grillés à la poêle afin qu'ils acquièrent une saveur de fumée puis fraîchement moulus au moulin à épices ou au mortier et au pilon. **2 portions pour les gros appétits ou 4 pour les normaux**

Bifteck

4 filets mignons, tirés de la partie centrale d'un filet de bœuf d'environ 3 cm (1 ¼ po) d'épaisseur et de 140 à 170 g (5 à 6 oz) chacun

2 à 3 c. à soupe de marinade sèche au fenouil, à la moutarde et au poivre (voir la recette ci-dessous), ou 4 c. à café de gros sel (casher ou de mer) et 4 c. à café de grains de poivre noir concassés grossièrement

2 c. à soupe d'huile d'olive extra vierge

2 c. à soupe (¼ plaquette) de beurre salé

Sauce au poivre

2 grosses échalotes pelées et émincées, soit environ 80 g (½ tasse)

3 c. à soupe de grains de poivre vert égouttés ou 2 c. à café de marinade sèche au fenouil, à la moutarde et au poivre (voir la recette ci-dessous)

Environ 3 c. à soupe de cognac

250 ml (1 tasse) de crème 35 %

2 c. à café de moutarde de Dijon, + au goût

Gros sel (casher ou de mer)

1 *Cuisson des biftecks:* enrober toutes les faces des biftecks d'une couche épaisse de marinade sèche au fenouil, à la moutarde et au poivre. Les arroser de 1 c. à soupe d'huile et les en enduire entièrement en frottant.

2 Dans une grande poêle, faire fondre à feu vif le beurre dans le reste de l'huile, en faisant tourner la poêle pour en recouvrir entièrement le fond. Faire cuire les biftecks 2 minutes par face ou jusqu'à ce qu'ils soient dorés sur leurs deux faces. Régler le feu à moyen et continuer à cuire jusqu'au degré de cuisson désiré, soit 2 à 4 minutes par face pour une viande mi-saignante. (Vérifier le degré de cuisson au moyen du test de la pression du doigt, page 144.) Déposer les biftecks sur une assiette chaude et les garder au chaud en les couvrant d'une tente en papier aluminium. Ne pas serrer le papier, à défaut de quoi la croûte ramollira.

3 *Sauce au poivre:* dans la poêle, cuire les échalotes et les grains de poivre vert ou la marinade sèche supplémentaire à feu moyen, pendant 2 minutes ou jusqu'à ce que les échalotes commencent à dorer; remuer constamment à la cuiller en bois.

4 Ajouter le cognac et porter à ébullition, en grattant le fond de la poêle à la cuiller en bois afin de dissoudre le jus de la viande. Faire bouillir le cognac jusqu'à ce qu'il réduise à environ 1 c. à soupe. Ajouter la crème et la moutarde, et, en fouettant, laisser bouillir 3 minutes ou jusqu'à ce que la sauce soit épaisse et goûteuse, et qu'elle réduise de moitié. Saler ou ajouter de la moutarde au goût; la sauce devrait être bien relevée. Verser la sauce sur les biftecks et servir aussitôt.

AUTRES Les grains de poivre vert sont les fruits du poivrier qui, une fois transformés et séchés, deviennent du poivre blanc ou noir. On en trouve en saumure dans les épiceries fines, mais pour plus de saveur, procurez-vous des grains verts frais ou surgelés dans une épicerie asiatique. Dans la recette, cet ingrédient est facultatif. Si vous n'arrivez pas à en trouver, assaisonnez la sauce d'une cuillerée additionnelle de marinade sèche au poivre.

DURÉE De 5 à 30 minutes.

MARINADE SÈCHE AU FENOUIL, À LA MOUTARDE ET AU POIVRE

Épicée, douce et intensément aromatique, cette marinade sèche m'a été inspirée par Mike Ledwith, chef et traiteur aux Keys (Floride). Cette recette permet de préparer un peu plus que la quantité requise pour le plat, mais il est plus facile de rôtir et de moudre les épices en plus grandes quantités. Remarque: il vous faudra un moulin à épices, un moulin à café propre ou un mortier et un pilon pour moudre les épices. **Environ 160 ml (⅔ tasse)**

- 2 c. à soupe de grains de poivre noir
- 2 c. à soupe de graines de moutarde
- 2 c. à soupe de graines de fenouil
- 2 grains de piment de la Jamaïque, ou ¼ c. à café de grains en poudre (voir la remarque ci-dessous)
- 3 c. à soupe de gros sel (casher ou de mer)
- 1 c. à café de flocons de piment rouge

1 Chauffer une poêle en fonde à feu moyen jusqu'à ce qu'elle soit chaude. En remuant à la cuiller en bois, cuire à sec les grains de poivre, les graines de moutarde et de fenouil, ainsi que les grains de piment de la Jamaïque 1 à 3 minutes jusqu'à ce qu'ils soient légèrement grillés et libèrent leur arôme (ou n'ajouter le piment de la Jamaïque en poudre que 10 secondes avant la fin de la cuisson). Ne pas laisser les épices brûler. Les mettre à refroidir dans un bol résistant à la chaleur.

2 Moudre grossièrement les épices (au moulin à épices ou à café), en actionnant l'appareil quelques secondes à la fois ou les écraser au mortier. Ajouter le sel et les flocons de piment rouge.

Remarque: si vous en trouvez, remplacez le piment de la Jamaïque par des graines de maniguette (*Aframomum melegueta*), une plante ouest-africaine de la famille du gingembre. Les graines ont l'apparence et la saveur de petits grains de poivre mais laissent un arrière-goût rappelant celui du piment de la Jamaïque. Vous en trouverez en ligne à thespicehouse.com ou dans les épiceries fines. Il vous en faudra 1 c. à soupe.

BIFTECK DE FLANC ROULÉ

AU CITRON ET AU SOYA

INGRÉDIENTS Optez pour un bifteck bon marché tel que bavette, bifteck de hampe, d'intérieur ou d'extérieur de ronde, ou même bifteck de surlonge de 2,5 à 4 cm (1 à 1 ½ po) d'épaisseur.

Le flanc roulé n'apparaît pas sur les planches anatomiques des coupes de bœuf. Il se situe entre votre imagination, votre estomac et votre portefeuille. Autrement dit, c'est une coupe inventée par un gars dont la faim surpassait la richesse, ce qui l'a amené à acheter un morceau de viande coriace et bon marché mais savoureux, à l'assaisonner avec audace, à le cuire à feu vif et à le trancher finement en travers de la fibre, raccourcissant ainsi les fibres filandreuses et obtenant une texture beaucoup plus tendre qu'elle ne l'aurait été autrement. Bavette, bifteck de hampe, intérieur ou extérieur de ronde, toutes ces coupes conviennent à ce plat et toutes bénéficieront d'un séjour dans une marinade au citron suffisamment acide pour attendrir les fibres et agréablement aromatisée à la sauce soya, au romarin et à l'ail. **4 portions**

2 citrons

250 ml (1 tasse) de sauce soya

125 ml (½ tasse) de vinaigre de vin rouge

125 ml (½ tasse) d'huile d'olive extra vierge, + 1 c. à soupe d'huile d'olive si cuisson à la poêle (facultatif)

1 oignon moyen pelé et haché finement

2 gousses d'ail pelées et émincées

1 c. à soupe de romarin frais haché

2 c. à café de graines de coriandre, entières ou moulues

1 c. à café de poivre noir broyé grossièrement ou fraîchement moulu

680 à 900 g (1 ½ à 2 lb) de bavette, de bifteck de hampe, d'intérieur ou extérieur de ronde ou de surlonge (de 2,5 à 4 cm [1 à 1 ½ po] d'épaisseur pour les biftecks de ronde ou de surlonge)

1 Couper les citrons en deux et en presser le jus dans un bol non réactif (verre, acier inoxydable, céramique ou plastique), en jetant les pépins. Hacher finement l'écorce d'un citron (jeter l'autre) et l'ajouter dans le bol avec le jus de citron; cette écorce aromatique conférera au bifteck une saveur intéressante. Ajouter la sauce soya, le vinaigre de vin, 125 ml (½ tasse) d'huile d'olive, l'oignon, l'ail, le romarin, les graines de coriandre et le poivre. Bien mélanger au fouet.

2 À l'aide d'un couteau de chef, pratiquer sur les deux faces de la viande des incisions en diagonale, peu profondes (environ 0,3 cm [⅛ po]) et espacées de 0,5 cm (¼ po), d'abord dans un sens puis à angle droit dans l'autre sens. En pénétrant dans la viande, la marinade l'assaisonnera et l'empêchera de se recourber. Déposer le bifteck dans un plat allant au four en verre ou en céramique ou dans un sachet de plastique refermable juste assez grand pour la contenir.

3 Mélanger de nouveau la marinade et en verser la moitié sur le bifteck, en retournant celui-ci quelques fois pour bien enduire ses deux faces. Réserver le reste de marinade. Couvrir le plat de pellicule de plastique ou fermer le sachet de plastique et, en retournant la viande à quelques reprises, la laisser mariner 2 à 4 heures au réfrigérateur.

4 Bien égoutter le bifteck en jetant la marinade.

5 *Cuisson sous le gril du four:* préchauffer le gril au maximum. Enfourner une lèchefrite ou une poêle en fonte sous le gril et la préchauffer environ 3 minutes. La retirer avec soin du four et y déposer le bifteck. Enfourner de nouveau au plus près de la source de chaleur. Faire griller jusqu'à ce qu'il grésille et soit doré à la surface, 3 minutes pour la bavette ou le bifteck de hampe, et 4 à 5 minutes pour le bifteck de ronde ou de surlonge. Retourner le bifteck et faire griller l'autre face de la même manière (le temps de cuisson sera un peu plus court, le dessous du bifteck ayant partiellement cuit au contact de la poêle chaude). Le bifteck sera mi-saignant. Pour une viande à point, cuire un peu plus longtemps.

Cuisson à la poêle: dans une poêle en fonte, chauffer 1 c. à soupe d'huile à feu moyen-vif. Éponger le bifteck à l'aide de papier absorbant et le déposer dans la poêle. Cuire jusqu'à ce que le dessous du bifteck soit doré et que des gouttes de sang apparaissent à la surface, 3 à 4 minutes pour la bavette et le bifteck de hampe et un peu plus pour le bifteck de ronde ou de surlonge. Retourner et cuire l'autre face de la même manière. Le bifteck sera mi-saignant.

6 Laisser reposer le bifteck 2 à 3 minutes sur une planche à découper. À l'aide d'un couteau de chef ou à trancher bien affûté, le couper finement en travers de la fibre et en diagonale. Servir en arrosant de marinade réservée.

ÉQUIPEMENT Votre batterie de base dont un couteau de chef ou à trancher bien affûté, plus un plat allant au four en verre pour mariner le bifteck et un gril ou une grande poêle de 25 à 30 cm (10 à 12 po).

AUTRES Si vous faites cuire le bifteck sous le gril, chauffez ce dernier au maximum et chauffez également la lèchefrite avant d'y mettre à cuire la viande, qui grillera mieux ainsi.

Les dés d'écorce de citron confèrent à la marinade et à la sauce une saveur astringente appréciée des adultes; c'est la même qu'on retrouve dans les cocktails non sucrés. Pour une variante plus douce, remplacez l'écorce par 1 c. à café de zeste finement râpé.

DURÉE Environ 20 minutes de préparation et de cuisson + 2 à 4 heures pour faire mariner la viande.

► Le flanc roulé n'apparaît pas sur les planches anatomiques des coupes de bœuf. Il se situe entre votre imagination, votre estomac et votre portefeuille.

Comment trancher un bifteck de bavette

1 À l'aide de pinces, tenir le bifteck à plat sur la planche à découper. En veillant à ce que la lame du couteau soit en diagonale, trancher la pièce du bout.

2 Continuer à trancher le bifteck en diagonale. Les tranches devraient avoir environ 0,5 cm (¼ po) d'épaisseur.

3 Quand le travail est bien fait, le bifteck possède une belle croûte dorée; il est saignant et moelleux à l'intérieur.

FILET RÔTI (EN 20 MINUTES)

INGRÉDIENTS Demandez au boucher de parer le filet (appelez-le à l'avance) ou, pour économiser, faites-le vous-même (voir l'encadré page 158).

Tout homme a besoin d'avoir dans son répertoire culinaire au moins un plat sensationnel qu'il peut préparer à la dernière minute. Un gros morceau de protéines animales capable de satisfaire le carnivore qu'il est, tout en étant assez fin pour impressionner son patron ou les parents de sa petite amie. Qui montre qu'il est le gars magnanime qu'il prétend être (il s'agit de la coupe de bœuf la plus chère de toutes) et qui sait cuisiner sans y consacrer beaucoup de temps. C'est ce que permet ce filet de bœuf impressionnant enrobé de poivre concassé et d'autres épices, et rôti rapidement dans un four brûlant. Servez-le presque carbonisé à l'extérieur et à peine cuit à cœur. Voilà un plat de résistance délicieux pour un repas de fête ou un souper du dimanche à la fois simple et raffiné. **6 portions**

Filet rôti (en 20 minutes) ►

ÉQUIPEMENT Votre batterie de base dont une plaque de cuisson épaisse à rebord et un thermomètre à mesure instantanée, ainsi que de la ficelle de cuisine.

AUTRES Je propose ici une fabuleuse marinade sèche au fenouil, à la moutarde et au poivre, mais vous pouvez tout aussi bien employer une autre marinade sèche, par exemple la marinade sèche au sel fumé de la page 343 ou la pâte aux herbes qui accompagne la porchetta, à la page 180.

DURÉE Environ 30 minutes.

Filet

1 filet de bœuf paré (voir l'encadré ci-dessous ou demander au boucher de le faire) d'environ 1,4 kg (3 lb)

75 g (¼ tasse) de marinade sèche au fenouil, à la moutarde et au poivre (page 153) ou une bonne quantité de gros sel (casher ou de mer) et de grains de poivre noir concassés grossièrement

2 c. à soupe d'huile d'olive extra vierge

Service (facultatif)

Crème aux grains de poivre (page 153)

Sauce à la moutarde façon Joe's (page 269)

Chimichurri aux herbes fraîches (page 348)

Sauce au raifort (page 351)

1 Enfourner une plaque de cuisson épaisse à rebord et préchauffer le four à 230 °C (450 °F).

2 Inciser la viande en travers de la fibre à environ 10 cm (4 po) du bout étroit du filet et à la moitié de son épaisseur. Replier le bout du filet sous le rôti au niveau de l'incision et le ficeler. La cuisson du filet, qui aura alors une forme cylindrique, sera ainsi plus uniforme. Enrober le filet sur toutes ses faces d'une couche épaisse de marinade sèche au fenouil, à la moutarde et au poivre ou de sel et de poivre noir concassé, en appuyant avec la main pour faire pénétrer les épices dans la viande. Arroser d'huile d'olive et, en frottant, en enduire le filet sur toutes ses faces.

3 Retirer la plaque chaude du four et y déposer le filet (au besoin, le disposer en diagonale pour qu'il entre). Enfourner aussitôt et faire rôtir le filet jusqu'à ce qu'il soit doré et cuit au degré de cuisson désiré, soit 4 minutes par face (16 minutes en tout) pour une viande saignante et 6 minutes par face (24 minutes en tout) pour une viande mi-saignante. Le retourner d'un quart de tour toutes les 4 minutes (ou 6 minutes) afin de le dorer uniformément. Vérifier le degré de cuisson à l'aide d'un thermomètre à mesure instantanée: il indiquera 49 °C (120 °F) pour une viande saignante et 57 °C (135 °F) pour une viande mi-saignante. (Garder à l'esprit que le filet continuera de cuire à la sortie du four.) Éviter de trop le cuire.

4 Déposer le filet sur une planche à découper et le laisser reposer environ 3 minutes. Le couper ensuite en travers de la fibre en tranches de 1 cm (½ po) d'épaisseur. Servir accompagné d'une sauce au choix.

Comment parer un filet (ou vous transformer en boucher)

Un filet de bœuf entier pèse de 2,3 à 2,7 kg (de 5 à 6 lb). On trouve des filets entiers dans la plupart des supermarchés. Une fois paré, il vous restera environ 1,4 kg (3 lb) de bœuf pur.

Ôtez la plupart du gras visible de même que la membrane fine et coriace qui enveloppe la viande. Pour ce faire, insérez la pointe d'un couteau d'office sous la membrane dans le haut du filet (la partie la plus large), posez la lame en angle en l'éloignant de la viande et tirez-la délicatement vers la partie la plus mince. La chaîne, lanière de muscle gras, longe le filet sur toute la longueur d'une de ses faces. Personnellement, je préfère l'enlever, d'autant plus que l'on peut pratiquement la tirer avec les doigts. Nettoyez-la et coupez-la en morceaux pour la préparation de chiches-kebabs, par exemple.

GROSSE CÔTE DE BŒUF KAHUNA

La voici, la grosse côte de bœuf Kahuna : un rôti en forme de baril comprenant la cage thoracique (du moins une partie). Pour les Anglais, c'est un rosbif ; pour le boucher, une côte de bœuf. En ce qui me concerne, c'est l'une des meilleures manières de créer un effet « bœuf » au moment d'apporter à table ce monstre foncé, croûté, grésillant et parfumé au romarin et à l'ail. Et ce, avant même que vous le découpiez ! En dépit de son pouvoir d'émerveiller, la côte de bœuf se cuisine facilement ; il ne faut que 10 minutes de préparation et 1 à 2 heures de rôtissage (durant lesquelles vous pouvez perfectionner vos talents de barman)... **8 à 10 portions**

- 1 côte de bœuf comprenant 4 côtes, soit environ 3,6 kg (8 lb) ; prévoir 450 g (1 lb) par personne (on peut toujours employer les restes)
- 1 botte de romarin rincé, épongé à l'aide de papier absorbant, déchiré ou coupé en julienne de 2,5 cm (1 po)
- 6 gousses d'ail pelées et coupées finement en julienne
- Gros sel (casher ou de mer) et grains de poivre noir concassés grossièrement

1 Préchauffer le four à 230 °C (450 °F).

2 À l'aide de la pointe d'un couteau d'office, pratiquer sur toutes les faces du rôti une série d'incisions d'environ 1 cm (½ po) de largeur et d'épaisseur, et espacées d'environ 4 cm (1 ½ po). Insérer un brin de romarin dans la moitié des incisions et des morceaux d'ail dans l'autre moitié. Saler et poivrer généreusement le rôti sur toutes ses faces, en appuyant pour faire pénétrer le sel et le poivre dans la viande.

3 Déposer le rôti dans une lèchefrite, les côtes à la verticale. Le cuire 20 à 30 minutes ou jusqu'à ce qu'il commence à dorer. Baisser ensuite le feu à 160 °C (325 °F) et poursuivre la cuisson jusqu'à ce qu'une croûte brun foncé se forme à la surface et que la viande soit cuite au degré de cuisson désiré. De temps à autre, arroser le rôti de la graisse qui s'accumule dans le fond du plat. Un rôti de cette taille demandera de 1 h 15 min à 1 h 30 min de cuisson en tout pour une viande saignante et de 1 h 45 à 2 h pour une viande mi-saignante. Éviter de trop le cuire. Pour vérifier le degré de cuisson, inséré un thermomètre à mesure instantanée au milieu en veillant à ce que la sonde ne touche pas un os. Il indiquera 49 °C (120 °F) pour une viande saignante, 57 °C (135 °F) pour une viande mi-saignante et 68 °C (155 °F) pour une viande à point. Ne pas poursuivre la cuisson, car le rôti continuera de cuire sorti du four.

4 Déposer le rôti sur une planche à découper, de préférence munie d'une rigole sur le bord afin de récupérer le jus de la viande durant la découpe. Couvrir d'une tente en papier aluminium en évitant de serrer et laisser reposer environ 15 minutes.

5 Présenter le rôti aux convives, puis le découper à table. Insérer un couteau à découper juste derrière les côtes et couper en longeant celles-ci jusque dans le bas. Retirer les côtes et couper entre les os individuels. Laisser les 8 convives se disputer les 4 os, ce qui vous laissera le temps de couper la viande en tranches épaisses ou minces, au goût.

INGRÉDIENTS Le bœuf de catégorie AAA vendu au supermarché permet de préparer un repas respectable, mais celui de catégorie Primé que l'on obtient d'un fournisseur de viandes de qualité donne un résultat bien supérieur. Demandez à votre boucher de dénuder le bout de l'os (environ 2,5 cm [1 po]).

ÉQUIPEMENT Votre batterie de base dont une lèchefrite, un thermomètre à mesure instantanée, un couteau à découper et une planche à découper comprenant de préférence une rigole profonde permettant de récupérer le jus de la viande qui s'écoule durant la coupe.

AUTRES Il est possible de cuire une excellente côte de bœuf au four.

DURÉE 1 heure 15 minutes ou +, selon le degré de cuisson désiré.

TRANCHE DE PALETTE
BRAISÉE À LA BIÈRE (CARBONADE)

INGRÉDIENTS Outre la palette, vous pouvez employer une tranche de soc, un morceau à braiser ou de pointe de poitrine. Quel que soit votre choix, la viande devrait être goûteuse, coriace et plutôt bon marché.

ÉQUIPEMENT Votre batterie de base dont une grande casserole ou un faitout fermant hermétiquement, plus une assiette de service (mais vous pouvez aussi servir le braisé directement dans la casserole).

AUTRES Pour de meilleurs résultats (et un plat authentique), employez une ale rousse façon belge. Quant aux tomates, essayez les tomates rôties en boîte de Muir Glen, qui sont excellentes.

DURÉE De 3 heures 30 minutes à 4 heures.

Un gars devrait savoir cuisiner des plats à la bière. Peter De Clercq va nous l'enseigner. Propriétaire du restaurant belge Elckerlijc, c'est l'un des plus grands maîtres grillardins d'Europe. Qu'a-t-il donc à faire d'un plat que l'on cuit au four ? Voyez-vous, il est flamand et la carbonade, un plat de bœuf braisé aux oignons et à la bière, est l'un des plats nationaux, sinon une obsession nationale, de la Belgique. Au départ, vous avez une coupe de bœuf coriace et bon marché que vous faites braiser dans une riche bière belge maltée avec une grande quantité d'oignons caramélisés. Au bout d'environ 20 minutes de préparation, vous pouvez oublier le plat durant 3 ou 4 heures tandis que la chaleur humide dégrade les fibres coriaces de la viande et donne un rôti tellement tendre qu'on peut le couper à la fourchette. **6 à 8 portions**

- 1 tranche de palette de 1,4 à 1,8 kg (3 à 4 lb)
- Gros sel (casher ou de mer) et poivre noir fraîchement moulu
- Environ 3 c. à soupe de farine tout usage non blanchie
- 2 c. à soupe d'huile végétale
- 2 c. à soupe (¼ plaquette) de beurre
- 900 g (2 lb) d'oignons (3 ou 4 gros oignons) pelés et tranchés finement
- 1 c. à soupe de cassonade foncée, ou au goût
- 1 c. à soupe de pâte de tomate
- 1 c. à soupe de moutarde de Dijon, + pour servir
- 1 boîte de 796 ml (28 oz) de tomates italiennes, hachées grossièrement, avec leur jus
- 375 ml (1 ½ tasse) de bière belge rousse ou brune
- Environ 375 ml (1 ½ tasse) de bouillon de bœuf ou de poulet, ou d'eau
- 2 feuilles de laurier

1 Préchauffer le four à 135 °C (275 °F).

2 Saler et poivrer généreusement les deux faces de la viande. Les saupoudrer de farine, puis secouer pour éliminer l'excédent.

3 Dans une grande casserole épaisse ou un faitout, chauffer l'huile à feu moyen. En le retournant à l'aide de pinces, faire dorer le bœuf sur les deux faces, environ 5 minutes par face. Faire dorer également les côtés. Déposer le bœuf dans une assiette. Jeter le gras de la casserole, en en laissant environ 2 c. à soupe.

4 Faire fondre le beurre dans le gras à feu moyen. En remuant souvent, cuire les oignons 8 à 10 minutes ou jusqu'à ce qu'ils soient bien dorés. Baisser le feu au besoin pour éviter qu'ils brûlent.

5 Incorporer la cassonade, la pâte de tomate et la moutarde, et cuire 1 minute. Ajouter les tomates et leur jus ainsi que la bière, 375 ml (1 ½ tasse) de bouillon (ou d'eau) et les feuilles de laurier; remuer et porter à ébullition. Remettre la viande dans la casserole en la recouvrant entièrement à la cuiller de la moitié de la préparation aux oignons. Couvrir hermétiquement et enfourner.

6 Cuire le bœuf de 3 à 4 heures ou jusqu'à ce qu'il soit bien tendre (il devrait se défaire à l'aide de 2 fourchettes), en s'assurant aux 30 minutes qu'il ne dessèche pas ni ne brûle. S'il commence à sécher (il devrait y avoir au moins 4 cm [1 ½ po] de liquide de cuisson dans la casserole), ajouter un peu de bouillon chaud ou d'eau chaude.

7 Retirer la casserole du four, découvrir et laisser reposer le bœuf environ 5 minutes. Goûter la sauce et ajouter du sel et du poivre (et un peu de cassonade au besoin) au goût. Retirer et jeter les feuilles de laurier. En servant, s'assurer que chaque convive reçoit une bonne part d'oignons et de sauce. Servir avec de la moutarde et la même bière qui a servi à la cuisson. Comme la plupart des braisés et des ragoûts, la carbonade est délicieuse le jour même mais encore meilleure le lendemain. Les restes se conserveront 3 jours à couvert au réfrigérateur. Réchauffer dans un four réglé à 135 °C (275 °F).

RAGOÛT DE BŒUF
AU WHISKY ÉCOSSAIS ET AU CITRON

Le ragoût de bœuf calme la faim de la même manière qu'une paire de vieilles espadrilles soulage les pieds. Sa préparation n'a rien de complexe ; aucune compétence culinaire particulière n'est requise. Il y a peu à dire sur l'agencement d'ingrédients inattendus ou sur l'ingéniosité de la technique. Mais peu de plats le surpassent quand il fait froid ou à l'issue d'une journée éreintante de randonnée, de chasse ou de football (joué au visionné). Je ne vais pas réinventer la roue, mais je peux vous dire que si votre ragoût de bœuf ordinaire à base d'eau ou de bouillon a bon goût, le vin rouge et le whisky écossais en feront un plat sublime. Quant au zeste de citron fraîchement râpé, il donne au ragoût la netteté d'un écran de télé à haute définition. **4 portions**

INGRÉDIENTS Vous trouverez tous les ingrédients de ce plat au supermarché.

ÉQUIPEMENT Votre batterie de base dont une grande casserole épaisse ou un faitout fermant hermétiquement, plus une râpe fine de type Microplane.

AUTRES Ne vous laissez pas intimider par la quantité d'ingrédients de ce plat. Seul le bœuf est absolument nécessaire. De par sa nature, le ragoût est un plat qui s'improvise.

DURÉE Environ 30 minutes de préparation + 3 heures de cuisson.

900 g (2 lb) d'intérieur ou d'extérieur de ronde, ou d'un autre morceau à ragoût, coupé en morceaux de 5 cm (2 po)

Gros sel (casher ou de mer) et poivre noir fraîchement moulu

Environ 60 g (½ tasse) de farine tout usage non blanchie, + 1 c. à soupe pour épaissir le ragoût

2 c. à soupe d'huile de canola

1 gros oignon pelé et coupé en dés

1 tige de céleri coupée en dés

1 gousse d'ail pelée et hachée finement

125 ml (½ tasse) de whisky écossais ou de bourbon

250 ml (1 tasse) de vin rouge

Environ 750 ml (3 tasses) de bouillon de bœuf ou de poulet, de préférence maison

1 feuille de laurier

1 brin de thym frais ou 1 c. à café de thym séché

450 g (1 lb) de carottes pelées et coupées en morceaux de 5 cm (2 po)

450 g (1 lb) de petites pommes de terre de type ratte ou de pommes de terre nouvelles, brossées, les grosses coupées en morceaux de 4 cm (1 ½ po)

170 g (6 oz) de shiitakes, pieds ôtés, nettoyés à l'aide de papier absorbant humide, coupés en quatre

225 g (½ lb) de haricots verts parés et coupés en morceaux de 5 cm (2 po)

1 c. à café de sauce Worcestershire

2 c. à café de zeste de citron fraîchement râpé (voir la remarque page 164)

1 Préchauffer le four à 150 °C (300 °F).

2 Saler et poivrer généreusement toutes les faces du bœuf. Déposer 60 g (½ tasse) de farine dans un sac de papier ou un grand sac de plastique refermable. Ajouter le bœuf, fermer le sac et le secouer pour bien enrober le bœuf de farine. Retirer le bœuf et le secouer pour éliminer l'excédent de farine.

3 Dans une grande casserole épaisse ou un faitout, chauffer l'huile à feu moyen-vif. En procédant par lots, cuire le bœuf en une seule couche 6 à 8 minutes ou jusqu'à ce qu'il soit bien doré sur toutes ses faces. Ne pas surcharger la casserole; les morceaux de viande devraient être espacés d'au moins 2,5 cm (1 po) (si la casserole est surchargée, la viande cuira à l'étouffée plutôt que de dorer). Déposer la viande dans une assiette.

4 Jeter le gras de la casserole en en laissant environ 2 c. à soupe. En remuant à la cuiller en bois, cuire l'oignon, le céleri et l'ail à feu moyen 3 minutes ou jusqu'à ce qu'ils soient bien dorés.

5 Remettre le bœuf dans la casserole. Ajouter le whisky (ou le bourbon) et faire bouillir à feu vif 3 à 5 minutes ou jusqu'à réduction de moitié.

6 Ajouter le vin et porter à ébullition à feu vif. Ajouter suffisamment de bouillon de bœuf ou de poulet pour couvrir la viande de 2,5 cm (1 po) et porter de nouveau à ébullition, en grattant le fond de la casserole à la cuiller en bois pour en détacher les miettes. Ajouter la feuille de laurier et le thym. Couvrir hermétiquement et enfourner. Cuire le ragoût 1 heure. (On peut aussi le cuire sur la cuisinière mais je préfère le four car je n'ai pas à me demander si le fond brûlera.)

7 Retirer la casserole du feu et découvrir. À l'aide d'une louche, écumer la surface du ragoût pour en retirer le gras. Ajouter les carottes et les pommes de terre. Au besoin, ajouter du bouillon ou de l'eau, de sorte que les ingrédients soient recouverts de liquide. Fermer hermétiquement et poursuivre la cuisson 1 heure.

8 Ajouter les shiitakes, les haricots verts et 1 c. à café de poivre (ou au goût; à chacun de doser son châtiment). Poursuivre la cuisson à découvert 30 minutes ou jusqu'à ce que le bœuf et les légumes soient tendres et que la sauce soit concentrée et savoureuse. En tout, la cuisson au four demandera environ 2 h 30 min.

9 Retirer et jeter la feuille de laurier et la tige de thym. Dans un petit bol, mélanger la sauce Worcestershire et 2 c. à café d'eau, et ajouter 1 c. à soupe de farine en remuant jusqu'à la formation d'une pâte lisse. Incorporer cette pâte dans le ragoût et, sur la cuisinière, porter à ébullition à feu

Ragoût de bœuf au whisky écossais et au citron ▸

moyen-vif; la sauce devrait épaissir légèrement. Ajouter le zeste de citron. Laisser mijoter environ 5 minutes, le temps que les saveurs se marient. Goûter et rectifier l'assaisonnement; le ragoût devrait être bien relevé. Servir à même la casserole.

Remarque: le zeste est l'écorce extérieure, riche en huiles essentielles, du citron. Prélevez-le à l'aide d'une râpe fine de type Microplane (voir à la page 24), en veillant à laisser sur le fruit la partie blanche, qui est amère. Si vous n'avez pas de râpe fine, vous auriez intérêt à vous en procurer une. Vous pouvez employer une râpe carrée (du côté des petits trous) mais celle de type Microplane facilite grandement les choses.

Comment couper le bœuf en cubes

1 Déposez le morceau de bœuf sur la planche à découper et coupez-le en travers en larges lanières de 5 cm (2 po).

2 Les bouts pourraient être un peu plus larges mais cela n'a pas d'importance.

3 À l'aide du plat de la lame d'un couteau, faites tourner la viande à 90 degrés.

4 Coupez la viande de manière à obtenir des cubes de 5 cm (2 po) de large.

5 Faites en sorte que les cubes soient aussi uniformes que possible.

6 Voilà! Vos cubes de bœuf sont prêts à être saisis et cuits.

BOUTS DE CÔTES À L'ORIENTALE
BRAISÉS AVEC DU GINGEMBRE ET DE LA CITRONNELLE

Pour ce plat, j'ai tiré mon inspiration du iNG (imagining New Gastronomy), restaurant fondé par le visionnaire Homaro Cantu et ayant pignon sur rue dans le secteur de l'industrie des viandes de Chicago. Si vous êtes comme moi, vous adorerez les effluves aromatiques du gingembre et de la citronnelle ainsi que les saveurs réconfortantes du saké et de la sauce soya. Homaro Cantu ajoute l'étape additionnelle qui consiste à faire dorer les bouts de côtes braisés sur un barbecue chaud. Mais je suis tellement pressé d'y goûter quand ils sortent du four que je me donne rarement la peine de le faire. Cependant, vous trouverez les indications ci-dessous. **4 portions**

- Gros sel (casher ou de mer) et poivre noir fraîchement moulu
- 1,8 kg (4 lb) de bouts de côtes avec l'os, côtes séparées
- 2 c. à soupe d'huile végétale
- 1 botte d'oignons verts, parties blanche et verte hachées finement; réserver 2 c. à soupe de vert pour le service
- 2 carottes pelées et hachées finement
- 5 gousses d'ail pelées et entières
- 5 tiges de citronnelle parées (ôter les deux tiers supérieurs), coupées en morceaux de 5 cm (2 po)
- 1 morceau de 5 cm (2 po) de gingembre frais pelé et coupé en tranches de 0,5 cm (¼ po)
- 250 ml (1 tasse) de sauce soya
- 250 ml (1 tasse) de saké
- 60 ml (¼ tasse) de vinaigre de riz
- 110 g (½ tasse) comble de cassonade foncée

1 Préchauffer le four à 150 °C (300 °F).

2 Saler et poivrer généreusement les bouts de côtes sur toutes leurs faces. Dans une grande casserole épaisse ou un faitout, chauffer l'huile à feu vif. En procédant par lots, cuire le bœuf 2 à 3 minutes par face (8 à 12 minutes en tout par lot) ou jusqu'à ce qu'il soit doré. Ne pas surcharger la casserole: les bouts de côtes ne doivent former qu'une seule couche et être espacés de 2,5 cm (1 po). Les déposer dans une grande assiette. Jeter le gras de la casserole, en en laissant environ 2 c. à soupe.

3 Dans la casserole, faire légèrement dorer à feu vif les oignons verts, les carottes, l'ail, la citronnelle et le gingembre environ 3 minutes. Ajouter la sauce soya, le saké, le vinaigre de riz, la cassonade et 1 litre (4 tasses) d'eau. Porter à ébullition.

4 Remettre les bouts de côtes dans la casserole, en les retournant et en les immergeant dans la préparation. Couvrir hermétiquement et enfourner. En les retournant à quelques reprises, les cuire de 3 à 4 heures ou jusqu'à ce qu'ils soient bien tendres. Vérifier de temps à autre qu'il y a toujours au moins 5 cm (2 po) de liquide. Ajouter de l'eau chaude au besoin. La chair se sera détachée de l'os et s'en séparera facilement à l'aide de 2 fourchettes.

INGRÉDIENTS Plante asiatique à la saveur herbeuse et citronnée, la citronnelle est dénuée d'acidité. Elle ressemble à un oignon vert démesuré. On en trouve au rayon des fruits et légumes de la plupart des supermarchés (généralement à côté des sachets d'herbes), mais celle qu'on trouve dans les épiceries asiatiques est plus grosse, meilleure et moins chère. À défaut d'en trouver, remplacez-la par quatre lanières de zeste de citron de 1 x 4 cm (½ x 1 ½ po).

ÉQUIPEMENT Votre batterie de base dont une grande casserole épaisse munie d'un couvercle hermétique et une grande assiette.

AUTRES Achetez des bouts de côtes dont le rapport viande/os et gras est élevé.

DURÉE Environ 30 minutes de préparation + de 3 à 4 heures de cuisson.

All-Clad

5 Retirer la casserole du four. Laisser les bouts de côtes reposer environ 5 minutes puis, à l'aide d'une cuiller à soupe, écumer la surface du ragoût pour en retirer autant de gras que possible. Un puriste déposerait les bouts de côtes dans une assiette, puis passerait la sauce dans un tamis au-dessus de la viande, mais j'aime qu'il y ait des morceaux de citronnelle et de gingembre dans la mienne. Vous pouvez grignoter les morceaux de citronnelle pour en extraire la saveur, mais ils sont trop fibreux pour être consommés. Par contre, vous pouvez consommer le gingembre. Goûter et rectifier l'assaisonnement. Parsemer les bouts de côtes du vert d'oignon et servir.

Bouts de côtes en deux variantes

Braiser les bouts de côtes, c'est comme si on les faisait cuire sur un barbecue intérieur. Tout comme pour le barbecue classique, la viande coriace est mise à cuire avec l'os. Les côtes sont cuites à feu doux et durant de longues heures dans un milieu humide fermé (dans le cas présent, une grande casserole fermant hermétiquement). Cette cuisson lente et à feu doux permet de transformer le collagène (tissu conjonctif fibreux) en gélatine, ce qui donne une viande succulente dans laquelle les saveurs intenses se concentrent. Je donne ici deux variantes, une à saveur orientale, aromatisée au gingembre, à la citronnelle et à la sauce soya, l'autre, au vin, à la manière française.

BOUTS DE CÔTES BRAISÉS
AU VIN AVEC BACON ET CHAMPIGNONS

Voici à quoi ressemblerait le bœuf bourguignon si les Français remplaçaient les cubes de bœuf à braiser par des bouts de côtes. Le bacon et les champignons confèrent au ragoût une riche saveur umami, tandis que les pommes de terre et les carottes en font un plat unique pratique. La recette peut paraître complexe du fait qu'elle est longue, mais ne vous laissez pas intimider ; il ne s'agit en fait que d'une suite d'étapes simples. **4 portions**

- 4 tranches épaisses de bacon artisanal, coupées en morceaux de 0,5 cm (¼ po)
- Gros sel (casher ou de mer) et poivre noir fraîchement moulu
- 1,8 kg (4 lb) de bouts de côtes avec l'os, côtes séparées
- 3 c. à soupe de farine tout usage non blanchie
- 450 g (1 lb) de petites pommes de terre de type ratte, brossées et épongées
- 450 g (1 lb) de carottes pelées et coupées en morceaux de 5 cm (2 po)
- 340 g (12 oz) de champignons (cremini, shiitakes ou blancs), pieds ôtés, nettoyés avec un papier absorbant humide
- 3 échalotes ou 1 oignon doux moyen, pelés et hachés finement
- 1 gousse d'ail pelée et émincée
- 1 bouteille de 750 ml (3 tasses) de vin rouge sec
- 2 c. à soupe de pâte de tomate
- 1 feuille de laurier
- 2 c. à soupe de ciboulette fraîche hachée (facultatif)

INGRÉDIENTS Beaujolais, cabernet sauvignon, pinot noir, syrah ou malbec, pour ne nommer que ceux-là, le choix des vins est vaste. Il n'est pas nécessaire qu'il soit très cher, mais il ne devrait pas être d'une qualité telle que vous ne souhaiteriez pas le boire. Petites et récoltées jeunes, les pommes de terre de type ratte ont une forme allongée ; elles possèdent une texture et une saveur riches et crémeuses. À défaut d'en trouver, optez pour des Yukon Gold coupées en morceaux de 4 cm (1 ½ po).

◂ Bouts de côtes à l'orientale braisés avec du gingembre et de la citronnelle

ÉQUIPEMENT Votre batterie de base dont une grande casserole épaisse ou un faitout muni d'un couvercle hermétique, plus une grande assiette.

AUTRES Une fois le principe du braisage compris, vous pouvez l'appliquer à pratiquement n'importe quel ingrédient. Remplacez les bouts de côtes par du poulet et vous avez du coq au vin (la cuisson dure environ 1 heure 30 minutes). Remplacez-les par des jarrets de veau et le vin rouge par du blanc, puis ajoutez des tomates et vous avez de l'osso buco (la cuisson dure de 3 à 4 heures). L'idée, c'est de se servir de cette recette comme point de départ plutôt que de la suivre aveuglément.

DURÉE Environ 30 minutes de préparation + de 3 heures à 3 heures 30 minutes de cuisson.

1 Préchauffer le four à 150 °C (300 °F).

2 Dans une grande casserole épaisse ou un faitout, faire dorer le bacon environ 3 minutes, en le remuant souvent. À l'aide d'une écumoire, le déposer dans une grande assiette tapissée de papier absorbant et réserver. Laisser le gras dans la casserole pour faire dorer les bouts de côtes.

3 Saler et poivrer généreusement les bouts de côtes sur toutes leurs faces. Les saupoudrer de farine, en les remuant pour bien les enrober. En procédant par lots, les cuire 2 à 3 minutes par face (8 à 12 minutes en tout par lot) ou jusqu'à ce qu'ils soient dorés. Ne pas surcharger la casserole: les bouts de côtes ne doivent former qu'une seule couche et être espacés de 2,5 cm (1 po). Les déposer dans l'assiette contenant le bacon.

4 Jeter le gras de la casserole, en en laissant environ 3 c. à soupe. Il vaut mieux faire dorer les légumes séparément; en remuant à la cuiller en bois, faire d'abord dorer les pommes de terre à feu vif 3 à 4 minutes ou jusqu'à ce qu'elles soient dorées. À l'aide d'une écumoire, les déposer dans l'assiette contenant les bouts de côtes.

5 En remuant au besoin, faire ensuite dorer les carottes 3 à 4 minutes. À l'aide d'une écumoire, les déposer dans l'assiette.

6 En remuant au besoin, faire dorer les champignons 3 à 4 minutes. Les déposer dans l'assiette. Couvrir le bacon et les légumes d'une tente en papier aluminium. Ils ne retourneront dans la casserole que 2 heures après le début de la cuisson des bouts de côtes. Laisser la casserole chauffer jusqu'à ce que l'eau des champignons s'évapore, le cas échéant. Il devrait rester environ 1 ½ c. à soupe de gras.

7 Une fois le liquide évaporé, faire dorer légèrement les échalotes (ou l'oignon) et l'ail environ 3 minutes, en remuant souvent.

8 Ajouter le vin et porter à ébullition à feu vif, en grattant le fond de la casserole à la cuiller en bois pour en détacher les miettes (c'est le déglaçage, un des secrets de la réussite d'une sauce). Ajouter la pâte de tomate puis remettre les bouts de côtes dans la casserole. Ajouter la feuille de laurier, fermer hermétiquement et enfourner. En les retournant à quelques reprises, cuire partiellement les bouts de côtes environ 2 heures. Vérifier de temps à autre qu'il y a au moins 5 cm (2 po) de liquide dans la casserole. Ajouter de l'eau chaude au besoin.

9 Retirer la casserole du four. À l'aide d'une cuiller à soupe, écumer la surface du liquide de cuisson pour en retirer le gras visible. Ajouter le bacon, les pommes de terre, les carottes, les champignons, les échalotes et l'ail, en remuant pour les mélanger avec les bouts de côtes. Couvrir et enfourner de nouveau. Cuire environ 1 heure ou jusqu'à ce que la viande des bouts de côtes soit bien tendre (elle se sera rétractée, dégageant l'os de 1 à 2,5 cm [½ à 1 po]) et que les pommes de terre et les carottes soient bien cuites (elles doivent se transpercer facilement à la pointe d'un couteau).

10 Retirer la casserole du four et découvrir. Laisser les côtes reposer environ 5 minutes, puis écumer de nouveau la surface du liquide de cuisson. Jeter la feuille de laurier. Goûter et rectifier l'assaisonnement. Servir les bouts de côtes et les légumes à même la casserole en les parsemant de ciboulette.

Variante

Bouts de côtes braisés à la bière

Préparer les bouts de côtes comme dans la recette ci-dessus, mais, à l'étape 8, remplacer le vin par 250 ml (1 tasse) de bière et 500 ml (2 tasses) de bouillon de bœuf ou de poulet. Si désiré, ajouter 1 c. à soupe de cari en poudre après avoir fait dorer les échalotes (ou l'oignon) et l'ail (étape 7) et avant d'ajouter la bière (étape 8). Il faudra peut-être ajouter aussi une cuillerée de cassonade pour contrebalancer l'amertume du houblon de la bière.

POITRINE DE BŒUF BRAISÉE
AU VIN ROUGE ET AU COGNAC, FAÇON BISTROT FRANÇAIS

C'est en 1912 que le bistrot Benoit ouvrait ses portes à Paris. J'y ai mangé par intermittence au cours des 40 dernières années et ce que je préfère, en dehors du décor ancien – plafond en étain, carreaux noirs et blancs au sol, banquettes confortables et partitions de verre –, c'est que le menu est une véritable capsule témoin de la cuisine française classique.

Le très grand chef Alain Ducasse en est aujourd'hui le propriétaire mais, durant des décennies, il a été tenu par Monsieur Petit, un homme moustachu imposant et sévère, comme si c'était son fief. Son travail consistait à servir à ses clients ce qu'il considérait comme le parfait repas français, et s'il n'approuvait pas l'ordre dans lequel vous commandiez les plats ou votre choix de vin, il corrigeait la chose sans même vous en parler. Le menu rendait hommage à la nourriture classique des gars – huîtres, abats, escargots, gibier –, le genre de nourriture que préféraient les bouchers baraqués qui travaillaient tout près, au vieux marché des Halles. Je commandais sans exception du bœuf à la mode, un braisé au vin qu'on servait dans une casserole épaisse, son arôme envahissant la pièce ; la sauce constituait un amalgame réconfortant de vin rouge et de légumes racines, et la viande était assez tendre pour se couper à la fourchette. Quand je le prépare à la maison, j'emploie de la poitrine de bœuf. **6 à 8 portions**

- 1 morceau d'environ 1,4 kg (3 lb) de poitrine de bœuf, coupe du centre
- 4 tranches épaisses de bacon artisanal, coupées en morceaux de 0,5 cm (¼ po)
- 24 oignons à mariner, pelés (mise en garde : cette opération demande du temps), ou 6 petits oignons pelés et coupés en quatre
- 8 carottes moyennes pelées et coupées en morceaux de 5 cm (2 po), plus 2 carottes, pelées et hachées finement
- 450 g (1 lb) de petites pommes de terre rouges ou nouvelles, coupées en deux
- Gros sel (casher ou de mer) et poivre noir fraîchement moulu
- 1 oignon pelé et haché finement
- 2 tiges de céleri hachées finement
- 2 gousses d'ail pelées et hachées finement
- 2 feuilles de laurier
- 125 ml (½ tasse) de cognac
- 1 bouteille de 750 ml (3 tasses) de vin rouge fruité, du beaujolais par exemple
- 2 c. à soupe de pâte de tomate
- 1 c. à soupe de ciboulette hachée (facultatif)

INGRÉDIENTS Pour ce plat, un petit morceau de poitrine de 1,6 à 1,8 kg (3 ½ à 4 lb) conviendra, car il est difficile de cuire un morceau de cette taille au barbecue. Il n'est pas nécessaire d'employer un grand cru, mais le vin doit être assez bon pour être consommé, par exemple tandis que vous cuisinez. Grâce au liquide du braisé, vous pouvez employer une coupe de poitrine plus maigre que si vous deviez la faire fumer.

ÉQUIPEMENT Votre batterie de base dont une grande casserole épaisse ou un faitout fermant hermétiquement et une grande assiette.

AUTRES La coutume veut qu'on fasse mariner toute une nuit dans le vin la poitrine et les légumes hachés finement. Si vous en avez le temps, la saveur du plat en sera nettement améliorée. Le lendemain, il faut égoutter la viande et les légumes, et les éponger avec du papier absorbant avant de les cuire. Vous pouvez employer le vin de trempage pour faire braiser la viande (étape 7).

DURÉE Environ 45 minutes de préparation + 4 à 5 heures de cuisson.

1 Préchauffer le four à 135 °C (275 °F).

2 Parer la poitrine de son excédent de gras (s'il y en a plus de 0,5 cm [¼ po]).

3 Dans une grande casserole épaisse ou un faitout, faire dorer le bacon environ 3 minutes. À l'aide d'une écumoire, le déposer dans une grande assiette.

4 Mettre dans la casserole les oignons à mariner ou les petits oignons, les 8 carottes et les pommes de terre, régler le feu à moyen-vif et, en remuant souvent, faire dorer environ 3 minutes. À l'aide d'une écumoire, déposer ces légumes dans l'assiette contenant le bacon. Couvrir le bacon et les légumes d'une tente en papier aluminium. Ils ne seront ajoutés que quand la poitrine aura cuit 3 heures. Jeter le gras de bacon de la casserole, en en laissant environ 2 c. à soupe.

5 Saler et poivrer généreusement la poitrine sur toutes ses faces, puis la saisir dans le gras de bacon à feu moyen-vif jusqu'à ce qu'elle soit bien dorée, environ 5 minutes par face. La déposer dans une assiette. Jeter le gras de la casserole en en laissant 2 c. à soupe.

6 En remuant souvent, faire dorer les 2 carottes hachées, l'oignon haché, le céleri, l'ail et les feuilles de laurier dans la casserole pendant environ 4 minutes.

7 Ajouter le cognac et porter à ébullition en grattant le fond de la casserole à la cuiller en bois pour en détacher les miettes (c'est ce qu'on appelle le déglaçage). Remettre le bœuf dans la casserole. Ajouter le vin et la pâte de tomate, et porter à ébullition. Couvrir hermétiquement et enfourner. Cuire environ 3 heures ou jusqu'à ce que la viande soit à moitié tendre, en vérifiant une ou deux fois pour s'assurer qu'elle n'attache pas ou ne brûle pas au fond.

8 Retirer la casserole du four. À l'aide d'une grosse cuiller, écumer la surface du liquide pour en éliminer le gras. Ajouter le bacon, les oignons à mariner, les carottes et les pommes de terre qui ont été dorés au début. Couvrir, enfourner de nouveau et poursuivre la cuisson 1 heure.

9 Retirer la casserole du four. Écumer la surface du liquide et remettre la casserole au four sans couvrir. Cuire 30 minutes ou 1 heure de plus, ou jusqu'à ce que la poitrine soit très tendre, qu'une partie du liquide se soit évaporée et que la sauce commence à épaissir. Retirer la casserole du four et laisser la poitrine reposer environ 10 minutes.

10 Écumer de nouveau la surface du liquide. Retirer et jeter les feuilles de laurier. Déposer la poitrine sur une planche à découper et la trancher finement en travers de la fibre.

11 Sur la cuisinière, porter à ébullition à feu moyen-vif la sauce et les légumes. Laisser bouillir 3 minutes ou jusqu'à ce que la sauce soit concentrée et bien goûteuse. Goûter et rectifier l'assaisonnement en sel et en poivre; la sauce devrait être bien relevée.

12 Remettre la viande tranchée dans la casserole avec la sauce et les légumes. Parsemer de ciboulette hachée (si désiré). Servir façon bistrot, c'est-à-dire à même la casserole.

STEAK TARTARE

En dehors du bifteck, il n'y a pas plat plus primitif que le steak tartare, composé de bœuf cru haché au couteau et bien assaisonné. Comme les huîtres et le sashimi, il est la preuve irréfutable que les ingrédients de qualité supérieure sont souvent mieux appréciés crus. On peut le servir le midi (il est particulièrement rafraîchissant l'été) ou le soir (il vous redonnera des forces), en entrée ou comme plat principal. Salé aux anchois et aux câpres, acidulé à la moutarde et au jus de citron frais, on peut le transformer à souhait. (Les Coréens l'assaisonnent avec de la pâte de piment et de l'huile de sésame, tandis que les Turcs utilisent plutôt de l'agneau cru émincé et du boulgour.) Bref, ce plat devrait faire partie du répertoire de tous les gars. Voici la recette de base.

4 portions pour l'entrée ; 2 ou 3 pour le plat principal

- 450 g (1 lb) de filet de bœuf de première qualité, coupe du centre de préférence
- 1 grosse échalote pelée et émincée (environ 4 c. à soupe)
- 2 c. à soupe de persil plat frais émincé
- 2 c. à soupe de câpres égouttées
- 2 filets d'anchois égouttés, épongés, hachés finement, plus 3 entiers pour servir
- 1 c. à soupe de moutarde de Dijon, ou au goût
- 1 c. à soupe d'huile d'olive extra vierge
- 1 c. à soupe de jus de citron frais, ou au goût
- 2 c. à café de sauce Worcestershire, ou au goût
- 1 c. à café de gros sel (casher ou de mer), ou au goût
- ½ c. à café de poivre noir fraîchement moulu, ou au goût
- 2 ou 3 feuilles de laitue Boston (facultatif)
- 1 jaune d'œuf cru (facultatif)
- Tranches fines de baguette grillées

1 Parer le bœuf et jeter le gras, les tendons et la membrane, le cas échéant. Couper la viande en travers en tranches de 1 cm (½ po) d'épaisseur, puis en morceaux de 1 cm (½ po). Hacher les morceaux aussi finement que possible. Déposer la viande hachée dans un grand bol. (On peut hacher la viande 1 heure à l'avance et la conserver au réfrigérateur enveloppée de pellicule de plastique. N'ajouter les assaisonnements qu'au moment de servir.)

2 Ajouter l'échalote, le persil, les câpres et les anchois hachés dans le bol et remuer à la cuiller en bois. En remuant, incorporer la moutarde, l'huile d'olive, le jus de citron, la sauce Worcestershire, le sel et le poivre. Goûter et ajouter les ingrédients désirés, le cas échéant; le steak tartare devrait être bien relevé.

3 Tapisser une assiette ou un bol peu profond de feuilles de laitue, si désiré. Déposer le steak tartare dessus en pratiquant un creux de 2,5 cm (1 po) au centre. Disposer les 3 anchois entiers en triangle autour du creux et déposer le jaune d'œuf dans celui-ci (si désiré). Servir avec de grosses cuillers, en mélangeant l'œuf et les anchois avec la viande. Accompagner des tranches de baguette grillées.

INGRÉDIENTS Pas question d'employer une viande bon marché pour la confection de ce plat: il vous faut du filet de bœuf frais que vous achèterez chez un boucher de confiance. Comme pour toute viande ou tout fruit de mer servi cru, suivez les conseils sur la salubrité des aliments de la page 58.

ÉQUIPEMENT Votre batterie de base.

AUTRES Si le robot culinaire a de nombreux usages, il ne doit pas être employé pour hacher la viande du steak tartare. (La lame la déchire et l'écrase plutôt que de la hacher.) Employez un couteau de chef bien affûté et mettez-y de l'huile de coude! L'usage veut qu'on couvre le steak tartare d'un jaune d'œuf cru, qui est mélangé avec la viande au moment de servir. Pour éviter tout risque d'empoisonnement alimentaire, employez un œuf pasteurisé.

DURÉE 15 minutes.

Variante
Saumon tartare

Préparer le plat comme dans la recette précédente, mais remplacer la viande par 450 g (1 lb) de filets de saumon sauvage ; remplacer aussi les anchois par 60 g (2 oz) de saumon fumé. Passer les doigts sur les filets pour repérer les arêtes éventuelles et, au besoin, les ôter à l'aide d'une pince à bec effilé.

CÔTELETTES DE VEAU ATTENDRIES

INGRÉDIENTS Pour ce plat, il vous faudra des côtelettes de veau d'environ 2,5 cm (1 po) d'épaisseur et, de préférence, bio. Pour une présentation spectaculaire, commandez des côtelettes à os long chez un fournisseur de viandes fines.

ÉQUIPEMENT D'abord, il vous faut un maillet à viande, de préférence de boucher (achetez le plus lourd que vous puissiez trouver). Vous pouvez aussi employer une poêle lourde ou le plat d'un couperet lourd. En plus de votre batterie de base dont une grande poêle en fonte ou antiadhésive de 25 à 30 cm (10 à 12 po) et une plaque de cuisson, il vous faudra un grand sachet de plastique robuste refermable.

Imaginez que vous êtes dans un très bon restaurant italien et qu'on vous sert une énorme côtelette de veau panée, croustillante et dorée à souhait et qui couvre entièrement l'assiette. Imaginez ensuite la même chose mais à la maison. Le secret consiste à attendrir la viande au maillet, geste qui fera appel à votre Thor intérieur. En plus d'attendrir la viande, il permet de l'aplatir suffisamment pour qu'elle soit bien cuite sans que la croûte brûle pour autant. Pour faire de votre côtelette un plat exceptionnel, vous ajouterez à la croûte du zeste de citron et du bon parmesan. De fait, elle sera meilleure que ce qu'on vous servirait dans un restaurant italien. **2 portions (à multiplier à volonté)**

2 côtelettes de veau de 340 à 450 g (¾ à 1 lb) chacune

Gros sel (casher ou de mer) et poivre noir fraîchement moulu

2 c. à café d'origan séché

125 g (1 tasse) de farine tout usage non blanchie

2 gros œufs

125 ml (½ tasse) de lait

200 g (2 tasses) de chapelure

70 g (¾ tasse) de parmesan (parmigiano reggiano) fraîchement râpé (facultatif)

1 c. à café de zeste de citron râpé finement (voir la remarque page 174)

1 c. à soupe de beurre

1 c. à soupe d'huile d'olive extra vierge, + au besoin

Quartiers de citron

1 Préchauffer le four à 200 °C (400 °F).

2 Déposer une côtelette dans un sachet de plastique robuste et refermable (l'os sortira probablement du sac). En commençant à un bout, battre la côtelette sur toute sa longueur à l'aide d'un maillet à viande, d'une poêle lourde ou le plat d'un couperet à viande de manière à l'aplatir à environ 0,5 cm (¼ po) d'épaisseur. Répéter pour la seconde côtelette. Assaisonner généreusement de sel, de poivre et d'origan.

3 Verser la farine dans un bol peu profond ou sur une feuille de papier aluminium. Déposer les

Steak tartare ►

AUTRES Vous pouvez certainement cuire entièrement les côtelettes à la poêle, mais, pour ma part, je préfère les saisir à la poêle et terminer la cuisson au four; cela demande moins d'attention et il y a moins de risque de brûler la croûte.

DURÉE Environ 30 minutes.

œufs et le lait dans un deuxième bol peu profond et mélanger en fouettant à la fourchette. Déposer la chapelure dans un troisième grand bol peu profond et incorporer le parmesan, si désiré, et le zeste de citron.

4 Passer les deux faces des côtelettes dans la farine, en secouant celles-ci pour en éliminer l'excédent, puis dans la préparation aux œufs et dans le mélange de chapelure, en les enrobant bien. Déposer les côtelettes sur une plaque de cuisson.

5 Dans une grande poêle en fonte ou antiadhésive, faire fondre le beurre dans l'huile à feu moyen-vif, en faisant tourner la poêle pour en enduire le fond. Quand la préparation cesse de mousser, faire dorer les deux faces d'une côtelette environ 3 minutes par face, en la retournant à l'aide d'une spatule. Remettre la côtelette sur la plaque de cuisson. Ajouter un peu d'huile dans la poêle si elle semble trop sèche. Faire dorer la deuxième côtelette de la même manière et la déposer sur la plaque.

6 Enfourner et cuire 15 minutes ou jusqu'à ce que les côtelettes soient bien cuites. Pour vérifier le degré de cuisson, pratiquer une petite incision dans une face d'une côtelette à proximité de l'os (idéalement sur la face de dessous). Déposer les côtelettes dans une grande assiette ou des assiettes individuelles et servir avec les quartiers de citron.

Remarque: pour prélever le zeste (écorce extérieure du citron riche en huiles essentielles), employer une râpe fine de type Microplane (voir à la page 24) ou une râpe carrée en évitant de prélever la partie blanche de l'écorce, plus amère.

Variantes

Côtelettes de veau au citron et au beurre aux câpres: pour préparer cette sauce simple, au moment de servir, ajouter 4 c. à soupe (½ plaquette) de beurre dans la poêle ayant servi à saisir les côtelettes (inutile de la nettoyer). Cuire à feu moyen 1 à 2 minutes ou jusqu'à ce que le beurre soit doré. Ne pas le laisser noircir; baisser le feu au besoin. Ajouter 3 c. à soupe de persil frais haché et 2 c. à soupe de câpres égouttées, et cuire 2 minutes ou jusqu'à ce qu'ils soient croustillants. Ajouter le jus (2 à 3 c. à soupe) du citron duquel le zeste a été prélevé. Laisser bouillir 1 minute, puis en arroser les côtelettes au moment de servir.

Côtelettes de veau au parmesan: cuire les côtelettes comme dans la recette ci-dessus. Une fois qu'elles sont sorties du four, laisser celui-ci allumé. Couvrir chacune d'elles de fines tranches de mozzarella de qualité (celle qui est conservée dans l'eau, voir à la page 41). Couvrir de sauce tomate (maison si possible) et parsemer de 100 g (1 tasse) de parmesan finement râpé. Enfourner les côtelettes et les cuire 5 à 10 minutes ou jusqu'à ce que la sauce bouillonne et que le fromage fonde et soit très légèrement doré.

Wiener schnitzel: remplacer les côtelettes par 450 g (1 lb) d'escalopes de veau. Le temps de cuisson sera plus court, environ 3 à 4 minutes par face à la poêle. (Inutile de les cuire au four.)

Couvertes d'anchois et d'œufs frits, les escalopes panées portent le nom de wiener schnitzel à la Holstein (spécialité qui tire son nom d'une province du nord de l'Allemagne, cette même région d'où provient la vache Holstein).

Côtelettes de porc attendries: variante meilleure marché du plat à base de veau. Il vous faudra 2 côtelettes de 5 cm (1 po) d'épaisseur et de 340 à 400 g (12 à 14 oz) chacune. Le temps de cuisson sera le même.

PORC

Je parie que, lorsque vous songez à la liste de plats que vous devriez savoir préparer avant de considérer que votre éducation culinaire est terminée, au moins une demi-douzaine d'entre eux sont à base de porc. Il y a le bacon, que je suis presque certain que vous consommez et que vous aimeriez savoir frire sans éclabousser la cuisinière de gras. Il y a les petites côtes levées de dos à faire griller sur le barbecue à la mode de Kansas City, l'épaule à fumer et à effilocher comme on le fait dans les Carolines, la porchetta, un rôti de porc italien cuit avec du romarin, de la sauge et de l'ail et, possiblement, le flanc à faire sauter comme le faisait le président Mao.

Eh bien, dans ce chapitre, nous allons «manger haut sur le porc» (en anglais *eat high on the hog*), une expression qui date de l'époque coloniale américaine, où la haute société se régalait de longe, de filet et d'autres coupes de porc tendres proches de la colonne vertébrale, tandis que les pauvres devaient se contenter du flanc, des côtelettes, des oreilles, des jarrets et des pattes de l'animal. Je vous enseignerai à poêler une côtelette de porc à la perfection (qui restera bien moelleuse) et à rôtir ce qui constitue peut-être la meilleure occasion au rayon des viandes, à savoir le filet.

SANDWICH À L'EFFILOCHÉ DE PORC
DE LA CAROLINE ET SAUCE AIGRE-DOUCE

Il n'y a guère plus américain que l'effiloché de porc, d'où l'importance pour les habitants de ce pays d'apprendre à le préparer. Cette épaule enrobée d'épices, fumée à l'hickory, défaite en fines lanières, trempée dans une sauce au vinaigre et servie sur un petit pain au sésame avec des cornichons sucrés illustre parfaitement la cuisine au barbecue des Carolines et du Sud américain profond. Je laisse les partisans régionaux se disputer sur les détails : la viande doit-elle être coupée en lanières, hachée ou tranchée ? Doit-on la servir avec ou sans les *brownies*, ces morceaux de peau brûlée ? La sauce devrait-elle être assaisonnée à la moutarde, au ketchup ou aux flocons de piment rouge ? Vous savez de quoi il en retourne avec ces débats. Toutes les solutions sont présentées ici. À vous de décider. **12 sandwichs à l'effiloché de porc**

INGRÉDIENTS Reportez-vous à l'information sur l'épaule de porc de la page 179.

ÉQUIPEMENT Votre batterie de base dont un thermomètre à mesure instantanée, plus des gants de cuisine isolants (voir « Équipement », page 179) et 2 grosses fourchettes (facultatif) ; si vous faites griller la viande, votre équipement à griller de base, dont une lèchefrite en papier aluminium robuste et un barbecue au charbon de bois.

Porc

1 épaule de porc avec l'os (ou un soc) de 2,25 à 2,75 kg (5 à 6 lb)

125 ml (½ tasse) de marinade sèche Raichlen n° 1 (page 186) ou une autre, au choix

2 c. à café de gros sel (casher ou de mer)

1 à 2 c. à café de flocons de piment rouge

1 c. à café de poivre noir fraîchement moulu

½ c. à café de fumée liquide (facultatif)

Sauce

375 ml (1 ½ tasse) de vinaigre de cidre

2 c. à soupe de cassonade dorée ou foncée, ou + au goût

1 c. à soupe de sauce piquante à la louisianaise, telle que la Crystal, ou + au goût

Service

12 pains à hamburger au sésame

4 c. à soupe (½ plaquette) de beurre fondu

1 pot de 500 ml (16 oz) de cornichons sucrés tranchés

1 litre (4 tasses) de salade de chou à la moutarde, façon sud-ouest (page 108)

1 **Préparer le porc :** déposer l'épaule dans une lèchefrite et l'assaisonner généreusement sur toutes ses faces de marinade sèche, en frottant pour la faire pénétrer. On peut cuire la viande aussitôt, mais elle aura plus de saveur si elle marine quelques heures ou toute la nuit au réfrigérateur.

2 *Rôtissage au four* : préchauffer le four à 160 °C (325 °F). Placer le porc, gras dessus, dans la lèchefrite et enfourner. Faire rôtir 3 heures ou jusqu'à ce qu'il grésille, soit croustillant et bien doré à l'extérieur et qu'un thermomètre à mesure instantanée inséré dans la partie la plus épaisse indique 85 à 90 °C (190° à 195 °F). L'arroser de temps à autre du jus de cuisson.

Cuisson au barbecue : régler le barbecue pour la cuisson indirecte, mettre une lèchefrite en papier aluminium au centre et le préchauffer à

AUTRES L'usage veut qu'on fasse rôtir le porc une demi-journée sur des braises d'hickory déposées dans une fosse fumante. Étant donné la teneur en gras de l'épaule, vous pouvez la faire cuire environ 3 heures à plus haute température. À moins de disposer d'un fumoir, la meilleure manière de reproduire l'effet cuisson en fosse à la maison consiste à employer un barbecue au charbon de bois sphérique et 750 ml (3 tasses) de copeaux de bois dur trempés 30 minutes dans l'eau puis égouttés.

Ceux qui vivent en appartement peuvent obtenir de bons résultats en faisant cuire le porc au four. Vous trouverez ici les indications pour le faire. (Auquel cas, je vous suggère d'ajouter quelques gouttes de fumée liquide à la sauce au vinaigre.)

DURÉE Environ 15 minutes de préparation + 3 heures de cuisson.

feu moyen, 160 °C (325 °F). Brosser la grille et l'enduire d'huile. Déposer l'épaule, gras dessus, au-dessus de la lèchefrite. *Barbecue au charbon de bois:* jeter 375 ml (1 ½ tasse) de copeaux de bois (175 ml [¾ de tasse] sur chacun des tas de charbon) sur le charbon de bois. *Barbecue au gaz:* mettre les copeaux dans la boîte du fumoir. À noter que le barbecue au charbon de bois est préférable. Fermer le couvercle et faire rôtir 3 heures ou jusqu'à ce que le porc grésille et soit croustillant et bien doré à l'extérieur; le thermomètre à mesure instantanée inséré dans la partie la plus épaisse doit indiquer 85 à 90 °C (190° à 195 °F). Ajouter du charbon de bois au besoin (toutes les heures environ) afin de maintenir cette température (il faudra 8 à 10 morceaux par côté), en ajoutant le reste de copeaux de bois au bout de 1 heure. (Ne pas trop fumer la viande, car elle serait amère.) Dans le cas peu probable où le porc dore trop rapidement, le couvrir d'une tente en papier aluminium.

3 **Entre-temps, préparer la sauce:** dans un bol, mélanger le vinaigre, la cassonade, la sauce piquante, le sel, les flocons de piment rouge, le poivre noir et 125 ml (½ tasse d'eau) et remuer jusqu'à ce que le sel et la cassonade se dissolvent. Goûter et, au besoin, ajouter de la cassonade et de la sauce piquante. Si le porc est rôti au four, ajouter quelques gouttes de fumée liquide à la sauce. Celle-ci deviendra plus moelleuse une fois mélangée avec le porc.

4 Déposer le porc sur une planche à découper, couvrir d'une tente en papier aluminium et laisser reposer 15 minutes. Puis, en portant des gants de cuisine isolants, retirer la peau et la croûte. (Si la peau manque de croquant, la faire dorer directement sur le feu.) Enfin, hacher peau et croûte, qu'on ajoutera au porc effiloché à la fin. À l'aide des doigts gantés ou de 2 grosses fourchettes, effilocher le porc en grosses lanières, en jetant, le cas échéant, les os, les morceaux de gras ou les nerfs. Défaire le porc en lanières. Autrement, hacher grossièrement ou finement la chair au couperet à viande. On peut aussi le couper en tranches en travers de la fibre au couteau.

5 Déposer la viande (et la peau, le cas échéant) dans un grand bol ou la lèchefrite débarrassée de son excédent de gras. Ajouter de la sauce au goût: commencer par 200 ml (¾ tasse) et ajouter 60 ml (¼ tasse) à la fois; le porc devrait être acidulé et épicé. Déposer tout reste de sauce dans un bol pour le service.

6 Couper les petits pains au sésame en deux et enduire légèrement l'intérieur de beurre fondu. Les faire griller légèrement à feu moyen-vif sur le barbecue, sous le gril ou dans une poêle. Déposer le porc effiloché dans les petits pains et couvrir de tranches de cornichons sucrés. Ajouter la salade de chou. Servir accompagné de sauce.

GUIDE CULINAIRE À L'INTENTION DES GARS

ÉPAULE DE PORC

L'épaule du porc possède tout ce qu'un gars attend d'un morceau de viande : du volume, du gras, de la saveur, un prix abordable et... une grande facilité de préparation. Ce gros morceau de viande devient remarquablement tendre, qu'il soit rôti, braisé, grillé, fumé ou rôti en fosse, modes de cuisson couramment employés par les amateurs de porc de par le monde.

Facile, dites-vous ? Il suffit de l'assaisonner généreusement et de le cuire quelques heures à feu doux ou moyen. Ce qui émerge alors du four, du barbecue ou de la rôtissoire est une création sublime, où la croûte merveilleusement croustillante contraste avec la chair moelleuse et tendre au point de fondre dans la bouche.

CHOISISSEZ LA COUPE ADÉQUATE. L'épaule entière va du bas de la patte avant au haut de l'épaule, en excluant les pieds. Les fumoirs commerciaux l'achètent et la font cuire mais, dans le commerce de détail, on vend généralement le haut ou le bas de l'épaule.

Soc (ou paleron) de porc. Connu aussi sous le nom d'« épaule palette », le soc correspond au haut de l'épaule. C'est un fabuleux morceau de viande tendre généreusement persillée et traversée en partie par l'omoplate.

Jambon d'épaule (ou épaule, ou jambon picnic). C'est la partie inférieure de l'épaule qui comprend aussi le haut de la patte. Elle n'est pas aussi persillée que le soc, mais donne de bons résultats en cuisson lente à feu doux.

CUISEZ BIEN LA VIANDE. Ces dernières années, c'est devenu la mode de servir le porc à point ou même mi-saignant, ce qui est parfait pour les coupes maigres telles que la longe et le filet. Cependant, dans la plupart des cultures dans le monde, on sert l'épaule bien cuite, c'est-à-dire dont la température interne est de 90 °C (195 °F) – et vous le devriez aussi. C'est seulement à cette température minimale qu'on peut effilocher le porc en ces lanières tellement prisées en Caroline.

ÉQUIPEMENT

THERMOMÈTRE À MESURE INSTANTANÉE. Élément essentiel de l'équipement quand il s'agit de déterminer le degré de cuisson d'une coupe épaisse, le collagène et les tissus conjonctifs fibreux ne se dégradant pas avant que la température interne atteigne les 90 °C (195 °F).

GANTS DE CUISSON ISOLANTS. Il ne s'agit pas ici des gants en latex que votre mère utilise pour laver la vaisselle, mais plutôt de gants en caoutchouc épais et doublés de tissu qui protègent les mains quand on effiloche une épaule de porc encore chaude (impossible d'effilocher du porc froid) en fines lanières pour servir en sandwich.

Longe de porc farcie à l'ail et aux herbes à l'italienne

PORCHETTA

INGRÉDIENTS D'origine italienne, la pancetta est du flanc de porc salé. Elle ressemble à du bacon mais n'est pas fumée; elle se présente roulée et non en tranches plates. Achetez-la tranchée et déroulez simplement chaque tranche pour envelopper le porc. (Vous en trouverez au rayon des charcuteries de certains supermarchés ainsi que dans les épiceries et les boucheries fines. Autrement, employez du bacon ordinaire.)

ÉQUIPEMENT Votre batterie de base dont un robot culinaire, une lèchefrite, un thermomètre à mesure instantanée et 4 longueurs de ficelle de cuisine d'environ 38 cm (15 po).

À en juger par l'engouement actuel pour la porchetta (il en a été largement question dans des articles de magazine et des livres de cuisine, sans compter un restaurant de Manhattan qui en a fait sa spécialité), on pourrait penser que ce rôti de porc à l'ail et aux herbes a pris naissance dans l'une ou l'autre des «Petite Italie» d'Amérique du Nord. Mais non, la porchetta est purement italienne. Bien avant qu'il n'y ait des camions de cuisine de rue en Amérique du Nord, les camions de porchetta empruntaient le circuit des marchés italiens (Lucques le mercredi, San Gimignano le jeudi, etc.), servant des tranches encore chaudes de porc parfumé sur du pain grillé garni de graisse de porc. Vous ne savez peut-être pas à quel point il est facile de cuire une porchetta à saveur authentique dans le four. **6 portions**

Pâte aux herbes et rôti de porc

4 gousses d'ail pelées et hachées grossièrement

15 g (¼ tasse) de sauge fraîche bien tassée

15 g (¼ tasse) de romarin frais bien tassé

2 c. à café de gros sel (casher ou de mer)

1 ½ c. à soupe de grains de poivre noir concassés grossièrement

1 c. à café de graines de fenouil

2 lanières de 1,5 x 5 cm (¾ x 2 po) de zeste d'orange

1 c. à soupe de jus de citron frais

80 ml (⅓ tasse) d'huile d'olive extra vierge, + au besoin

1 longe de porc de 1,3 kg (3 lb)

4 tranches de pancetta, déroulées en longues lanières

Service (facultatif)

Petits pains ciabatta

Oignons caramélisés (page 301)

1 Hacher finement au robot culinaire l'ail, la sauge, le romarin, le sel, le poivre, les graines de fenouil et le zeste d'orange. Ajouter le jus de citron et assez d'huile d'olive pour obtenir la consistance d'une pâte.

2 Déposer la longe de porc sur une planche à découper. À l'aide d'un long couteau à lame mince et bien affûtée, couper à travers le côté de la longe presque jusqu'à l'autre extrémité, à environ 2 cm (¾ po) du dessous (voir à la page 183). Dérouler la viande et continuer de couper et de dérouler la longe jusqu'à l'obtention d'un morceau plat de 2 cm (¾ po) d'épaisseur. Enduire généreusement l'intérieur de 2 à 3 c. à soupe de pâte aux herbes et rouler la viande de manière à former un cylindre. Enduire généreusement de pâte aux herbes l'extérieur de la longe. Penser à enduire les extrémités. La longe devrait être entièrement enduite d'une couche de pâte de 3 mm (⅛ po) d'épaisseur. Réserver les restes de pâte pour un autre usage.

Porchetta ▸

AUTRES Comme la fumée ne fait pas vraiment partie de la palette italienne des saveurs, ce plat convient mieux à la cuisson au four ou au barbecue au gaz. Il y aura plus de pâte aux herbes que ce dont vous avez besoin pour la longe, mais il vous la faudra en entier si vous préparez l'épaule de porc. Les restes se conserveront au moins 1 semaine au réfrigérateur, dans un plat fermé hermétiquement. La pâte est excellente sur un poulet entier ou des poitrines, ou encore sur des côtelettes de veau.

DURÉE Environ 20 minutes de préparation + 2 à 12 heures de marinade (facultatif) + 1 heure 30 minutes de cuisson.

3 Préchauffer le four à 190 °C (375 °F).

4 Ficeler le porc. Sur le plan de travail, étaler les 4 longueurs de ficelle de sorte qu'elles soient parallèles et espacées d'environ 2,5 cm (1 po). (Les deux extrémités de la longe devraient dépasser d'environ 2,5 cm [1 po] des ficelles.) Disposer 1 lanière de pancetta sur les ficelles perpendiculairement à elles. Disposer deux autres lanières de pancetta parallèlement à la première et de chaque côté d'elle. Déposer la longe dans le sens de la longueur sur la lanière du milieu. Disposer la dernière lanière de pancetta sur la longe, dans le sens de la longueur. Nouer solidement les ficelles de manière à tenir en place la pancetta et la longe. Déposer la viande dans une lèchefrite.

5 Faire rôtir le porc jusqu'à ce qu'il grésille, soit doré à la surface et cuit au degré de cuisson désiré, soit de 1 h à 1 h 30 min pour une cuisson à point. Durant la cuisson, arroser de temps à autre la longe du liquide de cuisson. Pour vérifier le degré de cuisson, insérer un thermomètre à mesure instantanée dans le côté de la longe; il devrait indiquer 70 °C (160 °F) pour une viande à point et 80 °C (175 °F) pour une viande bien cuite.

6 Déposer la porchetta sur une planche à découper et laisser reposer environ 5 minutes. Ôter et jeter les ficelles. Couper le porc en travers en tranches de 1 cm (½ po) de largeur. Servir la porchetta telle quelle (approche plus formelle) ou la déposer sur des petits pains ciabatta avec de la relish à l'olive et des oignons caramélisés.

Variante

Porchetta d'épaule de porc

Du fait qu'elle est riche en gras, l'épaule de porc permet de préparer une excellente porchetta. Commencer par un soc avec os de 2,25 à 2,75 kg (5 à 6 lb). À l'aide de la pointe d'un couteau d'office, pratiquer une série d'incisions de 1 cm (½ po) de profondeur sur toute la surface de la viande en les espaçant de 4 cm (1 ½ po). À l'aide d'une cuiller et des doigts, enfoncer de la pâte aux herbes dans les incisions. Déposer la viande dans une lèchefrite et l'enduire de pâte aux herbes sur toutes ses faces. Couvrir hermétiquement de pellicule de plastique. Laisser mariner au réfrigérateur au moins 2 heures, de préférence jusqu'au lendemain. Plus la viande marine longtemps, plus elle sera savoureuse.

Préchauffer le four à 150 °C (300 °F). Déposer l'épaule, gras dessus, sur une grille dans la lèchefrite et enfourner. Faire rôtir 3 heures ou jusqu'à ce que le porc grésille, soit croustillant et bien doré à l'extérieur, et qu'un thermomètre à mesure instantanée inséré dans la partie la plus épaisse indique 85 à 90 °C (190 à 195 °F). De temps à autre, arroser la viande du jus de cuisson. Laisser reposer et servir tel que décrit ci-dessus.

Comment découper une longe de porc en papillon

1 À l'aide d'un couteau doté d'une longue lame mince et affûtée, entailler la longe sur toute sa longueur à environ 5 cm (2 po) de profondeur et à 2 cm (¾ po) du dessous (ou de la planche à découper).

2 Dérouler la longe et, en gardant le couteau quasi parallèle à la planche à découper, l'entailler sur toute sa longueur à 5 cm (2 po) de profondeur. Veiller à ne pas la transverser.

3 En coupant, continuer à dérouler le porc comme on déroulerait un rouleau de papier absorbant.

4 Pour éviter que la viande glisse, la garder en place avec la main qui ne tient pas le couteau.

5 Si la viande est d'épaisseur inégale, l'attendrir à l'aide d'un maillet à viande ou le plat d'un couperet.

6 Une fois le travail terminé, la viande aura l'apparence d'un rectangle d'environ 2 cm (¾ po) d'épaisseur.

◀ Le secret d'une coupe en papillon réussie ? Un couteau bien affûté.

Cuisson au barbecue

PETITES CÔTES LEVÉES DE DOS,

SAUCE BARBECUE AU CIDRE ET AU RHUM

INGRÉDIENTS Les petites côtes levées de dos sont les côtes les plus faciles à cuire, du fait de leur persillage abondant et de leur tendreté intrinsèque. Pour en accroître davantage la saveur, tournez-vous vers une race de porc ancienne, telle que Berkshire ou Tamworth.

ÉQUIPEMENT Votre batterie de base, plus une lèchefrite en papier aluminium, un barbecue au charbon de bois (désolé les gars, vous pouvez cuire les côtes sur un barbecue au gaz mais il vous faut du charbon de bois pour les fumer), une grille pour côtes (facultatif) et un flacon pulvérisateur.

AUTRES Je fais fumer mes petites côtes levées de dos à une température quelque peu plus élevée que ce que font généralement les gars du circuit barbecue, c'est-à-dire que je les fais griller à cuisson indirecte à 160 °C (325 °F) plutôt qu'à 110 °C (225 °F). J'aime bien comment la chaleur fait fondre le gras et dore les fibres de la viande, qui est ainsi plus croquante et plus épaisse que celle cuite à feu plus doux. Si vous préférez une texture plus tendre, faites cuire les vôtres 4 à 5 heures à 110 °C (225 °F).

On pourrait dire que c'est sous le thème de la pomme que sont préparées ces côtes puisqu'elles sont fumées aux copeaux de bois de pommier et servies avec une sauce barbecue maison au cidre et au rhum. Une fois le processus maîtrisé, vous pouvez varier indéfiniment le plat en changeant les assaisonnements. À la texane ? Employez une marinade sèche au cumin et au piment en poudre, et pulvérisez les côtes de bière. À la jamaïcaine ? Parfumez-les d'épices créoles et pulvérisez les côtes de jus d'ananas. Vous voyez le topo. **2 carrés de côtes : 4 portions pour les appétits normaux dans le cadre d'un repas complet ou 2 pour les gros appétits**

2 carrés de petites côtes levées de dos, 1,75 à 2,25 kg (4 à 5 lb) en tout

6 c. à soupe de marinade sèche Raichlen n° 1 (recette page 186) ou d'une autre, au choix

250 ml (1 tasse) de cidre de pomme versé dans un flacon pulvérisateur

Sauce barbecue au cidre et au rhum (page 187) ou autre sauce au goût

375 ml (1 ½ tasse) de copeaux de bois dur, de pommier ou d'hickory de préférence, trempés 30 minutes, égouttés

1 Régler le barbecue pour la cuisson indirecte (page 18), déposer une grande lèchefrite en papier aluminium résistant au milieu du barbecue sous la grille, et préchauffer à feu moyen (160 °C [325 °F]).

2 Déposer un carré de côtes, chair dessous, sur une plaque de cuisson. Ôter la fine membrane qui recouvre le dos du carré en insérant dessous, au niveau d'une côte centrale, un instrument mince, tel que la sonde d'un thermomètre à mesure instantanée. Agripper la membrane à l'aide d'un linge, de papier absorbant ou d'une pince et la retirer en pelant. Répéter avec l'autre carré (ou demander au boucher de le faire).

3 Assaisonner les côtes de marinade sèche (environ 1 ½ c. à soupe par face), en frottant du bout des doigts pour la faire pénétrer dans la viande.

4 Au moment de cuire, brosser la grille et l'enduire d'huile. Déposer les côtes, os dessous, au milieu de la grille au-dessus de la lèchefrite et à l'écart du feu. (Si le barbecue est de petite taille, faire cuire les côtes à la verticale sur une grille pour côtes.) Jeter les copeaux de bois sur le charbon. Fermer le couvercle et cuire les côtes environ 45 minutes.

5 Pulvériser les côtes de cidre de pomme, ce qui les empêchera de sécher et contribuera à leur saveur. Refermer le couvercle et, en

Petites côtes levées de dos, sauce barbecue au cidre et au rhum ▸

DURÉE Environ 20 minutes de préparation + 1 heure 30 minutes de cuisson.

pulvérisant les côtes de cidre 1 ou 2 fois de plus, poursuivre la cuisson 45 minutes à 1 heure ou jusqu'à ce qu'elles soient bien dorées, bien cuites et assez tendres pour se défaire avec les doigts. (En tout, la cuisson demandera de 1 h 15 min à 1 h 30 min.) La viande des côtes cuites se sera détachée des os, les dénudant de 0,5 à 1 cm (¼ à ½ po) au bout. Si la cuisson se fait sur un barbecue au charbon de bois, remettre du charbon après 1 heure ou au besoin.

6 Au moment de servir, enduire les deux faces des côtes d'environ 125 ml (½ tasse) de sauce barbecue au cidre et au rhum ou d'une autre sauce au choix. Mettre les côtes directement au-dessus du feu. Les faire griller 2 à 3 minutes par face ou jusqu'à ce que la sauce soit dorée et bouillonne.

7 Déposer les côtes dans une grande assiette ou sur une planche à découper et les laisser reposer quelques minutes. Couper les carrés en deux ou séparer les côtes. Servir aussitôt accompagnées de la sauce barbecue qui reste.

La seule recette de côtes levées dont vous ayez besoin, pour l'extérieur et l'intérieur

Si les côtes levées ne sont pas le plat masculin le plus emblématique, honneur qui revient au bifteck, aucun homme digne de ce nom ne devrait considérer qu'il a terminé son éducation culinaire s'il ne sait pas les préparer et les cuire. Heureusement, vous pouvez en maîtriser les principes avec une seule recette (d'accord, deux : une dehors et une à l'intérieur), en les perfectionnant avec la pratique. Pour cette recette de base, j'ai choisi des petites côtes levées de dos épicées d'une marinade sèche maison et vaporisées de cidre de pomme durant la cuisson.

MARINADE SÈCHE RAICHLEN N° 1

Sucrée à la cassonade, épicée au poivre et au paprika, cette marinade sèche ne serait pas déplacée à Kansas City, à Memphis ou en Caroline du Nord. Pour une variante, voir page 341. **125 ml (½ tasse)**

- 2 c. à soupe de gros sel (casher ou de mer)
- 2 c. à soupe de cassonade foncée
- 2 c. à soupe de paprika doux
- 1 c. à soupe de poivre noir fraîchement moulu
- 2 c. à café de moutarde sèche, Colman's de préférence
- 1 c. à café de poudre d'oignon
- ½ c. à café de graines de céleri

Dans un petit bol, mélanger tous les ingrédients avec les doigts, en défaisant les morceaux de cassonade ou de poudre d'oignon au besoin. La marinade se conservera quelques mois dans un pot hermétique à l'abri de la lumière et de la chaleur.

SAUCE BARBECUE AU CIDRE ET AU RHUM

Une sauce barbecue douce et moelleuse fortifiée de rhum brun et de cidre de pomme. Le Myer's de la Jamaïque, le Black Seal de Gosling's importé des Bermudes ou le nouveau Ipswich du Massachusetts constituent de bons choix de rhum. La recette permet de préparer plus de sauce que nécessaire pour le plat. Réfrigérez le reste dans un récipient hermétique; il se conservera quelques semaines. **Environ 625 ml (2 ½ tasses)**

- 250 ml (1 tasse) de cidre de pomme
- Environ 1 c. à café de zeste de citron râpé
- Le jus de 1 citron (environ 3 c. à soupe)
- 500 ml (2 tasses) de ketchup (j'aime bien le Heinz)
- 110 g (½ tasse) comble de cassonade
- 125 ml (½ tasse) de rhum foncé, + au goût
- 2 c. à soupe de mélasse
- 1 c. à soupe de sauce Worcestershire
- 2 c. à café de moutarde de Dijon, + au goût
- 1 c. à café de fumée liquide
- 1 c. à café de poudre d'oignon
- ½ c. à café de poivre noir fraîchement moulu
- ¼ c. à café de cannelle moulue

1 Dans une grande casserole épaisse, à feu vif, porter à ébullition le cidre, le zeste et le jus de citron. Laisser réduire de moitié environ, de 4 à 6 minutes.

2 Ajouter le ketchup, la cassonade, le rhum, la mélasse, la sauce Worcestershire, la moutarde, la fumée liquide, la poudre d'oignon, le poivre et la cannelle, et mélanger en fouettant. Régler le feu à moyen et, en remuant à l'occasion, laisser la sauce mijoter 10 à 15 minutes ou jusqu'à ce qu'elle soit épaisse et savoureuse. Goûter et, au besoin, ajouter du rhum et de la moutarde. Verser la sauce dans un bol ou des pots propres et laisser refroidir à température ambiante. Réfrigérer jusqu'au moment de servir. La sauce se conservera 3 semaines au réfrigérateur dans un pot couvert. Réchauffer à feu doux au moment de servir.

CÔTES LEVÉES
PETITES CÔTES LEVÉES DE DOS
CÔTELETTE SECONDE
CÔTELETTE DE LONGE
CÔTELETTE CAMPAGNARDE
CÔTE PREMIÈRE (CHATEAUBRIAND DE PORC)
CÔTE PREMIÈRE DÉSOSSÉE

10 CHOSES À SAVOIR AU SUJET DES

CÔTES

Les côtes sont possiblement l'aliment le plus parfait de tous : riches en saveur, assez polyvalentes pour être cuites de presque toutes les manières, capables de raffinement culinaire mais assez primitives pour qu'on les mange avec les doigts.

1. On trouve les côtes en carrés, en côtes individuelles et découpées en bouts de côtes ou en biftecks. Reportez-vous au guide des catégories et des coupes de la page 192.

2. Comptez 450 g (1 lb) de côtes par personne.

3. Dans certains cas, les côtes ont tellement peu de viande que le bout des os est exposé. Parfois, les côtes bon marché n'en valent pas le prix.

4. Toutes les côtes possèdent une membrane fine du côté concave (creux). Faut-il absolument l'enlever ? Non, mais sa texture est plus coriace que celle de la chair et elle empêche l'absorption des saveurs des épices et de la fumée. Pour la retirer, reportez-vous à l'étape 2 de la page 184. **Remarque** : la membrane des côtes vendues au supermarché est souvent enlevée ; si vous n'en trouvez pas, c'est que le boucher l'a déjà enlevée.

5. Comment cuire 4 carrés de côtes (repas pour 4 à 8 personnes) sur un barbecue au charbon de bois sphérique de 57 cm (22 ½ po) ? Employez une grille pour côtes, qui permet de les cuire à la verticale. Il en existe de très bonnes dans le commerce.

6. Il y a deux manières d'employer une marinade sèche : on l'applique juste au moment de la cuisson sous forme de sel assaisonné ou on la frotte sur la viande la veille. La deuxième méthode a pour effet d'assaisonner et de modifier chimiquement la viande.

7. Les côtes peuvent être cuites par grillade (à chaleur directe ou indirecte), fumage, braisage, rôtissage ou rôtissage en fosse, ou dans un ragoût. La seule méthode que je n'encourage pas est la cuisson à l'eau bouillante car la saveur de la viande se perd dans l'eau. Pour être tendres, les côtes n'ont pas à être bouillies.

8. Pour savoir si les côtes de porc sont cuites, examinez l'extrémité des os. La viande est cuite quand elle se détache des os, les dénudant de 0,5 à 1 cm (¼ à ½ po). Autre méthode : quand on peut séparer les os avec les doigts.

9. Si vous employez une sauce barbecue, ne l'appliquez pas trop tôt, car les sucres brûleront avant que la viande soit entièrement cuite. Je l'applique au pinceau vers la fin de la cuisson (environ 5 minutes avant) et je place les côtes directement sur le feu (ou sous le gril du four) la sauce est ainsi absorbée par la viande.

10. Les côtes braisées peuvent être servies tendres au point que la chair se détache de l'os, mais celles qui sont cuites au barbecue devraient être un peu plus croquantes. Voilà pourquoi nous avons des dents !

Au four

PETITES CÔTES LEVÉES DE DOS
CUITES À L'INTÉRIEUR

INGRÉDIENTS Vous serez peut-être surpris de découvrir de la fumée liquide dans la liste d'ingrédients. N'est-ce pas de la triche? En fait, il s'agit d'un assaisonnement naturel que l'on a obtenu en faisant brûler des bûches de bois dur et en concentrant la fumée sous la forme d'un extrait. À employer avec parcimonie.

ÉQUIPEMENT Votre batterie de base, plus du papier aluminium robuste et un pinceau à pâtisserie.

AUTRES Vous pouvez aussi employer cette technique de cuisson pour les côtes levées. Baissez le feu à 130 °C (275 °F) et portez le temps de cuisson à 2 h 30 min ou 3 heures.

DURÉE Environ 20 minutes de préparation + 2 heures de cuisson.

Non, les gars, je ne suis pas passé du mauvais côté des choses. Je reconnais simplement que bien des lecteurs vivent en appartement et ne disposent pas d'un barbecue. Tout comme leurs équivalents grillés, ces côtes sont savoureuses à s'en lécher les doigts; évitez tout simplement de mentionner le barbecue!

2 carrés de côtes: 2 portions pour les gros appétits ou 4 dans un repas plus élaboré

2 carrés de petites côtes levées de dos, 1,75 à 2,25 kg (4 à 5 lb) en tout

6 c. à soupe de marinade sèche Raichlen n° 1 (page 186) ou une autre, au goût

3 c. à soupe de beurre

½ c. à café de fumée liquide

Sauce barbecue au cidre et au rhum (page 187) ou une autre, au goût

1 Préchauffer le four à 160 °C (325 °F).

2 Déposer les carrés de côtes, côté viande dessous, sur une planche à découper. Ôter la fine membrane qui recouvre le dos en suivant les indications données à l'étape 2 de la page 184 (ou demander au boucher de le faire).

3 Couvrez les deux faces d'une plaque de cuisson de papier aluminium robuste. Déposer les carrés dans la plaque et les assaisonner de marinade sèche (environ 1 ½ c. à soupe par face), en frottant pour la faire pénétrer dans la viande.

4 Placer chaque carré, face convexe (arrondie) dessus, enfourner et cuire 1 heure.

5 Entre-temps, faire fondre le beurre à feu moyen-doux. Incorporer la fumée liquide.

6 Au bout de 1 heure de cuisson, enduire les côtes de ce beurre. Poursuivre la cuisson 30 à 60 minutes ou jusqu'à ce que la viande réduise, dénudant les os de 0,5 à 1 cm (¼ à ½ po) au bout, et soit assez tendre pour qu'on puisse la défaire avec les doigts. Enduire les côtes de beurre fumé toutes les 15 minutes. Retirer du four et jeter l'excédent de gras. Réserver sur la plaque de cuisson.

7 Préchauffer le gril du four.

8 Enduire généreusement les deux faces des côtes de sauce barbecue au cidre et au rhum ou d'une autre sauce au choix. En les enduisant de sauce au besoin, les faire griller 2 à 4 minutes par face ou jusqu'à ce qu'elles soient fumées et dorées.

9 Laisser reposer les côtes quelques minutes dans une grande assiette ou sur une planche à découper, puis couper les carrés en deux ou en séparer les côtes. Servir aussitôt accompagnées de la sauce barbecue qui reste.

La recette de Stanley Tucci

CÔTELETTES DE PORC BRAISÉES

À LA POÊLE, SHIITAKES ET GRAINS DE POIVRE VERT

Stanley Tucci s'est fait connaître comme bouche fine grâce au *timballo*, un plat élaboré en forme de tympan composé d'une pâte farcie de saucisse, de boulettes de viande et de fromage, entre autres choses, et qui est servi comme plat principal dans son film culte *À table* (dans lequel le plat est d'ailleurs appelé *timpano*). Depuis, il a joué le rôle de Paul, le mari de Julia Child dans le film *Julie et Julia*. Non seulement cet acteur américain fait-il des films où la nourriture tient une grande place, mais c'est aussi un très bon cuisinier. Ces côtelettes à la poêle font partie des plats qu'il prépare pour sa famille en semaine. Les saveurs sont multiples : shiitakes, grains de poivre vert, vinaigre balsamique blanc. La préparation peut sembler complexe, mais ce plat ne demande que 30 minutes en tout et pour tout ! **4 portions**

- Gros sel (casher ou de mer) et poivre noir fraîchement moulu
- 4 côtelettes de longe d'environ 225 g (8 oz) chacune et de 2,5 cm (1 po) d'épaisseur
- 1 c. à soupe de beurre
- 1 c. à soupe d'huile d'olive extra vierge
- 1 oignon moyen pelé et haché finement
- 1 gousse d'ail pelée et émincée
- 170 g (6 oz) de shiitakes, pieds ôtés et chapeaux entiers
- 175 ml (¾ tasse) de vin blanc sec
- 2 c. à soupe de vinaigre balsamique blanc ou rouge
- 1 c. à soupe de moutarde de Dijon
- 1 c. à soupe de grains de poivre vert en saumure, égouttés
- 175 ml (¾ tasse) de crème à fouetter

1 Saler et poivrer généreusement les deux faces des côtelettes. Dans une grande poêle, faire fondre le beurre dans l'huile d'olive à feu vif. Faire dorer les côtelettes environ 2 minutes par face. Déposer dans une grande assiette.

2 Régler le feu à moyen et, en remuant à la cuiller en bois, faire dorer légèrement l'oignon et l'ail environ 4 minutes. Ajouter les shiitakes et les faire sauter 3 minutes ou jusqu'à ce qu'ils soient cuits.

3 Régler le feu à vif et incorporer le vin blanc. Porter à ébullition et laisser bouillir 2 minutes ou jusqu'à réduction de moitié, en grattant le fond de la poêle à la cuiller en bois. Ajouter le vinaigre balsamique, la moutarde et les grains

INGRÉDIENTS Pour préparer ce plat à la manière de Stanley Tucci, il vous faudra dénicher quelques ingrédients spéciaux. Le vinaigre balsamique blanc est plus clair et possède une saveur moins prononcée que le balsamique rouge, mais ce dernier conviendra aussi. En plus de posséder le piquant du noir, le poivre vert a la saveur aromatique fruitée de la petite baie qui le compose. Vous trouverez ces deux ingrédients dans les épiceries fines et certains supermarchés. Pour les côtelettes, si possible employez celles d'un porc de race ancienne, tel que le Berkshire.

ÉQUIPEMENT Votre batterie de base dont une grande poêle de 25 à 30 cm (10 à 12 po) et des pinces.

AUTRES Pour une variante intéressante, remplacez les côtelettes de porc par des côtelettes de veau avec os et les champignons par des pommes tranchées.

DURÉE Environ 30 minutes.

de poivre, et porter à ébullition. En remuant, faire bouillir 1 minute. Ajouter la crème et, en remuant souvent, faire bouillir 3 à 5 minutes ou jusqu'à réduction de moitié environ; la sauce devrait être crémeuse et goûteuse.

4 Régler le feu à moyen. Remettre les côtelettes dans la poêle, en les arrosant de sauce à la cuiller. En les retournant à l'aide de pinces au bout de 3 minutes, les laisser mijoter 5 à 8 minutes ou jusqu'à ce qu'elles soient cuites. Ne pas trop les cuire. Goûter et rectifier l'assaisonnement; côtelettes et sauce devraient être bien relevées. Servir aussitôt.

GUIDE CULINAIRE À L'INTENTION DES GARS

CÔTELETTES DE PORC

Il y a quatre catégories de côtelettes, chacune possédant des caractéristiques uniques, mais suffisamment semblables pour qu'elles soient interchangeables dans la plupart des recettes.

CÔTELETTE SECONDE. Coupée dans le devant de la cage thoracique du porc, cette côtelette comprend une partie de côte de la longe et un médaillon épais. Elle peut avoir l'épaisseur d'un crayon, celle de deux doigts joints ou toute épaisseur entre les deux.

CÔTE PREMIÈRE. Coupée dans la partie arrière du porc, elle comprend un morceau de longe et un de filet, réunis par un os en forme de T. Quand elle est épaisse, on l'appelle parfois chateaubriand de porc.

CÔTE PREMIÈRE DÉSOSSÉE Il s'agit de la côte première dont on a retiré l'os et qui a la forme d'une tranche de porc ronde. C'est en quelque sorte l'équivalent de la poitrine de poulet sans la peau et désossée (en termes culinaires et non anatomiques).

CÔTELETTE CAMPAGNARDE. Côtelette longue et mince coupée dans le cou et qui peut avoir ou non un os. (Techniquement parlant, il ne s'agit pas d'une véritable côte.) Tendre et de cuisson rapide, elle peut être sautée, cuite sous le gril ou en cuisson directe sur le barbecue tout comme une véritable côtelette.

PAPRIKAS DE CÔTELETTES
DE PORC

Le mot *paprikas* désigne une famille de plats de viande hongrois aromatisés au paprika, au poivron rouge et à la crème sure. Si vous croyez que, préparé ainsi, le poulet est savoureux, attendez de voir le goût du porc! **4 portions**

2 c. à soupe d'huile d'olive extra vierge, de graisse de bacon ou de beurre

Gros sel (casher ou de mer) et poivre noir fraîchement moulu

4 grosses côtelettes de longe, coupe du centre, désossées, soit de 680 à 900 g (1 ½ à 2 lb) en tout

100 g (¾ tasse) de farine tout usage non blanchie, + 2 c. à café

1 gros oignon pelé et tranché finement

1 poivron rouge équeuté, épépiné, coupé en lanières de 0,5 cm (¼ po)

1 c. à soupe de paprika doux, fort ou fumé, ou + au goût et pour le service

250 ml (1 tasse) de bouillon de poulet

250 ml (1 tasse) de crème sure (éviter la crème à faible teneur en gras ou écrémée, qui risquerait de faire cailler la sauce)

1 Dans une grande poêle, chauffer l'huile à feu moyen-vif.

2 Entre-temps, saler et poivrer les deux faces des côtelettes. Verser 100 g (¾ tasse) de farine dans un bol peu profond. Passer les côtelettes dans la farine sur leurs deux faces, puis secouer pour éliminer l'excédent. Cuire les côtelettes à la poêle 2 minutes par face ou jusqu'à ce qu'elles soient bien dorées. Les déposer dans une grande assiette.

3 Dans la poêle, cuire à feu moyen l'oignon et le poivron 3 minutes ou jusqu'à ce qu'ils commencent à dorer; remuer souvent. Ajouter le paprika et 2 c. à café de farine, remuer et, en continuant à remuer, cuire 1 minute ou jusqu'à ce que le paprika libère son arôme.

4 Ajouter le bouillon de poulet et remuer. Remettre les côtelettes dans la poêle et, en les retournant une ou deux fois, les laisser mijoter 5 à 8 minutes ou jusqu'à ce qu'elles soient bien cuites. Ne pas trop les cuire; elles devraient présenter une légère teinte rosée au centre. À l'aide de pinces, déposer les côtelettes dans une grande assiette ou des assiettes individuelles.

5 Incorporer 175 ml (¾ tasse) de crème sure dans le jus de cuisson et, en remuant à la cuiller en bois, laisser mijoter à feu moyen 2 à 3 minutes ou jusqu'à ce que la sauce épaississe. Goûter et, au besoin, ajouter du sel ou du paprika; la sauce devrait être bien relevée. Arroser les côtelettes de sauce. Couvrir du reste de crème sure et saupoudrer d'un peu de paprika. Servir.

INGRÉDIENTS Pour un plat authentique, employez du paprika hongrois, tel que celui de marque Szeged. Pour une variante contemporaine, employez du paprika fumé espagnol (*pimentón*; voir à la page 32).

ÉQUIPEMENT Votre batterie de base dont une grosse poêle en fonte de 25 à 30 cm (10 à 12 po).

AUTRES Le poulet et le veau conviennent aussi à ce plat. *Poulet:* poitrines désossées ou cuisses avec la peau. *Veau:* côtelettes de longe ou escalopes.

DURÉE Environ 20 minutes.

FAJITAS DE PORC
À LA MODE D'OAXACA

INGRÉDIENTS
À Oaxaca, on emploie de fines tranches d'épaule de porc; comme cette coupe est grasse, le porc reste tendre sur le barbecue. Si vous en avez la patience, tranchez finement (on parle ici de l'épaisseur d'un jeton de casino) une épaule désossée ou soudoyez votre boucher pour qu'il le fasse. Autrement, employez de la longe ou du filet tranchés finement en travers de la fibre. Ce sera plus facile si vous faites congeler la viande partiellement au préalable. La *crema* est la crème sure mexicaine (elle est un peu plus acidulée et piquante que la nord-américaine). Vous en trouverez dans les épiceries hispaniques. On trouve de la poudre de piment ancho ou pasilla dans certains supermarchés; si vous n'en trouvez pas, remplacez-la par de l'assaisonnement au chili.

On imagine difficilement la cuisine américaine sans les fajitas, mais il fut un temps où on devait aller au Texas (précisément au restaurant Ninfa de Houston) pour en consommer. Qui aurait cru que le bifteck de hampe, une coupe de bœuf bon marché, deviendrait un aliment de fête populaire? (En espagnol, *fajita* signifie «petite plaque chauffante»). Voici une variante au porc, parfumée à la cannelle, à l'orange et au piment ancho. **4 à 6 portions**

Porc et marinade
900 g (2 lb) d'épaule de porc désossée, de longe ou de filet, tranchée aussi finement que possible

80 ml (⅓ tasse) de poudre de piment ancho ou pasilla

60 ml (¼ tasse) de vinaigre blanc distillé

60 ml (¼ tasse) de jus d'orange frais

4 gousses d'ail, pelées et émincées

1 c. à café de gros sel (casher ou de mer)

1 c. à café de poivre noir fraîchement moulu

1 c. à café d'origan séché

½ c. à café de cumin moulu

½ c. à café de cannelle moulue

Légumes
2 piments poblano ou 1 poivron vert

1 poivron rouge

1 poivron jaune

1 gros oignon doux pelé, racine intacte, coupé en 6 quartiers

1 botte d'oignons verts parés

Service
12 petites tortillas de blé de 18 cm (7 po) pour 4 convives, 18 tortillas pour 6 convives

500 ml (2 tasses) de pico de gallo (page 130) ou de salsa au chipotle (page 131) ou d'une autre salsa, au choix

250 ml (1 tasse) de crème sure ou de *crema* mexicaine

1 botte de coriandre fraîche rincée, tiges ôtées, feuilles hachées grossièrement

2 citrons verts coupés en quartiers

1 **Porc et marinade:** déposer le porc dans un plat allant au four en matière non réactive. Passer au mélangeur la poudre de piment, le vinaigre, le jus d'orange, l'ail, le sel, le poivre noir, l'origan, le cumin et la cannelle jusqu'à ce que la préparation soit homogène. Verser cette marinade sur le porc, en retournant les morceaux pour bien les enduire. Laisser mariner 1 à 4 heures au réfrigérateur, à couvert.

2 **Légumes:** régler le barbecue pour la cuisson directe et le préchauffer à feu vif.

3 Brosser la grille et la huiler. En les retournant à l'aide de pinces, faire griller les poblano et les poivrons sur la grille 15 minutes ou jusqu'à

Fajitas de porc à la mode d'Oaxaca ▸

ÉQUIPEMENT Votre batterie de base dont un mélangeur et un plat allant au four en matière non réactive (verre, céramique ou acier inoxydable) pour faire mariner le porc, plus un barbecue, un panier doublé de tissu pour garder les tortillas chaudes, une grande poêle en fonte de 25 à 30 cm (10 à 12 po), une grille (ces deux derniers facultatifs) et des pinces pour servir.

AUTRES La préparation des fajitas est simple, mais nécessite une certaine organisation pour que tout soit prêt en même temps. Faites d'abord griller les légumes. Puis réchauffez les tortillas et gardez-les au chaud dans le panier doublé de tissu. Finalement, faites griller la viande.

DURÉE Environ 30 minutes de préparation + 1 à 4 heures pour mariner le porc.

ce que toutes leurs faces noircissent. Les mettre à refroidir sur une planche à découper. Entre-temps, en les retournant à l'aide de pinces, faire dorer les quartiers d'oignon et les oignons verts 2 à 4 minutes par face. Quand les poivrons ont refroidi, ôter la tige et les épépiner. Couper poivrons et oignons en fines lanières de 1 cm (½ po). On peut faire griller les légumes 30 minutes à l'avance. Si on le fait sur un barbecue au charbon de bois, il faudra peut-être ajouter du charbon de bois.

4 Au moment de servir, chauffer la poêle 10 minutes dans un four réglé à 200 °C (400 °F). (Ou préchauffer la poêle sur le barbecue.) Réchauffer les tortillas 10 à 15 secondes par face et les mettre dans le panier doublé de tissu. Déposer la salsa, la crème sure et la coriandre dans de petits bols individuels avec des cuillers de service.

5 Au moment de servir, bien égoutter les tranches de porc. Les faire griller sur la grille chaude 2 minutes par face ou jusqu'à ce qu'elles soient dorées et bien cuites. Les couper ensuite en fines lanières sur une planche à découper. On peut servir les divers éléments des fajitas ou, pour produire son petit effet, disposer les tranches de porc et les légumes dans la poêle préchauffée et déposer celle-ci sur un sous-plat. Employer des pinces pour farcir les tortillas de porc et de légumes. Garnir de salsa, de crème sure et de coriandre. Servir avec des quartiers de citron vert.

Variante

Fajitas à la poêle

À défaut de disposer d'un barbecue, suivre les indications données à l'étape 1. Tandis que le porc marine, faire rôtir les légumes sur une plaque de cuisson dans un four préchauffé à 230 °C (450 °F), 5 à 10 minutes ou jusqu'à ce qu'ils soient dorés sur toutes leurs faces. Il faudra les retourner de temps à autre. Une fois les légumes dorés, les couper comme indiqué à l'étape 3. Réchauffer les tortillas tel que décrit à l'étape 4. Égoutter le porc et le cuire à feu moyen-vif 2 minutes par face dans une grande poêle en fonte. Le couper en fines lanières et le servir, comme à l'étape 5.

AGNEAU

En moyenne, les Nord-Américains consomment moins de 900 g (2 lb) d'agneau par personne par année. C'est tout. Pourtant, l'attrait de cette viande rouge robuste pour les gars d'autres cultures est bien réel. Ainsi au Maroc, en Mauritanie, en Grèce, en Inde, en Australie, en Nouvelle-Zélande et un peu partout entre ces pays, c'est la viande la plus consommée. Par conséquent, si vous aimez la viande bien goûteuse et avez envie de vous aventurer hors de votre routine bœuf/porc/poulet, vous devez savoir comment cuisiner l'agneau et sa cousine de plus en plus populaire, la chèvre.

Dans ce chapitre, vous apprendrez à préparer quelques-uns des meilleurs plats d'agneau du monde: gigot rôti à l'ail et aux herbes, carré d'agneau à la française et chiches kebabs savoureux. Vous vous brûlerez littéralement les doigts sur les *scottadito* italiens, ces côtelettes d'agneau à la brûle-doigt. Osez!

GIGOT D'AGNEAU
EN DEUX VARIANTES

Imaginez un gigot d'agneau grésillant et parfumé sortant du four, l'extérieur croûté et doré, et la chair saignante ou rosée à cœur (selon votre préférence). C'est l'un de ces plats qui met simultanément en valeur votre générosité, votre raffinement et vos compétences culinaires. Ce que vous ne savez peut-être pas, c'est que ce plat principal fabuleux ne demande guère plus de 10 minutes de préparation. La seule chose que vous aurez à décider, c'est le mélange d'épices goûteuses que vous emploierez pour l'assaisonner: à l'italienne ou à la nord-africaine.

N° 1 : À L'ITALIENNE (AVEC AIL ET ROMARIN)

Ce gigot regorge des saveurs élémentaires méditerranéennes que sont celles de l'ail et du romarin, les deux étant piqués dans la viande pour lui conférer plus de goût encore. **6 à 8 portions**

- 1 gigot d'agneau de 1,3 à 1,8 kg (3 à 4 lb), désossé et ficelé
- 3 gousses d'ail pelées et coupées en julienne
- 1 botte de romarin défaite en petits brins
- 2 c. à soupe d'huile d'olive extra vierge
- Gros sel (casher ou de mer) et grains de poivre noir concassés grossièrement

1 Préchauffer le four à 200 °C (400 °F).

2 À l'aide de la pointe d'un couteau d'office, pratiquer dans le gigot une série d'incisions de 1 cm (½ po) de longueur et de profondeur, et espacées de 5 cm (2 po). Faire tourner la pointe de la lame pour ouvrir l'incision. Insérer des morceaux d'ail dans la moitié des incisions et des brins de romarin dans l'autre. Enduire le gigot d'huile d'olive. L'assaisonner sur toutes ses faces d'environ 2 c. à café de sel et de grains de poivre concassés.

3 Déposer le gigot, gras dessus, dans une lèchefrite. Enfourner et cuire 30 minutes ou jusqu'à ce qu'il soit saisi et partiellement doré.

INGRÉDIENTS Demandez un gigot entier mais sans l'os de la selle. C'est une partie de la culotte. Votre boucher sera fort impressionné que vous sachiez qu'il doit être enlevé.

Si vous achetez un gigot désossé (qui est fabuleux dans la rôtissoire), demandez-lui de le ficeler en un cylindre compact de sorte que la cuisson soit uniforme. Le gigot désossé cuit plus rapidement que celui qui ne l'est pas.

ÉQUIPEMENT Votre batterie de base dont une lèchefrite, un robot culinaire (facultatif) et un thermomètre à mesure instantanée.

AUTRES Étant donné la forme conique du gigot, chacun aura un morceau de viande cuit au degré de cuisson désiré: saignant côté longe, bien cuit côté jarret. Par conséquent, quand vous vérifiez la température, insérez la sonde du thermomètre dans la partie la plus épaisse, ce qui correspondra à la plus saignante.

DURÉE Environ 10 minutes de préparation + 1 heure à 1 heure 30 minutes de cuisson.

4 Régler le feu à 190 °C (375 °F) et poursuivre la cuisson jusqu'à ce que le gigot soit bien doré et ait atteint le degré de cuisson désiré, soit environ 1 heure pour une viande mi-saignante et 1 h 15 min pour une viande à point. Vérifier le degré de cuisson à l'aide d'un thermomètre à mesure instantanée: il indiquera 50 °C (120 °F) pour une viande saignante, 60 °C (135 °F) pour une viande mi-saignante et environ 70 °C (150 °F) pour une viande à point. Garder à l'esprit que le gigot continuera de cuire tandis qu'il repose; s'il est entier, la viande côté jarret sera plus cuite.

5 Déposer le gigot sur une planche à découper et couvrir d'une tente en papier aluminium. Laisser reposer 5 à 10 minutes avant de trancher.

N° 2 : À LA NORD-AFRICAINE (AVEC GINGEMBRE ET CUMIN)

Voilà un gigot inspiré de la cuisine marocaine qui est assaisonné d'épices nord-africaines telles que gingembre, cumin, graines de coriandre, paprika et, pour leur douceur, cannelle et cardamome. Cette dernière possède une saveur et un parfum entêtants qui rappellent ceux des biscuits suédois ou du café turc dont elle est l'un des ingrédients. **6 à 8 portions**

- 1 gigot d'agneau de 1,3 à 1,8 kg (3 à 4 lb), désossé et ficelé
- 3 tranches de 0,5 cm (¼ po) d'épaisseur de gingembre frais, pelé et coupé finement en julienne
- 1 petit oignon pelé et coupé en quatre, puis haché en morceaux de 0,5 cm (¼ po)
- 1 c. à café de cumin moulu
- 1 c. à café de coriandre moulue
- 1 c. à café de curcuma moulu
- 1 c. à café de paprika doux ou fort
- ½ c. à café de cardamome moulue
- ½ c. à café de cannelle moulue
- Gros sel (casher ou de mer) et grains de poivre noir concassés grossièrement
- 2 c. à soupe d'huile d'olive extra vierge

1 Préchauffer le four à 200 °C (400 °F).

2 À l'aide de la pointe d'un couteau d'office, pratiquer dans le gigot une série d'incisions de 1 cm (½ po) de longueur et de profondeur, et espacées de 5 cm (2 po). Faire tourner la pointe de la lame pour ouvrir l'incision. Insérer des morceaux de gingembre dans la moitié des incisions et des lamelles d'oignon dans l'autre moitié (voir page 202).

3 Dans un bol, mélanger en remuant le cumin, la coriandre, le curcuma, le paprika, la cardamome, la cannelle et 2 c. à café de sel et de poivre. Enduire le gigot d'huile d'olive et parsemer du mélange d'épices.

4 Déposer le gigot, gras dessus, dans une lèchefrite. Enfourner et cuire 30 minutes ou jusqu'à ce qu'il soit saisi et partiellement doré.

5 Régler le feu à 190 °C (375 °F) et poursuivre la cuisson jusqu'à ce que le gigot soit bien doré et ait atteint le degré de cuisson désiré, soit environ 1 heure pour une viande mi-saignante et 1 h 15 min pour une viande à point. Vérifier le degré de cuisson à l'aide d'un thermomètre à

mesure instantanée: il indiquera 50 °C (120 °F) pour une viande saignante, 60 °C (135 °F) pour une viande mi-saignante et environ 70 °C (150 °F) pour une viande à point. Garder à l'esprit que le gigot continuera de cuire tandis qu'il repose; s'il est entier, la viande côté jarret sera plus cuite.

6 Déposer le gigot sur une planche à découper et couvrir d'une tente en papier aluminium. Laisser reposer 5 à 10 minutes avant de trancher.

Comment piquer un gigot de morceaux d'oignon et de gingembre

► Cette méthode convient pour l'ail, l'échalote, le gingembre et toute autre chose que vous désirez employer pour aromatiser un rôti.

1 Optez pour un gigot d'agneau désossé et ficelé en un cylindre serré.

2 À l'aide de la pointe d'un couteau d'office, pratiquez une série d'incisions de 1 cm (½ po) de largeur et de profondeur, et espacées de 5 cm (2 po).

3 Insérez des morceaux d'oignon dans la moitié des incisions.

4 Insérez des morceaux de gingembre dans l'autre moitié.

SAUGE
BASILIC
CORIANDRE
CITRONNELLE
CIBOULETTE
ROMARIN
PERSIL
THYM
ESTRAGON

HERBES 101

Les herbes fraîches font en quelque sorte le pont entre le jardin et la table. Sans elles, nous n'aurions pas de pesto (basilic), de salsa (coriandre fraîche) ou de mojito (menthe). Je ne vais pas les décrire toutes, mais il y a une douzaine d'herbes que tout gars devrait connaître et savoir employer en cuisine.

Y a-t-il une grosse différence entre herbe fraîche et herbe séchée ?
Tout dépend de l'herbe. Le romarin, le thym, l'origan et la sauge se sèchent bien, même si leur saveur diffère de celle de leurs équivalents frais. Par contre, les feuilles de coriandre, l'estragon et le persil perdent pratiquement toute leur saveur en séchant. Vous devez donc employer ces herbes fraîches.

Comment choisir ses herbes fraîches ?
Idéalement, elles seront dans un pot de terre et posséderont toujours leurs racines. C'est la méthode la plus économique, sans compter qu'il y a quelque chose de réconfortant à garder à la maison une plante vivante et verte. Autrement, procurez-vous des bottes d'herbes fraîches au supermarché.

Comment nettoyer des herbes fraîches ?
C'EST FACILE : remplissez un bol d'eau froide. Tenez la botte par l'extrémité des tiges et plongez-la dans l'eau. Levez la botte hors de l'eau et secouez les feuilles au-dessus de l'évier ou sur la véranda. Si les herbes doivent être bien asséchées, les éponger délicatement à l'aide de papier absorbant.

Comment conserver les herbes fraîches ?
Une fois qu'elles sont rincées et épongées, enveloppez les herbes dans du papier absorbant humecté d'eau froide, sans serrer. Le papier doit être humide mais pas détrempé. Puis enveloppez-les de pellicule de plastique sans serrer. Humectez le papier absorbant tous les quelques jours ; ainsi, les herbes devraient se conserver au moins 1 semaine. Surtout, ne serrez pas la pellicule de plastique, car elles moisiront.

Quelles sont les 12 herbes que tout gars devrait connaître ?
BASILIC. La reine des herbes, littéralement. (En grec, *basilikon* signifie « royal ».) C'est le principal assaisonnement du pesto, tandis que la salade caprese (tranches de tomate et de mozzarella et basilic en alternance ou mélangés, arrosés d'un filet d'huile d'olive et d'une giclée de vinaigre balsamique) et la pizza margherita (voir à la page 303) feraient piètre figure sans lui.

CIBOULETTE. « Celui dont l'haleine sent la ciboulette n'a pas à craindre le baiser de la mort », raillait Martial, un satiriste romain. En fait, la ciboulette est le membre le plus doux de la famille de l'oignon. Je l'emploie souvent à la place du persil (elle est nettement plus goûteuse que lui) quand un plat requiert un jet de vert.

FEUILLES DE CORIANDRE. Il s'agit des feuilles de la plante qui produit les graines de coriandre employées pour assaisonner les cornichons et le pastrami. Piquantes et aromatiques, elles font partie des saveurs qui définissent les cuisines mexicaine, caribéenne et du Sud-Est asiatique. Vous devez les employer fraîches, car elles perdent toute saveur au séchage.

ANETH. Une des saveurs caractéristiques de la cuisine scandinave. On l'y emploie dans une foule de plat, du gravlax (saumon macéré à sec) aux boulettes de viande à la suédoise. Elle se marie particulièrement bien avec le saumon.

CITRONNELLE. Un des assaisonnements essentiels de la cuisine du Sud-Est asiatique. Sa saveur citronnée et acidulée agrémente une foule de plats, des calmars sautés à la vietnamienne à la salade de bœuf à la thaïlandaise. Employez-la quand vous recherchez la saveur du citron mais pas son acidité.

MENTHE. Il en existe une foule de variétés (dont la menthe poivrée, la plus piquante, la menthe verte, la plus douce, la menthe au chocolat, la plus étrange, etc.). Elle est essentielle dans le mojito (menthe, sucre, rhum et soda) et se marie à merveille avec l'agneau. Elle se sèche bien.

ORIGAN. C'est l'herbe aromatique dont on parsème la pizza et assaisonne la sauce marinara. Elle fait partie intrinsèque des cuisines italienne, grecque et mexicaine, chacune de ces cultures ayant sa propre variété. Si vous ne connaissez que celui qu'on vend au supermarché, je vous suggère de vous procurer de l'origan grec (saveur de menthe prononcée) ou du mexicain (saveur légèrement terreuse) dans les épiceries ethniques. Cette herbe se sèche bien.

PERSIL. L'emploi systématique du persil comme garniture a terni son image de marque. Cependant, le persil plat possède une saveur intéressante, à mi-chemin entre celles d'une herbe et d'une verdure à salade. Il a aussi la propriété de rafraîchir l'haleine, d'où le fait qu'il accompagne souvent l'ail (par exemple dans la sauce chimichurri aux herbes fraîches dont vous trouverez la recette à la page 348). Employez-le toujours frais.

ROMARIN. L'une des herbes fraîches les plus robustes, le romarin tolère les hivers de la Nouvelle-Angleterre et de certaines parties du Canada, ainsi que les étés de Miami, sans compter mon entière inaptitude horticole. Intensément aromatique, il est indispensable au poulet rôti (page 215), au gigot d'agneau (page 199) et à la côte de bœuf (page 159). Ôtez les feuilles de la moitié inférieure des tiges afin d'en faire des baguettes aromatiques pour les chiches kebabs. Le romarin se sèche bien quoiqu'il perde une partie de ses huiles aromatiques en cours de processus.

SAUGE. Je ne compte pas vous conseiller de brûler des bottes sèches de cette plante aromatique afin d'élever votre niveau spirituel et d'éloigner les mauvais esprits. Je vais plutôt vous apprendre à associer la sauge, le romarin et l'ail dans le but d'assaisonner la porchetta (rôti de porc toscan, page 180). Ce mélange est fabuleux sur toutes les viandes grillées. La sauge se sèche bien.

ESTRAGON. Cette herbe aux feuilles minces possède une fine saveur d'anis (pensez au Pernod). Les Français l'emploient dans les salades, sur le poulet rôti et dans la sauce béarnaise. Comme sa saveur se dissipe au séchage, ne l'employez que fraîche.

THYM. Les petites feuilles aromatiques de cette plante rustique complètent la saveur d'une foule de plats, de la chaudrée de palourdes (page 81) au ragoût de bœuf (page 161). Le thym se sèche bien.

JARRETS D'AGNEAU BRAISÉS
À LA CHINOISE

INGRÉDIENTS
On trouve de plus en plus facilement du jarret d'agneau dans les supermarchés. Vous pouvez aussi le commander à la boucherie. Comme sauce soya, j'aime bien la Kikkoman et l'Eden. Vous pourriez devoir vous rendre à une épicerie asiatique pour vous procurer du vin de riz chinois (shaoxing), quoique le saké japonais donne aussi de bons résultats et se trouve facilement. Quant à l'anis étoilé, ou badiane, c'est une gousse en forme d'étoile qui possède une saveur fumée apparentée à celle de la réglisse. Vous en trouverez au rayon des épices du supermarché; le cinq-épices, dont il est le principal ingrédient, peut le remplacer.

ÉQUIPEMENT Votre batterie de base dont une grande casserole épaisse ou un faitout fermant hermétiquement.

AUTRES Une fois que vous aurez compris les principes du braisé à la chinoise (dit braisé «rouge»), vous pourrez l'employer pour pratiquement tout: poulet, côtes levées, épaules de porc. C'est un excellent outil à avoir dans son coffre.

Elle est terminée l'époque où l'osso buco (jarret de veau braisé à l'italienne) ne coûtait pratiquement rien à préparer. Cependant, le jarret d'agneau reste abordable. Il donne une viande tendre et goûteuse à prix raisonnable. Comme toutes les coupes moins chères, il nécessite une cuisson prolongée à chaleur douce et humide. Les Chinois ont recours à une technique dite «braisé rouge», qui consiste à le faire cuire dans une préparation douce et salée composée de sauce soya, de vin de riz et de miel. Il faut environ 20 minutes pour préparer le plat. En gros, vous mettez tous les ingrédients dans une casserole, enfournez et n'y pensez plus pendant 3 heures. La saveur vous estomaquera. **4 portions**

- 5 c. à soupe d'huile de sésame grillé
- 4 jarrets d'agneau de 450 à 570 g (1 à 1 ¼ lb) chacun
- 375 ml (1 ½ tasse) de sauce soya
- 375 ml (1 ½ tasse) de vin de riz ou de saké
- 60 ml (¼ tasse) de miel ou de sucre
- 4 gousses d'ail pelées et écrasées avec le plat d'un couperet
- 1 morceau de 8 cm (3 po) de gingembre frais coupé sur la longueur en tranches de 0,5 cm (¼ po), aplaties légèrement avec le plat d'un couperet
- 4 oignons verts, partie blanche écrasée avec le plat d'un couperet, partie verte hachée finement; réserver 2 c. à soupe du vert pour servir
- 2 lanières de 1 x 4 cm (½ x 1 ½ po) de zeste d'orange
- 2 gousses d'anis étoilé, ou 1 c. à café de cinq-épices (facultatif)

1 Préchauffer le four à 150 °C (300 °F).

2 Dans une grande casserole ou un faitout, chauffer 2 c. à soupe d'huile de sésame à feu moyen-vif. En les retournant à l'aide de pinces, faire dorer les jarrets sur toutes leurs faces 6 à 8 minutes en tout. Ne pas surcharger la casserole: laisser au moins 2,5 cm (1 po) entre les jarrets. Procéder en deux lots si nécessaire. Déposer les jarrets dorés dans une assiette et jeter la graisse de la casserole.

3 Ajouter la sauce soya, le vin de riz, 3 c. à soupe d'huile de sésame, le miel (ou le sucre), l'ail, le gingembre, le blanc d'oignon et le vert (sauf 2 c. à soupe), le zeste d'orange et, si désiré, l'anis étoilé (ou le cinq-épices). Porter à ébullition à feu moyen-vif en grattant le fond de la casserole à la cuiller en bois pour en détacher les miettes. Remettre les jarrets dans la casserole.

4 Couvrir hermétiquement et enfourner. Faire braiser 2 h 30 min à 3 heures ou jusqu'à ce que l'agneau soit bien tendre. Retourner les jarrets de temps à autre afin qu'ils absorbent uniformément la sauce. Veiller à ce qu'ils n'attachent pas au fond de la casserole ni se dessèchent. Si c'est le cas, ajouter 125 ml (½ tasse) d'eau chaude ou

+ au besoin. Il devrait toujours y avoir 2,5 cm (1 po) de liquide dans la casserole.

5 Découvrir durant la dernière demi-heure de cuisson afin de concentrer le liquide du braisé. À la sortie du four, écumer la surface du liquide de cuisson à la cuiller à soupe afin d'éliminer le gras. S'il semble trop liquide, mettre la casserole sur le feu et faire bouillir jusqu'à ce qu'il soit concentré et bien goûteux.

6 Servir les jarrets à même la casserole en parsemant du reste d'oignons verts.

DURÉE Environ 20 minutes de préparation + de 2 heures 30 minutes à 3 heures de cuisson.

CARRÉ D'AGNEAU
À L'AIL ET À LA MENTHE

Le carré d'agneau a tout ce que l'on peut attendre d'un plat de gars : assez de style pour impressionner la galerie et la possibilité de ronger l'os pour votre homme des cavernes intérieur. Cette coupe d'agneau est la plus douce et la plus tendre mais, malgré tout, elle est très goûteuse. Je la vois souvent comme une côte conçue pour deux personnes. **2 portions**

INGRÉDIENTS Si vous avez le choix, optez pour l'agneau de Nouvelle-Zélande, qui offre le meilleur rapport qualité/prix (population : 3 millions d'humains et 60 millions de moutons). On en trouve aussi de l'excellent au Colorado, en Pennsylvanie et en Californie, ainsi qu'au Canada. Demandez au boucher de vous préparer le carré à la française, c'est-à-dire de gratter les os pour en libérer les quelques derniers centimètres. (Cela laisse un « manche » propre avec lequel vous tiendrez la côtelette pour la grignoter.)

ÉQUIPEMENT Votre batterie de base dont un robot culinaire (facultatif), une lèchefrite et un thermomètre à mesure instantanée.

- 1 carré d'agneau de 450 à 570 g (1 à 1¼ lb)
- 15 g (¼ tasse) de menthe fraîche ou de romarin frais, tassés, ou 2 c. à soupe de menthe ou de romarin séchés
- 1 ou 2 gousses d'ail pelées et hachées grossièrement
- 1 c. à café de gros sel (casher ou de mer)
- 1 c. à café de grains de poivre noir concassés grossièrement
- 1 c. à café de zeste de citron fraîchement râpé (voir la remarque page 208)
- Environ 2 c. à soupe d'huile d'olive extra vierge

1 Préchauffer le four à 230 °C (450 °F).

2 Si le boucher ne l'a pas déjà fait, gratter les os pour dénuder l'extrémité de 5 à 8 cm (2 à 3 po).

3 *Au robot culinaire ou au petit hachoir :* hacher finement la menthe ou le romarin, l'ail, le sel, les grains de poivre et le zeste de citron. Ajouter assez d'huile d'olive pour obtenir la consistance d'une pâte et continuer à hacher par petits coups à la fois. *Au couteau de chef :* émincer la menthe ou le romarin (si on utilise les herbes fraîches) et l'ail et les déposer dans un bol. Ajouter le sel, les grains de poivre concassés, le zeste de citron. (Si on utilise la menthe ou le romarin séchés, les ajouter.) Ajouter assez d'huile d'olive pour obtenir la consistance d'une pâte.

4 À l'aide d'une maryse, étaler la pâte aux herbes sur le carré. Déposer l'agneau, os dénudés tournés vers le haut, dans une lèchefrite et enfourner. Baisser le feu à 200 °C (400 °F). Cuire l'agneau jusqu'à ce qu'il grésille, qu'il soit doré et qu'il ait atteint le degré de cuisson désiré, soit 18 à 20 minutes pour une viande mi-saignante. Pour vérifier le degré de cuisson, insérer un thermomètre à mesure instantanée dans la partie la

AUTRES Vous pouvez aussi cuire le carré sur le barbecue. Réglez celui-ci pour la cuisson indirecte (voir à la page 18) et préchauffez-le à feu moyen-vif (200 °C [400 °F]). Déposez le carré sur la grille au-dessus d'une lèchefrite et à l'écart des flammes. Faites cuire jusqu'au degré de cuisson désiré, environ 20 minutes pour une viande saignante et 30 minutes pour une viande à point.

DURÉE Environ 10 minutes de préparation + de 18 à 20 minutes de cuisson.

plus épaisse du carré en évitant de toucher l'os. Il indiquera 50 °C (120 °F) pour une viande saignante, 60 °C (135 °F) pour une viande mi-saignante et 70 °C (150 °F) pour une viande à point.

5 Laisser reposer le carré 3 minutes dans une assiette, en le couvrant d'une tente en papier aluminium. (Cela détend la viande et la rend plus juteuse. Ne pas serrer le papier autour de la viande pour ne pas qu'elle se détrempe.) Si ce n'est déjà fait, couper le carré en deux et servir.

Remarque: partie extérieure de l'écorce du citron, le zeste est riche en huiles aromatiques. Le prélever à l'aide d'une râpe fine de type Microplane (voir à la page 24) ou la face fine d'une râpe carrée, en évitant de prélever la partie blanche de l'écorce, qui est amère.

Variante

Carré d'agneau en croûte de tapenade

La tapenade est une pâte d'olives provençale. On peut se procurer un produit de qualité dans le commerce ou préparer soi-même une tapenade comme suit. Préchauffer le four à 230 °C (450 °F). Hacher finement au robot culinaire (ou écraser au mortier et au pilon) 250 ml (1 tasse) d'olives noires dans l'huile dénoyautées, 2 c. à soupe de câpres égouttées, 1 gousse d'ail pelée et hachée grossièrement, 2 à 4 filets d'anchois hachés grossièrement (facultatif) et ½ c. à café de poivre noir fraîchement moulu. Ajouter 1 à 2 c. à soupe d'huile d'olive; la pâte devrait être épaisse mais bien s'étaler. À l'aide d'une maryse, en enduire toutes les faces (sauf les os) d'un carré d'agneau de 450 à 570 g (1 à 1 ¼ lb). Il pourrait en rester; employer les restes sur du pain grillé. Dans un bol peu profond, déposer 125 ml (½ tasse) de chapelure. Passer l'agneau dans la chapelure et en recouvrir toutes les faces à la cuiller. Arroser de 1 c. à soupe d'huile d'olive. Faire rôtir dans une lèchefrite comme à l'étape 4 page 207.

CÔTELETTES D'AGNEAU À LA BRÛLE-DOIGT

INGRÉDIENTS Pour ce plat, il faudra des côtelettes d'agneau aussi petites que possible.

ÉQUIPEMENT Votre batterie de base dont une plaque de cuisson et un morceau de papier aluminium robuste de 30 à 45 cm (12 x 18 po).

Le nom dit tout: *scottadito* est un mot italien qui signifie «brûle-doigt», description appropriée pour les côtelettes d'agneau servies tellement chaudes qu'elles brûlent les doigts. Comme pour toutes les bonnes viandes cuites avec l'os, ces côtelettes semblent avoir meilleur goût quand on les mange avec les doigts. Par conséquent, demandez au boucher de dénuder l'os sur 5 à 8 cm (2 ou 3 po). Histoire de respecter les origines italiennes du plat, les assaisonnements sont simples: romarin, ail et huile d'olive extra vierge. J'aime bien rehausser l'effet chaleur en ajoutant des flocons de piment rouge. **4 portions**

Côtelettes d'agneau à la brûle-doigt ▸

AUTRES L'usage veut qu'on fasse griller les *scottadito* sur un feu de bois ou de charbon de bois, mais vous pouvez aussi les cuire dans une poêle de fonte de 25 à 30 cm (10 à 12 po), sur une plaque chauffante ou sous le gril du four. À propos, les assaisonnements simples et goûteux de ce plat conviennent à merveille à pratiquement toutes les viandes et volailles grillées, de même qu'aux fruits de mer. Pour impressionner la galerie, fabriquez un pinceau à l'aide d'une botte de romarin frais que vous emploierez pour arroser l'agneau.

DURÉE Environ 20 minutes pour mariner la viande + 6 à 8 minutes de cuisson.

1,10 kg (2 ½ lb) de petites côtelettes d'agneau de 1 cm (½ po) d'épaisseur

Gros sel (casher ou de mer) et grains de poivre noir concassés grossièrement ou fraîchement moulus

1 c. à soupe de flocons de piment rouge, ou au goût

3 gousses d'ail pelées et émincées

3 c. à soupe de romarin frais haché finement

1 à 4 c. à soupe d'huile d'olive extra vierge, selon le mode de cuisson

Quartiers de citron

1 Disposer les côtelettes en une seule couche sur une plaque de cuisson. Les assaisonner généreusement de sel et de poivre sur une face, et de la moitié des flocons de piment, de l'ail émincé et du romarin. Arroser de 2 c. à soupe d'huile d'olive et tapoter les ingrédients du bout des doigts pour les faire pénétrer dans la viande. Retourner et répéter sur l'autre face. Laisser mariner environ 20 minutes au réfrigérateur.

2 Dans une grande poêle en fonte ou sur une plaque chauffante, chauffer 1 c. à soupe d'huile d'olive extra vierge à feu vif jusqu'à ce qu'elle scintille. Cuire les côtelettes en une seule couche (au besoin, procéder par lots) 3 minutes ou jusqu'à ce que le dessous soit doré. Les retourner et les cuire jusqu'à ce qu'elles soient dorées et que la viande soit cuite au degré de cuisson désiré, soit environ 3 minutes pour une viande à point.

3 Disposer les côtelettes dans une grande assiette et encourager les convives à se servir et à manger avec les doigts. Servir avec des quartiers de citron et abondance de serviettes de table.

CHICHES KÉBABS

INGRÉDIENTS Il n'y a rien de bien ésotérique dans ce plat: je préfère l'épaule d'agneau plutôt que le gigot, car la viande est plus grasse et donne des kébabs plus savoureux.

Le premier bond en avant en matière de «technologie» culinaire a consisté à faire griller de la viande sur un bâton. Aujourd'hui, ce plat, qui porte le nom de chiche kébab (du turc «épée» et «viande»), est l'un des plus populaires auprès des gars. Populaire, vous dites ? Il en existe de nombreuses variantes, dont l'anticuchos péruvien, la brochette française, le souvlaki grec et le saté indonésien. Ça semble simple, mais on en sert souvent des médiocres. Une des erreurs consiste à enfiler sur une brochette des ingrédients qui nécessitent des temps de cuisson différents. Si vous avez déjà consommé des kébabs dont la viande était trop cuite, les oignons, crus et les tomates, tellement molles qu'elles se détachaient de la brochette, vous savez de quoi je parle. La solution consiste à faire griller l'agneau, les poivrons et les oignons tranchés finement sur la même brochette. Si vous voulez ajouter des tomates et des champignons, vous devrez les cuire sur une autre brochette car leur cuisson est plus rapide. **4 portions**

Chiches kébabs

680 g (1 ½ lb) d'épaule ou de gigot d'agneau désossé

1 gros oignon

1 poivron rouge

1 poivron jaune ou vert ou 1 piment poblano

16 feuilles de laurier fraîches ou séchées, ou de basilic frais (facultatif)

Marinade

2 gousses d'ail pelées et émincées

1 c. à café de gros sel (casher ou de mer)

1 c. à café de poivre noir fraîchement moulu

1 botte d'estragon, de basilic ou de romarin frais (3 c. à soupe, haché finement, + quelques brins comme pinceau pour arroser)

1 c. à café de zeste de citron fraîchement râpé

60 ml (¼ tasse) de jus de citron frais ou de vin blanc sec

125 ml (½ tasse) d'huile d'olive extra vierge

1 **Préparer les kébabs:** couper l'agneau en morceaux de 2,5 cm (1 po) en veillant à laisser les parties grasses; en fondant, elles préserveront la tendreté de la viande. Peler l'oignon et le couper en deux, puis chaque moitié en 6 quartiers. Séparer les quartiers en couches individuelles. Équeuter et épépiner les poivrons et les couper en carrés de 2,5 cm (1 po).

2 Enfiler l'agneau sur les brochettes, en l'alternant avec les plus gros morceaux d'oignon, les poivrons et, si désiré, les feuilles de laurier ou de basilic. Disposer les kébabs dans un grand plat allant au four.

3 **Marinade:** dans un bol, écraser l'ail avec le sel et le poivre à l'aide d'une cuiller en bois. Ajouter, en écrasant, l'estragon (ou le basilic ou le romarin) haché finement et le zeste de citron. En mélangeant au fouet, ajouter le jus de citron ou le vin, puis l'huile d'olive ainsi que les petits morceaux d'oignon restants.

4 En les retournant pour qu'ils marinent uniformément, arroser les kébabs des deux tiers de la marinade. Réserver le reste pour arroser. Couvrir les kébabs et les laisser mariner au réfrigérateur de 30 minutes à 4 heures; plus longtemps ils marineront, meilleurs ils seront. Les retourner à quelques reprises au cours de cette macération.

5 *Cuisson au barbecue:* régler le barbecue pour la cuisson directe (voir page 18) et le préchauffer à feu vif. Brosser la grille et l'enduire d'huile. Égoutter les kébabs et les faire griller sur la grille sur toutes leurs faces jusqu'à ce qu'ils soient bien dorés et aient atteint le degré de cuisson désiré, soit environ 2 minutes par face (8 minutes en tout) pour une viande mi-saignante et 3 minutes par face (12 minutes en tout) pour une viande à point. Au bout des 4 premières minutes de cuisson, commencer à les enduire de la marinade réservée, en employant les brins de romarin comme pinceau.

Cuisson sous le gril: préchauffer le gril du four et mettre la grille au niveau le plus haut. Tapisser une lèchefrite de papier aluminium et disposer les kébabs dessus. Les faire griller à 5 cm (2 po) de la source de chaleur sur toutes leurs faces jusqu'au degré de cuisson désiré, soit 2 minutes par face (8 minutes en tout) pour une viande mi-saignante et 3 minutes par face (12 minutes en tout) pour une viande à point. Au bout des 4 premières minutes de cuisson, commencer à les enduire de la marinade réservée, en employant les brins d'estragon comme pinceau.

6 Déposer les kébabs dans une grande assiette ou des assiettes individuelles et les arroser de marinade une dernière fois. S'ils sont servis sur des brochettes de métal, rappeler aux convives d'enlever la viande des brochettes à l'aide d'une fourchette avant de consommer. Ne jamais consommer un chiche kébab directement sur une brochette de métal chaude.

ÉQUIPEMENT Votre batterie de base plus un barbecue ou un gril. Pour les petits chiches kébabs, employez des baguettes de bambou rondes et, pour les plus gros, des baguettes plates en métal. Les aliments restent en place sur celles-ci, sans compter que le métal accélère leur cuisson. Il vous faudra aussi une grosse lèchefrite.

AUTRES La composition de la marinade n'a de limites que votre imagination. Pour des kébabs à la grecque, remplacez l'estragon, le basilic ou le romarin par de la menthe fraîche. Pour une influence espagnole, remplacez le jus de citron par 60 ml (¼ tasse) de xérès ou de vinaigre de xérès et l'herbe par 1 c. à soupe de paprika fumé.

DURÉE Environ 30 minutes de préparation et de cuisson + de 30 minutes à 4 heures pour mariner les kébabs.

Variante

Kébabs d'agneau à la perse: ces kébabs sont parmi les meilleurs du monde. Préparer une marinade en écrasant dans un bol l'ail, le sel et le poivre, comme dans la recette de base (page 211). En mélangeant au fouet, ajouter 250 ml (1 tasse) de yogourt à la grecque nature et 3 c. à soupe d'huile d'olive extra vierge et de jus de citron frais. Ajouter ½ c. à café de filaments de safran qui auront préalablement trempé environ 5 minutes dans 1 c. à soupe d'eau chaude. Faire mariner les kébabs dans cette préparation, en suivant l'étape 4 à la page 211. Durant la cuisson, les arroser de 3 c. à soupe de beurre fondu, comme dans l'étape 5.

Kébabs teriyaki façon yankee: dans un bol, mélanger au fouet 60 ml (¼ tasse) de sauce soya, d'huile de sésame grillé, de saké (ou de xérès) et de sirop d'érable. On peut aussi ajouter 1 c. à soupe d'oignon vert émincé et de gingembre frais pelé et émincé, ainsi que 1 gousse d'ail pelée et émincée. Cuire comme à l'étape 5 de la page 211. Pour faire la sauce, passer la marinade dans un tamis au-dessus d'une casserole et la cuire à gros bouillons environ 4 minutes. Employer cette sauce pour arroser les kébabs durant les 2 dernières minutes de cuisson et, à la fin, couvrir les kébabs du reste de sauce à la cuiller.

VOLAILLE ET LAPIN

S'il est vrai que la volaille est dénuée de la « gloire sanguine » du bifteck et du côté machiste de l'épaule de porc rôtie, le poulet rôti à la perfection – peau croustillante et chair moelleuse – est tout aussi essentiel au bonheur d'un homme. Même chose pour la dinde ou le poulet frits. Savoir cuire les volailles préférées des Nord-Américains devrait assurément faire partie de votre liste de compétences culinaires.

Dans ce chapitre, vous apprendrez à réussir parfaitement votre poulet rôti et à transformer cette parcelle de protéines commode mais fade qu'est la poitrine de poulet sans peau ni os en une escalope réconfortante et en un «calzone» ingénieux. Quant au poulet frit, je vous apprendrai à le préparer comme on le fait au Yardbird, restaurant populaire de Miami. Je vous dirai aussi en quoi consiste la coupe en crapaudine et comment cette technique peut vous aider à préparer un poulet entier en croûte de moutarde et de cari tout aussi appétissant que savoureux.

POULET RÔTI
AU CITRON ET À L'AIL

Le poulet parfaitement rôti fait obligatoirement partie du répertoire culinaire des hommes. Aromatisé au citron, à l'ail et au romarin, celui-ci se donne un petit air méditerranéen. **2 à 4 portions**

- 1 poulet de 1,6 à 1,8 kg (3 ½ à 4 lb), bio de préférence
- Gros sel (casher ou de mer) et poivre noir fraîchement moulu
- 1 tête d'ail coupée en deux
- 1 citron rincé, épongé et coupé en deux
- 3 brins de romarin frais (facultatif)
- 1 c. à soupe de beurre à température ambiante ou 1 c. à soupe d'huile d'olive extra vierge

1 Préchauffer le four à 200 °C (400 °F).

2 S'il y a des abats dans la cavité, les retirer (congeler le cœur, le gésier et le cou en vue de la préparation d'un bouillon). Rincer l'intérieur et l'extérieur du poulet à l'eau froide et l'éponger à l'aide de papier absorbant. Le déposer dans une lèchefrite. Saler et poivrer généreusement la cavité principale et celle du cou (située sous le morceau de peau où se trouvait le cou). Prélever 3 gousses sur la tête d'ail et en mettre 2 dans la cavité principale avec une moitié de citron et une tige de romarin, si désiré. Mettre la 3ᵉ gousse dans la cavité du cou.

3 Frotter la face coupée de l'ail et l'autre moitié du citron sur l'extérieur du poulet, puis le frotter de beurre ou d'huile d'olive, en insistant surtout sur la poitrine. Saler et poivrer généreusement le poulet sur toutes ses faces (dont le dessous). Le brider (voir à la page 218), puis le déposer, poitrine dessus, dans une lèchefrite. Disposer les moitiés d'ail, la dernière moitié de citron et les tiges de romarin, si désiré, tout autour du poulet, face coupée de l'ail et du citron contre lui.

4 Enfourner le poulet et le faire rôtir 1 heure à 1 h 15 min ou jusqu'à ce que la peau soit croustillante et dorée, et la chair à point. Au bout d'environ 30 minutes de cuisson, l'arroser régulièrement du gras et du jus de cuisson qui s'accumulent dans la lèchefrite. (Les recueillir à l'aide d'une cuiller à soupe et en arroser la poitrine. Si je conseille de faire rôtir la volaille dans le fond de la lèchefrite et non sur une grille, c'est justement pour avoir accès au jus de cuisson.)

5 Pour vérifier le degré de cuisson, insérer un thermomètre à mesure instantanée dans la partie la plus épaisse d'une cuisse, à l'écart de l'os (si la sonde touche l'os, le résultat en sera faussé). Il devrait indiquer 70 °C (165 °F) pour une volaille cuite à point. Au besoin, couvrir la poitrine d'un morceau de papier aluminium afin de l'empêcher de brûler.

6 Laisser reposer le poulet 5 minutes sur une planche à découper. Ôter la ficelle avant de le découper.

INGRÉDIENTS On n'en a jamais que pour son argent. Les poulets provenant d'élevages industriels et vendus au supermarché sont peut-être bon marché, mais ils n'auront jamais la texture satisfaisante et la saveur intense des poulets fermiers ou bios. Considérez aussi le poulet issu de races anciennes, par exemple le jidori, race japonaise qu'on trouve en Californie. Le Belle Rouge, le Plymouth Rock et le Chanteclerc sont d'autres races anciennes intéressantes.

ÉQUIPEMENT Votre batterie de base dont une lèchefrite, plus une brochette en bambou de 30 cm (12 po) ou de la ficelle de cuisine, ainsi qu'un thermomètre à mesure instantanée.

AUTRES Pour un poulet à l'asiatique, remplacez le citron et le romarin par un morceau de 5 cm (2 po) de gingembre frais et 2 oignons verts. (Frottez le poulet avec la face coupée du gingembre, puis mettez celui-ci et les oignons verts dans la cavité.) Remplacez le beurre ou l'huile d'olive par 1 c. à soupe d'huile de sésame grillé. Enfin, ajoutez 1 giclée de sauce soya.

DURÉE Environ 1 heure 30 minutes.

Variante

Tandis que le poulet repose, préparer une sauce toute simple: retirer presque tout le gras de la lèchefrite. Verser 175 ml (¾ tasse) de bouillon de poulet ou de bœuf (de préférence maison) dans la lèchefrite et porter à ébullition, en grattant le fond à la cuiller en bois pour en détacher les miettes. Laisser bouillir 5 minutes ou jusqu'à ce que la sauce réduise légèrement et soit bien goûteuse. Ajouter 2 c. à soupe de beurre et remuer jusqu'à ce qu'il fonde. Servir.

Comment découper un poulet

Quand je découpe un poulet, j'essaie d'en faire le moins possible. Je le découpe en morceaux principaux (ailes, demi-poitrines, cuisses, pilons) et je laisse les convives les trancher à leur goût.

1. Passez un fusil à affûter sur un couteau à découper ou de chef en y mettant une certaine emphase (en fait, il s'agit d'aiguiser le tranchant). Ne le faites pas directement au-dessus du poulet, histoire de ne pas le saupoudrer de limaille de métal. Vous devrez aussi disposer d'une fourchette à découper ou de pinces à ressort.

2. Déposez le poulet sur une planche à découper, poitrine dessus. Coupez les ailes: en commençant par le devant, imprimez un mouvement descendant à la lame du couteau jusqu'à l'articulation de l'aile puis à travers. Positionnez le couteau de manière qu'il y ait environ 2,5 cm (1 po) de chair de poitrine, ce qui permettra au convive héritant de l'aile d'en avoir un peu plus. Répétez avec la deuxième aile.

3. Prélevez une demi-poitrine: faites une coupe longitudinale le long de l'os du sternum puis de la cage thoracique jusque sur le côté. Découpez autour du bréchet pour dégager la demi-poitrine. Prélevez l'autre demi-poitrine de la même manière.

4. Retirez une cuisse. À l'aide d'une fourchette à découper, écartez la cuisse de la carcasse et tranchez au niveau de l'articulation de la hanche. Déposez la cuisse à plat sur la planche à découper, peau dessous. Coupez au niveau de l'articulation entre le haut de cuisse et le pilon. Répétez avec l'autre cuisse.

5. Récupérez la chair qui reste sur la carcasse et conservez celle-ci pour la préparation d'un bouillon de poulet.

POULET RÔTI AU CITRON

ET À LA MOUTARDE DE GORDON HAMERSLEY

INGRÉDIENTS Composé d'herbes séchées (origan, romarin et lavande douce), le bouquet d'herbes de Provence est offert dans les épiceries fines et dans certains supermarchés.

À la page 215, vous avez appris comment faire rôtir un poulet. Cette recette, qui m'a été aimablement confiée par Gordon Hamersley du Hamersley's Bistro de Boston, donne le meilleur poulet rôti qu'il m'ait été donné de goûter sur les six continents. Le citron lui apporte du mordant, la moutarde, du piquant et l'huile d'olive extra vierge en préserve l'arôme et le moelleux. **2 à 4 portions**

Poulet rôti au citron et à l'ail ▸

Comment brider une volaille

▶ Dans bien des recettes de volaille rôtie, la première consigne consiste à brider l'oiseau. Pourquoi ce bondage culinaire, demanderez-vous ? Cette opération vise deux buts : donner à la volaille une forme cylindrique compacte, ce qui favorise une cuisson uniforme ; contribuer à la rendre plus appétissante et à donner de vous, le cuisinier, l'image d'un professionnel. Voici deux méthodes. Employez de la ficelle de cuisine en coton, non pas en nylon car elle fondrait au four.

MÉTHODE RAPIDE

1 Farcissez la cavité de citron, d'ail, de romarin ou d'autres herbes, au choix. Observez comment les pointes des ailes sont rentrées sous le corps.

2 Croisez les extrémités des pilons.

3 Attachez les pilons et coupez la ficelle.

MÉTHODE ÉLABORÉE

1 Une fois les cuisses ficelées, passez la ficelle autour du poulet et nouez-la à la hauteur du cou.

2 Ramenez la ficelle au niveau de la cavité et attachez-la de nouveau au niveau des cuisses.

3 Poulet bridé et prêt à être rôti.

- 1 citron rincé et épongé
- 3 échalotes pelées et hachées grossièrement
- 3 gousses d'ail, pelées et hachées grossièrement, et 3 gousses d'ail entières pelées
- 30 g (½ tasse) de feuilles de persil plat frais hachées grossièrement
- 1 c. à soupe de romarin frais haché
- 1 c. à soupe d'herbes de Provence (facultatif)
- 1 ½ c. à café de gros sel (casher ou de mer)
- 1 c. à café de poivre noir fraîchement moulu
- 60 ml (¼ tasse) de moutarde de Dijon
- 80 ml (⅓ tasse) d'huile d'olive extra vierge
- 1 poulet de 1,4 à 1,8 kg (3 ½ à 4 lb), de préférence bio
- Jus à l'ail et au citron (page 220)

ÉQUIPEMENT Votre batterie de base dont une râpe fine de type Microplane (page 24), un robot culinaire, une lèchefrite et un thermomètre à mesure instantanée, plus une brochette de bambou de 30 cm (12 po) ou de la ficelle de cuisine et un séparateur de gras.

DURÉE 20 minutes de préparation et au moins 4 heures de macération + de 1 heure à 1 heure 15 minutes de cuisson.

1 Prélever à la râpe fine 1 c. à café de zeste (écorce externe riche en huiles essentielles) sur le citron et le déposer dans le récipient du robot culinaire. Couper le citron en deux et prélever une tranche de 0,3 cm (⅛ po) d'épaisseur sur la partie coupée des deux moitiés. Presser le jus des deux moitiés, en jetant les pépins. Réserver les tranches de citron et le jus.

2 Ajouter dans le récipient du robot culinaire les échalotes, l'ail haché, le persil, le romarin, les herbes de Provence, si désiré, le sel et le poivre. Hacher finement la préparation, puis la réduire en purée, en faisant fonctionner le moteur quelques secondes à la fois. Ajouter le jus de citron réservé puis la moutarde de Dijon et mélanger. En laissant le moteur tourner, ajouter l'huile d'olive en un mince filet de manière à obtenir une pâte lisse. Réserver la marinade.

3 Le cas échéant, retirer les abats de la cavité du poulet (congeler le cœur, le gésier et le cou pour faire ultérieurement du bouillon). Rincer l'intérieur et l'extérieur du poulet à l'eau froide et l'éponger à l'aide de papier absorbant. Mettre 1 tranche de citron et 1 gousse d'ail dans la cavité du cou et mettre l'autre tranche de citron et 2 gousses d'ail dans la cavité principale. À la cuiller, déposer un peu de marinade dans les deux cavités. Placer le poulet dans un grand sachet de plastique robuste et refermable, et ajouter le reste de la marinade. Presser le sachet afin de bien distribuer la marinade. Laisser mariner au réfrigérateur au moins 4 heures, ou jusqu'au lendemain.

4 Préchauffer le four à 200 °C (400 °F).

5 Retirer le poulet du sachet et le brider selon l'une des méthodes décrites à la page 218. Le déposer dans une lèchefrite, poitrine dessus, enfourner et faire rôtir de 1 heure à 1 heure 30 minutes, ou jusqu'à ce que la peau soit croustillante et dorée, et la chair, cuite à point. Au bout de 30 minutes de cuisson, commencer à l'arroser du jus qui s'accumule dans le fond de la lèchefrite.

6 Pour vérifier le degré de cuisson, insérer un thermomètre à mesure instantanée dans la partie la plus épaisse d'une cuisse, à l'écart de l'os (le contact avec l'os fausserait les résultats). Il devrait indiquer environ 74 °C (165 °F). Si la poitrine dore trop rapidement par rapport au reste, la couvrir de papier aluminium.

7 Déposer le poulet rôti sur une planche à découper et réserver la lèchefrite. Laisser le poulet reposer durant la préparation du jus de cuisson à l'ail et au citron. Retirer la ficelle et découper le poulet. Arroser de jus à l'ail et au citron et servir.

JUS À L'AIL ET AU CITRON

On appelle « jus » le liquide obtenu durant la cuisson de la viande ou de la volaille. (Il ne comprend ni féculent épaississant ni crème.) Dans cette recette, il est enrichi d'ail, de citron et de bouillon de poulet. Il est utile d'employer un séparateur à gras, tasse à mesurer ou saucière munie d'un bec à la base. Quand on y verse le jus de cuisson, le gras flotte à la surface et le reste se dépose au fond. Comme le bec se trouve à la base, on peut récupérer le jus sans son gras. Il faudra ajouter suffisamment de bouillon de sorte que, mélangé avec le jus de cuisson, il y ait environ 250 ml (1 tasse) de liquide à la fin de la préparation. **Environ 250 ml (1 tasse)**

Jus de cuisson du poulet

1 c. à soupe de beurre non salé

2 gousses d'ail pelées et tranchées finement

1 c. à soupe de dés de citron, pépins, écorce et partie blanche ôtés

1 c. à soupe de jus de citron frais

250 ml (1 tasse) de bouillon de poulet (de préférence maison)

Gros sel (casher ou de mer) et poivre noir fraîchement moulu

1 Verser le jus de cuisson de la lèchefrite dans le séparateur de gras et le laisser se séparer; récupérer le jus sans son gras par le bec à la base. À défaut de posséder un séparateur, verser le jus dans un petit bol et laisser reposer 3 minutes. Enlever ensuite à la cuiller le gras qui est remonté à la surface.

2 Dans une petite casserole, faire fondre le beurre à feu moyen. Cuire l'ail et les dés de citron 1 à 2 minutes ou jusqu'à ce que l'ail soit légèrement doré. Ajouter le jus de citron, le jus de cuisson du poulet et le bouillon de poulet. Régler le feu à vif et laisser bouillir 5 minutes ou jusqu'à réduction à environ 250 ml (1 tasse). Saler et poivrer, au goût. Arroser le poulet de ce jus.

POULET EN CRAPAUDINE,
CROÛTE AU CARI ET À LA MOUTARDE

On prépare certains plats parce qu'ils sont à la fois simples et délicieux, d'autres parce qu'ils font appel à une technique fabuleuse. Ce poulet en croûte de moutarde réunit toutes ces qualités : jolie mise en scène, couches complexes de moutarde au cari, chair moelleuse et tendre, croûte croustillante qui grésille. La technique de coupe en crapaudine (ou en papillon) consiste à retirer l'épine dorsale du poulet et à ouvrir celui-ci comme un livre, de sorte qu'il repose à plat et cuise uniformément, maximisant le rapport peau et croûte/chair. **2 à 4 portions**

- 1 poulet de 1,6 à 1,8 kg (3 ½ à 4 lb), de préférence bio
- 2 c. à café de poudre de cari
- 1 c. à café de gros sel (casher ou de mer)
- 1 c. à café de poivre noir fraîchement moulu
- 180 ml (¾ tasse) de moutarde (voir INGRÉDIENTS)
- 105 g (1 tasse) de chapelure
- 1 c. à soupe d'huile d'olive extra vierge ou 1 c. à soupe de beurre fondu

1 Préchauffer le four à 200 °C (400 °F).

2 S'il y a des abats dans la cavité, les retirer (congeler le cœur, le gésier et le cou pour la préparation d'un bouillon). Rincer l'intérieur et l'extérieur du poulet à l'eau froide et l'éponger à l'aide de papier absorbant. Le déposer, poitrine dessous, sur une planche à découper. À l'aide de ciseaux à volaille ou de cuisine, ou d'un couteau affûté, couper la chair et les os de part et d'autre de l'épine dorsale de manière à retirer entièrement celle-ci.

3 Ouvrir le poulet comme un livre en écartant délicatement les deux moitiés. À l'aide d'un couteau d'office bien affûté, couper de part et d'autre du sternum et du cartilage qui y est rattaché. Jeter le sternum. Couper la pointe des ailes. Mettre le poulet à plat.

4 À l'aide de la pointe du couteau, pratiquer dans la peau lâche, entre l'extrémité inférieure de la poitrine et la cuisse, une incision d'environ 1 cm (½ po) de long, de chaque côté. Enfoncer le bout des pilons dans l'incision correspondante. Cette étape est facultative mais donne un bel aspect au poulet (voir page 222).

5 Dans un petit bol, mélanger la poudre de cari, le sel et le poivre. Saupoudrer cet assaisonnement sur les deux faces du poulet, en frottant pour le faire pénétrer.

6 Retourner le poulet et, à l'aide d'une maryse, étaler environ le tiers de la moutarde sur la chair. Parsemer de 35 g (⅓ tasse) de chapelure. Déposer le poulet, peau dessus, dans une lèchefrite. Étaler le reste de la moutarde sur la peau et parsemer du reste de la chapelure. Arroser d'huile d'olive ou de beurre fondu.

7 Enfourner et cuire 30 à 40 minutes ou jusqu'à ce que la croûte grésille et soit dorée, et que la chair soit entièrement cuite. Pour vérifier le degré de cuisson, insérer un thermomètre à mesure

INGRÉDIENTS De Meaux, en grains, de Dijon, au miel ou au sirop d'érable façon Nouvelle-Angleterre, ou encore française au poivre vert ou à l'estragon, toutes ces moutardes conviennent pour ce plat. Quant à la chapelure, elle peut être composée de miettes de pain de seigle ou pumpernickel, à moins que vous n'optiez pour la panko japonaise (voir à la page 227).

ÉQUIPEMENT Votre batterie de base dont une lèchefrite et un thermomètre à mesure instantanée ainsi que des ciseaux à volaille ou de cuisine.

AUTRES À l'origine, la technique de coupe en crapaudine avait pour but de permettre au cuisinier de cuire un poulet entier sur le barbecue sans le couvrir. Ici, vous apprendrez à le cuire au four, mais si vous préférez le faire griller, réglez le barbecue pour la cuisson indirecte (page 18) et préchauffez-le à feu moyen-vif (200 °C [400 °F]). Déposez le poulet au-dessus de la lèchefrite et faites-le griller à cuisson indirecte environ 30 minutes.

DURÉE Environ 15 minutes de préparation + de 30 à 40 minutes de cuisson.

instantanée dans la partie la plus épaisse d'une cuisse, à l'écart de l'os. Il devrait indiquer 70 °C (165 °F) pour une volaille cuite à point. Au besoin, couvrir la poitrine d'un morceau de papier aluminium afin de l'empêcher de brûler.

8 Laisser reposer le poulet environ 3 minutes dans une grande assiette, puis le couper en morceaux : 2 pilons, 2 hauts de cuisse, 2 ailes (avec un peu de chair de poitrine) et 2 demi-poitrines.

Comment découper un poulet en crapaudine

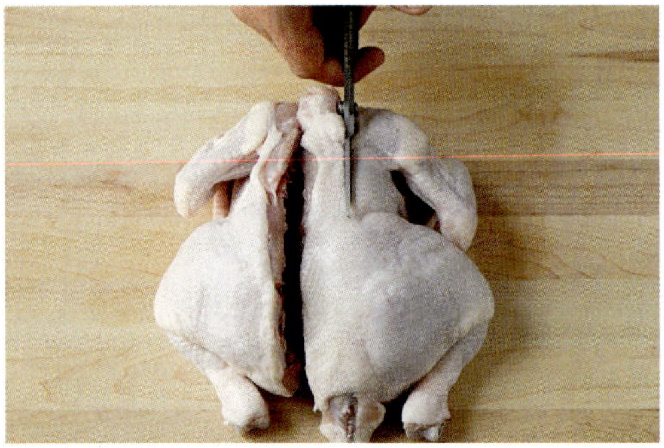

1 À l'aide de ciseaux à volaille ou d'un couteau d'office affûté, coupez la chair et les côtes sur les deux côtés de l'épine dorsale, en commençant au niveau du cou. Jetez l'épine dorsale.

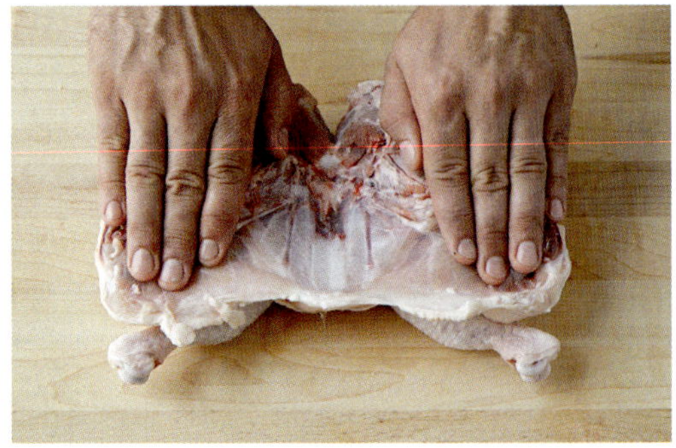

2 Ouvrez le poulet comme un livre en écartant délicatement les deux moitiés.

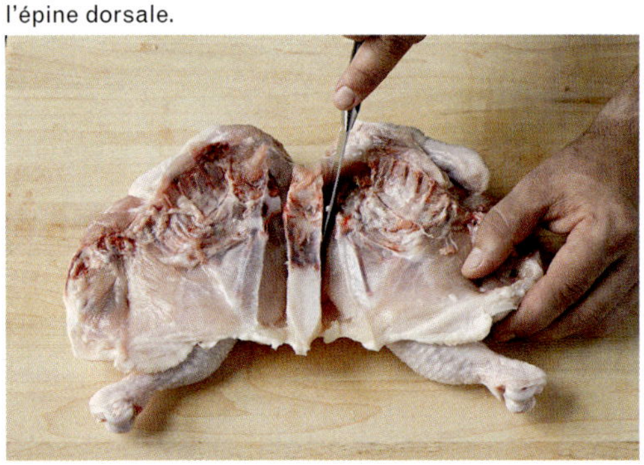

3 À l'aide d'un couteau d'office affûté, pratiquez une incision le long du sternum (et sous lui) ainsi que du cartilage qui y est rattaché. Jetez le sternum.

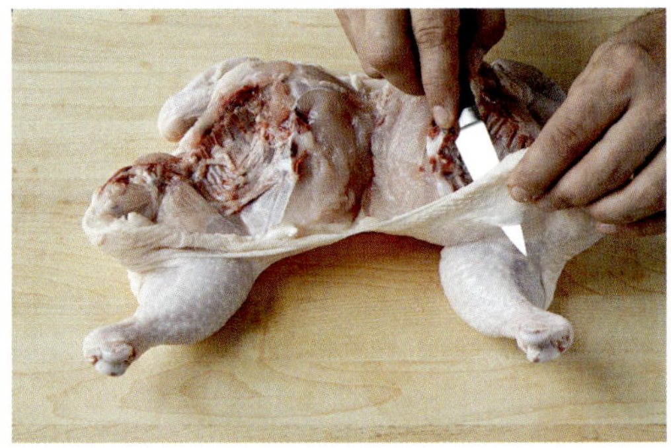

4 Pratiquez ensuite une incision de 1 cm (½ po) dans la peau, entre l'extrémité inférieure de la poitrine et une cuisse.

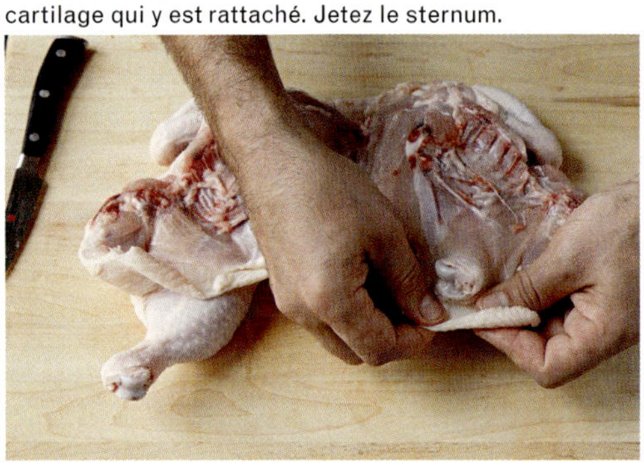

5 Entrez l'extrémité du pilon dans l'incision. Répétez de l'autre côté.

6 Le poulet en crapaudine est prêt à être rôti ou grillé. On peut voir qu'il est désormais bien à plat.

Poulet en crapaudine, croûte au cari et à la moutarde ▸

WÜSTHOF
SOLINGEN GERMANY
4685/21cm
X50 CrMoV15

POULET FRIT

INGRÉDIENTS Le chef Jeff McInnis du Yardbird de Miami utilise du poulet provenant du centre de la Floride. Autant que possible, utilisez de la volaille élevée dans votre région ou biologique; elle aura plus de saveur et vous aurez meilleure conscience.

ÉQUIPEMENT Votre batterie de base dont une plaque de cuisson à rebord, une grille rectangulaire, une grande poêle profonde en fonte de 25 à 30 cm (10 à 12 po), des pinces et un thermomètre à mesure instantanée plus un thermomètre à friture.

Imaginez un poulet frit à la perfection: une croûte croustillante à souhait recouvrant une chair moelleuse tellement bien assaisonnée que salière et poivrière sont inutiles. Bref, le genre de poulet frit que le chef Jeff McInnis a créé pour le Yardbird Southern Table & Bar dans ce qui pourrait être la ville la moins sudiste du Sud, soit Miami. « Pendant quatre mois, nous avons mené plus d'une centaine d'expériences avant de mettre au point la recette de notre poulet frit », rappelle-t-il. Finalement, la technique qu'il a choisie consiste à saumurer le poulet, à le passer dans de la farine relevée de piment de Cayenne et à le frire. Essayez-le avec du miel de toupélo épicé à la sauce piquante Crystal.

2 portions pour les gros appétits ou 4 pour les moyens

250 ml (1 tasse) d'eau chaude

100 g (⅓ tasse) de gros sel (casher ou de mer)

70 g (⅓ tasse) de sucre

3 c. à café de poivre noir fraîchement moulu

3 c. à café d'ail granulé

3 c. à café d'oignon granulé

2 c. à café de piment de Cayenne

1,25 litre (5 tasses) d'eau froide

1 poulet de 1,6 à 1,8 kg (3 ½ à 4 lb), de préférence bio, coupé en huit morceaux égaux

250 g (2 tasses) de farine tout usage non blanchie

30 g (¼ tasse) de fécule de maïs

2 c. à café de paprika doux ou piquant

500 ml (2 tasses) de babeurre

750 ml (3 tasses) de saindoux, de graisse végétale (telle que Crisco) ou d'huile de canola, pour la friture

Sauce infernale au miel (recette page 225)

1 Dans un grand bol profond, mélanger l'eau chaude, le sel, le sucre et 1 c. à café (chacun) de poivre noir, d'ail granulé, d'oignon granulé et de piment de Cayenne. Fouetter jusqu'à dissolution du sel et du sucre, puis ajouter l'eau froide. Laisser cette saumure refroidir entièrement.

2 Rincer les morceaux de poulet sous l'eau froide du robinet et les plonger dans la saumure. Laisser mariner au réfrigérateur de 6 à 8 heures ou jusqu'au lendemain.

3 Dans un grand bol peu profond, mélanger au fouet ou à la fourchette la farine, la fécule de maïs, le paprika et 2 c. à café de poivre noir, d'ail granulé et d'oignon granulé, ainsi que 1 c. à café de piment de Cayenne.

4 Verser le babeurre dans un bol peu profond. Tapisser de papier absorbant une plaque de cuisson à rebord et la couvrir d'une grille. Garder les bols de farine assaisonnée et de babeurre à proximité de la cuisinière.

5 Bien égoutter le poulet et jeter la saumure. À l'aide de pinces, tremper les morceaux dans le babeurre, en enduisant toutes leurs faces. Égoutter pour éliminer l'excédent de liquide. Passer ensuite les morceaux dans la farine assaisonnée en les enrobant sur toutes leurs faces;

secouer pour éliminer l'excédent et les déposer dans une grande assiette.

6 Entre-temps, dans une grande poêle profonde, de préférence en fonte, chauffer à feu moyen le saindoux, la graisse végétale ou l'huile jusqu'à ce qu'un thermomètre à friture indique 180 °C (350 °F) ou tremper le bout d'un morceau de poulet pané dans le corps gras; si celui-ci est assez chaud, des bulles se formeront autour.

7 Déposer délicatement les morceaux de poulet dans la graisse chaude, peau dessous. Ne pas surcharger la poêle; procéder par lots au besoin. En le retournant à l'aide de pinces, faire frire le poulet 5 à 8 minutes par face (les pilons et hauts de cuisse mettront plus de temps à cuire que les poitrines) ou jusqu'à ce qu'il soit doré sur toutes ses faces et bien cuit. Monter ou baisser le feu de sorte que la température de l'huile se maintienne autour de 180 °C (350 °F). Pour vérifier le degré de cuisson, insérer un thermomètre à mesure instantanée dans la partie la plus épaisse d'une cuisse, sans toucher l'os. Il devrait indiquer 70 °C (165 °F) pour une volaille cuite à point.

8 À mesure que les morceaux de poulet sont cuits, les mettre à égoutter sur une grille. Servir avec la sauce infernale au miel.

AUTRES Sachez que, selon l'usage, c'est de saindoux dont on se sert pour faire frire le poulet. Cependant, l'huile végétale convient tout aussi bien et donne d'excellents résultats.

Si vous n'avez pas de thermomètre à friture, trempez le bout d'un morceau de poulet pané dans l'huile. Si des bulles se forment autour au bout de quelques secondes, c'est que l'huile est assez chaude; si le poulet commence à brûler au bout de quelques secondes, c'est qu'elle est trop chaude.

DURÉE Ce poulet frit n'est pas vraiment un plat minute, mais une fois qu'il a trempé dans la saumure 6 heures ou jusqu'au lendemain, vous pouvez le paner et le frire en environ 30 minutes.

SAUCE INFERNALE AU MIEL

On peut difficilement faire plus simple, cette sauce ne comprenant que deux ingrédients. Toutefois, leur effet croisé – piquant et doux – confère au poulet frit une tout autre dimension. Cette sauce est également fabuleuse sur les ailes de poulet incendiaires (page 127) et les côtes levées. J'emploie habituellement la sauce piquante Crystal ou RedHot de Frank. **250 ml (1 tasse)**

- 170 g (½ tasse) de miel de toupélo, ou autre
- 125 ml (½ tasse) de sauce piquante, + au goût

Dans un bol, mélanger en fouettant le miel et la sauce piquante. Goûter et, au besoin, ajouter de la sauce piquante. Verser la sauce dans de petits bols individuels et servir avec le poulet frit. On peut conserver les restes dans un récipient couvert, à température ambiante.

Comment lever un filet de poulet

▶ Le filet de poulet est excellent grillé en brochette, comme les satés, ou en petits morceaux panés pour les enfants.

1 Levez l'extrémité libre du filet et, à l'aide d'un couteau d'office affûté, détachez-le de la poitrine.

2 Repérez l'extrémité du tendon qui longe le filet. Glissez la pointe d'une lame de couteau dessous.

3 Tenez l'extrémité du tendon d'une main et faites glisser la lame entre celui-ci et le filet.

4 Continuez de faire glisser la lame sous le tendon. À la fin, coupez celui-ci.

5 Poitrine de poulet désossée et son filet.

ESCALOPES DE POULET PANÉES
AU PANKO

Quand on rêve d'un plat réconfortant, ce que l'on recherche en fait c'est un plat comme ceux que préparaient nos mères. L'escalope de poulet répond parfaitement à ce désir. Croustillante à l'extérieur, succulente et tendre à l'intérieur, l'escalope est à la poitrine de poulet désossée ce que la wiener schnitzel australienne est au veau (vous trouverez la recette de ce plat à la page 174). Chez moi, c'était le plat favori de notre fils Jake. La variante suivante met la barre plus haut grâce au panko, chapelure japonaise ultracroustillante. **2 à 4 portions**

INGRÉDIENTS Tiré de la mie d'un pain blanc léger, le panko est une chapelure exceptionnellement floconneuse et croustillante. Vous en trouverez dans les épiceries asiatiques et dans bien des supermarchés. Vous pouvez aussi employer de la chapelure ordinaire, voire de pain brioché ou pumpernickel, ou des miettes de bretzel.

ÉQUIPEMENT Votre batterie de base dont un grand sachet de plastique refermable ou de la pellicule de plastique, une grande poêle de 25 à 30 cm (10 à 12 po), une plaque de cuisson et une assiette tapissée de papier absorbant ou de sacs de papier, plus un maillet à viande ou un couperet lourd (facultatif).

AUTRES En soi, les escalopes de poulet constituent un excellent plat. Vous pouvez aussi les garnir de parmesan, de mozzarella et de sauce tomate pour en faire du poulet parmesan, ou les garnir de câpres, d'anchois et d'œufs frits. Vous trouverez les recettes de ces variantes à la page suivante.

DURÉE Environ 30 minutes.

4 demi-poitrines de poulet de 170 à 225 g (6 à 8 oz) chacune, peau ôtée et désossées, de préférence bio

Gros sel (casher ou de mer) et poivre noir fraîchement moulu

125 g (1 tasse) de farine tout usage non blanchie

2 gros œufs

220 g (2 tasses) de panko ou de chapelure ordinaire

2 c. à soupe (¼ plaquette) de beurre

1 c. à soupe d'huile d'olive extra vierge, + au besoin

1 citron coupé en quartiers

1 À l'aide d'un couteau d'office, lever les filets de poulet, s'il y en a, sous les poitrines (voir à la page 226). On peut cuire les filets avec les escalopes ou les réserver pour la préparation de pépites (voir à la page 228). Déposer la poitrine de poulet dans un grand sachet de plastique refermable ou entre deux feuilles de pellicule de plastique et, à l'aide d'un maillet à viande, le plat d'un couperet bien lourd ou le fond d'une poêle en fonte, l'attendrir à 0,5 cm (¼ po) d'épaisseur. Répéter avec le reste des poitrines. Attendrir de la même manière les filets, si désiré. Faut-il absolument attendrir les poitrines? Non, mais cela permet d'élever le rapport croûte/chair. Faut-il absolument lever les filets? Non, mais il est plus facile d'attendrir les poitrines sans ceux-ci. Saler et poivrer généreusement les deux faces des poitrines attendries.

2 Déposer la farine dans un bol peu profond. Dans un deuxième bol, battre les œufs à la fourchette. Déposer le panko dans un troisième bol. Paner les escalopes en les passant d'abord dans la farine; secouer pour éliminer l'excédent. Puis les tremper dans les œufs battus et, finalement, les passer dans le panko, en secouant pour éliminer l'excédent. Paner le poulet juste au moment de le cuire. Disposer les morceaux sur une plaque de cuisson sèche et propre avant de les cuire à la poêle.

3 Dans une grande poêle, faire fondre le beurre dans l'huile à feu moyen-vif jusqu'à ce qu'il grésille, en inclinant et en tournant la poêle de manière à bien mélanger les deux corps gras.

4 À l'aide de pinces, déposer délicatement les escalopes panées dans le gras chaud et les cuire 3 à 4 minutes ou jusqu'à ce qu'elles soient croustillantes et dorées en dessous. Il faudra peut-être les cuire en plusieurs lots, histoire de ne pas surcharger la poêle. Ajouter de l'huile d'olive au besoin afin d'éviter que le poulet attache au fond. Retourner les escalopes et les cuire sur l'autre face 3 à 4 minutes ou jusqu'à ce qu'elles soient croustillantes et dorées. Le centre devrait être ferme au toucher, signe qu'il est bien cuit. À l'aide d'un couteau d'office, pratiquer une incision dans la partie la plus épaisse d'une des poitrines. La chair devrait être blanche, sans trace de rose. Mettre les escalopes à égoutter dans une assiette tapissée de papier absorbant ou de papier kraft. Servir avec les quartiers de citron.

Variantes

Pépites de poulet: ces pépites sont destinées à cet enfant spécial dans votre vie ou, peut-être, à votre enfant intérieur. Les filets que vous avez retirés des poitrines (voir à la page 226) serviront ici: coupez-les en morceaux de 2,5 cm (1 po), panez-les et faites-les cuire comme les escalopes de poulet panées au panko (page 227) ; il faudra 2 à 3 minutes de cuisson par face. Servez-les avec la «sauce secrète» pour burgers (page 349).

Poulet parmesan minute: préchauffer le four à 200 °C (400 °F). Attendrir, paner et faire frire les escalopes de poulet comme indiqué à la page 227. Préparer une sauce tomate épicée telle celle qui accompagne le spaghetti alla puttanesca (page 292) ou employer une sauce du commerce. Il en faudra 500 ml (2 tasses). Déposer à la cuiller 250 ml (1 tasse) de sauce dans un plat allant au four. Ajouter les escalopes en une seule couche. Couvrir chaque escalope de 1 ou 2 tranches de mozzarella fraîche (celle qui est conservée dans l'eau). Couvrir du reste de sauce puis de 250 ml (1 tasse) de parmesan fraîchement et finement râpé. Cuire au four 10 minutes ou jusqu'à ce que la sauce bouillonne et que le fromage soit légèrement doré.

Escalopes de poulet au jambon fumé et au fromage: préchauffer le four à 200 °C (400 °F). Préparer et cuire les escalopes comme indiqué à la page 227. Les disposer en une seule couche dans un plat allant au four. Les couvrir de fines tranches de jambon fumé et de gruyère. Enfourner et cuire 8 à 12 minutes ou jusqu'à ce que le fromage fonde, bouillonne et soit doré. Ce plat est absolument exquis!

Poitrines de poulet farcies de provolone, de salami et de jambon

« CALZONES » PAUVRES EN GLUCIDES

Croisez une poitrine de poulet avec des garnitures à pizza et vous obtiendrez ce «calzone» singulier à faible teneur en glucides. (Pseudo-information curieuse: *calzone* signifie «pantalon» en italien.) Le salami, la coppa (jambon d'épaule assaisonné au vin et à l'ail, également connu sous le nom de capicola) et le provolone parfument le poulet du dedans vers le dehors. Ils contribuent aussi à le garder juteux. Vous pouvez faire de splendides calzones de poulet avec du chorizo, du monterey jack et des piments jalapenos, par exemple, ou avec de la feta finement tranchée et de la menthe fraîche. **2 à 4 portions**

2 c. à soupe d'huile d'olive extra vierge, + au besoin et pour huiler les cure-dents

4 demi-poitrines de poulet de 170 à 225 g (6 à 8 oz) chacune, peau ôtée et désossées

60 g (2 oz) de coppa, de prosciutto ou d'un autre jambon tranché finement (il en faudra au moins 4 tranches)

60 g (2 oz) de soppressata ou d'un autre salami ou de pepperoni, tranché finement (au moins 4 tranches)

60 g (2 oz) de provolone tranché finement (au moins 4 tranches)

Gros sel (casher ou de mer) et poivre noir fraîchement moulu

Environ 60 g (½ tasse) de farine tout usage non blanchie ou de blé entier, ou de semoule de maïs blanc (facultatif)

8 feuilles fraîches de sauge ou de basilic

1 Enduire légèrement les cure-dents d'huile d'olive. À l'aide d'un couteau d'office, lever les filets de poulet sous les poitrines, si désiré (voir à la page 226). Réserver les filets pour un autre usage. Découper une poche profonde sur le côté des poitrines de poulet (voir à la page 230). Les farcir chacune du quart des tranches de coppa, de soppressata et de provolone. Fermer la poche à l'aide de 2 cure-dents huilés. Saler et poivrer généreusement les 2 faces des poitrines.

2 Verser la farine (ou la semoule de maïs) dans un grand bol peu profond. Déposer une feuille de sauge ou de basilic au milieu de chacune des faces des poitrines. Passer les deux côtés des poitrines dans la farine, les secouer pour en éliminer l'excédent, puis les déposer dans une assiette sèche.

3 Dans une grande poêle, chauffer 2 c. à soupe d'huile d'olive à feu moyen-vif jusqu'à ce qu'elle scintille. À l'aide de pinces, déposer délicatement les poitrines farcies dans l'huile chaude. Les cuire 3 à 5 minutes ou jusqu'à ce que le dessous soit doré. À l'aide des pinces, les retourner et cuire la seconde face 3 à 5 minutes ou jusqu'à ce qu'elle soit dorée. Il faudra peut-être procéder par lots de manière à ne pas surcharger la poêle. Au besoin, ajouter de l'huile d'olive afin d'éviter que le poulet attache au fond de la poêle. Vérifier le degré de cuisson à la pression du doigt (voir à la page 228); bien cuites, les poitrines seront fermes au toucher. Au moment de servir, ne pas oublier de rappeler aux convives de retirer les cure-dents.

INGRÉDIENTS Pour la farce, je recommande des charcuteries italiennes, telles que la coppa et la soppressata (salami plat piqué de piment fort).

ÉQUIPEMENT Votre batterie de base dont une grande poêle de 25 à 30 cm (10 à 12 po) et 8 cure-dents en bois.

AUTRES Je suggère dans cette recette de fariner les poitrines de poulet avant de les poêler. (Farine et gras chaud donnent une belle croûte.) Si vous n'avez pas de farine, omettez simplement cette étape.

Vous pouvez également cuire les «calzones» sur le barbecue. Dans ce cas, omettez la farine ou la semoule de maïs et enduisez les poitrines d'huile d'olive avant de les saler, de les poivrer et d'ajouter les feuilles de sauge ou de basilic. Préchauffez le barbecue à feu vif, puis faites griller les poitrines farcies à cuisson directe 3 à 5 minutes par face (voir page 18).

DURÉE Environ 20 minutes.

Comment découper une poche dans une poitrine de poulet et la farcir

1 Découpez une poche profonde dans l'épaisseur. Veillez à ce que la chair soit aussi épaisse d'un côté de l'incision que de l'autre; n'entaillez pas la chair jusqu'à l'extrémité opposée.

2 Farcissez la poche.

3 Fermez la poche à l'aide de cure-dents huilés.

4 Le «calzone» de poulet farci et prêt à être poêlé.

«Calzone» pauvre en glucides ▸

PAIN DE VIANDE À LA DINDE
ET AUX CHAMPIGNONS, GLACE À L'ÉRABLE

INGRÉDIENTS On trouve facilement de la dinde hachée. Assurez-vous toutefois qu'elle contient 5 à 8 % de gras. Comme, dans certains cas, la teneur en gras est très élevée, lisez bien l'étiquette. Vous trouverez du veau haché dans les boucheries et la plupart des supermarchés. Pour en savoir plus sur les champignons, reportez-vous à la page 321.

ÉQUIPEMENT Votre batterie de base dont une grande poêle de 25 à 30 cm (10 à 12 po), ainsi qu'un moule à pain de 23 x 13 cm (9 x 5 po), de préférence antiadhésif, et des allumettes de bois.

AUTRES Certains gars ajoutent à leur pain de viande du chorizo ou de la saucisse italienne. Si vous êtes de ceux-là, remplissez le moule de la préparation à la viande jusqu'à mi-hauteur, puis disposez la saucisse au centre. Couvrez du reste de la préparation et faites cuire comme indiqué ci-dessous.

DURÉE 5 minutes de préparation + 1 heure de cuisson.

Le pain de viande est l'un de ces plats réconfortants classiques qui font partie du répertoire obligé de tous les gars. Généralement à base de bœuf haché et glacé au ketchup, il comble l'appétit mais n'est guère mémorable. Je souhaitais en créer un qui serait à la hauteur de vos ambitions. J'ai donc emprunté un truc à Danny St Pierre, chef de Montréal et animateur télé, qui allège son pain de viande en employant de la dinde et du veau hachés, et le glace au sirop d'érable et au whisky canadien. J'y ai ajouté morilles, chanterelles et autres champignons sauvages tant appréciés de mes copains québécois. Au final, ce plat est d'une grande finesse. **4 portions**

Pain de viande

- 225 g (8 oz) de champignons (morilles, chanterelles, cèpes, shiitakes ou champignons sauvages)
- 1 c. à soupe d'huile d'olive extra vierge, + pour huiler le moule
- 2 échalotes ou 1 petit oignon, pelés et hachés finement
- 1 tige de céleri hachée finement
- 2 c. à soupe de whisky canadien ou écossais
- 340 g (12 oz) de dinde hachée bien froide
- 340 g (12 oz) de veau haché bien froid ou de dinde hachée additionnelle
- 80 g (¾ tasse) de chapelure
- 2 gros œufs légèrement battus à la fourchette
- 1 c. à café de zeste de citron fraîchement râpé
- Environ 1 c. à café de gros sel (casher ou de mer)
- Environ ½ c. à café de poivre noir fraîchement moulu

Glace

- 60 ml (¼ tasse) de sirop d'érable
- 2 c. à soupe de whisky canadien ou écossais
- 2 c. à soupe de pâte de tomate
- 2 c. à soupe de sauce soya
- 1 c. à soupe de moutarde, sèche ou préparée

1 **Pain de viande:** parer les champignons en jetant l'extrémité terreuse des pieds. Les essuyer avec du papier absorbant humide puis les hacher grossièrement.

2 Dans une poêle antiadhésive, chauffer l'huile d'olive. En remuant souvent, cuire les échalotes (ou l'oignon) et le céleri à feu moyen 3 minutes ou jusqu'à ce qu'ils soient légèrement dorés. Ajouter les champignons hachés. Monter le feu à vif et cuire 3 minutes ou jusqu'à ce que les champignons soient cuits et que leur liquide s'évapore.

3 Ajouter le whisky, retirer la poêle du feu et faire flamber au moyen d'une allumette de bois (pour des astuces sur le flambage, voir à la page 363). Ou encore, laisser la poêle sur le feu et faire bouillir 1 minute sans faire flamber le whisky. Laisser refroidir à température ambiante.

4 Préchauffer le four à 180 °C (350 °F). Huiler légèrement un moule à pain de 23 x 13 cm (9 x 5 po).

5 Déposer la dinde et le veau dans un grand bol. Ajouter la préparation froide aux champignons, la chapelure, les œufs, le zeste de citron, le sel et le poivre. Bien remuer. Pour vérifier l'assaisonnement, faire frire une petite boulette de viande dans la poêle (inutile de laver celle-ci au préalable) et goûter. Au besoin, ajouter du sel et du poivre au goût; la préparation devrait être bien relevée. La déposer dans le moule à la cuiller et la lisser à la surface à l'aide d'une maryse.

6 **Glace:** verser le sirop d'érable, le whisky, la pâte de tomate, la sauce soya et la moutarde dans la poêle. Porter à ébullition à feu moyen-doux et, en remuant constamment au fouet, cuire 2 minutes ou jusqu'à ce que la préparation forme une glace épaisse. En verser la moitié sur le pain de viande.

7 Enfourner et cuire 45 minutes. Verser le reste de la glace sur le pain de viande et poursuivre la cuisson 15 minutes ou jusqu'à ce que le pain de viande soit doré à la surface et bien cuit. Pour vérifier le degré de cuisson, insérer un thermomètre à mesure instantanée dans la moitié supérieure du pain; il devrait indiquer 70 °C (165 °F). Déposer le moule sur une grille et laisser reposer 10 minutes. L'incliner ensuite et retirer l'excédent de graisse.

8 Couvrir le moule d'une grande assiette et renverser le pain de viande. Le remettre à l'endroit et le couper en tranches de 2 cm (¾ po) d'épaisseur. Ce pain de viande est excellent chaud mais aussi froid, dans un sandwich.

LAPIN BRAISÉ
AUX OLIVES KALAMATA

Il a fallu un certain temps avant que le lapin figure sur les tables des Nord-Américains, à l'exception des Québécois, qui en consomment depuis longtemps, à l'instar des Européens. (Les Italiens en consomment 300 000 tonnes par année!) De saveur plus riche que le poulet et aussi délicate que le veau, sa chair autorise les assaisonnements robustes, tels que moutarde, vin, olive, pruneau, sans y perdre pour autant son goût unique. De plus, elle est pauvre en gras et en cholestérol. Bien que le lapin soit aujourd'hui essentiellement produit en élevage, il évoque toujours l'époque où, pour manger de la viande, il fallait chasser. Il est d'ailleurs encore considéré par plusieurs comme un mets étrange, ce qui en fait une aventure culinaire. Autrement dit, vous serez probablement le premier gars du quartier à le cuisiner, ce qui justifiera une certaine vantardise. (Sans compter que vous mangerez très bien.) Cette recette de lapin braisé tendre et fondant, acidulé au vin et salé aux olives Kalamata, m'a été donnée par mon ami, l'acteur québécois Francis Reddy. **2 ou 3 portions**

INGRÉDIENTS Vous trouverez du lapin dans les boucheries spécialisées, les épiceries italiennes et dans certains supermarchés. Quant aux cipollinis, ces petits oignons italiens plats, vous les trouverez dans plusieurs supermarchés. Autrement, remplacez-les par des petits oignons blancs.

ÉQUIPEMENT Votre batterie de base dont une grande casserole épaisse ou un faitout fermant hermétiquement.

AUTRES Le secret de ce plat consiste à le faire braiser lentement à feu doux, ce qui préserve le moelleux de la viande.

DURÉE Environ 30 minutes de préparation + 3 à 4 heures de cuisson.

- 2 tranches épaisses de bacon, coupées en morceaux de 0,5 cm (¼ po)
- 8 à 12 oignons cipollinis pelés
- 3 carottes pelées et coupées en morceaux de 5 cm (2 po)
- 1 lapin d'environ 1,3 kg (3 lb)
- Gros sel (casher ou de mer) et poivre noir fraîchement moulu
- 60 g (½ tasse) de farine tout usage non blanchie
- 2 c. à soupe (¼ plaquette) de beurre, + au besoin
- 1 gousse d'ail pelée et hachée finement
- 250 ml (1 tasse) de vin rouge ou blanc sec, tel que syrah ou cabernet sauvignon pour le rouge et sauvignon ou chardonnay pour le blanc
- 500 ml (2 tasses) de bouillon de poulet ou de veau
- 2 tiges de thym frais, + 2 autres pour le service
- 130 g (1 tasse) d'olives Kalamata ou autres dénoyautées
- 175 g (1 tasse) de pruneaux dénoyautés

1 Préchauffer le four à 130 °C (275 °F).

2 Dans une grande casserole épaisse ou un faitout, faire dorer le bacon à feu moyen environ 3 minutes. À l'aide d'une écumoire, le déposer dans une assiette.

3 Faire dorer à feu vif les oignons et les carottes dans la graisse de bacon, environ 3 minutes. Les déposer dans l'assiette à l'aide de l'écumoire; couvrir de papier aluminium et réserver au réfrigérateur. Jeter la graisse de bacon en en laissant dans la casserole environ 1 c. à soupe.

4 À l'aide d'un couteau d'office, parer la viande de sa fine membrane. À l'aide d'un couteau de chef, la couper en 6 morceaux (ou demander au boucher de le faire) : 2 pattes avant, 2 pattes arrière et 2 morceaux de râble (dos). Saler et poivrer généreusement les morceaux sur toutes leurs faces. Les saupoudrer de farine, en les remuant pour bien les enrober, et les secouer pour éliminer l'excédent.

5 Dans la casserole, faire fondre le beurre à feu moyen. Faire dorer les morceaux de lapin sur toutes leurs faces, environ 3 minutes par face. Veiller à ce qu'ils soient en une seule couche et espacés d'environ 2,5 cm (1 po) ; procéder par lots au besoin, en déposant les morceaux dorés à mesure dans une assiette. Ajouter l'ail 2 minutes avant la fin de la cuisson du dernier lot, et le faire dorer avec le lapin. Rajouter un peu de beurre au besoin. Remettre tous les morceaux de lapin et le jus de cuisson dans la casserole.

6 Ajouter le vin et porter à ébullition, en grattant le fond de la casserole pour en détacher les miettes. Ajouter le bouillon et 2 tiges de thym, et porter à ébullition. Couvrir hermétiquement et enfourner. Faire braiser environ 2 heures.

7 Retirer la casserole du four. Ajouter le bacon, les oignons, les carottes, les olives et les pruneaux, couvrir et poursuivre la cuisson environ 1 heure ou jusqu'à ce que la viande et les légumes soient bien tendres et la sauce, épaisse et goûteuse. Si la sauce est trop liquide, faire évaporer une partie du liquide en cuisant à découvert les 30 dernières minutes.

8 Goûter et rectifier l'assaisonnement ; le lapin devrait être bien relevé. Garnir des tiges de thym restantes et servir à même la casserole.

POISSON

Vous connaissez le dicton : « Si tu donnes du poisson à un homme, il mangera un jour. Si tu lui apprends à pêcher, il mangera toujours. » Cela résume la philosophie de ce livre. Bien sûr, j'essaie de vous donner le *quoi*, c'est-à-dire des recettes fabuleuses, mais plus important encore, j'essaie de vous enseigner le *comment*, c'est-à-dire les principes et techniques qu'il vous faut connaître pour cuire n'importe quel plat. Et s'il y a une chose pour laquelle nous, les gars, avons particulièrement besoin de conseils, c'est bien la préparation et la cuisson du poisson.

Qu'est-ce qui peut mal tourner quand on fait cuire du poisson ? Il peut attacher à la poêle ou se défaire quand on tente de le retourner. Une minute trop tôt et il sera encore cru au centre. (C'est bon pour le thon mais pas pour l'espadon ou la truite.) Une minute de trop et il sera trop cuit et se desséchera. Il y a aussi les questions éthiques auxquelles vous serez peut-être confronté avant même de le cuisiner : poisson sauvage ou provenant d'un élevage ? menacé d'extinction ou issu de la pêche durable ?

Dans ce chapitre, vous apprendrez à faire la différence entre un poisson frais et un qui ne l'est pas. Vous apprendrez aussi à cuire le saumon, le thon, l'espadon, la truite et d'autres poissons appréciés au moyen de méthodes aussi diversifiées que la carbonisation en surface, le poêlage et la haute friture. Je vous enseignerai à reconnaître quand un poisson est cuit, à enlever la peau et les arêtes, et à apprêter le poisson cru, en commençant par le ceviche, le sashimi et le *poke*.

CEVICHE PÉRUVIEN

J'entame ce chapitre par l'un des plats de poisson les plus faciles qui soient, le ceviche. Tellement facile que vous n'avez même pas à le cuire. Il suffit simplement de couper le poisson cru en morceaux et de le mélanger avec de l'oignon, du poivron, du piment, de la tomate, de la coriandre et du jus de citron vert. Et voilà : vous avez un ceviche péruvien. **4 portions en hors-d'œuvre ou 2 portions comme plat principal léger**

450 g (1 lb) de poisson à chair délicate et blanche, très frais, tel que cardeau, flet, vivaneau, flétan ou sériole du Japon

½ oignon doux ou rouge moyen, pelé et coupé en dés

½ poivron rouge ou vert équeuté, épépiné et coupé en dés

1 petite tomate coupée en dés, avec son jus

1 piment jalapeno, Serrano ou autre piment fort frais, épépiné et haché finement (garder les graines pour obtenir un ceviche plus piquant)

1 gousse d'ail pelée et émincée

30 g (½ tasse) de feuilles fraîches de coriandre ou de persil plat hachées

80 ml (⅓ tasse) de jus de citron vert frais, ou au goût

Environ 1 c. à café de gros sel (casher ou de mer)

Environ ½ c. à café de poivre noir fraîchement moulu

1 Couper le poisson en dés de 1 cm (½ po).

2 Tout au plus 20 minutes avant de servir, déposer dans un bol non réactif (verre, acier inoxydable ou céramique) le poisson, l'oignon, le poivron, la tomate, le piment, l'ail, la coriandre fraîche (ou le persil), le jus de citron vert, le sel et le poivre. Bien remuer et servir dans des verres à martini ou des bols.

INGRÉDIENTS Comme pour tous les plats de poisson cru, l'espèce compte moins que la fraîcheur. Achetez le plus frais que vous puissiez trouver.

ÉQUIPEMENT Votre batterie de base.

AUTRES Le ceviche se prépare avec du poisson ou des fruits de mer crus, mais cela ne signifie pas qu'ils le sont encore entièrement quand vous les consommez. En effet, les acides des agrumes ou du vinaigre blanchissent et attendrissent le poisson comme le ferait la cuisson. Cela peut sembler étrange mais, pour un contraste intéressant de textures et de saveurs, garnissez le ceviche de maïs éclaté ou de grains de maïs rôtis. C'est ce que font les Péruviens.

DURÉE 15 minutes.

Tartare de thon hawaïen

POKE

INGRÉDIENTS Comme pour tous les plats de poisson cru, vous devez vous procurer du poisson de première qualité, ici du thon jaune. Si vous n'en trouvez pas, remplacez-le par un autre poisson d'une très grande fraîcheur, comme le germon, la bonite ou le saumon. Assurez-vous de prendre de l'huile de sésame grillé; Kadoya est une bonne marque.

ÉQUIPEMENT Votre batterie de base.

AUTRES Les Hawaïens agrémentent leur *poke* d'une espèce d'algue locale portant le nom de «lipoa». Je l'omets quand je suis sur le continent, mais si vous le désirez, ajoutez 125 ml (½ tasse) de salade de wakame (le wakame, ou moutarde de mer, est une algue comestible), généralement vendue toute prête dans les poissonneries, certains supermarchés et les magasins de produits naturels. Ou encore, faites griller une feuille d'algue nori sur la flamme (sur le barbecue ou un brûleur de la cuisinière) quelques secondes, puis émiettez-la au-dessus du *poke*.

DURÉE Environ 15 minutes.

Dites «*poke*» à un Hawaïen et ses yeux brilleront de plaisir. À juste titre, car ce tartare au sésame, qui est préparé avec du thon jaune hawaïen d'une très grande fraîcheur, présente un mélange de saveurs parfaitement équilibré, où se jouent des notes douces, salées, de noisette et épicées. Autrefois offert uniquement à Hawaï, le *poke* est désormais servi dans les restaurants tendance d'Amérique du Nord. Ma variante est un peu plus piquante que ce que j'ai consommé à Hawaï. Pour faire cool, servez-le sur une feuille de banane fraîche. **4 portions en hors-d'œuvre ou 2 portions comme plat principal léger**

- 450 g (1 lb) de thon jaune très frais
- 2 oignons verts, parties blanche et verte hachées finement; réserver 1 c. à soupe de la partie verte pour le service
- 1 ou 2 piments hawaïens, thaïlandais ou Serrano épépiné et émincé (garder les graines pour obtenir une préparation plus piquante)
- 1 c. à soupe de graines de sésame blanches ou noires grillées (voir la remarque ci-dessous)
- ½ c. à café de poivre noir fraîchement moulu
- 1 ½ c. à soupe d'huile de sésame grillé, + au goût
- 1 c. à soupe de sauce soya, + au goût

Couper le thon au couteau en dés de 1 cm (½ po) ; éviter le robot culinaire, qui le hacherait trop finement. Le déposer dans un bol à mélanger et ajouter les oignons verts, les piments, les graines de sésame, le poivre, l'huile de sésame et la sauce soya. Goûter et, au besoin, ajouter de la sauce soya ou de l'huile de sésame. Servir dans l'heure qui suit.

Remarque: dans une poêle, faire griller à feu moyen et à sec les graines de sésame 2 minutes ou jusqu'à ce qu'elles soient légèrement grillées et libèrent leur arôme; secouer la poêle en cours de cuisson. Les déposer aussitôt dans un bol à l'épreuve du feu afin d'éviter qu'elles ne brûlent. Mieux encore, employez des graines de sésame noires, que vous trouverez dans les épiceries japonaises et les magasins de produits naturels.

SAUMON CUIT AU CHALUMEAU

Il y a quelques années, j'ai commencé à voir apparaître des chalumeaux aux tables à sushi des restaurants, où l'on s'en servait pour chauffer des tranches de poisson cru très froides. La chaleur intense agit de manière extraordinaire : elle fait remonter à la surface du poisson ses huiles goûteuses et en carbonise légèrement les bords, lui conférant une saveur fumée apparentée à celle du bacon. Bien sûr, tout plat qui demande que vous employiez un outil de soudeur a une place prépondérante dans mon livre. Celui-ci tire son inspiration d'un restaurant innovateur de Boston, le O Ya, mais vous trouverez du sashimi chauffé au chalumeau un peu partout, du Sushi Roku de Santa Monica au Kushi de la ville de Washington. Le *crudo* (poisson cru) figure désormais au menu de bien des restaurants d'avant-garde. Voyez ce plat comme un *crudo* traité à la flamme. **4 portions en hors-d'œuvre ou 2 à 3 portions comme plat principal léger**

INGRÉDIENTS Le saumon très gras, qui provient du ventre du poisson, donnera les meilleurs résultats. Demandez-le au poissonnier ou achetez la partie centrale du filet. Comme tous les poissons servis crus, le saumon doit être de la plus grande fraîcheur et provenir d'une excellente poissonnerie.

ÉQUIPEMENT Votre batterie de base ainsi qu'un chalumeau de cuisine ou acheté en quincaillerie (voir à la page 22) et 4 petits bols.

- 1 filet de saumon de 450 g (1 lb), de préférence sauvage, peau ôtée, refroidi
- 1 c. à soupe comble de wasabi en poudre (voir l'encadré)
- 1 c. à soupe d'eau chaude, ou + au besoin
- 125 ml (½ tasse) de sauce soya de qualité, telle que la Kikkoman
- 60 ml (¼ tasse) de jus de yuzu ou de vinaigre de riz (ou 2 c. à soupe chacun de jus frais de citron et de citron vert)

1 Passer les doigts sur le filet de saumon pour y déceler d'éventuelles arêtes. Les retirer à l'aide d'une pince à bec effilé ou une pince fine (ou les doigts). En tenant un couteau à un angle de 45 degrés par rapport à la planche à découper, couper le filet en travers et en diagonale en fines tranches de tout au plus 0,5 cm (¼ po) d'épaisseur (voir page 240). Disposer les tranches en une seule couche dans une grande assiette ou des assiettes individuelles à l'épreuve de la chaleur. Trancher le saumon au plus 1 heure avant de le servir et le garder sur de la glace ou au réfrigérateur.

2 Entre-temps, préparer la sauce : déposer le wasabi dans un petit bol et ajouter 1 c. à soupe

Ce qu'il faut savoir sur le wasabi

Vous pensez savoir ce qu'est le wasabi ? Eh bien, sachez que la pâte verte que l'on sert à la plupart des tables à sushi n'en est pas réellement. C'est plutôt une poudre composée de raifort et de graines de moutarde en poudre à laquelle on ajoute un colorant alimentaire vert. Agréable au goût, certes, mais le wasabi frais est à la fois plus goûteux et plus fin. Si vous recherchez une sauce à tremper extraordinaire, commandez des rhizomes de wasabi frais à realwasbi.com et râpez-les au moment de servir. Pour respecter l'usage, vous devriez normalement les râper à l'aide d'un *oroshigane*, râpe en peau de requin destinée à cet usage, mais une fine râpe de type Microplane fera l'affaire.

AUTRES Le yuzu est un agrume japonais possédant une intense saveur aromatique. Vous trouverez probablement du jus embouteillé ou surgelé dans les épiceries japonaises - voir à la page 33. Autrement, remplacez-le par du vinaigre de riz ou par un mélange à parts égales de jus de citron et de citron vert.

DURÉE Environ 10 minutes.

d'eau chaude ou ce qu'il faut pour former une pâte épaisse. Laisser reposer 5 minutes, le temps que le piquant et la saveur se développent. Déposer dans chaque assiette un morceau de pâte de la taille d'une bille.

3 Répartir la sauce soya et le jus de yuzu (ou le vinaigre de riz) dans 4 petits bols.

4 Au moment de servir, allumer le chalumeau et passer le saumon à la flamme 15 secondes ou juste le temps de noircir légèrement les bords et de faire remonter les huiles à la surface. La pointe de la flamme devrait être à environ 2,5 cm (1 po) du poisson.

5 Servir à température ambiante. Donner la consigne aux convives d'ajouter au goût de la pâte de wasabi à leur préparation à la sauce soya, en remuant avec des baguettes. Tremper le saumon dans la sauce. Voilà assurément un plat de *crudo* à son meilleur!

Comment passer le saumon au chalumeau

Quand vient le moment d'impressionner les copains (pour quelle autre raison organiser une fête?), peu d'outils se comparent au chalumeau. Passez le saumon cru à la flamme afin de donner au sashimi une note de bacon fumé, comme c'est le cas ici. BernzOmatic est une bonne marque, qu'on trouve dans toutes les quincailleries.

Remarque: prenez le cylindre bleu, qui contient du propane, non pas le jaune, qui renferme du méthylacétylène propadiène, un gaz toxique.

1 Déposez les tranches de saumon dans une grande assiette ou des assiettes individuelles à l'épreuve de la chaleur. Passez le chalumeau à la surface pour les dorer. La pointe de la flamme devrait être à environ 2,5 cm (1 po) du poisson.

2 Continuez jusqu'à ce que les bords soient légèrement noircis et que des gouttes d'huile apparaissent à la surface.

Saumon cuit au chalumeau ▸

SAUMON TERIYAKI À L'ÉRABLE

Je suis né au Japon mais j'ai passé une bonne partie de ma vie en Nouvelle-Angleterre. C'est peut-être ce qui explique que je n'ai jamais pu résister aux plats qui fusionnent les ingrédients de l'Est et de l'Ouest. Dans cette recette, la saveur prononcée de l'huile de sésame et de la sauce soya est compensée par la douceur du sirop d'érable. Les Japonais qualifient ce saumon de *teriyaki* (*teri* signifie «lustre» et *yaki*, «grillé»). Pour ma part, je dis que c'est l'une des meilleures manières de cuire un poisson gras comme le saumon. **4 portions**

- 1 filet de saumon de 900 g (2 lb) avec la peau, de préférence sauvage, coupé en 4 morceaux égaux, les arêtés enlevées
- 125 ml (½ tasse) de tamari ou de sauce soya
- 125 ml (½ tasse) de mirin (vin de riz sucré) ou de saké ou de vin blanc
- 125 ml (½ tasse) de sirop d'érable pur (2 c. à soupe de plus si on emploie du saké ou du vin blanc)
- 80 ml (⅓ tasse) d'huile de sésame grillé
- 1 morceau de 2,5 cm (1 po) de gingembre frais (facultatif), pelé et coupé en tranches de 0,5 cm (¼ po) écrasées avec le plat d'un couperet
- 1 oignon vert, partie blanche coupée en morceaux de 5 cm (2 po), écrasés avec le plat d'un couperet, partie verte hachée finement en diagonale
- 1 c. à soupe de beurre ou, si le saumon est poêlé, de l'huile de sésame additionnelle

1 Passer les doigts sur le filet de saumon pour y déceler d'éventuelles arêtes. Les retirer à l'aide d'une pince à bec effilé ou une pince fine (ou les doigts). Disposer le saumon en une seule couche dans un plat allant au four.

2 Dans une casserole, mélanger au fouet le tamari (ou la sauce soya), le mirin (ou autre vin), le sirop d'érable, 80 ml (⅓ tasse) d'huile de sésame, le gingembre et le blanc d'oignon. Verser cette marinade sur le saumon, en le retournant à quelques reprises pour bien l'enduire. Réserver la casserole. En le retournant une ou deux fois, laisser le poisson mariner 1 à 2 heures à couvert au réfrigérateur.

3 Bien égoutter le saumon, en remettant la marinade dans la casserole. Porter la marinade à ébullition à feu moyen-vif et, en remuant souvent au fouet, laisser bouillir 4 à 8 minutes ou jusqu'à ce que la préparation soit sirupeuse et réduise du tiers environ. Il devrait y avoir environ 300 ml (1 ¼ tasse). Réserver cette glace teriyaki pour le service.

4 *Saumon poêlé:* dans une poêle, chauffer à feu moyen-vif le beurre ou 1 c. à soupe d'huile de sésame. Cuire le saumon (chair foncée ou peau dessus) 3 à 4 minutes ou jusqu'à ce que le dessous soit doré. Retourner et cuire la seconde face 3 à 4 minutes ou jusqu'à ce qu'elle soit dorée et le poisson bien cuit. Commencer à arroser le poisson de glace teriyaki au bout de 3 minutes. Voir à la page 246 comment vérifier le degré de cuisson.

Saumon cuit sous le gril: préchauffer le gril du four. Déposer le saumon dans la lèchefrite, chair foncée ou peau dessus. Faire griller 3 à

INGRÉDIENTS Parmi les ingrédients de la cuisine asiatique que les néophytes devraient connaître, citons l'huile de sésame grillé qui, comme son nom l'indique, provient des graines de sésame grillées et qui possède une saveur de noisette caractéristique. Optez pour une marque asiatique, par exemple Kadoya. Quant au tamari, il s'agit d'une sauce de qualité supérieure tirée exclusivement du haricot de soya (la plupart des sauces soya renferment aussi du blé). À défaut d'en trouver, employez une bonne sauce soya ordinaire, telle la Kikkoman. Enfin, le mirin est un vin de riz doux; vous pouvez le remplacer par du saké ou du vin blanc et ajouter quelques cuillerées de sirop d'érable. Vous trouverez ces produits dans de nombreux supermarchés ainsi que dans les magasins de produits naturels ou asiatiques.

ÉQUIPEMENT Votre batterie de base dont une lèchefrite en métal ou en papier aluminium robuste, une casserole, un pinceau à pâtisserie et une petite passoire.

AUTRES La marinade teriyaki convient à merveille à d'autres poissons et aux fruits de mer, de même qu'à la poitrine de poulet et aux

4 minutes ou jusqu'à ce que le dessus soit doré. Arroser de sauce teriyaki. Retourner et arroser de sauce. Poursuive la cuisson 3 à 4 minutes ou jusqu'à ce que le poisson soit doré, luisant et bien cuit (6 à 8 minutes en tout). Voir à la page 246 comment vérifier le degré de cuisson.

5 Servir le saumon dans une grande assiette ou des assiettes individuelles. Porter à ébullition le reste de glace, bien fouetter puis verser dans une petite passoire au-dessus du poisson. Parsemer de vert d'oignon.

côtelettes de porc grillées ou poêlées.

DURÉE 1 à 2 heures pour mariner le poisson + 10 à 12 minutes de cuisson.

GUIDE CULINAIRE À L'INTENTION DES GARS

SAUMON

Quand j'étais petit, le saumon frais était une nouveauté et un mets de luxe, sans compter qu'il n'était offert que de la fin du printemps au début de l'été, période qui correspondait à sa saison de pêche. Personne ne se souciait des acides gras oméga-3 ni de savoir si le poisson était sauvage ou provenait d'un élevage. Aujourd'hui, c'est une denrée répandue : bon marché, il est omniprésent et offert toute l'année grâce aux élevages industriels qui s'étendent du Canada au Chili. Mais tout se paie. De fait, notre poisson supposément bon marché nous coûte cher sur le plan environnemental, sans compter qu'il y perd en saveur et en texture. Quel saumon devriez-vous donc acheter et quelle est la meilleure manière de le cuisiner ? Les conseils prodigués ici valent pour pratiquement tout poisson de mer ou d'eau douce.

OPTEZ POUR LE SAUMON SAUVAGE. Idéalement, on devrait toujours consommer du saumon sauvage, qui nage dans un véritable océan et dont la chair est en conséquence plus ferme et plus savoureuse que celle du poisson d'élevage. D'autant plus qu'il est pêché dans les eaux pures et propres du Pacifique Nord et celles qui bordent l'Alaska. De plus, il existe plusieurs espèces sauvages, chacune possédant une saveur et une texture qui lui sont propres.

DU PACIFIQUE OU DE L'ATLANTIQUE ? Si vous recherchez du saumon sauvage, il sera forcément du Pacifique, tout le saumon de l'Atlantique étant désormais issu d'élevages.

PARLONS FRAÎCHEUR. Comment distinguer un véritable saumon frais ou, en fait, tout poisson véritablement frais ? Sur un poisson entier, les yeux devraient être translucides, les nageoires rouges et la chair devrait avoir une couleur vive et brillante. S'il s'agit de filets ou de darnes, demandez à les sentir. Vraiment. Un bon poissonnier acquiescera volontiers à cette demande. Portez le nez à 5 cm (2 po) du poisson : il devrait sentir le frais et la saumure, comme l'océan, et non une forte odeur de poisson. N'éprouvez aucune gêne à demander à le sentir ; c'est ce que font les chefs professionnels, qui savent qu'il n'y a pas d'autre moyen de s'assurer de sa fraîcheur.

SI LE POISSON EST SURGELÉ. Un bon saumon sauvage surgelé sera parfois meilleur qu'un frais issu d'un élevage. La chair ne sera peut-être pas aussi ferme mais elle sera plus savoureuse.

Suite à la page suivante

Suite de la page précédente

NE REJETEZ PAS LA PEAU. Recherchez des filets avec la peau. Savoureuse, elle devient agréablement croustillante quand elle est dorée. Si vous devez l'enlever (par exemple si votre épouse ne l'aime pas), déposez le filet, peau dessous, à plat sur une planche à découper. En commençant par l'extrémité la plus mince, glissez la lame d'un couteau de chef ou à fileter entre la peau et la chair. Déplacez la lame dans un mouvement de va-et-vient en serrant la peau entre la lame et la planche à découper. Astuce : pour rissoler la peau, l'enduire d'huile de sésame, saler et poivrer, puis cuire dans un four réglé à 180 °C (350 °F) 20 minutes ou jusqu'à ce qu'elle soit croustillante.

ENLEVEZ LES ARÊTES. Le filet de saumon se présente avec un rang d'arêtes sur toute sa longueur. Souvent, le poissonnier l'enlève, mais s'il ne l'a pas fait, retirez-les à l'aide d'une pince à bec effilé. Passez les doigts sur le filet pour déceler l'extrémité des arêtes. C'est plus facile si vous mettez l'autre main sous le filet, ce qui les fera ressortir. Ôtez-les toutes à l'aide de la pince. Pensez à bien laver la pince au savon et à bien la sécher avant de la remettre dans le coffre à outils.

COMMENT CUIRE LE SAUMON. Le saumon se prête à pratiquement tous les modes de cuisson : grillé sous le gril ou sur le barbecue, cuit au four, poêlé, sauté ou fumé. Les Français le font pocher (mijoté doucement dans l'eau ou un liquide assaisonné) mais, selon moi, les méthodes de cuisson à sec donnent une meilleure texture et davantage de saveur.

SAUMON GRILLÉ. Naturellement, c'est grillé au barbecue que je préfère mon saumon, et même tous les poissons. Ainsi, la peau est croustillante et les bords sont légèrement carbonisés, tandis que le gras abondant contribue à préserver le moelleux de la chair même à la température élevée et à la chaleur sèche du barbecue. Comme le filet tend à attacher à la grille, faites-le griller dans un panier à poisson huilé. Enfin, grâce à la peau et aux arêtes, les darnes possèdent la structure leur permettant de bien se tenir quand on les fait cuire sur la grille à cuisson directe.

SAUMON SUR PLANCHE,
GLACE AU CITRON ET À LA MOUTARDE

Bien avant que les planches de cèdre apparaissent sur les barbecues des Nord-Américains, les chefs du 19e siècle cuisaient le poisson au four sur des planches de chêne et, avant eux, les Amérindiens habitant la côte du Connecticut faisaient cuire des filets d'alose en les fixant à l'aide de clous sur des planches qu'ils plantaient à la verticale devant le feu. Tout cela pour dire que cette prétendue nouvelle technique de cuisson remonte en fait à quelques siècles et qu'il n'est pas nécessaire d'avoir un barbecue pour l'employer. Pourquoi une planche ? Parce que la présentation est ainsi plus jolie et que le poisson y gagne en saveur, la planche apportant ses propres caractéristiques gustatives, à mi-chemin entre le goût de chêne d'une bouteille de chardonnay et la fumée s'échappant d'un bois dur qui se consume lentement. Ajoutez à cela la riche saveur acidulée de la glace au zeste de citron, à la moutarde et à la mayonnaise, et vous avez là un saumon assez simple pour être servi en semaine et assez spectaculaire pour occuper la place centrale d'un repas festif. **4 portions**

1 filet de saumon de 900 g (2 lb), de préférence sauvage, les arêtes enlevées

Gros sel (casher ou de mer) et poivre noir fraîchement moulu

160 ml (2/3 tasse) de mayonnaise, Hellmann's de préférence

80 ml (1/3 tasse) de moutarde de Dijon ou de Meaux

1 c. à café de zeste de citron râpé finement, ou au goût

1 Faire tremper la planche 30 minutes dans une grande casserole, l'évier ou une plaque de cuisson à rebord remplie d'eau froide (l'immerger en la couvrant d'une casserole). Égoutter et éponger la planche pour la sécher.

2 Préchauffer le four à 200 °C (400 °F) ou régler le barbecue pour la cuisson indirecte et le préchauffer à feu moyen-vif (voir page 18).

3 Passer les doigts sur le filet afin d'y déceler les arêtes. Les retirer à l'aide d'une pince à bec effilé ou d'une pince fine (ou avec les doigts).

4 Saler et poivrer généreusement les deux faces du saumon. Le disposer, peau dessous, sur la planche humide.

5 Dans un bol, mélanger au fouet la mayonnaise, la moutarde et le zeste de citron. À l'aide d'une spatule étroite (voir page 248), étaler cette glace sur le dessus et les côtés du saumon.

6 *Cuisson au four :* déposer la planche recouverte du poisson sur une plaque de cuisson ou un morceau de papier aluminium et enfourner. Cuire 20 à 30 minutes ou jusqu'à ce que

INGRÉDIENTS Le cèdre est l'essence de bois la plus employée pour la cuisson sur planche, mais on peut obtenir une excellente saveur, quoique différente, avec des bois durs tels que l'érable, le chêne et le cerisier. Vous en trouverez à proximité du rayon poissonnerie du supermarché ou dans les boutiques qui vendent du matériel de barbecue. Vous pouvez aussi les commander en ligne à barbecuebible.com ou fireandflavor.com. Bien sûr, vous pouvez aussi acheter vos planches chez un marchand de bois, mais évitez à tout prix le bois traité sous pression; de plus, si la planche présente des éclats de bois, poncez-la avant usage.

Le choix des moutardes est vaste: Dijon acidulée, Meaux granuleuse, fine ou édulcorée au miel. Par contre, une seule mayonnaise convient, soit la Hellmann's. Vous trouverez à la page 248 mes conseils sur l'achat du saumon.

ÉQUIPEMENT Votre batterie de base, ainsi qu'une planche de cèdre ou de bois dur d'au moins 18 x 30 cm (7 x 12 po) et une assiette assez grande pour la contenir.

AUTRES Il y a deux manières de cuire le saumon sur planche: au barbecue ou au four. Dans le premier cas, vous devez régler le barbecue pour la cuisson indirecte (la méthode est expliquée en détail à la page 18).

la glace gonfle, bouillonne et dore, et que le poisson soit bien cuit. Pour vérifier le degré de cuisson, insérer un thermomètre à mesure instantanée dans l'extrémité la plus large du poisson et l'y laisser 15 secondes. Il sera cuit quand le thermomètre indiquera 60 °C (145 °F). Ou encore, insérer une brochette de métal et l'y laisser 15 secondes; si la brochette est chaude au toucher, c'est signe qu'il est cuit.

Cuisson au barbecue: déposer la planche recouverte du poisson au milieu du barbecue, à l'écart de la chaleur directe. Fermer le couvercle et faire griller 20 à 30 minutes ou jusqu'à ce que le saumon soit bien cuit. Pour vérifier le degré de cuisson, insérer un thermomètre à lecture instantanée dans l'extrémité la plus large du poisson et l'y laisser 15 secondes. Il sera cuit quand le thermomètre indiquera 60 °C (145 °F). Ou encore, insérer une brochette de métal et l'y laisser 15 secondes; si la brochette est chaude au toucher, c'est signe qu'il est cuit.

7 Déposer planche et poisson dans une grande assiette à l'épreuve de la chaleur et servir à même la planche.

Comment savoir quand le poisson est cuit

Il y a trois méthodes pour le déterminer: la texture de la chair, son degré d'opacité et la température au thermomètre.

Pour les deux premières, voir ci-dessous. Pour la troisième, insérez la sonde d'un thermomètre à mesure instantanée dans le côté de la partie la plus épaisse du poisson. Il sera cuit si le thermomètre indique environ 60 °C (145 °F).

La mode actuelle veut qu'on serve le poisson légèrement cru à cœur. Personnellement, je le préfère entièrement cuit, mais à vous de décider.

Déterminer le degré de cuisson

LA TEXTURE DE LA CHAIR

Appuyez sur le poisson du bout des doigts. Si la chair est floconneuse et se défait facilement, c'est qu'il est cuit.

LE DEGRÉ D'OPACITÉ DE LA CHAIR

Coupez le poisson à la fourchette ou à la pointe d'un couteau. Si la chair est chaude et opaque au centre plutôt que translucide, c'est qu'il est cuit.

Saumon sur planche, glace au citron et à la moutarde ▸

Espèces de saumon

Bien que le saumon soit le poisson le plus consommé en Amérique, sa texture et sa saveur varient considérablement d'une espèce à l'autre. Voici la liste des principales et leurs caractéristiques respectives.

SAUMON DU PACIFIQUE

Pour l'heure, le saumon du Pacifique est presque toujours sauvage. Il coûte plus cher que le saumon de l'Atlantique, mais il en vaut le prix.

Quinnat (ou royal): c'est le plus gros des saumons. Il possède une riche couleur orangée et une saveur tout aussi riche. Rarement (un spécimen sur quelques centaines), il est ivoire et présente alors une apparence et une saveur particulièrement fines.

Rouge (ou sockeye): poisson d'un rouge profond à la chair particulièrement goûteuse, plus petit et plus maigre que le quinnat.

Coho (ou argenté): bien que sa saveur soit plus douce que celle des deux espèces précédentes, il est tout de même meilleur que le saumon d'élevage. Offert surtout l'automne.

Rose (ou à bosse): de saveur encore plus douce, il est généralement mis en conserve.

Kéta: abondant mais maigre et insipide. Par contre, les œufs de kéta sont consommés sous forme de caviar, que les amateurs de sushi connaissent sous le nom d'*ikura*.

Quinnat de la rivière Copper: tous les mois de mai, les annonces de l'arrivée du saumon quinnat de la rivière Copper inondent la blogosphère. Pourquoi toute cette agitation et un prix aussi élevé? S'étendant sur quelque 480 kilomètres, la rivière Copper coule depuis le centre-sud de l'Alaska jusqu'à Prince William Sound et, chaque année, les saumons remontent ses eaux froides et impétueuses pour frayer. Seuls les puissants nageurs dont la chair est riche en oméga-3 et en autres acides gras peuvent faire le voyage, ce qui rend leur chair particulièrement savoureuse. La saison de pêche s'étend de la mi-mai à la mi-juin. Vous en trouverez chez les bons poissonniers, les épiceries fines ou en ligne à alaskaseafood-direct.com et farm-2-market.com.

SAUMON DE L'ATLANTIQUE

Elle est bien terminée l'époque où le saumon de l'Atlantique nageait dans les rivières du Canada et des États-Unis. Aujourd'hui, le poisson de cette espèce est presque toujours issu d'élevages. Les quelques rares individus encore sauvages ont reçu le statut d'espèce en voie de disparition.

Préparation du poisson sur planche

1 Passez les doigts sur le filet afin d'y déceler les arêtes. Retirez-les à l'aide d'une pince à bec effilé.

2 À l'aide d'une spatule étroite, étalez la glace au citron et à la moutarde sur le poisson.

3 Le saumon, partiellement glacé, sur sa planche de cèdre préalablement trempée, est prêt pour une deuxième couche de glace.

MI-CUIT DE THON EN NOIR ET BLANC

ENROBÉ DE GRAINES DE SÉSAME ET CRU À CŒUR

Le thon est le poisson le plus simple à préparer et à cuire. Il est dénué d'arêtes (du moins en ce qui concerne la partie que l'on consomme) et se manipule sans se défaire. Sa cuisson ne nécessite pas un minutage à la seconde près et il n'est pas nécessaire qu'il soit bien cuit. En fait, moins on en fait, meilleur il est. Ce qui m'amène à parler d'un plat créé par Wolfgang Puck : le thon en noir et blanc. Il s'agit d'enrober le poisson de graines de sésame noires et blanches, ce qui en fait un plat tout aussi savoureux qu'attrayant. On ne le fait griller que le temps de dorer l'extérieur, tandis qu'il est cru à cœur comme le sont les sashimis. Voyez ce plat merveilleusement minimaliste comme un sushi cuit ou un carpaccio aux graines de sésame. **4 portions**

- 1 c. à soupe comble de wasabi en poudre et 125 ml (½ tasse) de sauce soya ou de tamari
- 4 darnes de thon de 170 à 225 g (6 à 8 oz) chacune et d'au moins 2,5 cm (1 po) d'épaisseur
- 3 c. à soupe d'huile de sésame grillé ou d'huile de canola
- Gros sel (casher ou de mer) et poivre noir fraîchement moulu
- 40 g (¼ tasse) de graines de sésame blanches
- 40 g (¼ tasse) de graines de sésame noires (ou blanches)
- 1 à 2 c. à café de flocons de piment rouge (facultatif)

1 Si désiré, préparer la pâte de wasabi pour la sauce à tremper : dans un petit bol, mélanger la poudre de wasabi avec 1 c. à soupe d'eau tiède en remuant. Laisser cette pâte reposer environ 5 minutes puis la façonner en 4 boulettes. Verser 2 c. à soupe de sauce soya dans 4 petits bols.

2 Enduire les deux faces des darnes de thon de 1 ½ c. à soupe d'huile de sésame, puis saler et poivrer généreusement. Déposer les graines de sésame blanches et noires, ainsi que les flocons de piment, si désiré, dans un bol peu profond et remuer. Passer les darnes dans cette préparation de manière à en enrober les deux faces de graines. Appuyer du bout des doigts pour enfoncer les graines dans la chair du poisson.

3 Dans une grande poêle, chauffer 1 ½ c. à soupe d'huile à feu vif. Cuire les darnes de thon jusqu'à ce que les graines de sésame soient dorées et croustillantes et que le poisson soit cuit au goût, 1 minute par face pour une chair saignante, 30 à 60 secondes de plus pour une chair mi-saignante. Il vaut mieux ne pas les cuire plus longtemps. Le thon saignant sera mou et spongieux au toucher, le mi-saignant cédera sous la pression du doigt.

4 Servir les darnes de thon entières ou les couper en fines tranches. En remuant, incorporer la pâte de wasabi dans les 4 petits bols de sauce soya. Tremper les morceaux de thon dans cette préparation. Ce plat peut se servir chaud ou à température ambiante.

INGRÉDIENTS Comme il est mi-cuit, le thon doit être de qualité supérieure. Le thon rouge et le thon jaune sont deux espèces populaires qu'on trouve facilement en poissonnerie. Comme la plupart du thon de qualité est surgelé, vous pouvez généralement l'acheter en toute confiance dans les supermarchés réputés pour leur rayon poissonnerie.

Vous trouverez des graines de sésame noires dans les épiceries asiatiques, les magasins de produits naturels et au rayon des produits exotiques de nombreux supermarchés. À défaut d'en trouver, doublez la quantité de graines de sésame blanches. Le plat aura moins belle apparence mais sa saveur sera tout aussi remarquable. Optez pour de l'huile de sésame grillé, par exemple la marque japonaise Kadoya.

ÉQUIPEMENT Votre batterie de base dont un pinceau à pâtisserie et une grande poêle de 25 à 30 cm (10 à 12 po).

AUTRES Je conseille d'accompagner le mi-cuit de thon d'une sauce soya épicée au wasabi, comme on le fait pour les sushis.

DURÉE Environ 15 minutes.

ESPADON NAPPÉ DE SAUCE
AUX CÂPRES FRITES

INGRÉDIENTS L'espadon se trouve facilement, la saison variant selon l'endroit. À Martha's Vineyard dans le Massachusetts, on le trouve de mai à octobre; à Miami en Floride, en hiver. On a parfois la chance de mettre la main sur de l'espadon rose, qui doit sa couleur et sa saveur fabuleuses à une alimentation riche en crevettes roses.

ÉQUIPEMENT Votre batterie de base dont un plat allant au four et une grande poêle de 25 à 30 cm (10 à 12 po).

AUTRES Grâce à sa consistance dense, l'espadon est, comme le thon, un poisson que l'on peut cuire sans craindre qu'il se défasse quand on le retourne. À défaut de disposer d'un barbecue, faites-le cuire à la poêle. Vous pouvez aussi le remplacer par un autre poisson, par exemple des darnes de saumon ou de flétan, qui se marient bien avec les câpres frites.

DURÉE Environ 15 minutes.

Voici un plat que je prépare avec la régularité d'une montre suisse. Je m'en procure au début du printemps quand il apparaît dans les poissonneries de ma région et, dès lors, j'en prépare au moins une fois par semaine jusqu'à la fin de sa saison de pêche, en automne. Étant donné sa fraîcheur, je m'en tiens à des assaisonnements simples – sel, poivre, jus de citron et huile d'olive extra vierge –, aussi simples en fait que l'est le mode de cuisson, soit à la poêle ou sur un feu de bois. Je le garnis de câpres frites dans le beurre. La préparation demande alors environ 20 minutes (un peu plus s'il faut allumer le barbecue). La simplicité à son meilleur! **4 portions**

- 4 darnes d'espadon de 170 à 225 g (6 à 8 oz) chacune et d'au moins 2,5 cm (1 po) d'épaisseur
- Gros sel (casher ou de mer) et grains de poivre noir concassés grossièrement ou fraîchement moulus
- 2 c. à soupe d'huile d'olive extra vierge
- 1 citron coupé en deux
- 5 c. à soupe de beurre non salé
- 3 à 4 c. à soupe de câpres égouttées

1 Disposer les darnes d'espadon en une seule couche dans un plat allant au four fait de matière non réactive (verre, acier inoxydable ou céramique); saler et poivrer généreusement les deux faces. Arroser de 1 c. à soupe d'huile d'olive et presser le citron au-dessus, en retournant les darnes pour en enduire les deux faces. Laisser mariner 10 minutes à température ambiante.

2 Dans une grande poêle, faire fondre à feu vif 1 c. à soupe de beurre dans 1 c. à soupe d'huile d'olive. En le retournant à l'aide d'une spatule, faire dorer l'espadon 4 minutes par face ou jusqu'à ce qu'il soit bien cuit. Espacer les darnes de 2,5 cm (1 po) (on arrive difficilement à saisir le poisson quand la poêle est surchargée); au besoin, procéder par lots. Déposer le poisson cuit dans une grande assiette et le garder au chaud en le couvrant d'une tente en papier aluminium.

3 Préparer la sauce aux câpres: dans la poêle, faire fondre le reste du beurre à feu vif. En secouant la poêle, cuire les câpres 2 minutes ou jusqu'à ce qu'elles soient croustillantes et dorées. Attention de ne pas laisser le beurre brûler.

4 Verser la sauce aux câpres sur le poisson et servir.

Variante

Espadon au barbecue

Régler le barbecue pour la cuisson directe et le préchauffer à feu vif (voir page 18). Pour une saveur de fumée, jeter 250 ml (1 tasse) de morceaux ou de copeaux de chêne secs (ou d'un autre bois dur) sur les braises ou les mettre dans le fumoir du barbecue au gaz. Disposer les darnes marinées sur la grille (elles devraient toutes être orientées dans la même direction). Les faire griller 4 minutes par face ou jusqu'à ce qu'elles soient bien cuites, en les tournent d'un quart de tour au bout de 2 minutes de sorte qu'elles soient quadrillées de noir. À mi-cuisson, arroser de la marinade qui reste dans le plat. Faire frire les câpres dans le beurre sur la cuisinière, comme il est décrit à l'étape 3, page 250. Déposer l'espadon dans des assiettes et l'arroser de sauce.

VIVANEAU CROUSTILLANT

Tout gars a besoin d'avoir, dans son sac à malice, une méthode rapide et infaillible pour cuire le poisson. Celle-ci ne nécessite rien de plus que du sel, du poivre, de la farine et du beurre (ou de l'huile d'olive), et ne demande que 20 minutes. Les Français, qui savent de quoi ils parlent quand il s'agit de poisson et de fruits de mer, l'appellent «cuisson à l'unilatérale», manière recherchée de dire qu'on ne poêle le poisson que du côté peau et qu'on termine la cuisson au four. Il en résulte une peau tellement croustillante qu'elle craque sous la dent. Cette technique est particulièrement efficace pour le poisson à chair tendre et douce, tel que le vivaneau, le malachigan ou l'omble chevalier. Facilité, saveur et côté spectaculaire de la poêle grésillante, voilà les qualités par excellence d'un plat de gars. **4 portions**

INGRÉDIENTS Cette méthode convient aux filets de poisson dont la chair est trop délicate pour être grillée au barbecue. À Miami, j'opterais pour le vivaneau rouge, le pourceau, le vivaneau à queue jaune ou le pompano; sur la côte atlantique, pour l'achigan à grande bouche, la brème ou le malachigan; dans le Midwest, pour le brochet, la truite, le doré jaune ou l'omble chevalier. Assurez-vous d'acheter des filets avec la peau. Un gars du Sud remplacerait peut-être la farine par de la fécule de maïs.

ÉQUIPEMENT Votre batterie de base dont une grande poêle en fonte de 25 à 30 cm (10 à 12 po).

- 900 g (2 lb) de filets de vivaneau avec la peau
- Gros sel (casher ou de mer) et poivre noir fraîchement moulu
- Environ 100 g (¾ tasse) de farine tout usage non blanchie
- 1 c. à soupe de beurre
- 1 c. à soupe d'huile d'olive extra vierge
- 1 citron coupé en quartiers
- Sauce au choix (voir AUTRES, page, 252)

1 Préchauffer le four à 230 °C (450 °F).

2 Passer les doigts sur les filets de vivaneau pour y déceler les arêtes. Les ôter à l'aide d'une pince à bec effilé ou d'une pince fine. Pratiquer une incision en croix peu profonde de 2,5 cm (1 po) au milieu des filets, côté peau, en n'entaillant que la peau. Saler et poivrer généreusement les deux faces du poisson.

AUTRES Les possibilités de sauces sont nombreuses: pour une note caribéenne, servir avec la salsa à la mangue (page 132). Les gens de Miami opteraient peut-être pour la sauce moutardée façon Joe's (page 269) et ceux de la Nouvelle-Angleterre, pour une bonne sauce tartare.

DURÉE Environ 20 minutes.

3 Étaler la farine dans une assiette de papier ou sur du papier absorbant.

4 Dans une grande poêle en fonte, faire fondre le beurre dans l'huile à feu vif jusqu'à ce qu'il cesse de grésiller.

5 Entre-temps, passer les deux faces des filets dans la farine et secouer pour éliminer l'excédent. Les déposer dans la poêle, peau dessous, et cuire à feu moyen-vif 2 à 3 minutes ou jusqu'à ce que la peau soit dorée et croustillante.

6 À l'aide d'une spatule et de pinces, retourner les filets. Enfourner la poêle et poursuivre la cuisson 6 à 10 minutes ou jusqu'à ce que la peau soit bien dorée et le poisson, bien cuit. Pour vérifier le degré de cuisson, voir à la page 246.

7 Servir à même la poêle (prendre garde: le manche sera chaud). Accompagner de quartiers de citron et de sauce ou de salade au chou.

POISSON FRIT,
ENROBÉ DE PÂTE À LA BIÈRE

INGRÉDIENTS
Le poisson blanc à chair douce et tendre convient plus que tout autre à la friture. Vérifiez la liste des espèces menacées de disparition pour vous assurer que celui que vous choisissez est issu de la pêche durable. Vous pouvez télécharger un guide de poche pratique sur le site de Seafood Watch à montereybayaquarium.org.

ÉQUIPEMENT
Votre batterie de base, plus une poêle en fonte profonde ou une casserole épaisse, une plaque de cuisson tapissée de papier absorbant ou d'un sac de papier propre (pour égoutter le poisson) et un thermomètre à friture ou à confiserie.

Étant donné que je passe le plus clair de mon temps au barbecue, j'oublie parfois l'intérêt que présente le poisson frit. Cependant, pour bien des espèces, dont la morue, l'aiglefin, le flet, le doré jaune, le brochet, le vivaneau, la sébaste et la barbote, la friture est le mode de cuisson le plus approprié, la chair délicate se tenant bien à la cuisson et préservant ainsi sa saveur et son moelleux, tandis que l'extérieur forme une croûte agréablement craquante sous la dent. Particulièrement bon quand on aromatise la pâte de bière et de paprika fumé (*pimentón*)! **4 portions**

- 375 g (3 tasses) de farine tout usage non blanchie
- 1 c. à soupe de paprika, doux ou fumé
- 2 c. à café de levure chimique (poudre à pâte)
- 1 c. à café de gros sel (casher ou de mer)
- 1 c. à café de poivre noir fraîchement moulu
- 500 ml (2 tasses) de bière froide (blonde ou brune, ale ou stout, au choix)
- 680 à 900 g (1 ½ à 2 lb) de filets de morue, d'aiglefin, de barbote ou autre poisson à chair tendre et blanche, coupés en 2 ou 3 morceaux
- 750 ml (3 tasses) d'huile de canola, de carthame ou d'une autre huile végétale, ou + au besoin

Poisson frit, enrobé de pâte à la bière ▸

AUTRES Ce plat vous rappellera peut-être le *fish and chips*. Pour ma part, j'essaie de limiter les plats frits à un seul par repas, mais si vous avez envie de frites, vous trouverez ci-dessous les indications pour les préparer.

DURÉE Environ 20 minutes.

1 Dans un grand bol, mélanger au fouet 250 g (2 tasses) de farine, le paprika, la levure chimique, le sel et le poivre. En fouettant, ajouter graduellement la bière; la préparation devrait avoir la consistance de la pâte à crêpes (ou d'une soupe crémeuse).

2 Verser la farine restante dans un sac de papier. Ajouter les morceaux de poisson et les secouer dans la farine. Les retirer en les secouant pour éliminer l'excédent de farine et déposer les morceaux en une seule couche dans une grande assiette ou sur une feuille de papier ciré ou aluminium.

3 Dans une poêle en fonte profonde ou une casserole épaisse, verser l'huile à hauteur de 4 cm (1 ½ po) et la chauffer à feu moyen-vif jusqu'à ce qu'un thermomètre à friture ou à confiserie indique 180 °C (350 °F). À défaut de disposer d'un thermomètre, déposer une petite cuillerée de pâte dans l'huile; quand des bulles se forment autour et qu'elle dore en 10 secondes, c'est que l'huile est assez chaude. Astuce: si elle fume, c'est qu'elle est trop chaude.

4 À l'aide de pinces, tremper les morceaux de poisson dans la pâte, en les retournant pour bien les enduire. Puis les déposer délicatement dans l'huile chaude. Surtout, ne pas les laisser tomber d'une hauteur de 15 cm (6 po) ou plus dans l'huile bouillante, à défaut de quoi celle-ci éclaboussera le cuisinier et la cuisinière. En retournant les morceaux à l'aide de pinces, les faire frire 2 à 3 minutes par face ou jusqu'à ce que la pâte gonfle et soit dorée. Ne pas surcharger la poêle: les morceaux devraient être espacés d'au moins 2,5 cm (1 po), sinon la température de l'huile baissera et le poisson sera pâteux et huileux. Au besoin, procéder par lots et reporter l'huile à la bonne température entre les lots. Mettre le poisson à égoutter sur une plaque de cuisson tapissée de papier absorbant ou d'un sac de papier propre, puis servir.

Variante

Sandwichs au poisson frit

Petit pain beurré, laitue croustillante, cornichon acidulé et mayonnaise à la moutarde composeront le sandwich au poisson frit. Préparer le poisson suivant la recette donnée ci-dessus. Beurrer légèrement 4 petits pains à hamburger ou briochés. Les enduire de moutarde ou de sauce au wasabi (ou d'une des sauces à la mayonnaise figurant aux pages 349 à 352). Tapisser la partie inférieure du pain d'une feuille de laitue Boston ou de roquette. Ajouter le poisson, une tranche de tomate mûre et quelques tranches de cornichon sucré ou à l'aneth. Accompagner, bien sûr, de bière froide.

FRITES

Voici comment préparer les frites qui accompagneront le poisson frit. Pour un seul bain de friture: 1. Faites frire les pommes de terre une première fois. 2. Faites frire le poisson. 3. Faites frire les pommes de terre une seconde fois juste avant de servir. Vous pouvez aussi employer deux casseroles d'huile.

900 g (2 lb) de pommes de terre, des Russet par exemple

1 litre (4 tasses) d'huile végétale, telle que canola ou carthame

Gros sel (casher ou de mer) et poivre noir fraîchement moulu

1 Bien frotter les pommes de terre sous l'eau et les éponger (inutile de les peler). Les couper en lanières ou en morceaux de 1 cm (½ po) de large et les éponger de nouveau.

2 Dans une grande casserole, chauffer l'huile à 180 °C (350 °F). En procédant par lots au besoin, les frire 3 à 4 minutes ou jusqu'à ce qu'elles soient molles mais non colorées. Les mettre à égoutter dans un panier de métal ou sur une bonne quantité de papier absorbant.

3 Au moment de servir, chauffer l'huile à 200 °C (400 °F). Frire les pommes de terre de nouveau 3 à 4 minutes ou jusqu'à ce qu'elles soient bien dorées. Les mettre à égoutter. Saler, poivrer et servir aussitôt.

TRUITE À LA EISENHOWER

ENROBÉE DE SEMOULE DE MAÏS ET FRITE DANS LA GRAISSE DE BACON

Peu de gens savent que Dwight D. Eisenhower, général d'armée et trente-quatrième président des États-Unis, était aussi commandant et chef à la cuisine. Le bifteck à la Eisenhower (surlonge roulée dans le sel, le poivre et la poudre d'ail) était cuit directement sur les braises. Pour ce qui est de la truite, son approche était tout aussi pragmatique : il faisait dorer du bacon à la poêle, enrobait le poisson de semoule de maïs et le faisait frire dans la graisse de bacon. **4 portions**

INGRÉDIENTS Je préfère cuire la truite entière, c'est-à-dire avec la tête. Cependant, vous aurez peut-être plus d'admirateurs chez les femmes et les enfants si vous optez pour les filets.

ÉQUIPEMENT Votre batterie de base dont une grande poêle en fonte de 25 à 30 cm (10 à 12 po) et une assiette tapissée de papier absorbant.

4 tranches épaisses de bacon artisanal

Gros sel (casher ou de mer) et poivre noir fraîchement moulu

4 truites entières de 340 à 450 g (12 à 16 oz) chacune, vidées et nettoyées

Environ 250 ml (1 tasse) de semoule de maïs blanche ou jaune, étalée dans une assiette

1 citron coupé en quartiers

Comment lever les filets d'un poisson entier cuit

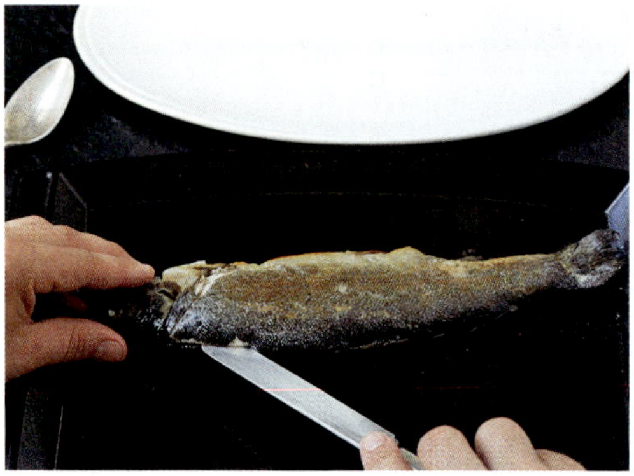

1 À l'aide d'un couteau à fileter ou à beurre, pratiquez une incision sur le dos du poisson juste au-dessus de l'arête centrale.

2 Insérez le couteau dans l'incision. Levez délicatement la lame pour détacher le filet de l'arête.

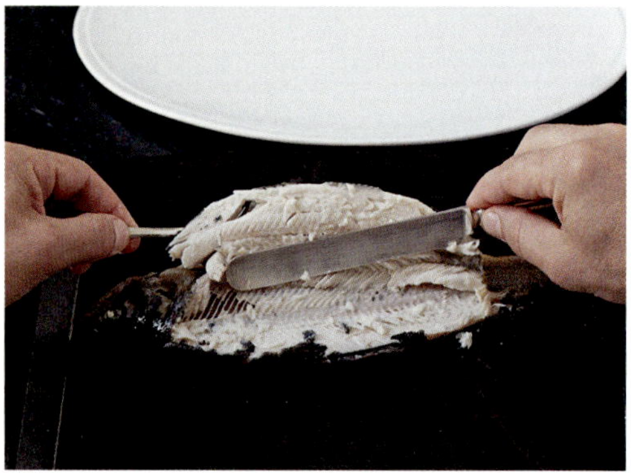

3 Serrez le filet entre la lame et une grosse cuiller. Séparez-le du corps du poisson.

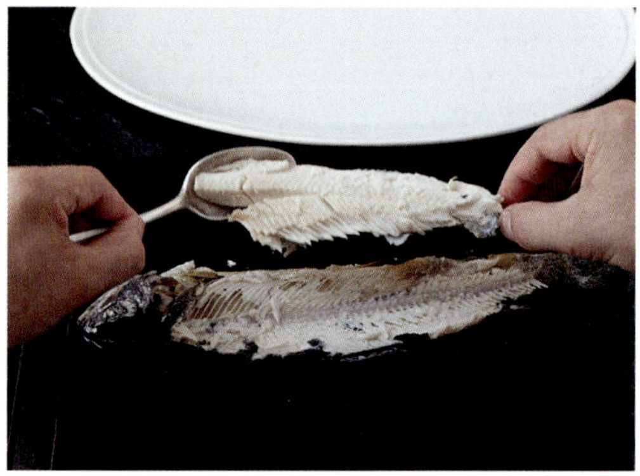

4 Déposez le filet dans une assiette.

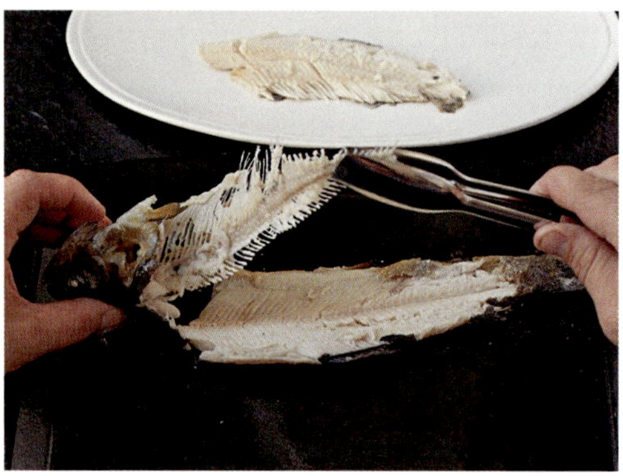

5 Saisissez le bout de l'arête centrale à l'aide de pinces et levez celle-ci pour la détacher du filet restant. Ôtez les arêtes tenaces, le cas échéant.

6 Déposez le second filet dans l'assiette et servez.

Truite à la Eisenhower enrobée de semoule de maïs et frite dans la graisse de bacon ▸

AUTRES L'idéal serait de cuire une truite que vous venez tout juste de pêcher sur un feu de camp, à côté du ruisseau... Pour reproduire la saveur de fumée qui en résulterait, vous pouvez la cuire à la poêle sur un barbecue au charbon de bois auquel vous aurez ajouté des copeaux de bois.

DURÉE Environ 20 minutes.

1 Déposer le bacon dans une poêle en fonte froide. Chauffer la poêle à feu moyen ou sur les flammes d'un feu de camp et, en le retournant avec des pinces ou une fourchette, cuire le bacon 3 à 4 minutes par face ou jusqu'à ce qu'il soit croustillant et doré sur les deux faces. Le mettre à égoutter dans une assiette tapissée de papier absorbant. Réserver la graisse dans la poêle.

2 Saler et poivrer généreusement l'intérieur et l'extérieur des truites. En les tenant par la queue, les passer dans la semoule de maïs, en enrobant bien leurs deux faces puis en les secouant pour éliminer l'excédent.

3 Déposer délicatement les truites dans la graisse de bacon chaude. Les cuire 5 à 8 minutes par face ou jusqu'à ce qu'elles soient bien dorées et cuites. Commencer à feu moyen-vif et baisser le feu si l'extérieur semble vouloir brûler avant que la chair soit entièrement cuite. Pour vérifier le degré de cuisson, pratiquer une petite incision dans le dos du poisson. La chair à proximité de l'arête centrale devrait être blanchâtre et s'en détacher facilement.

4 Mettre les truites à égoutter sur du papier absorbant puis les déposer dans une grande assiette ou des assiettes individuelles. Émietter le bacon au-dessus (ou couper simplement les tranches en deux) et servir avec les quartiers de citron.

FRUITS DE MER

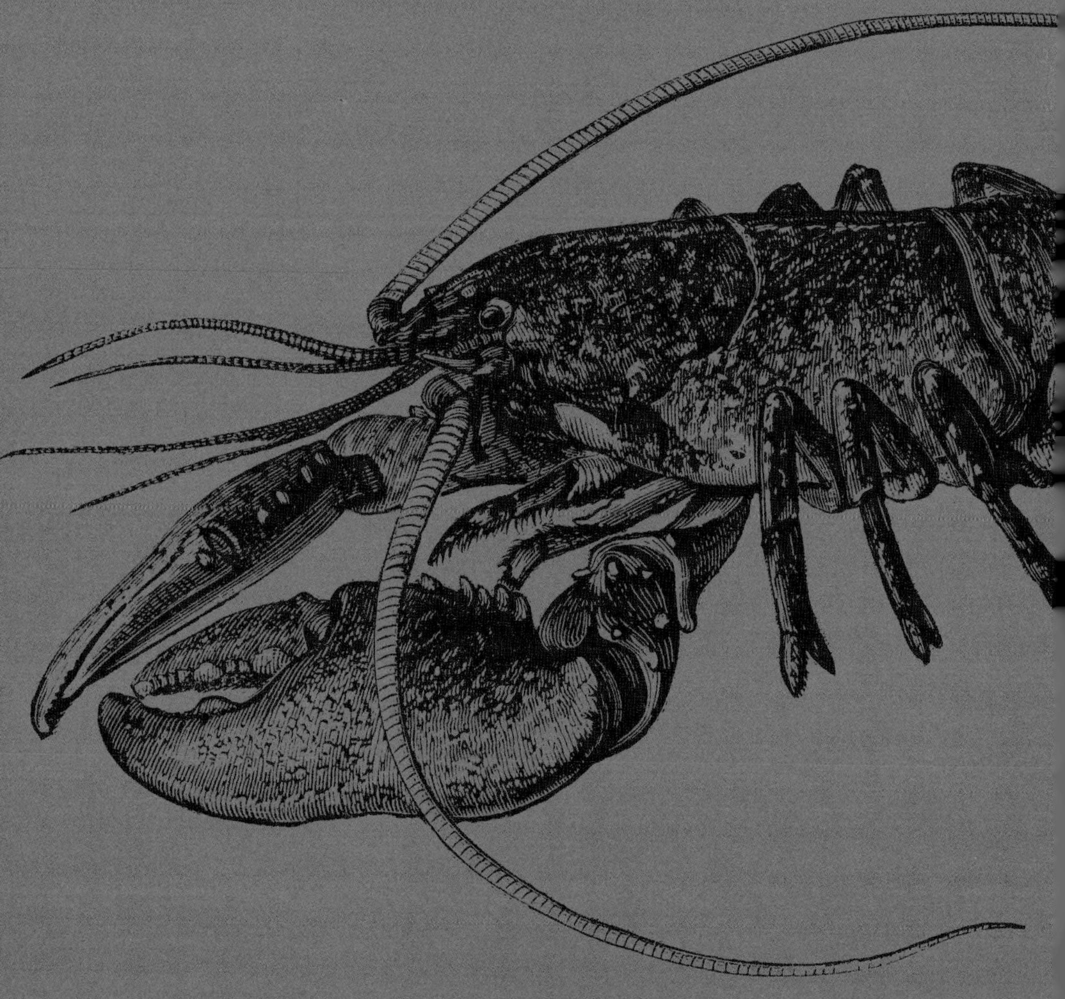

Homard, huîtres rôties, palourdes en demi-coquille, voilà certains des aliments que les gars préfèrent entre tous. Dans tous les cas, il s'agit de créatures avec des coquilles ou une carapace. Non pas que nous ayons le monopole des fruits de mer, mais ceux-ci semblent nous apporter un plaisir particulier. Il ne s'agit pas ici seulement des prétendues propriétés aphrodisiaques des huîtres (j'ai toujours cru que c'est dans la tête que ces choses-là se passent), ni de la commodité de la crevette, cette source de protéines pures qu'on peut cuire en quelques minutes, ni même du fait que la cuisson d'un crabe ou d'un homard vivant soit presque toujours laissée aux hommes.

Voici de quoi il sera question dans ce chapitre : vous apprendrez à bien préparer les principaux fruits de mer – crevette, crabe, homard, huître, palourde, pétoncle et moule. Vous apprendrez aussi à bien les cuire au wok, à la poêle, au four et, naturellement, au barbecue.

HUÎTRES ET PALOURDES
EN DEMI-COQUILLE AVEC SAUCES BIEN GOÛTEUSES

La plupart des gens qui passent chez moi s'attendent à une séance de grillades, ce que je suis généralement prêt à faire. Mais on doit aussi apprendre à reconnaître les moments où il vaut mieux ne pas cuire, ce qui m'amène à la question des huîtres et des palourdes en demi-coquille. Comme j'ai la chance de passer du temps à Martha's Vineyard dans le Massachusetts, j'ai accès à certains des meilleurs bivalves de la planète. Quand les fruits de mer sont aussi frais, même un fanatique du barbecue tel que moi opte pour la simplicité. Le feu d'artifice provient des sauces, telles que la sauce mignonette, la sauce à cocktail volcanique ou la crème fouettée au wasabi (les recettes suivent).

2 douzaines soit 2 à 4 portions

- 24 huîtres fraîches, palourdes du Pacifique ou palourdes américaines, ou un mélange d'huîtres et de palourdes
- Glace concassée pour le service
- 2 citrons coupés en quartiers
- 1 bouteille de sauce piquante, au choix
- 125 ml (½ tasse) de raifort préparé ou fraîchement râpé
- Sauce mignonette à la française (facultatif, page 263)
- Sauce mignonette à la mode asiatique (facultatif, page 263)
- Sauce cocktail volcanique (facultatif, page 264)
- Crème fouettée au wasabi (facultatif, page 264)

1 Rincer les huîtres et les palourdes à l'eau froide et les gratter à la brosse à poils durs pour les débarrasser de leur sable ou de leur terre. *Huîtres:* les ouvrir en suivant la méthode décrite à la page 262. *Palourdes:* les ouvrir en suivant la méthode décrite à la page 266.

2 Empiler la glace concassée dans une grande assiette. Déposer les huîtres et les palourdes sur la glace en les accompagnant de quartiers de citron. Servir avec de la sauce piquante, du raifort et, si désiré, avec quelques sauces, au choix.

INGRÉDIENTS Achetez vos huîtres et vos palourdes dans une poissonnerie bien achalandée. Les coquilles devraient être fermées hermétiquement et les fruits de mer, sentir la saumure, non pas le poisson. Si quelques coquilles sont légèrement ouvertes, tapotez-les: un bivalve frais et vivant se refermera en quelques secondes.

ÉQUIPEMENT Votre batterie de base, ainsi qu'un couteau à huîtres, une brosse à poils durs et une grande assiette.

AUTRES La saveur et la consistance des huîtres varient beaucoup en fonction de leur provenance. Vous trouverez mes variétés préférées à la page 267. J'essaie toujours d'en servir deux ou trois; goûter et comparer diverses variétés est une expérience éducative.

DURÉE Environ 20 minutes pour ouvrir les huîtres + 10 minutes pour préparer les sauces, si désiré.

Comment ouvrir une huître

▶ En septembre, le Grand Central Oyster Bar de New York tient un concours d'ouverture d'huîtres. Luis Iglesias, un Mexicain ayant récemment gagné le concours, a réussi à en ouvrir 15 en 1 minute. Son secret? Un couteau court, droit et mince dangereusement bien affûté et inséré sur le côté de l'huître. Génial pour les pros, mais j'ai vu des gars se rentrer la lame de ce genre de couteau dans la paume de la main en ayant recours à cette technique. Voici donc, en six étapes, une méthode éprouvée qui vous permettra d'ouvrir vos huîtres sans vous ouvrir la main.

1 Calez l'huître dans la main, lèvre face à votre pouce; protégez votre paume à l'aide d'un linge propre replié.

2 Insérez la pointe du couteau à huître dans la «charnière» (partie étroite où les deux coquilles se joignent).

3 Remuez la pointe du couteau entre les deux coquilles au niveau de la charnière.

4 Faites pivoter la lame pour séparer les coquilles.

5 Glissez la lame sous la coquille du haut au-dessus de l'huître pour couper le muscle adducteur. Jetez la demi-coquille supérieure.

6 Glissez la lame sous la chair de l'huître pour la détacher de la coquille inférieure.

SAUCE MIGNONETTE À LA FRANÇAISE

Condiment français qui accompagne les huîtres, la sauce mignonette est composée de vinaigre de vin rouge, d'échalotes hachées finement et de grains de poivre noir concassés grossièrement. **Environ 250 ml (1 tasse)**

- 125 ml (½ tasse) de vinaigre de vin rouge de bonne qualité
- 2 ou 3 grosses échalotes pelées et émincées (environ 80 g [½ tasse])
- 1 c. à soupe de grains de poivre noir concassés grossièrement
- 1 c. à café de gros sel (casher ou de mer)

Déposer dans un bol le vinaigre de vin, les échalotes, les grains de poivre et le sel. Ajouter 2 c. à soupe d'eau et mélanger au fouet jusqu'à dissolution du sel. Goûter et ajouter de l'eau s'il est nécessaire d'atténuer la saveur du vinaigre. Servir la sauce dans un petit bol; chacun en arrosera ses huîtres à la cuiller. On peut préparer la sauce 2 heures à l'avance et la réfrigérer.

SAUCE MIGNONETTE À LA MODE ASIATIQUE

Dans cette variante asiatique de la sauce mignonette, la douceur du mirin (vin de riz japonais) équilibre la saveur forte et salée de la sauce soya ainsi que le mordant du vinaigre de riz et du gingembre. **Environ 250 ml (1 tasse)**

- 1 oignon vert, parties blanche et verte hachées finement
- 3 c. à soupe de coriandre fraîche hachée
- 1 c. à soupe de gingembre frais pelé et émincé
- 125 ml (½ tasse) de vinaigre de riz
- 2 c. à soupe de sauce soya ou de sauce de poisson
- 2 c. à soupe de mirin (vin de riz sucré), de saké ou de vin blanc

Dans un bol, mélanger au fouet l'oignon vert, la coriandre, le gingembre, le vinaigre de riz, la sauce soya, le mirin et 2 c. à soupe d'eau. Servir la sauce dans un petit bol; chacun en arrosera ses huîtres à la cuiller. On peut la préparer 2 heures à l'avance et la réfrigérer.

SAUCE COCKTAIL VOLCANIQUE

Le raifort fraîchement râpé et la sauce piquante caribéenne relèvent indiscutablement cette sauce cocktail américaine classique. La racine fraîche de raifort ressemble vaguement à un fémur. Pelez-la au couteau d'office et râpez-la à la râpe carrée ou hachez-la finement au robot culinaire. La sauce cocktail du commerce (la Heinz est une bonne marque) n'est pas aussi sucrée que le ketchup ; vous pouvez certainement la remplacer par ce dernier. **Environ 250 ml (1 tasse)**

1 morceau de 8 cm (3 po) de raifort frais pelé

250 ml (1 tasse) de sauce cocktail du commerce ou de ketchup

1 c. à soupe de jus de citron frais

1 c. à café de sauce au piment Scotch Bonnet, telle que la Matouk's de Trinidad, ou 1 c. à café de chipotle en conserve, émincé, ou + de l'une ou de l'autre au goût

1 *Râpe carrée:* dans un bol à mélanger, râper la racine de raifort sur la face à petits trous. *Robot culinaire:* couper le raifort en tranches de 0,5 cm (¼ po), puis le hacher finement, en faisant fonctionner l'appareil quelques secondes à la fois. Déposer le raifort haché dans un bol. Mise en garde: comme les vapeurs du raifort piquent les sinus, éviter d'inspirer profondément.

2 Ajouter la sauce cocktail, le jus de citron et autant de sauce piquante, ou de piment chipotle, que tolérable. Servir dans un petit bol; chacun en arrosera ses huîtres à la cuiller. On peut réfrigérer la sauce quelques jours dans un récipient fermé.

CRÈME FOUETTÉE AU WASABI

Cette crème fouettée diffère grandement de la préparation classique puisqu'elle comprend du wasabi et de la sauce soya. Mais elle contrebalance à merveille la saveur forte et saumurée des huîtres et des palourdes. Fouettez la crème au malaxeur manuel (mixette) ou sur socle, si vous en avez un, ou encore au fouet dans un bol de métal refroidi ; vous devrez toutefois y mettre de l'huile de coude. **Environ 250 ml (1 tasse)**

1 c. à soupe de wasabi en poudre

1 c. à soupe de sauce soya

175 ml (¾ tasse) de crème à fouetter

Huîtres et palourdes en demi-coquille avec sauce mignonette à la française ▸

Comment servir les huîtres

Les huîtres crues sont habituellement servies dans une demi-coquille posée sur un lit de glace concassée ou d'algues; un poissonnier serviable fournira ces dernières. Ainsi, les huîtres ne risqueront pas de basculer et de répandre leur jus. Quant aux algues, elles apportent à la présentation leur couleur de légume de mer.

À mesure que vous prendrez de l'expérience, vous découvrirez que vous employez de moins en moins de condiments. Vous pourriez commencer par une sauce cocktail ou piquante et du raifort, mais, à la longue, vous en viendrez à apprécier la pure saveur d'eau de mer des huîtres et des palourdes, et vous vous en tiendrez à la sauce mignonette (sauce française au vinaigre, à l'échalote et au poivre à la page 263) ou à du simple jus de citron.

Cependant, c'est probablement à nu (l'huître, pas vous) que l'huître se laisse le mieux apprécier, son jus frais constituant le seul condiment.

Pour boire, optez pour du champagne, un vin blanc coulant tel que le chablis, le sancerre, le muscadet, le vinho verde, le txakolí ou le sauvignon, ou une bière foncée amère, telle que la Guinness.

1 Dans un bol, mélanger la poudre de wasabi avec 2 c. à soupe d'eau pour former une pâte. Laisser reposer environ 5 minutes, puis incorporer la sauce soya.

2 Dans un bol de métal refroidi, fouetter la crème au malaxeur ou au fouet jusqu'à ce qu'elle forme des pics mous (elle devrait avoir la consistance de la crème glacée molle). Ne pas trop battre.

3 À l'aide d'une maryse, incorporer délicatement la crème fouettée dans la pâte de wasabi et déposer la préparation dans un bol de service. Garnir les huîtres ou les palourdes de crème au wasabi. La crème se conservera 1 à 2 jours au réfrigérateur, dans un récipient fermé.

Comment ouvrir une palourde

▶ Pour ouvrir une palourde, telle que la palourde du Pacifique, de taille petite ou moyenne, il vous faut un couteau à lame plate, par exemple à beurre. Si vous comptez en ouvrir beaucoup et souvent, procurez-vous un couteau à palourde dans les magasins d'équipement de cuisine, tels que Sur La Table ou Williams-Sonoma, ou en ligne à amazon.com.

1 Calez la palourde dans la paume de votre main, charnière vers la base du pouce, paume protégée par un linge propre. Positionnez le couteau là où les deux coquilles se joignent.

2 Glissez délicatement la lame entre les demi-coquilles vers la charnière.

3 Coupez le muscle adducteur, qui réunit les deux demi-coquilles. La palourde s'ouvrira.

4 Glissez la lame sous la chair de la palourde pour la détacher de la coquille. Prenez garde de ne pas répandre son jus goûteux.

GUIDE CULINAIRE À L'INTENTION DES GARS

HUÎTRE

Ah, l'huître! Pour les gars, peu d'aliments sont associés d'aussi près à la notion de masculinité. Apprendre à savourer les huîtres crues est un rite de passage obligé et une marque de virilité. Il y a d'abord le défi de les ouvrir en écartant les coquilles fermées hermétiquement avec rien d'autre qu'un couteau et vos mains nues, de préférence sans répandre de sang. Ensuite, il y a l'excitation primitive d'avaler le mollusque cru directement de sa coquille.

PROVENANCE. L'huître est essentiellement un filtre qui absorbe les saveurs de l'eau dans laquelle elle se trouve. Voilà pourquoi, pour une même espèce, le goût peut varier considérablement d'une huître à l'autre, selon l'endroit où elle a été élevée et pêchée. Acheter des huîtres, c'est un peu comme choisir un hôtel : tout dépend de l'emplacement. Dans cet encadré, vous trouverez une liste de sept des meilleurs endroits où on en élève.

VOTRE NEZ SAIT. Humez les huîtres, de même que le commerce où on les vend. Elles devraient sentir le frais et le saumuré, comme le bord de mer. Si une huître sent mauvais, elle goûte probablement mauvais (ou pire encore). Rejetez-la.

ASSUREZ-VOUS QUE LES HUÎTRES SONT FERMÉES HERMÉTIQUEMENT. Si les coquilles s'ouvrent un peu, tapotez l'huître. Si elle se ferme complètement en 20 secondes ou moins, c'est signe qu'elle est vivante et ne présente aucun danger. Sinon, rejetez-la. Comme pour tous les fruits de mer, en cas de doute, jetez.

SEPT VARIÉTÉS D'HUÎTRES QUE VOUS DEVRIEZ GOÛTER

LA BELON. Huître à coquille plate d'abord produite en France mais aujourd'hui élevée dans le Maine. Véritable huître destinée aux amateurs de ce fruit de mer, elle possède une intense saveur saumurée, à laquelle s'ajoute un goût de minéral et d'iode.

LA BLUEPOINT. Huître charnue, viandeuse, légèrement saumurée et de saveur douce provenant de Blue Point, au Connecticut, dans le Long Island Sound. La préférée des clients du Grand Central Oyster Bar : on en sert plus d'un millier chaque jour.

L'HUÎTRE DE LA BAIE DE KATAMA. Mollusque provenant de mon terrain de jeu préféré, la baie Katama de Martha's Vineyard au Massachusetts. Moelleuse et tendre, elle présente un équilibre parfait entre le doux et le salé.

LA KUMAMOTO. Petite huître creuse possédant une texture crémeuse et une douce saveur saumurée. Originaire du Japon, on la trouve désormais dans l'Ouest américain et l'Ouest canadien.

L'HUÎTRE DE LA BAIE PECONIC (LONG ISLAND). Huître charnue, mi-saumurée. Une partie des profits va à la préservation de la baie Peconic.

LA PEMAQUID. Huître américaine à saveur forte et saumurée élevée au Maine dans la rivière Damariscotta.

LA PENN COVE SELECT. Huître succulente, saumurée et exempte de sable, élevée dans les eaux du Puget Sound qui baignent l'île de Whidbey. L'*Oyster Guide* (oysterguide.com) apparente sa saveur à la fraîcheur d'un concombre salé.

CRABES FROIDS,
SAUCES CHAUDES

INGRÉDIENTS La saison du crabe caillou dure d'octobre à avril. En Floride, vous pouvez le trouver en poissonnerie et dans bien des épiceries. Sinon, commandez-le directement de chez Joe's à joesstonecrab.com. Vous pouvez commander du crabe royal à vitalchoice.com, du crabe des neiges à marxfoods.com et du crabe bleu à mdcrabbers.com. Quoi qu'il en soit, le crabe sera cuit quand vous l'achèterez.

ÉQUIPEMENT Votre batterie de base ainsi qu'un maillet à grosse tête, une grande assiette de service et des petits bols pour les sauces.

AUTRES Vous pouvez certainement servir des pinces de crabe tout droit sorties du réfrigérateur, mais pour une présentation spectaculaire, disposez-les dans une grande assiette tapissée de glace concassée. Si votre frigo ne possède pas la fonction concassage, enfermez des glaçons dans une taie d'oreiller et concassez-les à l'aide d'un marteau.

DURÉE Environ 15 minutes.

Joe Weiss n'avait pas l'intention de marquer l'histoire des fruits de mer. Il cherchait tout simplement à fuir les hivers de l'État de New York, qui aggravaient son asthme. Il a donc installé sa famille à Miami Beach, alors accessible uniquement par traversier, et a ouvert un petit restaurant de fruits de mer dans la pièce avant de sa petite maison d'un étage. La maison se spécialisait dans les pinces froides d'un crustacé indigène de la Floride. On connaît aujourd'hui le plat sous le nom de son créateur et du restaurant le plus célèbre de Miami Beach : Joe's Stone Crab.

Nous, gens de Miami, consommons des pinces de crabe caillou avec une sauce à la moutarde quand on fête le Super Bowl, la veille du Nouvel An, lors de rendez-vous amoureux et pratiquement à toutes les autres occasions qui se présentent. Déplacez-vous au Maryland et vous servirez des « doigts de crabe » (pinces de crabe bleu, fendues). Sur la côte Ouest, ce serait du crabe de Dungeness en provenance de l'État de Washington, ou du crabe royal ou des neiges en provenance de l'Alaska. Le fait est que, si vous servez une grande assiette de crabe bien froid avec quelques sauces épicées, le festin sera aussi généreux que le gars qui le sert. **4 portions (à multiplier à volonté)**

Pinces ou pattes de crabe cuites de l'une ou de plusieurs des variétés suivantes : pinces de crabe caillou, royal ou des neiges ; pattes de crabe bleu ; prévoir 450 à 680 g (1 à 1 ½ lb) par personne

Glace concassée, pour l'assiette de service

1 citron coupé en quartiers

Sauce moutardée façon Joe's (page 269)

Sauce cocktail volcanique (page 264)

1 Garder les crabes au réfrigérateur jusqu'au moment de les servir. Casser les pinces au besoin (dans certains cas, elles le sont déjà). Pour ce faire, les déposer sur une planche à découper et les recouvrir d'un linge propre (il empêchera les morceaux de coquille et de chair de se répandre). À l'aide d'un maillet, frapper délicatement les pinces. La plupart du temps, les pinces de crabe royal et des neiges sont déjà fendues mais, si ce n'est pas le cas, les couper en deux dans le sens de la longueur à l'aide de ciseaux de cuisine ou d'une pince à métal (nettoyer celle-ci à fond si elle provient de l'atelier).

2 Pour servir le crabe, empiler de la glace concassée dans une grande assiette. Couvrir de crabe et parsemer de quartiers de citron. Déposer les sauces dans de petits bols et caler ceux-ci dans la glace.

SAUCE MOUTARDÉE FAÇON JOE'S

Cette recette s'inspire de la sauce crémeuse, acidulée et légèrement moutardée que l'on sert au Joe's Stone Crab. Vous trouverez de la moutarde sèche Colman's, qui se présente dans des boîtes rectangulaires jaunes et rouges, au rayon des épices du supermarché. Ou remplacez-la par une quantité égale de moutarde de Dijon. **Environ 250 ml (1 tasse)**

- 250 ml (1 tasse) de mayonnaise, Hellmann's de préférence
- 4 c. à café de moutarde sèche Colman's
- 2 c. à soupe de crème 35 % à fouetter ou de crème 11,5 %
- 2 c. à café de sauce Worcestershire
- 1 c. à café de sauce à bifteck A. 1.
- Gros sel (casher ou de mer) et poivre blanc fraîchement moulu

Dans un petit bol, mélanger au fouet la mayonnaise, la moutarde sèche, la crème, la sauce Worcestershire et la sauce à bifteck. Saler et poivrer au goût. La sauce se conservera au moins 3 jours au réfrigérateur, dans un récipient fermé.

CRABES À CARAPACE MOLLE
POÊLÉS

Le crabe à carapace molle n'est pas une espèce en soi, mais plutôt le crabe bleu en mue, c'est-à-dire qui abandonne sa vieille carapace pour s'en fabriquer une plus grosse. Durant cette période transitoire, il est alors plus vulnérable aux prédateurs, les plus importants étant nous, les êtres humains. La beauté d'un crabe en mue, c'est qu'on peut le consommer entier, c'est-à-dire carapace croquante (dont le goût rappelle celui des croustilles de pommes de terre saumurées) et chair douce. **4 portions**

INGRÉDIENTS La saison du crabe à carapace molle s'étend de la pleine lune de mai (quand il sort de son hibernation) à septembre. Vous en trouverez dans les poissonneries et certains supermarchés.

ÉQUIPEMENT Votre batterie de base dont une grande poêle de 25 à 30 cm (10 à 12 po).

AUTRES Pour parer et nettoyer les crabes, ôtez les yeux et la bouche à l'aide de ciseaux de cuisine. Levez les extrémités pointues de la carapace et retirez les ouïes, partie d'apparence feutrée se trouvant dessous. Mieux encore, demandez au poissonnier de le faire.

Pour la panure, vous pouvez employer de la farine, solution la plus simple. Cependant, elle aura un peu plus de saveur et de croquant si vous la mélangez avec de la semoule de maïs. Mais ce sont les miettes de craquelins qui donneront la croûte la plus riche. Vous en trouverez au supermarché, mais vous pouvez aussi faire les vôtres en enfermant des craquelins dans un sachet de plastique robuste et en les écrasant à l'aide d'une poêle en fonte ou d'un rouleau à pâtisserie.

DURÉE Environ 15 minutes.

1 gros œuf

125 ml (½ tasse) de lait

100 g (¾ tasse) de farine tout usage non blanchie

120 g (¾ tasse) de miettes de craquelins ou de semoule de maïs blanc ou de farine additionnelle

1 c. à soupe d'assaisonnement Old Bay

1 ½ c. à soupe de beurre non salé, + au besoin

1 c. à soupe d'huile d'olive extra vierge, + au besoin

8 gros crabes à carapace molle ou 12 moyens, lavés

Quartiers de citron

1 Dans un grand bol peu profond, battre l'œuf à la fourchette. En battant, incorporer le lait.

2 Dans un grand bol peu profond, mélanger à la fourchette la farine, les miettes de craquelins (ou la semoule) et l'assaisonnement Old Bay.

3 Dans une grande poêle, faire fondre le beurre dans l'huile à feu moyen-vif.

4 À l'aide de pinces ou de deux fourchettes, tremper le crabe dans la préparation à l'œuf et le tenir au-dessus du bol pour éliminer l'excédent. Puis, passer ses deux faces dans la farine et le secouer au-dessus du bol pour éliminer l'excédent. Fariner les autres crabes au moment de les frire.

5 En procédant par lots afin de ne pas surcharger la poêle, déposer délicatement les crabes dans la poêle, en les espaçant d'environ 2,5 cm (1 po). En les retournant à l'aide de pinces, les faire frire 2 à 4 minutes par face, selon leur taille, ou jusqu'à ce qu'ils soient dorés sur les deux faces. Ils seront cuits quand leur carapace sera rouge. Pratiquer une petite incision dans le dessous, là où la chair est la plus épaisse; elle devrait être blanche et ferme. Ajouter du beurre ou de l'huile d'olive au besoin.

6 Déposer les crabes dans une grande assiette ou des assiettes individuelles et servir avec les quartiers de citron.

LES VRAIES CROQUETTES
DE CRABE DE BALTIMORE

Comme j'ai grandi à Baltimore, j'ai des idées arrêtées sur les croquettes de crabe, particulièrement sur ce que l'on devrait y mettre et en omettre. Les oignons, par exemple, n'y ont pas leur place. Pas plus que l'ail, le poivron ou le céleri. On ne devrait pas non plus les assaisonner aux épices cajuns, au romarin ou à la coriandre fraîche. Une croquette de crabe ne devrait contenir qu'un ingrédient principal: de la chair de crabe. De gros morceaux enrichis de mayonnaise et enrobés de juste ce qu'il faut de pain et d'œuf pour qu'elle se tienne. On ne les agrémente que de moutarde sèche et d'Old Bay. **4 croquettes: 4 portions en hors-d'œuvre ou 2 portions comme plat principal**

Les vraies croquettes de crabe de Baltimore ▸

INGRÉDIENTS Pour ces croquettes façon Maryland, employez de la chair de crabe géant. Elle n'est pas bon marché (comptez payer 55 $ le kilo [25$ la livre] ou plus). Commandez-la à votre poissonnier ou en ligne à farm-2-market.com. Si vous vivez sur la côte Ouest, vous pouvez préparer de fabuleuses croquettes avec la chair du crabe de Dungeness.

ÉQUIPEMENT Votre batterie de base dont une grande poêle de 25 à 30 cm (10 à 12 po).

AUTRES Il y a trois manières de cuire les croquettes de crabe: à la poêle, en haute friture ou sous le gril. La cuisson à la poêle donne un rapport idéal entre croustillant et gras.

DURÉE 20 minutes de préparation et de cuisson + de 1 heure à 3 heures 30 minutes de réfrigération.

1 tranche de pain blanc, de campagne de préférence, croûte ôtée, coupée en dés de 0,5 cm (¼ po)

60 ml (¼ tasse) de crème 11,5 %

450 g (1 lb) de chair de crabe en gros morceaux

1 gros œuf

2 c. à café d'assaisonnement Old Bay

60 ml (¼ tasse) de mayonnaise, Hellmann's de préférence, ou au besoin

1 c. à café de moutarde sèche, Colman's de préférence

1 c. à soupe de beurre non salé, + au besoin, et 1 c. à soupe d'huile d'olive pour la friture

Sauce tartare

1 Mettre le pain à tremper environ 5 minutes dans la crème. Égoutter (réserver la crème pour les céréales) en serrant le pain avec les doigts pour en extraire un maximum de crème.

2 Trier la chair de crabe en ôtant les morceaux de carapace au besoin. Dans un grand bol, battre l'œuf à la fourchette. Ajouter l'assaisonnement Old Bay, la mayonnaise et la moutarde sèche. Ajouter le crabe et le pain trempé, et remuer juste ce qu'il faut pour mélanger. Si la préparation semble sèche, ajouter un peu de mayonnaise. Réfrigérer à couvert au moins 30 minutes.

3 Mouiller les mains à l'eau froide et diviser la préparation au crabe en 4 parties égales. Façonner chaque partie en une croquette d'environ 4 cm (1 ½ po) d'épaisseur (une bonne croquette est censée être épaisse). Déposer les croquettes dans une assiette tapissée de pellicule de plastique, puis les couvrir de pellicule. Réfrigérer de 30 minutes à 3 heures.

4 Au moment de servir, faire fondre dans une grande poêle 1 c. à soupe de beurre dans l'huile d'olive à feu moyen-vif. Déposer délicatement les croquettes de crabe dans l'huile chaude et les poêler 4 à 6 minutes par face ou jusqu'à ce qu'elles soient dorées sur les deux faces et bien cuites. Au besoin, baisser le feu pour éviter qu'elles brûlent et ajouter du beurre afin qu'elles n'attachent pas à la poêle.

5 Servir avec de la sauce tartare. Un gars du Maryland ne peut qu'être fier de ce plat!

CEVICHE DE CREVETTES
ET DE PÉTONCLES AU CHIPOTLE ET À L'ORANGE

INGRÉDIENTS J'indique d'employer des crevettes cuites, mais si vous pouvez en trouver des fraîches crues, par exemple de Key West ou du Maine, c'est encore mieux. Optez pour des pétoncles de baie ou géants, selon la saison.

Si le ceviche est né au Pérou, les Mexicains l'ont largement adopté. À moins que la technique consistant à faire mariner des fruits de mer dans du jus de citron vert et des piments ne soit tellement simple qu'elle a émergé spontanément dans les divers villages de pêcheurs d'un bout à l'autre des Amériques, à une époque où la réfrigération n'existait pas et où il fallait tout de même conserver les fruits de mer périssables. Ce ceviche doit sa saveur de fumée et son piquant au piment chipotle. **4 portions en hors-d'œuvre**

225 g (½ lb) de petites crevettes cuites, décortiquées et déveinées

225 g (½ lb) de pétoncles crus

2 grosses oranges

½ à 1 piment chipotle en conserve, émincé, avec 1 ou 2 c. à café de son jus

1 grosse tomate rouge bien mûre coupée en dés de 1 cm (½ po), avec le jus et les graines

1 petit oignon rouge pelé, coupé en deux sur la longueur, puis haché finement

10 g (½ tasse) de coriandre fraîche hachée grossièrement

1 gousse d'ail pelée et émincée

60 ml (¼ tasse) de jus de citron vert frais, + au besoin

Gros sel (casher ou de mer) et poivre noir fraîchement moulu

4 feuilles de cœur de romaine (facultatif)

ÉQUIPEMENT Votre batterie de base dont une râpe fine de type Microplane ou une râpe carrée.

AUTRES Vous pouvez certainement n'employer que des crevettes ou des pétoncles (450 g [1 lb] en tout). Je préfère le chipotle en boîte que le piment séché; il est présenté dans une sauce savoureuse (adobo).

DURÉE Environ 20 minutes.

1 Si les crevettes sont grosses, les couper en morceaux de 1 cm (½ po). Ôter et jeter le petit muscle en forme de croissant qui se trouve sur le côté des pétoncles et qui est coriace. Couper les pétoncles géants en quatre, au besoin. Déposer crevettes et pétoncles dans un bol à mélanger non réactif (verre, acier inoxydable ou céramique).

2 À l'aide d'une râpe fine de type Microplane ou d'une râpe carrée, râper 1 c. à café de zeste d'orange au-dessus des fruits de mer. Peler les oranges, en ôtant la partie blanche. Pratiquer des incisions en V entre les membranes pour en libérer les suprêmes, puis couper ceux-ci en deux. Jeter les pépins. Ajouter les suprêmes d'orange aux fruits de mer. Presser le jus des membranes des oranges au-dessus des crevettes et des pétoncles.

3 Ajouter le chipotle, la tomate, l'oignon, la coriandre fraîche, l'ail et le jus de citron vert dans le bol et bien remuer. Saler et poivrer au goût. Servir aussitôt ou réfrigérer à couvert jusqu'au moment de servir, dans les 2 heures qui suivent. Juste avant de servir, goûter et, au besoin, ajouter du sel ou du jus de citron vert; le ceviche devrait être bien relevé. Si désiré, le servir sur les feuilles de romaine, en le répartissant entre elles.

CREVETTES EN TAPAS
À L'AIL ET AU PIMENT

Un incontournable des bars à tapas en Espagne, ce plat de crevettes est l'un des plus simples à préparer. Il suffit de les cuire dans de l'huile d'olive avec de l'ail, du persil et des flocons de piment, mélange aussi populaire en Italie qu'en Espagne. Ces assaisonnements ont l'avantage d'intensifier la saveur saumurée des crevettes sans la submerger. **4 portions**

INGRÉDIENTS Pour de l'information sur le choix et l'achat des crevettes, voir le GUIDE CULINAIRE À L'INTENTION DES GARS: CREVETTE (page 278). Optez pour du persil plat frais et de l'huile d'olive espagnole.

ÉQUIPEMENT Votre batterie de cuisine dont une grande poêle en fonte de 25 à 30 cm (10 à 12 po).

AUTRES Je vais vous apprendre à préparer des tapas avec les crevettes que vous consommez habituellement, c'est-à-dire sans tête, décortiquées et déveinées. Cependant, à mesure que vous perfectionnerez vos talents culinaires, j'espère que vous en viendrez à employer des crevettes avec leur tête et leur carapace. La tête apporte son jus absolument délicieux, tandis que la carapace confère de la saveur, préserve le moelleux de la chair et procure le plaisir primitif de manger avec les doigts.

DURÉE Environ 20 minutes.

900 g (2 lb) de crevettes géantes décortiquées et déveinées ou 1,1 kg (2 ½ lb) de crevettes ordinaires avec la tête

Gros sel (casher ou de mer) et poivre noir fraîchement moulu

3 c. à soupe d'huile d'olive extra vierge, espagnole de préférence

2 gousses d'ail entières, pelées et légèrement écrasées avec le plat d'un couteau ou, pour une saveur plus prononcée, émincées

1 généreuse poignée de persil plat frais, rincé, égoutté et haché finement (environ 15 g [¼ tasse])

1 c. à café de flocons de piment rouge

1 citron coupé en quartiers

1 Éponger les crevettes à l'aide de papier absorbant. Saler et poivrer généreusement leurs deux faces.

2 Dans une grande poêle en fonte, chauffer l'huile d'olive à feu moyen-vif. Cuire les gousses d'ail entières 30 secondes ou jusqu'à ce qu'elles commencent à dorer et libèrent leur arôme. S'il s'agit d'ail émincé, le cuire environ 10 secondes ou jusqu'à ce qu'il grésille.

3 Monter le feu à vif et, en remuant à la cuiller en bois (ou en donnant à la poêle de petits mouvements rapides avec le poignet), cuire les crevettes, le persil et les flocons de piment rouge 2 à 4 minutes ou jusqu'à ce que les crevettes soient cuites. Servir avec des quartiers de citron.

Variante

Pour des crevettes à la mexicaine, remplacer le persil par de la coriandre fraîche et les flocons de piment rouge, par du piment jalapeno tranché. Les ajouter à l'étape 3 et suivre le reste de la recette.

CREVETTES À LA NOIX DE COCO,

SAUCE THAÏLANDAISE AU PIMENT ET À L'ORANGE

INGRÉDIENTS Voyez les conseils pour l'achat des crevettes à la page 278. Assurez-vous de prendre de la noix de coco râpée non sucrée.

Les crevettes grillées enrobées de noix de coco douce et croustillante constituent un plat populaire dans les bars de style polynésien des Caraïbes et des Keys de la Floride. Trempées dans de la sauce à l'orange pimentée, c'est possiblement la meilleure bouchée pour accompagner un Rum Runner ou un autre cocktail tropical. Souvent, on les fait frire mais vous obtiendrez un plat beaucoup plus fin en les poêlant dans le beurre et l'huile d'olive. **6 à 8 portions en hors-d'œuvre ou 4 portions comme plat principal**

COMMENT DÉCORTIQUER LES CREVETTES

1 Tenez les pattes avant d'une main et le corps de l'autre.

2 Levez un morceau de carapace; déchirez celle-ci et retirez-la (comme si vous peliez une mandarine).

DÉVEINER LES CREVETTES À L'AIDE D'UN COUTEAU D'OFFICE

1 À l'aide d'un couteau d'office, pratiquez une incision profonde le long du dos de la crevette.

2 À l'aide de la pointe du couteau ou de la dent d'une fourchette, ôtez la veine noire et jetez-la.

◀ La veine est le tube mince noir qui longe le dos de la crevette. Sans entrer dans les détails anatomiques, disons que c'est une partie du tube digestif; bien qu'elle soit sans danger, elle affecte le goût de la crevette.

COMMENT DÉVEINER UNE CREVETTE ENCORE DANS SA CARAPACE

1 À l'aide de petits ciseaux de cuisine, coupez la carapace le long du dos de la crevette.

2 À l'aide de la pointe d'une baguette en bambou, soulevez la veine et retirez-la.

ÉQUIPEMENT Votre batterie de base dont 3 grands bols peu profonds, une grande poêle de 25 à 30 cm (10 à 12 po), des pinces et une assiette tapissée de papier absorbant.

AUTRES Pour un plat plus fin, procurez-vous une noix de coco, râpez-en la chair et employez-la pour enrober les crevettes. Une fois que vous aurez pris le tour de les enrober de noix de coco, essayez avec d'autres ingrédients, par exemple des noix de macadamia hachées ou des amandes effilées.

DURÉE Environ 20 minutes.

- Gros sel (casher ou de mer) et poivre noir fraîchement moulu
- 900 g (2 lb) de crevettes géantes décortiquées et déveinées
- 125 g (1 tasse) de farine tout usage non blanchie
- 2 gros œufs
- 190 g (2 tasses) de noix de coco râpée, non sucrée
- 2 c. à café de zeste d'orange ou de citron finement râpé
- 2 c. à soupe (¼ plaquette) de beurre non salé
- 2 c. à soupe d'huile d'olive extra vierge
- Sauce thaïlandaise au piment et à l'orange (recette ci-dessous)

1 Saler et poivrer généreusement les crevettes. Déposer la farine, les œufs et la noix de coco respectivement dans 3 grands bols peu profonds. Battre légèrement les œufs à la fourchette. Incorporer le zeste d'orange dans la noix de coco.

2 Dans une grande poêle, faire fondre à feu moyen-vif 1 c. à soupe de beurre dans 1 c. à soupe d'huile pendant 30 secondes à 1 minute ou jusqu'à ce que les gras grésillent. Point de science culinaire: l'huile d'olive élève la température à laquelle le beurre brûle.

3 À l'aide de pinces, tenir quelques crevettes par la queue et les passer dans la farine, dans les œufs battus, puis dans le mélange à la noix de coco, en secouant chaque fois pour éliminer l'excédent.

4 En procédant par lots, déposer la quantité de crevettes nécessaires pour couvrir le fond de la poêle en une seule couche, sans la surcharger. Les cuire 2 minutes ou jusqu'à ce qu'elles soient croustillantes et dorées sur une face. Les retourner à l'aide de pinces et les cuire 2 minutes ou jusqu'à ce qu'elles soient croustillantes, dorées et cuites. En tout, il faudra 4 à 5 minutes de cuisson. Mettre les crevettes à égoutter dans une assiette tapissée de papier absorbant. En ajoutant au besoin la dernière c. à soupe d'huile et de beurre dans la poêle, cuire le reste des crevettes.

5 Pour consommer, tremper les crevettes dans la sauce thaïlandaise au piment et à l'orange.

SAUCE THAÏLANDAISE AU PIMENT ET À L'ORANGE

Douce, fruitée et légèrement piquante, cette sauce à l'orange met en valeur les sauces au piment de la Thaïlande. **Environ 250 ml (1 tasse)**

- 160 ml (⅔ tasse) de sauce au piment doux thaïlandaise
- 80 ml (⅓ tasse) de marmelade d'orange
- 1 c. à soupe de jus de citron vert frais ou de vinaigre de riz
- 1 c. à soupe de Cointreau ou de Grand Marnier

Dans un petit bol, mélanger au fouet la sauce au piment, la marmelade d'orange, le jus de citron vert ou le vinaigre de riz et la liqueur. La sauce se conservera quelques jours au réfrigérateur dans un récipient fermé.

Crevettes à la noix de coco, sauce thaïlandaise au piment et à l'orange ▸

GUIDE CULINAIRE À L'INTENTION DES GARS

CREVETTE

Omniprésente, abordable et consommée à la maison, dans les échoppes et les restaurants pratiquement partout sur la planète, la crevette est, de tous les fruits de mer, le plus populaire. Tout comme la poitrine de poulet sans la peau et les os, elle est devenue une source de protéines commode, appréciée plus pour son prix abordable que pour sa saveur.

Voici comment bien choisir vos crevettes et les cuire pour en tirer un maximum de saveur.

OPTEZ POUR LES CREVETTES FRAÎCHES. Les crevettes sont, pour l'essentiel, vendues surgelées. Heureusement, c'est un fruit de mer qui supporte bien la congélation sans que sa texture et sa saveur en soient trop affectées. Mais on peut en trouver des fraîches chez certains poissonniers.

ACHETEZ-LES ET CUISINEZ-LES AVEC LEUR TÊTE. Au vu de ce qu'on trouve au rayon des fruits de mer des supermarchés, on ne se douterait pas que la plupart des amateurs de crevettes dans le monde les préfèrent avec leur tête. Ce n'est pas sans raison : la tête contient un jus particulièrement savoureux. (« Mange la queue et suce la tête », m'a conseillé un ami de La Nouvelle-Orléans.) De plus, les têtes aromatisent à merveille les soupes et les ragoûts.

FAITES-LES CUIRE DANS LEUR CARAPACE. Même si vous ne trouvez pas de crevettes avec leur tête, vous en trouverez probablement qui ont leur carapace. Sur le barbecue, les carapaces apportent leur saveur et empêchent la chair de se dessécher. De plus, on peut les consommer avec les doigts, ce qui a le don de rendre les aliments plus savoureux.

LA TAILLE COMPTE. Les crevettes sont classées selon la quantité qui entre dans une livre (ou un kilo). Il y a donc moins de grosses crevettes à la livre que de petites. Cependant, les plus grosses ne sont pas nécessairement les meilleures. Ainsi celles du Maine sont petites, mais peu d'autres fruits de mer ont une chair aussi douce.

COMMENT CUIRE LES CREVETTES. Appréciée crue par les Japonais et les Péruviens, la crevette est aussi cuite de toutes les manières possibles et imaginables : bouillies, en ragoût, sur plaque chauffante, à la poêle et, bien sûr, grillées. En Amérique du Nord, on la préfère généralement bien cuite, mais en Espagne, les chefs ne la cuisent que le temps de raffermir la chair à l'extérieur tandis que l'intérieur reste translucide et que le jus de la tête est encore coulant.

CREVETTES POÊLÉES À LA CRÉOLE

Les crevettes épicées à la créole sont un classique de l'Alchemy Bistro and Bar d'Edgartown, à Martha's Vineyard, où on les consomme au bar avec un gimlet, cocktail au gin et au jus de citron vert, en regardant un match des Red Sox (la seule excuse valable pour allumer la télé dans un restaurant respectable). Le plat possède au moins trois qualités: la spontanéité de sa préparation, sa saveur affirmée et sa sauce à base de crème, qui contrebalance le piquant de la tabasco, et de bonne bière!

2 portions comme plat principal

- 3 c. à soupe de beurre non salé
- 2 échalotes pelées et hachées finement
- 1 gousse d'ail pelée et légèrement écrasée avec le plat d'un couteau
- Gros sel (casher ou de mer) et poivre noir fraîchement moulu
- 450 g (1 lb) de crevettes géantes décortiquées et déveinées
- 125 ml (½ tasse) de bière légère, telle que la Pabst Blue Ribbon
- 3 c. à soupe de sauce chili, la Heinz par exemple
- 1 c. à soupe de sauce Worcestershire
- 1 c. à café de sauce tabasco, + au goût
- 60 ml (¼ tasse) de crème à fouetter
- 1 c. à soupe de ciboulette ou d'oignon vert, hachés finement

1 Dans une grande poêle, faire fondre la moitié du beurre (1 ½ c. à soupe) à feu moyen. Cuire les échalotes et l'ail 3 minutes ou jusqu'à ce qu'ils commencent juste à dorer.

2 Entre-temps, saler et poivrer les crevettes. Régler le feu à vif et ajouter les crevettes dans la poêle. En ajoutant du beurre au besoin, les cuire 1 à 2 minutes ou jusqu'à ce qu'elles soient grillées. Ajouter la bière, porter à ébullition et laisser bouillir 2 à 3 minutes ou jusqu'à réduction à environ 60 ml (¼ tasse).

3 Ajouter la sauce chili, la sauce Worcestershire, la sauce tabasco et la crème, et laisser bouillir 2 minutes de plus ou jusqu'à ce que la sauce soit épaisse et crémeuse, et que les crevettes soient cuites; il faudra 6 à 7 minutes de cuisson en tout. Goûter et ajouter au besoin du sel et de la sauce tabasco. Parsemer de ciboulette et servir.

INGRÉDIENTS Procurez-vous des crevettes fraîches provenant de votre région (voir page 278), si possible avec les têtes.

ÉQUIPEMENT Votre batterie de base dont une grande poêle de 25 à 30 cm (10 à 12 po).

AUTRES Ma variante des crevettes à la créole s'inspire de celle du chef Craig Decker de l'Alchemy Bistro and Bar. Vous pouvez les cuire dans une seule poêle en 15 minutes ou moins. Accompagnez-les d'une salade verte (page 96) et de pain croûté à saucer. Craig Decker aime la saveur légèrement maltée de la Pabst Blue Ribbon, mais toute lager légère conviendra.

DURÉE Environ 15 minutes.

LE HOMARD
TEL QU'ON LE CUIT DANS LE MAINE

INGRÉDIENTS Première règle concernant le homard: plus il semble fougueux, meilleur il sera. Si les pinces pendent mollement, choisissez-en un autre ou optez pour des crevettes. Approvisionnez-vous auprès de votre poissonnier ou d'une épicerie bien achalandée. Autrement, commandez vos homards d'un fournisseur réputé pour livraison le lendemain. Je ne suis pas un grand amateur de homards élevés en aquarium et vendus dans les supermarchés: je me demande toujours à quelle fréquence la cuve est lavée.

ÉQUIPEMENT Votre batterie de base ainsi qu'une grande marmite d'au moins 11 litres (3 gallons) fermant hermétiquement, des pinces, une pince à homard et des fourchettes étroites.

AUTRES Pour déterminer le sexe d'un homard, observez la première paire d'appendices sur le ventre (au point de rencontre entre la queue et le corps). Ceux d'un mâle sont durs, ceux d'une femelle, mous et duveteux. C'est important: les œufs rouges de la femelle sont la meilleure chose qui soit après le caviar.

DURÉE De 14 à 30 minutes, selon la taille des homards.

Le homard est l'un de ces aliments que l'on doit cuire vivant. En tant que gars (en présumant que vous êtes en présence d'hommes et de femmes), la tâche consistant à se bagarrer avec les homards et à les cuire vous reviendra presque toujours. Heureusement, ce n'est pas plus difficile que de faire bouillir une casserole d'eau. La scène du homard dans le film *Annie Hall* a fait rétrograder notre sexe de quelques décennies. Faites un homme de vous et approchez-vous de la casserole avec assurance. **2 homards (à multiplier à volonté)**

Gros sel (casher ou de mer)

2 homards vivants de 570 à 680 g (1 ¼ à 1 ½ lb) chacun

6 c. à soupe (¾ plaquette) de beurre salé fondu

1 Dans une grande casserole, verser de l'eau à hauteur de 15 cm (6 po), en la mesurant à mesure, et ajouter 1 c. à café de sel pour chaque 500 ml (2 tasses). Porter l'eau salée à ébullition à feu vif.

2 Déposer les homards dans l'eau et couvrir hermétiquement. Les laisser bouillir jusqu'à ce qu'ils soient d'un rouge vif et bien cuits. Le tableau de la page 284 donne le temps de cuisson approximatif pour des homards de poids différents ainsi que des indices permettant d'évaluer le degré de cuisson. Ajouter quelques minutes si plus de 1 homard est mis à cuire. Garder à l'esprit que les homards cuisent tous différemment.

3 Déposer les homards dans une assiette profonde et répartir le beurre fondu dans deux petits bols; les convives y tremperont la chair. Fournir un grand bol pour y mettre les carapaces. Pour ce qui est de la manière de consommer le homard, chacun a la sienne. La mienne est présentée aux pages 282-283.

Le homard tel qu'on le cuit dans le Maine ▸

Comment décortiquer un homard

▶ Vous aurez besoin de pinces à homard, de piques ou de fourchettes à cocktail et de grands bols pour y déposer les carapaces.

1 Saisissez d'une main le corps du homard et, de l'autre, une pince.

2 Tournez la pince pour la séparer du corps. Retirez la seconde pince de la même façon.

3 Brisez les articulations des pinces.

4 Brisez la carapace des articulations et retirez la chair.

5 À l'aide du dos d'un couteau de chef ou d'un maillet, brisez la carapace des pinces.

6 Retirez-en la chair.

7 Saisissez la queue d'une main et le corps de l'autre et tournez pour les séparer.

8 Séparez la queue du corps.

9 Brisez la nageoire dorsale du bout de la queue.

10 Sortez la chair de la nageoire.

11 Retirez la chair de la queue.

12 Arrachez les pattes et séparez-les en deux pour en aspirer la chair.

◀ Trempez la chair dans du beurre fondu à mesure que vous défaites le homard pour le consommer.

Durée de cuisson du homard

TAILLE DU HOMARD	DURÉE DE CUISSON
Moins de 570 g (1 ¼ lb)	7 à 9 minutes
De 570 à 680 g (1 ¼ à 1 ½ lb)	10 à 12 minutes
De 680 à 900 g (1 ½ à 2 lb)	13 à 15 minutes
Environ 900 g (2 lb)	16 à 18 minutes
Environ 1,4 kg (3 lb)	20 à 24 minutes

Il y a quatre manières de savoir si un homard est cuit:

► Tirez sur une antenne. Si elle se détache facilement, le homard est cuit.

► En commençant par le milieu du dos, soulevez la carapace. Si le tomalli (foie vert) a figé comme un flan et que les œufs sont cireux et fermes, il est cuit.

► Pratiquez une petite incision dans le ventre au point de rencontre entre la queue et le corps. Si la chair est ferme, il est cuit.

► Insérez la sonde d'un thermomètre à mesure instantanée dans l'incision pratiquée au point de rencontre entre la queue et le corps. Le homard est cuit quand il indique environ 60 °C (145 °F).

MOULES VAPEUR (DEUX RECETTES)

Or noir. C'est là une manière de décrire ce fruit de mer très goûteux, éminemment abordable, et de préparation simple et rapide. De plus, comme bien des aliments que les gars aiment, on le mange avec les mains. **4 portions**

RECETTE Nº 1 : MOULES VAPEUR DE BASE

Si vous n'avez pas de vermouth blanc sec (mais qu'employez-vous dans vos martinis ?), optez pour un vin blanc sec. Ajoutez une salade verte (comme la salade farfelue de la page 93) et vous aurez là un repas complet.

- 1,8 kg (4 lb) de moules bien fraîches
- 250 ml (1 tasse) de vermouth blanc sec (Noilly Prat, par exemple) ou de vin blanc sec
- 3 échalotes ou 1 oignon moyen pelés et hachés finement
- 1 tige de céleri tranchée finement
- 1 carotte pelée et tranchée finement
- 2 gousses d'ail pelées et légèrement écrasées avec le plat d'un couteau
- 15 g (¼ tasse) de persil plat frais haché grossièrement ou d'autres herbes fraîches telles que basilic ou estragon
- 2 c. à café de grains de poivre noir
- Pain croûté

1 Gratter les moules sous l'eau froide à l'aide d'une brosse à poils durs en jetant celles dont la coquille est cassée ou qui ne se referment pas quand on les tapote. Les ébarber au besoin (voir page 286).

2 Dans une grande casserole ou un faitout, porter à ébullition à découvert le vermouth (ou le vin), les échalotes (ou l'oignon), le céleri, la carotte, l'ail, l'herbe choisie et les grains de poivre. Faire bouillir 5 minutes.

3 Ajouter les moules, couvrir hermétiquement et cuire à feu vif 5 à 8 minutes ou jusqu'à ce qu'elles s'ouvrent. À l'aide d'une cuiller à long manche, les remuer une ou deux fois afin que la cuisson soit uniforme.

4 Servir moules, bouillon et légumes à la louche dans des bols et fournir un grand bol vide pour les coquilles. Accompagner de pain croûté pour saucer.

INGRÉDIENTS Achetez vos moules dans une poissonnerie achalandée. Les coquilles devraient êtres humides, brillantes et bien fermées, et elles devraient sentir la saumure. Rejetez celles qui sont ouvertes ou qui dégagent une forte odeur de poisson. (Bien sûr que vous pouvez demander au poissonnier de les sentir. Expliquez-lui que vous avez déjà eu une mauvaise expérience avec des moules.) Comme pour tout aliment que l'on cuit vivant, il vaut mieux se procurer les moules le jour où elles sont livrées à la poissonnerie. En cas de doute, rabattez-vous sur un autre fruit de mer.

ÉQUIPEMENT Votre batterie de base dont une grande casserole épaisse ou un faitout fermant hermétiquement, des pinces, un couteau d'office ainsi qu'une pince à bec effilé, une cuiller à long manche et une louche.

AUTRES Les moules présentent parfois une barbe à la charnière, amas de fils avec lequel elles s'accrochent aux rochers. Retirez-la à l'aide d'un couteau d'office ou d'une pince à bec effilé (voir ci-dessous). Une manière cool de consommer ce crustacé consiste à se servir de deux coquilles vides comme pinces. Jetez toute moule qui n'est pas ouverte à la fin de la période de cuisson prescrite.

DURÉE Environ 20 minutes.

RECETTE N^0 2 : MOULES À L'ESPAGNOLE

(AVEC PAPRIKA FUMÉ ET CHORIZO)

En Espagne, on prépare les moules avec du *pimentón* (paprika fumé) et du chorizo (saucisse). Préparée ainsi, la palourde du Pacifique est également splendide.

- 1,8 kg (4 lb) de moules bien fraîches
- 2 c. à soupe d'huile d'olive extra vierge
- 1 oignon moyen pelé et haché finement
- 1 saucisse chorizo cuite de 85 à 110 g (3 à 4 oz) hachée finement
- 2 c. à café de paprika fumé (voir à la page 32)
- 250 ml (1 tasse) de vin blanc sec
- 15 g (¼ tasse) de persil plat frais haché
- Pain croûté

1 Trier, nettoyer et ébarber les moules comme indiqué ci-dessous.

2 Dans une grande casserole ou un faitout, chauffer l'huile d'olive à feu moyen. En remuant à l'aide d'une cuiller en bois à long manche, cuire l'oignon et le chorizo 3 à 4 minutes ou jusqu'à ce que l'oignon soit légèrement doré. Ajouter le paprika fumé et cuire 30 secondes ou jusqu'à ce qu'il libère son arôme. Ajouter le vin et le persil, et faire bouillir 5 minutes ou jusqu'à ce que la préparation soit bien goûteuse.

3 Ajouter les moules, fermer hermétiquement et cuire à feu vif 5 à 8 minutes ou jusqu'à ce que les coquilles s'ouvrent. À l'aide de la cuiller à long manche, remuer une ou deux fois afin que la cuisson soit uniforme.

4 Servir moules, bouillon et chorizo à la louche dans des bols et fournir un grand bol vide pour les coquilles. Accompagner de pain croûté pour saucer.

Comment ébarber les moules

1 Pincez la barbe (fils noirs) située sur le côté de la moule entre le dos d'un couteau d'office et votre pouce.

2 Tournez la lame du couteau afin de détacher la barbe de la coquille.

PÉTONCLES ENVELOPPÉS
DE BACON, GLACE AU WHISKY ÉCOSSAIS

Voyez ce plat comme le pré et marée (*surf and turf*) original : des pétoncles géants doux et charnus enveloppés de bacon salé et fumé, puis grillés. C'est loin d'être une nouveauté mais, à prix égal, peu de mélanges procurent autant de plaisir et de saveur. Pour rehausser la saveur de fumée, arrosez les pétoncles d'une simple glace au whisky écossais. **6 à 8 portions en hors-d'œuvre ou 4 portions comme plat principal**

Pétoncles

16 pétoncles géants frais, pêchés en plongée ou 900 g (2 lb) de pétoncles géants ordinaires

2 c. à soupe d'huile d'olive extra vierge, + pour cuire les pétoncles

1 c. à soupe de jus de citron frais

Gros sel (casher ou de mer) et poivre noir grossièrement moulu

Environ 450 g (1 lb) de bacon tranché finement, de préférence artisanal

Glace au whisky (facultatif)

125 ml (½ tasse) de whisky écossais, de préférence à saveur de fumée, tel qu'un Laphroaig

125 ml (½ tasse) de bouillon de poulet ou de jus de palourde embouteillé

2 c. à soupe de sirop d'érable pur

1 c. à café de jus de citron frais

3 c. à soupe de beurre non salé, coupé en cubes de 1 cm (½ po)

Gros sel (casher ou de mer) et poivre noir grossièrement moulu

1 **Préparer les pétoncles :** ôter le petit muscle en forme de croissant se trouvant sur le côté des pétoncles. (Il est plus coriace que le reste. Le poissonnier l'a peut-être déjà fait.) Déposer les pétoncles dans un plat allant au four et les arroser de l'huile d'olive et de 1 c. à soupe de jus de citron. Saler, poivrer et mélanger délicatement.

2 Déposer un pétoncle à plat sur un plan de travail. L'envelopper d'un morceau de bacon assez large pour en faire le tour en veillant à ce que les extrémités se chevauchent. Piquer celles-ci à l'aide d'un cure-dents ou d'une baguette. Répéter avec le reste des pétoncles. Remettre ceux-ci dans le plat allant au four et réfrigérer le temps de préparer la glace, le cas échéant.

3 **Préparer la glace au whisky :** dans une casserole, mélanger le whisky, le bouillon de poulet, le sirop d'érable et le jus de citron. Porter à ébullition à feu vif et faire bouillir 5 minutes ou jusqu'à réduction de moitié. Régler le feu à doux et, en mélangeant au fouet, incorporer le beurre, morceau par morceau ; la glace épaissira. Ne pas faire bouillir. Saler et poivrer au goût et retirer du feu.

4 *Cuisson à la poêle :* préchauffer une poêle en fonte (ou une autre grande poêle) environ 10 secondes à feu moyen-vif. Couvrir le fond d'une fine couche d'huile d'olive. En procédant par lots au besoin, disposer les pétoncles en une seule couche dans la poêle et, en les retournant

INGRÉDIENTS Le bivalve de choix est le pétoncle géant de 4 à 5 cm (1 ½ à 2 po) de diamètre, pêché par des plongeurs dans des coins rocheux. Vous en trouverez dans les bonnes poissonneries ou en ligne chez des fournisseurs tels que Farm 2 Market (farm-2-market.com). Autrement, prenez des pétoncles géants ordinaires. Évitez ceux qui baignent dans un liquide laiteux, signe qu'ils ont probablement été surgelés.

ÉQUIPEMENT Votre batterie de base dont un plat allant au four en verre, des cure-dents ou des brochettes en bambou et une grande poêle de 25 à 30 cm (10 à 12 po), une lèchefrite ou une plaque de cuisson à rebord.

AUTRES Les pétoncles de baie de Martha's Vineyard donnent de loin les meilleurs résultats. (Dans les journaux, on ne parle que de ceux de Nantucket, mais ceux-là sont bien plus doux.) Coupez une tranche de bacon en quatre afin d'en envelopper les pétoncles. Faites cuire ceux-ci sur de courtes baguettes de bambou et servez la glace au whisky en sauce à tremper.

DURÉE Environ 30 minutes.

à l'aide de pinces, les cuire 5 à 8 minutes ou jusqu'à ce que le bacon soit doré et que les pétoncles soient cuits. Veiller à les retourner sur toutes leurs faces afin de bien faire dorer le bacon. Arroser d'une partie de la glace, si désiré.

Cuisson sous le gril: préchauffer le gril du four. Disposer les pétoncles dans une lèchefrite ou une plaque de cuisson à rebord robuste légèrement huilée. Enfourner à environ 8 cm (3 po) de la source de chaleur et, en les retournant à l'aide de pinces, cuire les pétoncles 5 à 8 minutes ou jusqu'à ce que le bacon soit doré et les pétoncles cuits. Arroser d'une partie de la glace, si désiré.

5 Déposer les pétoncles dans une grande assiette ou des assiettes individuelles et les arroser du reste de glace, le cas échéant. Penser à ôter les cure-dents avant de consommer.

PÂTES ET PIZZA

La préparation d’un bon plat de pâtes demande plus que de simplement plonger des nouilles dans l’eau bouillante. D’abord, il faut bien choisir les pâtes. Les pâtes aux œufs, telles que les linguines fraîches, cuisent plus rapidement que celles qui sont à base de blé durum et d’eau, tels les spaghettis. Quant aux nouilles asiatiques, elles se présentent sous une multitude de formes, de tailles et d’ingrédients, dont les ramen japonaises (à base de blé), les vermicelles thaïlandais (à base de riz) et les *dang myun* coréens (à base de patate douce).

Dans ce chapitre, vous apprendrez à cuire les pâtes sous diverses incarnations, des spaghettis à la sauce rouge aux linguines à la sauce aux palourdes fraîches en passant par un fabuleux macaroni au monterey jack au piment, bouillonnant et doré à souhait. Voyez les nouilles comme le suprême bonheur glucidique pour les coureurs et les autres athlètes. Car l’être humain ne peut se nourrir que de protéines.

SPAGHETTIS,
SAUCE AUX LÉGUMES CRUS

Ce plat est possiblement le plus simple au monde : des spaghettis chauds mélangés avec des légumes d'été hachés (tomate, maïs frais) et du basilic frais. Il se prépare tellement rapidement et permet une telle spontanéité qu'il ne demande même pas de cuisson. Il suffit de hacher grossièrement les ingrédients au couteau de chef ou au robot culinaire. La chaleur des spaghettis contribuera à les cuire juste ce qu'il faut pour qu'ils perdent leur saveur crue, mais pas assez pour les priver de leur fraîcheur et de leur croquant. **2 ou 3 portions (à multiplier à volonté)**

2 ou 3 tomates rouges bien mûres, environ 680 g (1 ½ lb) en tout

1 épi de maïs frais épluché

2 oignons verts parés

12 feuilles de basilic frais

1 gousse d'ail pelée (facultatif)

2 ou 3 c. à soupe d'huile d'olive extra vierge, + 1 c. à café

Gros sel de mer et poivre noir fraîchement râpé

225 g (8 oz) de spaghettis (la moitié d'un paquet ordinaire de 454 g [16 oz])

85 g (3 oz) de ricotta salata, de parmesan (parmigiano reggiano), ou d'un autre fromage à râper

1 Ôter le trognon des tomates et les couper en morceaux de 2,5 cm (1 po). Mettre l'épi de maïs debout (bout de la tige bien à plat) sur une planche à découper et, à l'aide d'un couteau de chef, le couper en lanières afin d'en prélever les grains. Trancher finement les oignons verts. Hacher grossièrement 8 feuilles de basilic. Pour une saveur prononcée d'ail, émincer celui-ci ; pour une saveur plus faible, l'écraser simplement avec le plat d'un couteau ou l'omettre entièrement.

2 Au robot culinaire, réduire en sauce grossière les tomates, le maïs, les oignons verts, le basilic haché et, si désiré, l'ail émincé, en faisant tourner le moteur quelques secondes à la fois. Incorporer 2 à 3 c. à soupe d'huile d'olive. À défaut de robot culinaire, hacher les ingrédients finement au couteau et les déposer dans un bol à mélanger. Ajouter l'huile d'olive ; la préparation sera un peu plus grossière mais tout aussi savoureuse. Saler et poivrer au goût ; la sauce devrait être bien relevée. La déposer dans un grand bol à l'épreuve de la chaleur. Si on emploie la gousse d'ail entière, l'incorporer et la laisser aromatiser la sauce 20 minutes, puis la retirer et la jeter.

3 Dans une grande casserole, porter à ébullition 2 litres (8 tasses) d'eau, 1 c. à soupe de sel et 1 c. à café d'huile d'olive. Plonger les spaghettis dans l'eau et les cuire au goût, environ 8 minutes pour une cuisson *al dente*. Les remuer quelques fois en cours de cuisson. Égoutter dans une passoire en réservant environ 3 c. à soupe de l'eau de cuisson.

INGRÉDIENTS Les tomates doivent être bien mûres et provenir du jardin ou d'un producteur du coin. Optez pour des tomates de variétés anciennes, qui remontent à l'époque préindustrielle alors que l'on cultivait les légumes pour leur saveur et non pour leur aspect et leur durée de conservation. N'achetez pas de tomates qui ont été conservées au réfrigérateur et ne les y mettez pas non plus. La réfrigération détruit la saveur de ce légume. Même recommandation pour le maïs frais.

Optez pour la ricotta salata, plus ferme et plus salée que la ricotta fraîche.

ÉQUIPEMENT Votre batterie de base dont une grande casserole, un robot culinaire (facultatif), un grand bol de service à l'épreuve de la chaleur, une passoire et une râpe.

AUTRES À la mexicaine : remplacez le basilic par de la coriandre et ajoutez 1 ou 2 jalapenos tranchés. À l'asiatique : ajoutez du gingembre, des oignons verts et de l'huile de sésame grillé en même temps que l'ail.

DURÉE Environ 20 minutes + 20 minutes si vous employez une gousse d'ail entière.

4 Ajouter aussitôt les spaghettis et l'eau de cuisson réservée dans le bol comprenant la préparation aux tomates et bien remuer. Servir immédiatement garni des feuilles de basilic entières. À la râpe carrée, râper le fromage au-dessus du plat.

SPAGHETTIS
ALLA PUTTANESCA

INGRÉDIENTS Vous trouverez à la page 297 des conseils sur les spaghettis. Optez pour une boîte de tomates San Marzano (importée d'Italie) ou biologiques (Muir Glen est une bonne marque).

ÉQUIPEMENT Votre batterie de base dont une grande marmite, une casserole, une passoire et une râpe carrée.

AUTRES L'usage veut qu'on épice la sauce avec des flocons de piment rouge, mais pour varier, vous pouvez opter pour des jalapenos. Employez des anchois conservés dans l'huile dans une boîte plate et égouttez-les sur du papier absorbant. Si désiré, remplacez le pecorino romano, un fromage à râper fait de lait de brebis, par du parmesan, qui est un peu moins piquant.

DURÉE Environ 20 minutes.

La légende veut que le spaghetti alla puttanesca, plat de pâtes à la sauce rouge épicée, ait été créé dans un quartier chaud de Rome. Il a un tempérament fougueux, comme les *puttane* (prostituées) dont il tire son nom. À moins que celui-ci ne réfère à la manière rapide, voire expéditive, avec laquelle le plat est préparé. Les saveurs sont crues, affirmées : ail, câpres, olives, anchois, piments forts et basilic. Stimulant, c'est le moins que l'on puisse dire ! Mesurez tous les ingrédients de la sauce à l'avance. Si sa préparation est simple et rapide, il faut tout de même hacher les ingrédients et les mesurer avant de commencer à cuire. **2 ou 3 portions (à multiplier à volonté)**

Sauce

1 boîte de 796 ml (28 oz) de tomates entières pelées, avec leur jus

2 c. à soupe d'huile d'olive extra vierge

2 gousses d'ail pelées et émincées

1 échalote émincée

1 c. à café d'origan séché

½ à 1 c. à café de flocons de piment rouge, ou 1 ou 2 piments jalapenos hachés finement, épépinés ou non selon l'intensité désirée

2 c. à soupe de pâte de tomate

2 c. à soupe de câpres égouttées

35 g (¼ tasse) d'olives noires dénoyautées, telles que Kalamata

4 filets d'anchois, égouttés et coupés en morceaux de 1 cm (½ po)

6 feuilles de basilic frais hachées en fines lanières

Poivre noir fraîchement moulu

Spaghettis

1 c. à soupe de gros sel de mer

1 c. à café d'huile d'olive extra vierge

225 g (8 oz) de spaghettis (la moitié d'un emballage ordinaire de 454 g [16 oz])

85 g (3 oz) de pecorino romano ou de parmesan (parmigiano reggiano), pour râper

Spaghettis alla puttanesca ▸

1 **Sauce:** à l'aide de 2 couteaux actionnés à la manière de ciseaux ou du bord d'une cuiller en bois, couper les tomates en petits morceaux directement dans la boîte de conserve.

2 Dans une casserole, chauffer 2 c. à soupe d'huile d'olive à feu moyen-vif. En remuant à la cuiller en bois, cuire l'ail, l'échalote, l'origan et les flocons de piment fort ou les jalapenos pendant 1 minute ou jusqu'à ce qu'ils libèrent leur arôme. Incorporer la pâte de tomate, les câpres, les olives et les anchois et laisser cuire 1 minute. Ajouter les tomates et leur jus, et laisser mijoter environ 5 minutes de sorte que les saveurs se marient. Ajouter la moitié du basilic et poivrer au goût. La sauce donnera peut-être un peu plus de 2 portions; les restes se conserveront au moins 3 jours au réfrigérateur dans un récipient fermé ou quelques semaines au congélateur (c'est toujours bon d'avoir de la sauce tomate à portée de main).

3 **Spaghettis:** dans une marmite, porter à ébullition 2 litres (8 tasses) d'eau, le sel et 1 c. à café d'huile d'olive. Plonger les spaghettis dans l'eau bouillante et cuire au goût, soit environ 8 minutes pour une cuisson *al dente*. Remuer à quelques reprises durant la cuisson. Égoutter les spaghettis dans une passoire.

4 À l'aide de pinces, déposer les spaghettis dans des assiettes ou des bols peu profonds et les arroser de sauce à la louche. Servir aussitôt en garnissant du reste de basilic. À l'aide d'une râpe carrée, râper le fromage au-dessus du plat.

CARBONARA

INGRÉDIENTS En Italie, vous emploieriez de la pancetta, c'est-à-dire du flanc de porc salé comme le prosciutto, mais n'auriez pas le plaisir de la fumée de bois. Ne vous méprenez pas: le plat est agréable en soi, mais les Italiens ont dû disjoncter la première fois qu'ils ont goûté au bacon fumé américain. Pour les meilleurs résultats possibles, optez pour du bacon épais préparé de manière artisanale, comme celui de Nueske's, ainsi que du véritable parmesan (parmigiano reggiano) fraîchement râpé. Vous trouverez à la page 297 des conseils sur les spaghettis.

Conjuguez les pâtes italiennes les plus populaires et le petit-déjeuner préféré des Nord-Américains et vous obtenez un spaghetti carbonara. Ce classique est né en Italie peu de temps après la Seconde Guerre mondiale quand Rome était encore pleine de soldats américains et de leurs inévitables œufs et bacon. Il est rapide, simple, goûteux et consistant. C'est ce que j'estime être un «plat de gars».

2 portions (à multiplier à volonté)

- 1 c. à soupe de gros sel de mer
- 1 c. à café d'huile d'olive extra vierge
- 225 g (8 oz) de spaghettis (la moitié d'un emballage standard de 454 g [16 oz])
- 4 tranches de bacon, 2 entières, 2 coupées en morceaux de 0,5 cm (¼ po)
- 125 ml (½ tasse) de crème 35 % à fouetter
- 70 g (¾ tasse) de parmesan (parmigiano reggiano) fraîchement râpé
- 15 g (¼ tasse) de persil plat frais haché
- Poivre noir fraîchement moulu
- 2 gros œufs

1 Dans une marmite, porter à ébullition 2 litres (8 tasses d'eau), le sel et l'huile d'olive. Y plonger les spaghettis, remuer et cuire au goût, soit environ 8 minutes pour des pâtes *al dente*. Remuer quelques fois durant la cuisson. Égoutter dans une passoire, en réservant environ 3 c. à soupe d'eau de cuisson. Remettre les spaghettis dans la marmite.

2 Dans une grande poêle, cuire à feu moyen les tranches et les morceaux de bacon 3 à 5 minutes ou jusqu'à ce qu'ils soient dorés et croustillants, en les remuant et les retournant au besoin. Mettre les tranches de bacon à égoutter sur une assiette tapissée de papier absorbant, en laissant les morceaux dans la poêle. Laisser 1 c. à soupe de gras de bacon dans la poêle et réserver le reste dans un petit bol à l'épreuve de la chaleur.

3 Ajouter dans la poêle la crème, le fromage et le persil, et poivrer au goût. Porter à ébullition à feu vif et, en remuant à la cuiller en bois, laisser bouillir 2 minutes ou jusqu'à ce que la sauce soit épaisse et crémeuse. L'incorporer dans les spaghettis. Essuyer la poêle.

4 Verser la graisse de bacon réservée dans la poêle et chauffer à feu vif. Casser les œufs dans la poêle et les cuire au goût, environ 2 minutes pour des œufs sur le plat, ou les retourner et les cuire 1 minute de plus pour des œufs tournés.

5 Répartir les spaghettis dans 2 bols peu profonds ou 2 assiettes. Couvrir d'un œuf frit par portion et garnir d'une tranche de bacon.

ÉQUIPEMENT Votre batterie de base dont une marmite, une passoire, une grande poêle de 25 à 30 cm (10 à 12 po) ainsi qu'une assiette tapissée de papier absorbant.

AUTRES L'usage veut que l'on mélange les œufs avec la sauce, mais je préfère les frire et en garnir la sauce. C'est agréable à l'œil, ça a meilleur goût et on en retire le plaisir sensuel de voir le jaune disparaître dans les nouilles.

DURÉE Environ 20 minutes.

SPAGHETTIS
AU BEURRE NOIR ET AU FROMAGE

Je cuisinais déjà ces spaghettis quand je fréquentais l'université. Ce mets possède de nombreuses caractéristiques qui en font un fabuleux plat de gars. Ridiculement simple à préparer, il ne contient que trois ingrédients principaux, dont les spaghettis. Il implique toutefois un élément de risque: vous devez faire dorer le beurre quelques degrés avant qu'il ne vire au noir (bien qu'on parle de «beurre noir», ce n'en est pas en réalité). Il est bon marché, ce qui est toujours un bon point quand on est étudiant, et se prépare rapidement, ne demandant guère plus que ce qu'il faut pour cuire les pâtes. Mieux encore, il déborde de la saveur salée du beurre.

Vin: si vous n'avez jamais goûté à la retsina, vin rouge aromatisé à la résine, c'est l'occasion idéale. (Le procédé date de l'époque d'Homère, où l'on fermait les outres de vin à la résine pour les empêcher de couler.) **2 ou 3 portions (à multiplier à volonté)**

INGRÉDIENTS Le meilleur fromage pour ce plat est un *mizithra* ferme et blanc de l'île de Crète. Composé de lait de brebis ou de chèvre, il possède une forte saveur piquante et salée; si c'était du poisson, ce serait de l'anchois. Vous en trouverez dans certaines fromageries ou dans les épiceries grecques. Vous pouvez aussi le remplacer par un autre fromage piquant à râper, comme le pecorino romano ou même le parmesan.

ÉQUIPEMENT Votre batterie de base dont une marmite, une passoire et une casserole épaisse.

AUTRES Le fromage doit être finement râpé. Il y a diverses manières de le faire: au robot culinaire équipé d'un disque à râper finement (vous pouvez aussi couper le fromage en morceaux de 2,5 cm [1 po] et hacher ceux-ci finement avec la lame habituelle de l'appareil, en l'actionnant quelques secondes à la fois). Ou encore, vous pouvez employer une râpe carrée, côté petits trous. Si vous avez une râpe circulaire, vous pouvez vous en servir. Vous pouvez même opter pour la fine râpe de type Microplane (voir à la page 24), mais vous devrez y mettre beaucoup d'huile de coude.

DURÉE Environ 10 minutes.

Spaghettis

1 c. à soupe de gros sel de mer

1 c. à café de beurre ou d'huile d'olive extra vierge

225 g (8 oz) de spaghettis (la moitié d'un emballage standard de 454 g [16 oz])

Beurre et fromage

6 c. à soupe (¾ plaquette) de beurre non salé coupé en morceaux de 1 cm (½ po)

225 g (2 tasses) de fromage mizithra râpé finement

Gros sel (casher ou de mer) et poivre noir fraîchement moulu (facultatif)

1 **Cuire les spaghettis:** dans une marmite, porter à ébullition 2 litres (8 tasses) d'eau, 1 c. à soupe de sel et 1 c. à café de beurre ou d'huile d'olive. Y plonger les spaghettis et les cuire au goût, soit environ 8 minutes pour des pâtes *al dente*. Égoutter les spaghettis dans une passoire, en laissant environ 3 c. à soupe d'eau de cuisson dans la marmite. Remettre les spaghettis dans la marmite pour les garder au chaud.

2 **Préparer le beurre noir et le fromage:** déposer un grand bol d'eau froide près de la cuisinière de manière à pouvoir y mettre le fond de la casserole au cas où le beurre commence à brûler. Dans une casserole épaisse, faire fondre 6 c. à soupe de beurre à feu vif et, en la faisant tourner, cuire 2 minutes ou jusqu'à ce qu'il soit doré. Il commencera par crépiter tandis que l'eau qu'il contient s'évaporera, puis il dorera. Il importe, à ce stade, d'être très vigilant de sorte que le beurre soit brun foncé mais ne noircisse pas. S'il commence à brûler, poser la casserole sur l'eau froide pour arrêter la cuisson.

3 Verser le beurre noir sur les spaghettis et remuer à la cuiller en bois. Incorporer 175 g (1 ½ tasse) de fromage. Déposer dans des assiettes et parsemer du reste de fromage. Faire circuler le sel et le poivre de sorte que chacun assaisonne son plat à son goût (le fromage est parfois très salé).

LINGUINES
À LA SAUCE CRÉMEUSE AUX PALOURDES

INGRÉDIENTS Si votre poissonnier est serviable, demandez-lui d'ouvrir les palourdes pour vous.

ÉQUIPEMENT Votre batterie de base dont une marmite, une grande poêle en fonte ou antiadhésive de 25 à 30 cm (10 à 12 po) et une passoire.

Même si je ne pêche guère, je manie tout de même le râteau à palourde dans la baie Cape Poge de l'île Chappaquiddick, au Massachusetts. On peut y remplir son panier en quelques heures. Ce qui donnera environ deux douzaines de petites palourdes en demi-coquille (page 261), deux douzaines de palourdes un peu plus grosses à griller et quelques grosses palourdes coriaces qui, tranchées, conviendront parfaitement pour ces linguines. J'ai apporté deux changements au plat classique : j'emploie des échalotes plutôt que de l'ail, car elles ont une saveur plus subtile, et je complète le beurre par de la crème épaisse. **2 ou 3 portions (à multiplier à volonté)**

GUIDE CULINAIRE À L'INTENTION DES GARS

SPAGHETTI

Ayez toujours des spaghettis sous la main au cas où vous devriez préparer un repas à la dernière minute. C'est un truc que les gars connaissent habituellement. Ce que vous ne savez peut-être pas, c'est qu'il y a diverses catégories de spaghettis. Certains se transforment rapidement en bouillie sans même passer par le stade idéal de la texture ferme que les Italiens appellent *al dente* (littéralement «à la dent»). Il y a aussi une manière de cuire les spaghettis, particulièrement en ce qui concerne le ratio eau/pâtes/sel/huile, et une façon de savoir s'ils sont cuits.

1. EMPLOYEZ UNE GRANDE CASSEROLE. Le secret de la réussite des spaghettis consiste à les cuire dans beaucoup d'eau bouillante, soit au moins 4 litres (16 tasses) d'eau pour 454 g (1 lb) de pâtes. C'est important parce que l'eau ne doit pas cesser de bouillir quand on y plonge les pâtes et que celles-ci doivent être ajoutées toutes en même temps afin que leur cuisson soit uniforme.

2. ASSAISONNEZ BIEN. Avant de porter l'eau à ébullition, vous devez l'assaisonner de sel afin de conférer plus de saveur aux pâtes. Vous devrez ajouter aussi 1 c. à café d'huile d'olive extra vierge ou de beurre à l'eau. Le corps gras empêchera les pâtes de coller ensemble durant la cuisson.

3. MAÎTRISEZ L'ART DE LA CUISSON À L'EAU BOUILLANTE. L'autre secret de la réussite des pâtes consiste à les cuire rapidement dans une eau qui bout à gros bouillons. Les gros bouillons sont essentiels. La raison : quand les pâtes entrent en contact avec cette eau, les grains d'amidon se trouvant à leur surface gonflent et éclatent puis sont emportés, si bien que les pâtes contiennent moins d'amidon.

4. VÉRIFIEZ LE DEGRÉ DE CUISSON. Les Italiens consomment leurs pâtes *al dente*, c'est-à-dire qu'elles sont encore un peu fermes sous la dent mais presque entièrement cuites. Pour vérifier le degré de cuisson, saisissez un spaghetti avec des pinces (ou posez-le sur la lame d'un couteau dentelé), passez-le sous l'eau froide puis mordez dedans. S'il est encore dur à l'intérieur, il n'est pas prêt. S'il cède légèrement sous la dent, il est prêt. S'il est mou et pâteux, il est trop cuit.

5. N'ÉGOUTTEZ PAS ENTIÈREMENT. Versez les pâtes et leur eau de cuisson dans la passoire, mais laissez environ 3 c. à soupe d'eau de cuisson dans la casserole. Les Italiens emploient cette eau pour émulsionner et donner du moelleux à la sauce des pâtes.

6. HUILEZ-LES. Remettez les pâtes dans la casserole, ajoutez une cuillerée d'huile d'olive extra vierge et remuez. Cette opération a pour effet d'empêcher les spaghettis de coller ; cela donne aussi plus de richesse en bouche.

7. OPTEZ POUR LES PÂTES FRAÎCHES. Les spaghettis sont généralement des pâtes sèches composées de farine de blé durum (dur) et d'eau. Les pâtes fraîches sont plutôt faites de farine et d'œufs (et parfois d'huile et d'assaisonnements). Suivez le mode d'emploi du fabricant. Comme certaines cuisent en quelques minutes seulement, restez vigilant.

Pour épater un peu plus la galerie, apprenez le jargon :

SPAGHETTI (pâtes longues et rondes) : «petites ficelles»

LINGUINE (pâtes longues et plates) : «petites langues»

VERMICELLI (pâtes longues et fines) : «petits vers»

BUCATINI (pâtes longues, larges et creuses) : «petits trous»

AUTRES Si vous ne trouvez pas de palourdes fraîches, remplacez-les par des crevettes. Il vous en faudra 340 g (12 oz), décortiquées, déveinées et coupées en dés.

Pour cette recette, je préfère les linguines frais, que vous trouverez dans les épiceries fines, la plupart des supermarchés et les marchés italiens. Comptez 85 à 115 g (3 à 4 oz) par personne. Ou employez une quantité égale de linguines secs.

DURÉE Environ 30 minutes.

Gros sel (casher ou de mer)

1 c. à café d'huile d'olive ou d'huile végétale

20 à 24 petites palourdes du Pacifique ou 6 à 10 palourdes américaines (environ 225 g [1 tasse] de palourdes fraîchement ouvertes, avec leur jus)

3 c. à soupe de beurre

2 ou 3 échalotes pelées et hachées finement (environ 125 ml [½ tasse])

125 ml (½ tasse) de crème 35 % à fouetter

15 g (¼ tasse) de persil plat frais haché finement

Poivre noir fraîchement moulu

225 g (8 oz) de linguines (la moitié d'un emballage ordinaire de 454 g [16 oz])

1 Dans une marmite, porter à ébullition 2 litres (8 tasses) d'eau, 1 c. à soupe de sel et 1 c. à café d'huile.

2 Ouvrir les palourdes. Verser leur jus dans un bol et le réserver. Les hacher à l'aide d'un couteau de chef.

3 Dans une grande poêle, faire fondre le beurre à feu moyen. Faire dorer légèrement les échalotes, environ 3 minutes. Monter le feu à vif et ajouter le jus des palourdes. Laisser bouillir 3 à 5 minutes ou jusqu'à réduction à environ 60 ml (¼ tasse). Ajouter la crème et faire bouillir 3 à 5 minutes ou jusqu'à réduction à environ 125 ml (½ tasse). Baisser le feu à moyen, incorporer les palourdes hachées et les laisser mijoter 2 minutes ou jusqu'à ce qu'elles soient cuites et que la sauce soit épaisse et bien goûteuse. Ajouter le persil 10 secondes avant la fin de la cuisson. Goûter la sauce et ajouter du sel au besoin (les palourdes sont déjà salées) et une bonne quantité de poivre. Garder au chaud à feu doux.

4 Plonger les linguines dans la marmite d'eau bouillante et cuire au goût, soit, pour une cuisson *al dente*, 4 à 6 minutes (pâtes fraîches) ou environ 8 minutes (pâtes sèches). Remuer quelques fois en cours de cuisson. Égoutter dans une passoire puis déposer dans une grande assiette ou des assiettes individuelles. Arroser de sauce et servir.

LA RECETTE DE JIM DENEVAN

ORECCHIETTES, SAUCISSE ITALIENNE ET VERDURES AMÈRES

Ce simple plat de pâtes regorge des saveurs viriles de l'anchois, de l'ail, des flocons de piment rouge et de la saucisse italienne. Mieux encore, c'est un plat que l'on prépare en deux parties, mais qui s'assemble en 30 minutes. **2 ou 3 portions (à multiplier à volonté)**

Orecchiettes, saucisse italienne et verdures amères ▸

INGRÉDIENTS L'orecchiette (littéralement «petite oreille») provient des Pouilles, une région située dans le talon de la botte italienne. C'est une petite pâte concave en forme de disque, souvent composée de farine de blé entier. On peut la remplacer par des pennes ou des rigatonis. Pour les verdures, employez les suivantes, seules ou en mélange: rapini, feuilles de moutarde, scarole, chicorée frisée et radicchio.

ÉQUIPEMENT Votre batterie de base dont une marmite, une grande poêle en fonte ou antiadhésive de 25 à 30 cm (10 à 12 po), une passoire et une râpe carrée.

AUTRES Populaire dans le Sud de l'Italie, le rapini possède des feuilles vert foncé au bord dentelé et des fleurettes dont l'agréable saveur amère rappelle à la fois celle du brocoli et celle de la feuille de navet. Ce membre de la famille du chou est riche en calcium et en vitamine D.

DURÉE Environ 30 minutes.

Gros sel de mer

2 c. à soupe d'huile d'olive extra vierge, + 1 c. à café

1 gousse d'ail pelée et émincée

2 filets d'anchois égouttés et hachés finement

½ c. à café de flocons de piment rouge

1 saucisse italienne fraîche, douce ou forte, crue, d'environ 115 g (4 oz)

110 g (2 tasses) de verdures amères rincées et hachées finement (rapini, scarole, chicorée frisée, feuilles de moutarde ou radicchio)

250 ml (1 tasse) de vin blanc sec

300 g (2 tasses) de tomates cerises (bios de préférence) rincées et coupées en deux

Poivre noir fraîchement moulu

225 g (8 oz) d'orecchiettes ou autres pâtes (de blé entier de préférence)

85 g (3 oz) de pecorino romano ou de parmesan (parmigiano reggiano) (facultatif)

1 Dans une marmite, porter à ébullition 2 litres (8 tasses) d'eau, 1 c. à soupe de sel et 1 c. à café d'huile d'olive.

2 Dans une grande poêle, chauffer 2 c. à soupe d'huile d'olive à feu moyen. Faire revenir l'ail, les anchois et les flocons de piment rouge 3 minutes ou jusqu'à ce que l'ail soit légèrement doré.

3 Fendre le boyau de la saucisse dans le sens de la longueur et émietter la chair dans la poêle; jeter le boyau. Monter le feu à vif et, en la défaisant à la cuiller en bois, faire revenir la chair 5 minutes ou jusqu'à ce qu'elle soit cuite. Jeter le gras en en laissant 2 c. à soupe dans la poêle. Ajouter les verdures amères et le vin blanc, et laisser bouillir 5 minutes ou jusqu'à ce que les verdures soient tendres et que le vin ait réduit de moitié. Ajouter les tomates cerises et les faire ramollir environ 1 minute. Saler et poivrer au goût.

4 Plonger les orecchiettes dans la marmite d'eau bouillante et, en remuant à quelques reprises en cours de cuisson, cuire au goût, environ 8 minutes pour des pâtes *al dente*. Égoutter dans une passoire en laissant environ 3 c. à soupe d'eau de cuisson dans la marmite. Ajouter cette eau dans la poêle contenant la saucisse et les verdures, et laisser bouillir environ 1 minute, le temps que les saveurs se marient.

5 Ajouter les orecchiettes ou, si la poêle est trop petite, les déposer dans une grande assiette ou des assiettes individuelles et couvrir de sauce à la cuiller. Si désiré, râper le fromage au-dessus du plat et servir.

MACARONI AU MONTEREY JACK,
AU PIMENT, AUX OIGNONS CARAMÉLISÉS ET AU JAMBON

Si vous recherchez un plat vraiment réconfortant, préparez un macaroni au fromage. Réconfortant, ai-je dit ? Nommez-moi un autre plat qui soit à la fois tendre et croustillant, consistant et savoureux, alléchant pour les enfants (les vôtres ainsi que votre enfant intérieur) et qui peut se révéler d'une grande finesse gastronomique. Je ne suis pas le seul à l'affirmer. Jean-Georges Vongerichten et Wolfgang Puck font partie de la légion de chefs célèbres qui en servent à leur restaurant. Malheureusement, certains gars se contentent du produit surgelé vendu dans des boîtes rectangulaires. (Je ne mentionnerai pas le nom des multinationales qui le vendent mais vous savez de quoi je parle.) Eh bien, voici un macaroni au fromage qui a de la personnalité : le jambon fumé lui apporte ses protéines, le monterey jack au piment et le piment poblano lui confèrent du piquant, alors que les oignons caramélisés et la moutarde l'enrichissent de leur saveur. Riche, fondant et crémeux, il s'assume entièrement, sans la moindre culpabilité. **4 à 6 portions en hors-d'œuvre, ou 2 ou 3 portions comme plat principal**

- 4 c. à soupe (½ plaquette) de beurre, + pour graisser le plat allant au four
- Gros sel (casher ou de mer)
- 225 g (2 tasses) de macaronis
- 1 c. à café d'huile d'olive ou végétale
- 55 g (½ tasse) de chapelure ou de croustilles de maïs émiettées
- 1 oignon moyen pelé et haché finement
- 1 piment poblano épépiné et coupé en dés de 0,5 cm (¼ po)
- 85 g (3 oz) de jambon fumé, de prosciutto ou de jambon serrano (facultatif), tranché finement et coupé en fines lanières
- 3 c. à soupe de farine tout usage non blanchie
- 500 ml (2 tasses) de lait (entier, partiellement ou totalement écrémé, au choix) ou de crème 11,5 %
- 1 c. à soupe de moutarde de Dijon
- 225 g (2 tasses) de monterey jack au piment grossièrement râpé
- Poivre noir fraîchement moulu

1 Préchauffer le four à 180 °C (350 °F). Beurrer légèrement un plat allant au four de 23 cm (9 po) de côté.

2 Dans une marmite, porter à ébullition 2 litres (8 tasses) d'eau et 1 c. à soupe de sel. Plonger les macaronis dans l'eau et, en les remuant une fois, les cuire jusqu'à ce qu'ils soient tout juste *al dente*, environ 8 minutes. Les égoutter dans une passoire, les refroidir sous l'eau froide et les égoutter de nouveau. Ajouter 1 c. à café d'huile en remuant.

3 Dans une grande casserole épaisse, faire fondre 1 c. à soupe de beurre à feu moyen. En remuant à la cuiller en bois, faire griller la

INGRÉDIENTS Bien qu'il n'ait rien d'exotique, ce plat exige un fromage de qualité que vous râperez vous-même ; vous devrez donc y mettre un peu de temps. Je conseille le monterey jack au piment, mais vous pouvez aussi employer un cheddar piquant du Vermont, du Wisconsin, de l'Oregon, de New York ou du Canada, ou encore un cheshire ou un leicester de Grande-Bretagne. Si vous préparez le plat à l'intérieur et souhaitez lui conférer une saveur de fumée, employez un fromage fumé. Enfin, employez des pâtes tubulaires, telles que coudes ou zitis, de blé complet si vous recherchez un plat plus sain.

ÉQUIPEMENT Votre batterie de base, plus un plat allant au four de 23 cm (9 po) de côté, une marmite, une passoire et une grande casserole épaisse.

AUTRES Si le macaroni au cheddar fraîchement râpé est bon, celui que l'on garnit d'oignons caramélisés est encore meilleur, tandis que celui que l'on accompagne aussi de jambon ou de bacon est littéralement renversant.

DURÉE Environ 1 heure.

Cinq choses que vous ignorez peut-être sur le macaroni au fromage

▸ Quelle que soit l'époque de l'année, environ le tiers de la population américaine et la moitié des enfants américains, consommeront du macaroni au fromage au moins une fois en 12 semaines.

▸ Aux États-Unis, on emploie plus de fromage pour la confection du macaroni au fromage que pour celle de tout autre plat, y compris pour le *grilled cheese*.

▸ On attribue à Thomas Jefferson l'introduction du macaroni aux États-Unis. Il fut le premier à rapporter d'Italie une machine à macaroni à la fin de la période où il a servi comme ministre plénipotentiaire à Paris.

▸ Kraft a lancé son (tristement?) célèbre macaroni au fromage en boîte en 1937. La firme en a vendu neuf millions de boîtes la première année. Aujourd'hui, elle en vend plus d'un million par jour.

▸ Le 23 septembre 2010, le chef John Folse préparait le plus gros macaroni au fromage du monde au Fulton Square de La Nouvelle-Orléans. Il pesait 1120 kg (2469 lb) et sa cuisson a demandé plus de quatre heures.

chapelure ou les miettes de croustilles de maïs environ 1 minute. Déposer dans un bol.

4 Dans la casserole, faire fondre 3 c. à soupe de beurre à feu moyen. Faire dorer légèrement l'oignon, le poblano et, si désiré, le jambon environ 4 minutes. Ajouter la farine et cuire environ 1 minute. En mélangeant au fouet, ajouter graduellement le lait. Monter le feu à vif et, en fouettant souvent, cuire 3 minutes ou jusqu'à ce que la sauce bouillonne et épaississe.

5 Retirer la casserole du feu et ajouter la moutarde en fouettant. À l'aide d'une maryse, incorporer les macaronis cuits et le monterey jack au piment. Saler et poivrer au goût; la préparation devrait être bien relevée.

6 Déposer à la cuiller la préparation dans le plat allant au four. Parsemer de la chapelure ou des miettes de maïs grillées. Enfourner et cuire 30 à 40 minutes ou jusqu'à ce que le fromage bouillonne. Servir aussitôt.

Variantes

Autres garnitures qui feront du macaroni au fromage un plat encore plus savoureux

▸ **Shiitakes ou autres champignons :** il en faudra environ 170 g (6 oz). Essuyer les champignons pour les nettoyer, ôter et jeter les pieds, trancher finement les chapeaux et les cuire avec l'oignon.

▸ **Poivron rouge ou jaune :** employer un poivron (ou ½ rouge et ½ jaune) équeuté, épépiné et coupé en dés à la place ou en plus du poblano, histoire d'ajouter de la couleur au plat.

▸ **Chair de homard ou de crabe :** ajouter 270 g (2 tasses) de chair coupée en dés en même temps que les macaronis.

▸ **Truffe :** remplacer le beurre ordinaire par un beurre à la truffe noire ou blanche (offert entre autres par mes amis Amy et Thierry Farges sous la marque Transatlantic Foods).

PIZZA

Je me suis demandé si je devais proposer ou non une recette de pizza dans ce livre. Après tout, la plupart des gars se contentent de consommer ce plat à la pizzeria du coin. Et la multiplication de ces commerces possédant un four à bois a favorisé la prolifération en Amérique du Nord des pizzas à la fois tendres et croustillantes, fumées et marquées de noir que l'on ne trouvait autrefois qu'en Italie (et dans les ghettos des gourmets californiens). Il n'est donc plus nécessaire d'apprendre à préparer ce plat. Ce qui ne veut pas dire qu'on n'en ait pas envie, la pizza étant un plat permettant tout particulièrement d'épater les vieux copains et de paraître un héros aux yeux des enfants. Un puriste préparerait probablement sa propre pâte, mais nous suivrons la voie pragmatique et emploierons un fond cuit ou de la pâte préparée. Ainsi, vous aurez amplement de temps à consacrer à la partie intéressante de la chose, à savoir exprimer votre créativité culinaire au moyen des garnitures. Je propose ci-dessous cinq de mes variantes préférées. **1 pizza de 1 ou 2 portions (à multiplier à volonté)**

INGRÉDIENTS L'idéal est d'acheter de la pâte à pizza à la pizzeria de votre quartier. Vous pouvez aussi vous procurer de la pâte surgelée. La Lamonica est une bonne maque bio que l'on trouve dans la plupart des supermarchés. Pour plus de commodité encore, procurez-vous un fond de pizza précuit. Quant au fromage, il doit être de première qualité. Si vous avez l'habitude de la mozzarella râpée et caoutchouteuse qu'on vend au supermarché dans un emballage sous vide, vous serez agréablement surpris par la saveur de la mozzarella fraîche, encore dégoulinante de petit-lait.

ÉQUIPEMENT Votre batterie de base dont une plaque de cuisson.

MARGHERITA PAS VRAIMENT CLASSIQUE

D'abord, une variante de la margherita napolitaine classique que vous rendrez plus appétissante encore en employant de la mozzarella fumée et du bon parmesan fraîchement râpé.

1 fond de pizza cuit

250 ml (1 tasse) de sauce tomate (j'aime tout particulièrement la sauce à spaghetti rouge épicée de la page 292, mais une bonne sauce du commerce conviendra aussi)

140 g (5 oz) de mozzarella fumée, fraîche, ou de mozzarella de lait de bufflonne, tranchée finement

30 g ($^1/_3$ tasse) de parmesan (parmigiano reggiano) fraîchement râpé

Huile d'olive extra vierge

6 à 8 feuilles de basilic frais

Flocons de piment rouge (facultatif)

AUTRES Si vous comptez faire régulièrement de la pizza, vous auriez peut-être intérêt à vous procurer une pierre à pizza. Il s'agit d'une plaque en céramique ronde ou carrée qui chauffe fortement la pâte, lui conférant à la fois le croustillant et la tendreté que l'on attend d'une pizza de qualité. Profitez-en pour acheter une pelle à pizza qui vous facilitera les choses au moment d'enfourner la pizza ou de la sortir du four. Vous trouverez ces deux ustensiles dans les boutiques d'équipement de cuisine.

DURÉE Environ 30 minutes.

1 Préchauffer le four à 230 °C (450 °F).
2 Déposer le fond de pizza sur une plaque de cuisson. À la louche, le couvrir de sauce tomate, en l'étalant en une fine couche jusqu'à 1 cm (½ po) du bord. Disposer les tranches de mozzarella sur la sauce et parsemer de parmesan. Arroser la pizza d'un peu d'huile d'olive. Enfourner et cuire jusqu'à ce que les fromages bouillonnent et dorent, ou selon le mode d'emploi sur l'emballage du fond de pizza.
3 Disposer les feuilles de basilic sur la pizza chaude, puis couper en pointes ou en carrés. Servir aussitôt en parsemant de flocons de piment rouge (si désiré).

LA SICILIENNE

L'usage veut que l'on ne mette pas de fromage dans la pizza sicilienne, qui est salée par les anchois, les câpres et les olives. Mais je ne refuserais pas quelques pincées de pecorino romano, fromage de lait de brebis.

- 1 fond de pizza cuit
- 250 ml (1 tasse) de sauce tomate, telle que la sauce à spaghetti rouge épicée de la page 292 ou une bonne sauce du commerce
- 45 g (⅓ tasse) d'olives noires conservées dans l'huile ou Kalamata dénoyautées
- 8 anchois conservés dans l'huile, égouttés
- 2 c. à soupe de câpres égouttées
- 30 g (⅓ tasse) de pecorino romano fraîchement râpé (facultatif)
- Huile d'olive extra vierge
- Flocons de piment rouge (facultatif)

1 Préchauffer le four à 230 °C (450 °F).
2 Déposer le fond de pizza sur une plaque de cuisson. À la louche, le couvrir de sauce tomate, en l'étalant en une fine couche jusqu'à 1 cm (½ po) du bord. Disposer les olives, les anchois et les câpres sur la sauce. Parsemer de pecorino romano, si désiré. Arroser la pizza d'un peu d'huile d'olive. Enfourner et cuire 6 à 10 minutes ou jusqu'à ce que les garnitures grésillent et dorent, ou selon le mode d'emploi sur l'emballage du fond de pizza.
3 Couper la pizza chaude en pointes ou en carrés et servir aussitôt, en parsemant de flocons de piment rouge, si désiré.

L'ESPAGNOLE

Si la pizza était née en Espagne, on la garnirait de jambon serrano, de fromage manchego et, pour une note étonnamment sucrée, de raisins secs dorés. (En Espagne, on en ajoute souvent aux plats salés, tels que les empanadas à la viande.)

Pizzas sicilienne, au prosciutto et aux figues, et margherita ▸

1 fond de pizza cuit

250 ml (1 tasse) de sauce tomate, telle que la sauce à spaghetti rouge épicée de la page 292 ou une bonne sauce du commerce

55 g (2 oz) de jambon serrano ou d'un autre jambon espagnol, tranché finement et coupé en lanières de 2,5 cm (1 po) de large

35 g (¼ tasse) de raisins secs dorés (facultatif)

115 g (4 oz) de fromage manchego, croûte ôtée, tranché finement ou grossièrement râpé

Huile d'olive extra vierge

1 Préchauffer le four à 230 °C (450 °F).

2 Déposer le fond de pizza sur une plaque de cuisson. À la louche, le couvrir de sauce tomate, en l'étalant en une fine couche jusqu'à 1 cm (½ po) du bord. Disposer le jambon et, si désiré, les raisins secs sur la sauce. Parsemer de manchego. Arroser la pizza d'un peu d'huile d'olive. Enfourner et cuire 6 à 10 minutes ou jusqu'à ce que les garnitures grésillent et dorent, ou selon le mode d'emploi sur l'emballage du fond de pizza.

3 Couper la pizza chaude en pointes ou en carrés et servir aussitôt.

L'ALSACIENNE

Cette pizza s'inspire du *flammekueche* alsacien, un pain plat de l'est de la France garni de bacon, de pomme de terre et d'oignon.

1 fond de pizza cuit

3 tranches de bacon coupées en travers en morceaux de 0,5 cm (¼ po)

1 oignon moyen pelé et haché finement

1 pomme de terre moyenne, cuite, pelée, coupée en dés de 0,5 cm (¼ po) (environ 145 g [1 tasse])

Gros sel (casher ou de mer) et poivre noir fraîchement moulu

175 ml (¾ tasse) de crème sure (de lait entier)

1 Préchauffer le four à 230 °C (450 °F).

2 Dans une poêle en fonte, cuire le bacon à feu moyen 2 minutes ou jusqu'à ce que son gras commence à fondre. Ajouter l'oignon et, en remuant souvent à la spatule, cuire 5 à 8 minutes ou jusqu'à ce qu'il soit doré. Il faudra baisser le feu en cours de cuisson afin d'éviter de brûler l'oignon. Ajouter la pomme de terre 3 minutes avant la fin de la cuisson afin de la faire dorer. Saler et poivrer la préparation au goût; elle devrait être bien relevée.

3 Déposer le fond de pizza sur une plaque de cuisson. Le couvrir à la cuiller de crème sure, en l'étalant en une fine couche jusqu'à 1 cm (½ po) du bord. Couvrir à la cuiller de la préparation à l'oignon et à la pomme de terre. Enfourner et cuire 6 à 10 minutes ou jusqu'à ce que les garnitures grésillent et dorent, ou selon le mode d'emploi sur l'emballage du fond de pizza.

4 Couper la pizza chaude en pointes ou en carrés et servir aussitôt.

PIZZA AU PROSCIUTTO ET AUX FIGUES

Voici une autre pizza pour ceux qui préfèrent ce plat sans sauce tomate. Elle est garnie d'oignons caramélisés, de figues fraîches, de prosciutto et de gruyère. Si possible, optez pour le gruyère vieilli en cave, au goût plus riche.

- 2 c. à soupe (¼ plaquette) de beurre ou 2 c. à soupe d'huile d'olive extra vierge, + de l'huile d'olive pour arroser
- 1 gros oignon tranché finement
- 1 fond de pizza cuit
- 55 g (2 oz) de prosciutto tranché finement
- 6 figues fraîches équeutées et coupées en deux sur la longueur ou en tranches de 0,5 cm (¼ po) d'épaisseur
- 100 g (1 tasse) de gruyère grossièrement râpé

1 Faire fondre 2 c. à soupe de beurre (ou d'huile d'olive) à feu moyen dans une poêle. En remuant souvent, cuire l'oignon 10 à 15 minutes ou jusqu'à ce qu'il soit bien doré. Baisser le feu au besoin. Retirer du feu et laisser refroidir à température ambiante.

2 Préchauffer le four à 230 °C (450 °F).

3 Déposer le fond de pizza sur une plaque de cuisson. Étaler l'oignon doré sur le fond. Couvrir de prosciutto et de figues. Parsemer de gruyère. Arroser d'un peu d'huile d'olive. Enfourner et cuire jusqu'à ce que les garnitures dorent et bouillonnent, ou selon le mode d'emploi sur l'emballage du fond de pizza.

4 Couper la pizza chaude en pointes ou en carrés et servir aussitôt.

Variante

Pizza préparée avec une pâte du commerce

Enfourner une pierre à pizza ou une plaque de cuisson au milieu du four et préchauffer celui-ci à 260 °C (500 °F). Sur un plan de travail, abaisser la pâte (préalablement décongelée, le cas échéant) ou l'étirer à la main en un cercle de 30 cm (12 po) ou en un rectangle d'un peu moins de 0,5 (¼ po) d'épaisseur. Saupoudrer 40 g (¼ tasse) de farine de maïs jaune sur le dessous d'une seconde plaque de cuisson ou sur une pelle à pizza et y faire glisser la pizza. Couvrir des garnitures au choix. Puis faire glisser la pizza sur la pierre ou la plaque de cuisson chaude. Cuire 6 à 10 minutes ou jusqu'à ce que le dessous de la pâte soit doré (lever un coin pour vérifier), que les bords soient gonflés et croustillants, et que les garnitures soient chaudes et bouillonnantes.

COMMENT CUIRE UNE

PIZZA AU BARBECUE

On se trouve maintenant sur mon propre terrain, car si la pizza cuite au four est savoureuse, celle que l'on fait griller au barbecue l'est encore plus. Il y a trois manières de le faire.

VÉRITABLE PIZZA GRILLÉE. Pour une pizza avec fond cru, régler le barbecue pour la cuisson directe, en chauffant une partie à feu moyen-vif, une autre à feu moyen-doux et préservant une partie non chauffée. Étendre la pâte sur une plaque de cuisson bien graissée à l'huile d'olive. Huiler également le dessus de la pizza. Déposer les garnitures dans un plateau et placer celui-ci à proximité du barbecue ; la pizza grillée cuit très rapidement.

Brosser la grille et l'enduire d'huile. Déposer la pâte sur la partie chauffée à feu moyen-vif et la cuire 2 à 3 minutes ou jusqu'à ce que le dessous soit doré et que le dessus commence à gonfler et à cloquer. À l'aide de deux spatules, retourner la pâte et la déposer sur la partie chauffée à feu moyen-doux.

Ajouter les garnitures, en commençant par celles qui demandent une plus longue cuisson : le fromage d'abord, puis les viandes et, enfin, la sauce.

Remettre la pizza sur la partie chauffée à feu moyen-vif et poursuivre la cuisson 2 à 3 minutes ou jusqu'à ce que le dessous soit doré et que les garnitures grésillent. Si le dessous dore trop rapidement, déposer la pizza sur la partie non chauffée. Arroser d'un peu d'huile d'olive et servir aussitôt.

PIZZA GRILLÉE, AVEC FOND CUIT. Régler le barbecue comme indiqué pour la véritable pizza grillée. Enduire légèrement le fond de pizza d'huile d'olive sur les deux faces. Faire griller le fond sur la partie chauffée à feu moyen-vif 2 à 3 minutes. Retourner et déposer sur la partie chauffée à feu moyen-doux. Ajouter les garnitures comme indiqué ci-contre. Remettre la pizza sur la partie chauffée à feu moyen-vif et faire griller 2 à 3 minutes ou jusqu'à ce que le dessous soit doré et que les garnitures grésillent. Si le fond dore trop rapidement, déposer la pizza sur la partie non chauffée. Arroser d'un peu d'huile d'olive et servir aussitôt.

PIZZA GRILLÉE SUR UNE PIERRE À PIZZA. Pour une pizza avec fond cru, régler le barbecue pour la cuisson indirecte et déposer la pierre à pizza au centre. Préchauffer à feu moyen-vif. Il faudra environ 20 minutes pour chauffer la pierre. Étaler la pâte sur la pierre et ajouter les garnitures tel qu'il est indiqué pour la véritable pizza grillée. Faire glisser la pâte d'une pelle à pizza ou d'une plaque de cuisson vers la pierre. Fermer le couvercle du barbecue et cuire 6 à 10 minutes ou jusqu'à ce que le dessous de la pâte soit doré (lever un coin pour vérifier), que les côtés soient gonflés et croustillants et que les garnitures soient chaudes et bouillonnantes.

LÉGUMES

« Mange tes légumes ! » Trois mots simples prononcés par des légions de mamans. Qui aurait cru que la carotte deviendrait un aliment à la mode ? Que le lundi serait un jour sans viande ? Que des chefs célèbres offriraient des cartes à base de légumes à 150 $? (Et qu'il faudrait réserver un mois à l'avance rien que pour y goûter ?) Le fait est que, grâce à ceux qui ont remis au goût du jour les variétés anciennes de légumes et à l'intérêt renouvelé pour les marchés publics, il n'aura jamais été aussi agréable de consommer des légumes, et ce, que vous soyez un végétarien de longue date ou un incorrigible amateur de viande et de pommes de terre.

Mais a-t-on vraiment besoin d'apprendre à cuisiner les légumes ? Ceci illustrera mon propos mieux que toute explication : piments farcis frits au four et burgers de haricots au piment ; purée de pommes de terre à l'oignon caramélisé et pommes de terre au four, aux oignons verts et au fromage ; hachis de champignons ; chou frisé croustillant ; « biftecks » de chou-fleur à la mode sicilienne ainsi que ce qui est probablement le meilleur plat de haricots au four de la planète. Voilà entre autres ce que vous trouverez dans ce chapitre.

TACOS POUR LUNDI SANS VIANDE
(HARICOTS NOIRS, PIMENT POBLANO ET MAÏS)

Le gendre ne semble pas content. Il rêve de bifteck aux bords carbonisés sortant tout grésillant du barbecue, mais il se sert plutôt des haricots noirs épicés au cumin, à la coriandre et au piment poblano. C'est un lundi sans viande, un rituel incontournable à la maison du gendre, alors il tente de faire bonne figure et d'être un modèle pour ses enfants. Il prend une tortilla et la farcit de haricots, d'avocat, de fromage râpé, de salsa et de crème sure. Il prend une bouchée. Tiens donc, pas si mal. Il en prend une autre. Tout compte fait, c'est bon. Le gendre fait partie du nombre croissant de Nord-Américains qui renoncent à la viande une fois par semaine dans le but de préserver leur santé comme celle de la planète. Ce qui m'amène à ces tacos au maïs, aux haricots et au poblano qui ont une telle saveur que vous pourriez attendre avec impatience votre prochain lundi sans viande! **4 portions**

Farce

2 c. à soupe d'huile d'olive extra vierge

1 oignon moyen pelé et haché finement

1 piment poblano, ou 1 ou 2 piments jalapenos, épépinés et hachés finement

½ c. à café de cumin moulu

1 botte de coriandre fraîche rincée, égouttée, tiges ôtées

1 boîte de 540 ml (19 oz) de haricots noirs égouttés, rincés et égouttés de nouveau

1 boîte de 540 ml (19 oz) de maïs en grains égoutté, ou 1 sachet de 225 g (8 oz) de maïs surgelé, décongelé

Gros sel (casher ou de mer; facultatif)

Garnitures

1 gros avocat mûr

2 citrons verts coupés en quartiers

1 grosse tomate rouge bien mûre coupée en dés

¼ chou vert tranché finement ou 1 laitue iceberg, déchirée en lanières (facultatif)

230 g (2 tasses) de monterey jack au piment ou de cheddar blanc grossièrement râpé

1 tasse de crème sure

500 ml (2 tasses) de pico de gallo (page 130), de salsa au chipotle (page 131) ou d'une autre salsa

12 tortillas de maïs ou de blé

1 Farce: dans une grande poêle, chauffer l'huile à feu moyen. En remuant souvent, faire dorer l'oignon, le ou les piments et le cumin environ 4 minutes. Entre-temps, hacher finement la moitié des feuilles de coriandre et les ajouter à la préparation à l'oignon. Défaire le reste en brins et réserver dans un bol de service. Ajouter les haricots noirs et le maïs dans la préparation à l'oignon et, en remuant souvent, cuire 3 minutes ou jusqu'à ce que le mélange soit bien goûteux. Les haricots et le maïs étant déjà salés, le sel sera probablement inutile, mais il faut goûter et

INGRÉDIENTS Les tacos ne sont bons que si les tortillas que l'on emploie pour leur confection le sont. Si vous vivez dans une région où il y a une communauté mexicaine importante, vous devriez pouvoir les acheter fraîches. Autrement, optez pour des tortillas qui se rapprochent le plus du produit artisanal. Quant au maïs et aux haricots, choisissez autant que possible des produits biologiques à faible teneur en sodium. Pour ce qui est du fromage, j'aime bien le piquant du monterey jack au piment, mais vous pouvez employer un monterey jack ordinaire ou un cheddar.

ÉQUIPEMENT Votre batterie de base dont deux grandes poêles de 25 à 30 cm (10 à 12 po), l'une étant en fonte, et une serviette de table en tissu ou un panier tapissé de tissu pour garder au chaud les tortillas.

AUTRES Il y a deux manières de faire ces tacos. Vous employez des haricots et du maïs en boîte et une salsa ou une sauce piquante du commerce et les préparez en 15 minutes. Ou vous prenez le temps de faire griller ou rôtir le maïs frais et le piment poblano et préparez votre propre salsa. La première vous permet d'obtenir un plat sans viande rapide et étonnamment savoureux, la seconde, un plat qui frôle le sublime.

DURÉE Environ 30 minutes.

en ajouter au besoin. La farce peut être préparée 24 heures à l'avance et conservée au frigo, dans un récipient couvert. Si désiré, la réchauffer au moment de servir.

2 **Garnitures:** couper l'avocat en dés et déposer ceux-ci dans un bol de service. Presser 1 quartier de citron vert au-dessus afin de l'empêcher de noircir. Déposer le reste des quartiers de citron vert, la tomate, le chou ou la laitue, le fromage râpé, la crème sure et le pico de gallo ou la salsa dans des bols de service séparés en fournissant des cuillers.

3 Chauffer une grande poêle en fonte à feu moyen-vif. En les retournant avec des pinces, chauffer les tortillas 1 ou 2 à la fois, 20 secondes par face ou jusqu'à ce qu'elles soient chaudes et souples. Les envelopper dans une serviette de tissu ou les déposer dans un panier pour les garder au chaud.

4 Caler une tortilla dans une main et la farcir de préparation aux haricots, de garnitures au choix et d'une giclée de jus de citron vert. La viande ne manquera à personne.

Variante

Monter la barre d'un cran en remplaçant le maïs en boîte par quelques épis de maïs frais rôtis. Les éplucher, les enduire légèrement d'huile d'olive, saler, poivrer et, en les retournant à l'aide de pinces, les faire griller à feu vif 8 minutes ou jusqu'à ce qu'ils soient bien dorés. Prélever les grains en les coupant au couteau.

Tandis que le barbecue chauffe, faire rôtir le ou les piments jusqu'à ce que la peau soit noircie. La gratter pour la retirer, ôter les graines et couper la chair en dés. Pour répartir le travail, on peut faire griller le maïs et les piments à l'avance. Si le barbecue est toujours allumé, on peut y réchauffer les tortillas.

BURGERS DE HARICOTS AU PIMENT

INGRÉDIENTS Mark conseille de préparer ces burgers avec des haricots blancs, tels que les cannellinis. Pois chiches, haricots pinto et haricots noirs donnent aussi de bons résultats. En outre, employez du piment pur en poudre, par exemple du piment ancho, plutôt que l'assaisonnement au chili du commerce.

Mark Bittman, chroniqueur culinaire au *New York Times,* est un grand partisan d'une alimentation faisant une large place aux végétaux. Pour des raisons de santé à la fois personnelles et environnementales, il consomme rarement de la viande avant 18 heures. Voici une recette de base de son burger sans viande, composé de haricots et assaisonné de poudre de piment, d'oignon et de coriandre fraîche. Voyez-le comme un chili végétarien servi sur un petit pain. Comme la plupart de celles qu'il propose, il s'agit d'une formule de base plutôt que d'une recette à suivre à la lettre. Adaptez-la à votre goût en ajoutant du fromage râpé ou toute autre garniture que vous aimez. **4 portions**

Sol
DESDE 1899
12 fl. oz. (355 ML)
MONTERREY, N.L.

ÉQUIPEMENT Votre batterie de base dont un robot culinaire et une grande poêle antiadhésive de 25 à 30 cm (10 à 12 po).

AUTRES Bien que je préfère généralement les grillades sur le barbecue, les burgers végétariens, particulièrement ceux qui sont composés de haricots, ont tendance à se défaire sur la grille. Par conséquent, cuisez-les à la poêle.

DURÉE Environ 20 minutes + 30 minutes de réfrigération.

1 boîte de 540 ml (19 oz) de haricots blancs, bios de préférence et à faible teneur en sodium, égouttés, rincés et égouttés de nouveau

1 oignon moyen pelé et haché grossièrement

25 g (½ tasse) de flocons d'avoine à l'ancienne, ou + au besoin

3 c. à soupe de coriandre fraîche hachée

2 ou 3 c. à café de piment en poudre (chili)

½ c. à café de cumin moulu (facultatif)

Gros sel (casher ou de mer) et poivre noir fraîchement moulu

2 c. à soupe d'huile d'olive extra vierge

2 c. à soupe (¼ plaquette) de beurre

4 pains à hamburger, de préférence de blé entier

Feuilles de laitue Boston ou romaine

Tranches de tomate rouge

Tranches d'oignon rouge

Mayonnaise au chipotle (facultatif, page 352)

1 Au robot culinaire, hacher grossièrement les haricots blancs, l'oignon, l'avoine, la coriandre, le piment en poudre et, si désiré, le cumin, en faisant tourner le moteur quelques secondes à la fois. Il s'agit de bien mélanger les ingrédients et non de les réduire en purée. Si la préparation semble trop liquide, ajouter un peu d'avoine. Saler et poivrer au goût; la préparation devrait être bien relevée.

2 Mouiller légèrement les mains et façonner 4 galettes de 1 cm (½ po) d'épaisseur et d'environ 8 cm (3 po) de diamètre. Déposer les galettes sur une assiette tapissée de pellicule de plastique et réfrigérer environ 30 minutes ou jusqu'au moment de les cuire (la réfrigération contribuera à raffermir la préparation). On peut préparer les galettes quelques heures à l'avance.

3 Dans une grande poêle antiadhésive, chauffer l'huile d'olive à feu moyen-vif 30 à 60 secondes ou jusqu'à ce qu'elle scintille. En les retournant délicatement à l'aide d'une spatule, cuire les galettes 3 à 4 minutes par face ou jusqu'à ce qu'elles soient croustillantes et dorées sur leurs deux faces.

4 Entre-temps, si désiré, beurrer légèrement la face coupée des deux moitiés des petits pains. Dans la poêle, faire griller ceux-ci, face coupée dessous, à feu moyen 2 minutes ou jusqu'à ce qu'ils soient dorés.

5 Servir les galettes dans les petits pains avec de la laitue, de la tomate, de l'oignon et de la mayonnaise au chipotle, si désiré.

TOFU SAUTÉ AU GINGEMBRE
ET AU PIMENT

Une recette de tofu dans un livre de cuisine destiné aux hommes? Et de l'auteur de huit livres glorifiant les viandes qu'on fait griller aux quatre coins du monde? Eh bien, il se trouve que la plupart des hommes de ma famille et nombre de mes amis consomment du tofu et l'apprécient! Pas tous les jours, mais de temps à autre, particulièrement lors des lundis sans viande. Nous sommes en bonne compagnie: parmi les végétariens masculins célèbres, citons Ben Stiller, Mike Tyson et Anthony Kiedis, le chanteur des Red Hot Chili Peppers. Je peux comprendre que vous préfériez passer outre cette recette, mais si vous êtes disposé à l'essayer, vous serez gratifié d'un plat riche en gingembre et en piment jalapeno. Pour en savoir plus sur les sautés, voir à la page 318. **2 ou 3 portions**

- 340 à 400 g (12 à 14 oz) de tofu extra ferme ou cuit (voir INGRÉDIENTS et AUTRES)
- 2 c. à café de fécule de maïs
- 3 c. à soupe de vin de riz, de saké ou de xérès sec
- 2 c. à soupe de sauce soya, ou au goût
- 2 c. à soupe de sauce aux huîtres (facultatif)
- 1 c. à soupe de sucre
- 1 c. à café de poivre noir fraîchement moulu
- 2 c. à soupe d'huile de canola ou d'une autre huile végétale
- 1 morceau de 5 cm (2 po) de gingembre frais pelé et coupé en tranches de 0,5 cm (¼ po) d'épaisseur
- 2 gousses d'ail pelées et émincées
- 4 oignons verts, parties blanche et verte coupées en morceaux de 2,5 cm (1 po)
- 1 ou 2 piments jalapenos hachés finement
- 5 g (¼ tasse) de coriandre fraîche hachée (facultatif)
- Riz blanc ou brun cuit (voir à la page 327)

1 Couper le tofu en morceaux de 2,5 x 2,5 x 1 cm (1 x 1 x ½ po). Réserver.

2 Dans un petit bol, mélanger la fécule de maïs avec 1 c. à soupe de vin de riz (de saké ou de xérès) de manière à former une pâte. Ajouter le reste du vin de riz, la sauce soya et, si désiré, la sauce aux huîtres. Ajouter le sucre et le poivre noir. Mélanger et réserver la sauce.

3 Au moment de servir, chauffer à feu vif un wok ou une grande poêle. Ajouter l'huile végétale en faisant tourner la poêle et la chauffer 30 à 60 secondes ou jusqu'à ce qu'elle scintille. Faire sauter le gingembre, l'ail, les oignons verts et le piment pendant 15 secondes ou jusqu'à ce qu'ils libèrent leur arôme; ne pas les faire dorer. Ajouter le tofu et faire sauter 2 minutes ou jusqu'à ce qu'il soit légèrement doré.

4 Remuer la sauce et la verser dans le wok. Poursuivre la cuisson 1 minute ou jusqu'à ce que la sauce bouille et épaississe; 30 secondes avant la fin de la cuisson, ajouter la coriandre, si désiré. Servir avec le riz blanc ou brun.

INGRÉDIENTS Pour ce plat, les courses sont simples, tous les ingrédients se trouvant facilement au supermarché. Optez pour le tofu extra ferme (Nasoya, Trader Joe's ou une autre bonne marque). Épaisse et brune, la sauce aux huîtres est un condiment à saveur de saumure et d'huître (Lee Kum Kee, Wok Mei ou une autre bonne marque). Si vous l'omettez, il serait peut-être souhaitable d'ajouter de la sauce soya.

ÉQUIPEMENT Votre batterie de base et, si vous en avez, un wok (voir à la page 318). Sinon, c'est une bonne occasion d'en acheter un, mais une grande poêle de 25 à 30 cm (10 à 12 po) fera tout aussi bien l'affaire.

AUTRES Pour un tofu encore plus ferme, procurez-vous un produit cuit, tel celui de Wildwood, de Small Planet ou de WestSoy. Ces tofus sont tellement consistants que l'on peut mordre dedans.

DURÉE Environ 20 minutes de préparation + 10 minutes de cuisson.

PIMENTS FARCIS AU FOUR

INGRÉDIENTS Le piment classique à farcir est le poblano, un piment aromatique vert foncé et un peu plus piquant que le poivron. Vous pouvez aussi employer des Anaheim, des Hatch ou des New Mexico. On trouve des poblanos dans bon nombre de supermarchés, tandis que les Anaheim et les Hatch sont offerts dans les supermarchés de l'Ouest ou en ligne à melissas.com.

ÉQUIPEMENT Votre batterie de base dont une grande poêle de 25 à 30 cm (10 à 12 po), une passoire et un plat allant au four de 23 x 33 cm (9 x 13 po).

AUTRES L'usage veut que l'on fasse rôtir et que l'on pèle les piments, processus qui confère une agréable saveur de fumée au plat, mais qui multiplie aussi par deux le temps de préparation. Dans ma recette, c'est donc facultatif. Si c'est votre choix, faites carboniser les piments à feu vif sur le barbecue, directement sur un brûleur de la cuisinière ou sous le gril. La peau devrait cloquer et être noire. Laissez les piments refroidir entièrement sur une planche à découper, puis grattez la peau au couteau pour l'enlever.

DURÉE Environ 30 minutes de préparation + 30 minutes de cuisson.

Devant moi, une assiette de piments farcis m'attire avec sa panure croustillante et sa garniture de fromage fondant; chaque piment fournit 450 calories et 37 grammes de matières grasses! Comme j'essaie d'éliminer le gras en excédent de mon alimentation, je fais «frire» les aliments au four, comme ces piments. On peut aussi remplacer une partie du fromage par des haricots. De plus, les piments farcis au four ont meilleur goût que le plat classique, les riches saveurs du cumin, de la coriandre, des noix et des raisins secs n'étant pas voilées par celle du gras. **4 portions**

- 4 gros piments poblanos ou 8 piments Anaheim ou Hatch
- 2 ½ c. à soupe d'huile d'olive extra vierge
- 1 oignon moyen pelé et haché finement
- 60 g (½ tasse) de noix hachées grossièrement ou de pignons entiers
- 40 g (¼ tasse) de raisins secs
- 1 c. à café de cumin moulu
- ½ c. à café de poivre noir fraîchement moulu, + au goût
- 5 g (¼ tasse) de coriandre fraîche hachée
- 1 boîte de 540 ml (19 oz) de haricots pinto, noirs ou rouges, égouttés, rincés et égouttés de nouveau
- 350 g (3 tasses) de monterey jack ou de cheddar grossièrement râpé, de chèvre ou de cotija émietté
- Gros sel (casher ou de mer; facultatif)
- 110 g (1 tasse) de chapelure ou de croustilles de maïs émiettées (facultatif)

1 *Piments poblano:* les couper en deux dans le sens de la longueur et en retirer les graines et les membranes. *Piments Anaheim ou Hatch:* pratiquer une incision dans le sens de la longueur, puis gratter la chair à la cuiller pour en retirer les graines et les membranes.

2 Dans une poêle, chauffer 1 ½ c. à soupe d'huile d'olive à feu moyen. En remuant à la cuiller en bois, cuire l'oignon, les noix, les raisins secs, le cumin et le poivre pendant 3 à 4 minutes ou jusqu'à ce que l'oignon soit doré. Ajouter la coriandre après d'environ 2 minutes de cuisson.

3 Incorporer les haricots dans la préparation à l'oignon et cuire 3 minutes ou jusqu'à ce qu'ils libèrent leur arôme. Retirer la poêle du feu et laisser refroidir à température ambiante, puis incorporer 230 g (2 tasses) de fromage. Goûter et rectifier l'assaisonnement; la préparation devrait être bien relevée.

4 À la cuiller, farcir les piments de la préparation et les disposer dans un plat allant au four de 23 x 33 cm (9 x 13 po). Parsemer du reste de fromage. Si désiré, parsemer de miettes de croustilles de maïs ou de chapelure. Arroser de la dernière c. à soupe d'huile. On peut préparer le plat jusqu'à cette étape 1 jour à l'avance et le réfrigérer dans un récipient couvert.

5 Préchauffer le four à 200 °C (400 °F).

6 Enfourner les piments farcis et les cuire 20 minutes ou jusqu'à ce qu'ils soient dorés à la surface et mous sur les côtés, et que le fromage fonde et bouillonne.

Piments farcis au four ▸

CE QU'IL FAUT SAVOIR SUR

LES SAUTÉS

Quel est le mode de cuisson le plus populaire au monde ? La cuisson au barbecue ? Au four ? Je dirais plutôt les sautés. Tous les jours, de Beijing à Bali, les repas du midi et du soir, voire le petit-déjeuner, sortent fumants du wok. Ce mode de cuisson possède les avantages du plat unique cuit à une température qui en intensifie les saveurs tout en ne demandant que quelques minutes. Comme il ne faut qu'un seul élément de la cuisinière ou brûleur, il convient particulièrement à ceux qui vivent en appartement et ont une petite cuisine.

Le sauté se prépare facilement à la condition de bien suivre les étapes. Pour m'assurer de les décrire correctement, je me suis adressé à Simpson Wong, chef-propriétaire du Wong and Café Asean de Greenwich Village (il est connu pour servir de la crème glacée au canard rôti).

D'abord le wok. C'est une sorte de grande poêle profonde en forme de bol munie de deux poignées en forme de U. Les professionnels emploient des woks en acier au carbone, qui transmet rapidement et uniformément la chaleur mais qui, dans le but de prévenir la formation de rouille, nécessite un usage fréquent.

Ensuite, la température de cuisson. Les professionnels font appel à des brûleurs à propane particulièrement puissants. À la maison, si vous disposez d'une gazinière, il vous faudra un socle amovible, qui a pour effet de lever légèrement le wok et ainsi de mieux distribuer la chaleur. Si votre cuisinière est électrique, optez pour un wok à fond plat.

Le secret d'un sauté réussi tient à la bonne organisation. Comme la cuisson est très rapide, les ingrédients doivent tous être préalablement coupés et mesurés. Disposez-les sur une plaque de cuisson dans l'ordre où vous les ajouterez : les aromates d'abord, puis les sources de protéines, les légumes, les herbes, la sauce et, le cas échéant, l'épaississant. Quand ces étapes sont respectées, les aliments acquièrent une saveur intense, caramélisée, presque fumée que les Chinois qualifient de *wok hay,* littéralement « l'haleine du wok ».

Il y a sept étapes à suivre qui, quand elles sont bien chorégraphiées, donnent des viandes grillées très goûteuses, des légumes qui préservent leur croquant et leur moelleux, et des sauces richement aromatisées. Surveillez attentivement la cuisson : elle est tellement rapide que vous pourriez sauter involontairement une étape.

1 Chauffez le wok à feu moyen-vif jusqu'à ce qu'il soit bien chaud. Ajoutez l'huile, en faisant tourner le wok pour en enduire les côtés, ce qui demandera environ 15 secondes. Wong emploie de l'huile d'olive (pour sa richesse) et de l'huile de canola ou de pépins de raisin (pour leur point de fumée élevé) à parts égales.

2 Ajoutez les aromates : il s'agit habituellement d'ail, de gingembre, de blanc d'oignon vert et de piments émincés. Faites-les frire environ 10 secondes ou jusqu'à ce qu'ils libèrent leur arôme, mais pas au point de les dorer (et certainement pas de les brûler).

3 Ajoutez la source de protéines, au choix : poulet, bœuf, porc, crevette, calmar, tofu ou autre.

Tous les ingrédients doivent être coupés en petits morceaux de taille uniforme, idéalement d'environ 4 x 1 x 0,5 cm (1 ½ x ½ x ¼ po) (cette forme permet de maximiser la surface exposée au wok chaud et aux assaisonnements). Étalez la source de protéines dans le fond du wok et laissez cuire environ 30 secondes avant de remuer. Elle sera saisie et attachera au fond avant de s'en détacher. Faites ensuite sauter en remuant les ingrédients à l'aide de la spatule pour wok (et même en faisant tourner le wok au poignet) pendant 2 à 3 minutes.

4 Ajoutez les légumes. Oignons, champignons, haricots verts, pois gourmands, chou napa, entre autres, conviennent aux sautés. Coupez-les en petits morceaux afin qu'ils cuisent rapidement et uniformément. Faites blanchir dans l'eau bouillante pendant 1 ou 2 minutes les légumes fermes, tels que brocoli et carotte, avant de les faire sauter au wok pendant 2 à 3 minutes ou jusqu'à ce qu'ils soient légèrement croustillants.

5 Ajoutez les herbes, telles que citronnelle, coriandre fraîche, oignon vert et basilic thaïlandais. Remuez brièvement 20 secondes ou jusqu'à ce que les herbes libèrent leur arôme.

6 Ajoutez la sauce. Pour les sautés chinois, elle consiste en sauce soya, vin de riz et sucre. Pour les thaïlandais, on emploie plutôt du lait de coco et de la pâte de cari, et pour les vietnamiens, de la sauce de poisson, du sucre et de la pâte de piment. Laissez bouillir environ 1 minute.

7 Ajoutez l'épaississant, habituellement de la fécule de maïs dissoute dans un peu d'eau, de manière à former une pâte liquide. En ajoutant ce mélange plutôt que simplement de la fécule sèche, on prévient la formation de grumeaux. Faites bouillir environ 20 secondes ou jusqu'à épaississement. L'ajout d'un épaississant est facultatif et dépend de la volonté du chef et du genre de cuisine asiatique.

En tout, la cuisson d'un sauté demande environ 7 minutes.

SUPPLÉMENT D'INFORMATION SUR LES WOKS

Tout comme pour la poêle de fonte, la meilleure manière d'entretenir un wok consiste à l'employer régulièrement. À l'achat, frottez-le avec de l'eau et du savon pour en faire disparaître la graisse appliquée à l'usine. Chauffez-le à feu vif 30 à 60 secondes ou jusqu'à ce qu'il soit bien chaud. Pour vérifier s'il est assez chaud pour la cuisson, ajoutez une goutte d'eau : elle devrait s'évaporer en 2 secondes. Ensuite, huilez-le en ajoutant 1 c. à soupe de canola ou d'une autre huile végétale. Faites-le tourner de manière à enduire les parois d'huile, puis essuyez-le à l'aide de papier absorbant pour éliminer l'excédent. Répétez au besoin.

Pour nettoyer le wok après usage, chauffez-le à feu vif. Ajoutez de l'eau et frottez-le à l'aide d'une brosse en paille (achetez-la en même temps que le wok). Laissez sécher le wok sur le feu, puis huilez-le à l'aide de papier absorbant trempé dans l'huile. Plus vous emploierez votre wok, moins les aliments risqueront d'attacher.

HACHIS DE CHAMPIGNONS

INGRÉDIENTS L'époque où il fallait courir les bois pour goûter aux champignons sauvages est révolue. On en trouve désormais de nombreuses variétés dans les supermarchés. Optez pour ceux qui vous semblent les plus frais.

ÉQUIPEMENT Votre batterie de base dont une grande poêle de 25 à 30 cm (10 à 12 po).

AUTRES Les champignons étant essentiellement des éponges, la pire manière de les nettoyer consiste à les immerger dans de l'eau froide comme on le fait pour les autres légumes. Coupez plutôt l'extrémité terreuse du pied et essuyez le champignon à l'aide de papier absorbant humide. (En passant, le pied est généralement comestible, sauf celui du shiitake, qui est coriace et que vous devriez ôter et réserver pour la préparation de bouillons.) Ferme, dense et creuse, la morille constitue l'exception. Faites-la tremper dans de l'eau légèrement salée pour en déloger les insectes, le cas échéant, puis secouez-la et tranchez-la.

DURÉE Environ 20 minutes.

Peut-être faites-vous partie de ces gars qui font la cueillette des champignons sauvages, confiants dans leur capacité à distinguer la *Volvarviella volvacea* (volvaire volvacée, comestible et délicieuse) de l'*Amanita phalloides* (amanite phalloïde, indéniablement toxique). Peut-être êtes-vous attiré par les champignons sauvages offerts au rayon des fruits et légumes parce qu'ils semblent vraiment cool : la morille en nid d'abeilles, le cèpe aux jolies courbes, la poule des bois en forme de corail ou la trompette de la mort noir cendré. Ou encore, peut-être aimez-vous tout simplement la saveur légèrement terreuse et musquée des champignons exotiques, aux notes de vin, de poivre, d'herbe, voire de fromage, selon la variété. Quelles que soient vos raisons, voici une méthode infaillible et infiniment adaptable de préparer un hachis de champignons.

Cette recette laisse au cuisinier que vous êtes une grande marge de manœuvre. Selon la variété de champignons ou votre goût, vous pouvez les laisser entiers, les trancher ou les hacher. Les cuire au beurre, à l'huile d'olive ou encore à la graisse de bacon ou de canard (à l'exclusion des lundis sans viande !). Les assaisonner au persil, au basilic, au romarin ou à d'autres herbes fraîches. Les faire flamber au cognac ou au whisky. Les faire sauter à la mexicaine, avec des piments et de la coriandre. **2 portions pour un repas léger (compléter par des œufs frits ou pochés), ou 4 portions en plat d'accompagnement**

450 g (1 lb) de champignons sauvages, exotiques ou non (voir l'encadré page 321)

2 c. à soupe de beurre ou d'huile d'olive extra vierge ou de graisse de bacon

3 ou 4 échalotes pelées et hachées finement ou 6 oignons verts, parties blanche et verte hachées finement, ou 1 oignon moyen pelé et haché finement (en tout : 115 à 150 g [¾ à 1 tasse])

1 gousse d'ail pelée et émincée (facultatif)

15 g (¼ tasse) de persil plat frais ou 2 c. à soupe de basilic, de sauge ou de romarin frais haché

2 c. à soupe d'un alcool, au choix : cognac, armagnac, whisky, xérès sec ou madère

Gros sel (casher ou de mer) et poivre noir fraîchement moulu

1 Parer les champignons en coupant les extrémités terreuses du pied. Les essuyer à l'aide d'un papier absorbant humide. Selon la variété et le goût, les laisser entiers, les couper en petits morceaux, les trancher finement ou les hacher grossièrement ; veiller simplement à ce que les morceaux soient approximativement de la même taille.

2 Dans une grande poêle, faire fondre le beurre ou chauffer l'huile d'olive à feu moyen. En remuant souvent, cuire les échalotes, les oignons verts ou l'oignon et l'ail, si désiré, 3 minutes ou jusqu'à ce qu'ils soient légèrement dorés.

3 Ajouter les champignons et les herbes, et régler le feu à vif. En remuant, cuire 3 minutes ou jusqu'à ce que les champignons soient cuits et que leur liquide s'évapore.

4 Ajouter l'alcool choisi et laisser bouillir 2 minutes ou jusqu'à ce que l'alcool soit presque entièrement évaporé.

5 Saler et poivrer au goût; le hachis devrait être bien relevé.

Coup d'œil sur les champignons

Les champignons se répartissent en trois catégories. Chaque variété possède sa saveur et sa texture propres, mais les champignons sont également excellents en mélange. Voici les trois catégories:

Champignons sauvages: on ne les trouve qu'en forêt où ils poussent à l'état sauvage. Cèpe, chanterelle, morille, poule des bois et trompette de la mort font partie de cette catégorie.

Champignons exotiques cultivés: shiitake, pleurote en huître et enotaki (ou enoki) sont cultivés, mais leur saveur prononcée et musquée rappelle celle des champignons sauvages.

Champignons communs cultivés: champignon de Paris ou de couche (ou blanc), que nous connaissons depuis toujours, et, plus récemment, cremini brun et portobello à gros chapeau.

QUINOA PILAF

Voilà une véritable histoire de réussite. Il y a vingt ans, seuls les connaisseurs consommaient du quinoa. Aujourd'hui, cet ancien grain des Andes se retrouve partout, des céréales au dessert en passant par les salades. Il était temps, car il renferme plus de calcium que le lait, deux fois plus de protéines que le riz et trois fois plus de phosphore que la banane. Il possède également une fine saveur à la fois légèrement terreuse et de noisette qui n'est pas sans rappeler celle du riz sauvage, de même qu'une texture légèrement croquante et fondante qui, dans certains cercles, lui a valu le nom de «caviar végétarien». Il pousse en haute altitude dans des sols pauvres et est enduit d'une substance qui contribue à réduire le recours aux pesticides. S'il ne fait pas déjà partie de votre alimentation, c'est le temps de l'ajouter. **Environ 750 ml (3 tasses): 4 portions en plat d'accompagnement ou 2 portions comme repas léger**

INGRÉDIENTS On trouve facilement du quinoa dans les supermarchés et les magasins de produits naturels. Ancient Harvest est une bonne marque. En plus du blanc, on en trouve du rouge et du noir, qui sont encore plus aromatiques.

ÉQUIPEMENT Votre batterie de base dont une grande poêle de 25 à 30 cm (10 à 12 po).

COUPER COMME UN PRO : COMMENT

HACHER, ÉMINCER ET TRANCHER

Dans ces pages, et dans celles de tout livre de cuisine, on vous donne la consigne de hacher, de couper en dés ou en cubes, d'émincer, de trancher ou de réduire en purée divers ingrédients. Voici ce que signifient ces termes et comment s'y prendre.

HACHER. Consiste à couper les ingrédients en petits morceaux. Pour hacher un oignon et d'autres légumes sphériques, suivez les étapes données à la page 324.

Pour la carotte, le poireau et les autres légumes allongés, faites une série de coupes sur toute la longueur suivie d'une série de coupes en travers. Hachez les légumes aussi finement que vous le désirez en donnant un mouvement avant au couteau de chef.

Pour hacher les légumes au robot culinaire, déposez des morceaux de 2,5 cm (1 po) dans le bol du robot muni d'une lame à hacher en acier. Faites tourner l'appareil quelques secondes à la fois jusqu'à obtenir la taille désirée. Ne hachez pas trop les légumes humides tels que l'oignon afin de ne pas les réduire en purée.

HACHER FINEMENT. Procédez tel qu'il est indiqué ci-dessus, en coupant les ingrédients en morceaux plus petits.

ÉMINCER. Consiste à hacher le plus finement possible. À l'aide d'un couteau de chef, hachez grossièrement les ingrédients, puis coupez-les le plus finement possible, en faisant imprimer à la lame du couteau un mouvement de haut en bas dans un sens, puis à angle droit par rapport à la première série de coupes.

COUPER EN DÉS. Il s'agit de couper les ingrédients en cubes de 0,5 cm (¼ po). Ils devraient être carrés, tels des dés miniatures.

Légumes longs : les peler, parer et trancher en fines lanières dans le sens de la longueur.

Réunir les lanières et les couper en travers en morceaux de la taille indiquée dans la recette.

COUPER EN CUBES. Il s'agit de couper les ingrédients en morceaux de 1 cm (½ po).

TRANCHER. Consiste à couper les ingrédients en tranches ou en lanières de ⅛ à ½ cm (⅛ à ¼ po) d'épaisseur.

RÉDUIRE EN PURÉE. Consiste à réduire les ingrédients en une pâte ou un liquide homogène au mélangeur ou au robot culinaire muni d'une lame métallique (coupez-les d'abord en morceaux de 2,5 cm [1 po]).

1 c. à soupe d'huile d'olive extra vierge ou de beurre

1 petit oignon ou 2 échalotes, pelé(es) et haché(es) finement

3 c. à soupe de pignons, de noix ou de pacanes haché(e)s

180 g (1 tasse) de quinoa

500 ml (2 tasses) de bouillon de poulet ou de bœuf, ou d'eau, + au besoin

3 c. à soupe de raisins de Corinthe ou autres raisins secs

Gros sel (casher ou de mer) et poivre noir fraîchement moulu

1 Dans une grande poêle, chauffer l'huile (ou le beurre) à feu moyen. Cuire l'oignon et les pignons 3 minutes ou jusqu'à ce qu'ils soient légèrement dorés. Ajouter le quinoa et cuire 1 minute ou jusqu'à ce qu'il soit brillant.

2 Régler le feu à vif, ajouter le bouillon et les raisins de Corinthe secs, et porter à ébullition. Saler et poivrer (commencer par ½ c. à café de sel et ¼ c. à café de poivre). Régler le feu à doux, couvrir la poêle et laisser mijoter 20 minutes ou jusqu'à ce que les grains soient tendres et que le liquide soit absorbé. S'il s'évapore entièrement avant la fin de la cuisson, ajouter du bouillon ou de l'eau.

3 Goûter et rectifier l'assaisonnement, puis aérer le quinoa à la cuiller en bois avant de servir.

AUTRES La recette de quinoa pilaf convient à d'autres grains, dont le millet, le kamut et le petit épeautre (farro), de même qu'au couscous et à des pâtes semblables. Ajuster le temps de cuisson en fonction de la taille du grain, en comptant 30 à 40 minutes pour les plus gros, comme le kamut et le petit épeautre.

DURÉE Environ 10 minutes de préparation + 20 minutes de cuisson.

Variantes

Autres ingrédients que l'on peut ajouter au quinoa pilaf

- Champignons sauvages ou cultivés, tranchés finement: cuire 170 g (6 oz) de champignons avec les oignons et les pignons, comme à l'étape 1 de la recette de base.
- Cerises ou canneberges séchées: ajouter 50 g (½ tasse) en plus ou à la place des raisins de Corinthe.
- Fromage fraîchement râpé, tel que gouda vieilli ou parmesan: en ajouter 90 g (¾ tasse) après avoir aéré le quinoa à la fourchette.

Comment hacher les oignons et les autres légumes sphériques

▶ On le sait, hacher des oignons peut faire pleurer. Pour absorber les vapeurs, serrez une tranche de pain entre les dents. Ou faites un homme de vous et gardez à l'esprit qu'on n'a rien sans rien.

1 Coupez l'oignon en deux dans le sens de la longueur (de la pointe à l'extrémité où se trouvaient les racines).

2 Pelez l'oignon. Déposez une moitié d'oignon sur la planche à découper, face coupée dessous.

3 En tenant la lame droite, effectuez une série de coupes parallèles, de haut en bas, espacées de 0,5 cm (¼ po).

4 En tenant la lame parallèle à la planche à découper, effectuez une seconde série de coupes parallèles, à l'horizontale cette fois.

5 En tenant de nouveau la lame à la verticale, effectuez une série de coupes de haut en bas (perpendiculaires aux premières coupes).

6 Une fois haché, l'oignon se défera en morceaux de 0,5 cm (¼ po). Conservez l'extrémité ayant porté les racines pour faire un bouillon.

Comment carboniser la peau d'une aubergine

1 Allumez le brûleur de la cuisinière au gaz en le réglant à feu vif et déposer l'aubergine directement au-dessus des flammes.

2 En la retournant à l'aide de pinces, faites-la noircir sur toutes ses faces.

3 Vérifiez le degré de cuisson à l'aide d'une brochette en métal. Elle devrait percer facilement la peau et la chair.

4 Coupez l'aubergine en deux dans le sens de la longueur.

5 À l'aide d'une grosse cuiller, grattez la chair pour la détacher de la peau.

6 Déposez la chair dans un bol pour la transformer en baba ghanouj (caviar d'aubergine) ou une autre trempette à base d'aubergine.

◀ Certains plats exigent que l'on fasse noircir complètement les ingrédients, à défaut de quoi ils sont plutôt insipides.

RIZ PILAF

INGRÉDIENTS Pour réussir le pilaf, il vaut mieux employer du riz à grain long, tel que basmati, texmati ou jasmin, quoique celui à grain court convienne également; rincez-le bien sous l'eau froide et égouttez-le bien avant de le cuire. Peut-être devrez-vous aussi ajouter du liquide en cours de cuisson.

ÉQUIPEMENT Votre batterie de base dont une grande poêle épaisse ou en fonte de 25 à 30 cm (10 à 12 po) fermant hermétiquement et dont le manche peut aller au four.

AUTRES Vous pouvez adapter cette recette de riz pilaf à votre goût en ajoutant des légumes, des fruits secs ou à coque ou en les remplaçant par ceux de votre choix. Champignons et noix confèrent au plat beaucoup de saveur, de même que l'abricot sec, le pruneau et la pistache.

Vous pouvez aussi cuire le pilaf sur la cuisinière. Quand le bouillon bout, réglez le feu à la température la plus basse possible et laissez le riz mijoter 20 minutes ou jusqu'à ce que le liquide soit entièrement absorbé.

DURÉE Environ 10 minutes de préparation + 20 minutes de cuisson.

Que vous soyez un étudiant peu fortuné ou un chef accompli au compte d'épargne retraite bien garni, vous consommez probablement beaucoup de riz. C'est un féculent substantiel dont il existe de nombreuses variétés dans le monde: basmati indien (ou texmati texan, un hybride américain), jasmin thaïlandais, arborio italien (qui sert à la préparation du risotto) et riz noir asiatique (également appelé «riz interdit»). Chacun possède sa saveur et sa texture caractéristiques. Pour ma part, je suis grand amateur de riz brun, qui possède un riche goût malté et est particulièrement bon pour la santé. Quel que soit celui que vous choisirez, le pilaf en maximisera la saveur tout en minimisant le temps que vous consacrerez à sa préparation. En gros, ce plat consiste à poêler le riz avec des légumes aromatiques et à le cuire au four avec du bouillon. Il est nettement plus savoureux que le riz bouilli. **4 portions**

3 c. à soupe de beurre ou d'huile d'olive extra vierge ou d'un mélange des deux

1 oignon moyen pelé et haché finement

1 tige de céleri hachée finement

1 poivron rouge ou vert ou un piment poblano, équeuté, épépiné, coupé en dés de 0,5 cm (¼ po) (facultatif)

65 g (½ tasse) de noix, de pacanes, de pignons, d'amandes ou de pistaches entiers ou hachés (facultatif)

70 g (1 tasse) de champignons parés, nettoyés et tranchés finement (facultatif)

80 g (½ tasse) de raisins secs, de canneberges séchées, d'abricots séchés ou de pruneaux, coupés en dés (facultatif)

270 g (1 ½ tasse) de riz à grain long

750 ml à 1 litre (3 à 4 tasses) de bouillon de poulet ou de légumes

Gros sel (casher ou de mer) et poivre noir fraîchement moulu

1 Préchauffer le four à 200 °C (400 °F).

2 Dans une grande poêle, faire fondre 2 c. à soupe de beurre ou chauffer 2 c. à soupe d'huile d'olive à feu moyen-vif. Cuire l'oignon, le céleri et, si désiré, le poivron, les noix, les champignons et les fruits séchés 3 à 5 minutes ou jusqu'à ce que l'oignon soit légèrement doré.

3 Ajouter le riz et cuire 1 minute ou jusqu'à ce que les grains soient brillants. Ajouter 750 ml (3 tasses) de bouillon, 1 c. à café de sel et ½ c. à café de poivre, et porter à forte ébullition. Ne pas remuer le riz une fois que le bouillon est ajouté, à défaut de quoi il sera collant.

4 Couvrir hermétiquement la poêle. Enfourner et cuire 20 minutes ou jusqu'à ce que le riz soit tout juste tendre. Vérifier la cuisson au bout de 10 minutes; si le riz semble se dessécher trop rapidement, ajouter 250 ml (1 tasse) de bouillon. S'il est trop liquide, découvrir jusqu'à la fin de la cuisson.

5 Au moment de servir, aérer délicatement le riz à la fourchette, en ajoutant la dernière c. à soupe de beurre ou d'huile d'olive. Goûter et rectifier l'assaisonnement; le pilaf devrait être bien assaisonné. Servir à même la poêle.

Variantes

Pilaf à l'agneau: les Ouzbeks appellent ce plat *plov* et le préparent dehors sur des poêles à bois de campagne au concept ingénieux. Couper 450 g (1 lb) d'épaule ou de gigot d'agneau en dés de 1 cm (½ po), saler, poivrer et ajouter ½ c. à café (chacun) de cumin, de graines de coriandre et de cannelle moulus. Dans une grande poêle en fonte, faire dorer à feu vif l'agneau dans 2 c. à soupe de beurre ou d'huile d'olive. Le déposer dans une grande assiette, puis faire dorer l'oignon et le céleri ainsi que 1 gousse d'ail émincée et 65 g (½ tasse) de noix. Ajouter le riz et le cuire 1 minute ou jusqu'à ce qu'il soit brillant, puis ajouter 750 ml (3 tasses) de bouillon, l'agneau doré et, le cas échéant, les fruits séchés. Enfourner, puis cuire et servir tel qu'il est indiqué aux étapes 4 et 5 de la recette de base.

Pilaf aux fruits de mer: on peut voir ce plat comme un jambalaya déconstruit. Faire dorer à feu moyen-vif l'oignon, le céleri, le poivron et 1 gousse d'ail émincée dans 2 c. à soupe de beurre. Ajouter le riz et cuire 1 minute ou jusqu'à ce qu'il soit brillant, puis ajouter 750 ml (3 tasses) de bouillon, 1 grosse tomate mûre coupée en dés et 450 g (1 lb) de crevettes décortiquées et déveinées. (Pour préparer un véritable jambalaya, ajouter également 200 g [½ tasse] de dés d'andouille de Louisiane et de jambon tasso cajun.) Enfourner, puis cuire et servir tel qu'il est indiqué aux étapes 4 et 5 de la recette de riz pilaf.

Riz bouilli

De tous les plats de riz, c'est le plus simple à réaliser: dans une casserole moyenne, porter à ébullition à feu vif 750 ml (3 tasses) d'eau, ½ c. à café de sel et 1 c. à soupe de beurre ou d'huile d'olive. Ajouter 270 g (1 ½ tasse) de riz blanc et porter de nouveau à ébullition. Baisser aussitôt le feu à doux et couvrir hermétiquement. Cuire le riz 18 à 20 minutes ou jusqu'à tendreté. Découvrir et aérer le riz à la fourchette. Laisser reposer environ 2 minutes à découvert, puis servir. On peut cuire le riz complet de la même manière, en comptant 45 minutes de cuisson et en ajoutant de l'eau bouillante au besoin afin qu'il reste moelleux. Cuire le riz sauvage suivant la même méthode: il nécessitera 50 à 60 minutes de cuisson et il faudra peut-être ajouter de l'eau bouillante. Donne 4 portions.

POMME DE TERRE SUR CLOU

CUITE AU FOUR

Quelle est la meilleure manière de cuire une pomme de terre au four? Bien sûr, on peut tout simplement l'envelopper de papier aluminium et l'enfourner. On obtient alors une pomme de terre potable, mais sans la peau croustillante, la chair légère et le jet de vapeur invitant qui s'échappe quand on coupe un tubercule cuit de la bonne manière. Vous la cuirez plutôt au four à l'aide d'un article que vous trouverez en quincaillerie, soit un clou de 8 cm (3 po). La peau dorera agréablement, tandis que le clou conduira la chaleur au cœur de la chair, accélérant ainsi la cuisson. Voici donc la recette de base ainsi qu'une splendide variante agrémentée de bacon et de fromage. **1 portion (à multiplier à volonté)**

INGRÉDIENTS D'abord, il vous faut une variété de pomme de terre se prêtant à la cuisson au four, telle que la Russet ou une Idaho biologique. Les pommes de terre à cuire au four sont généralement de forme allongée et possèdent une peau brune rugueuse.

ÉQUIPEMENT Votre batterie de base plus une brosse à légumes et un clou de 8 cm (3 po) en acier inoxydable.

AUTRES Dans cette recette, je suggère de cuire la pomme de terre au four mais, souvent, j'opte plutôt pour le barbecue. Pour ce faire, réglez celui-ci pour la cuisson indirecte (voir page 18) et préchauffez-le à feu moyen-vif (environ 200 °C [400 °F]). Pour conférer aux tubercules une agréable saveur de fumée, avant de les cuire, jetez sur les braises une poignée de copeaux de chêne ou d'hichory préalablement mis à tremper. Le temps de cuisson est le même qu'au four.

DURÉE De 40 à 60 minutes de cuisson.

Pomme de terre

1 grosse pomme de terre à cuire au four de 340 à 400 g (12 à 14 oz)

1 c. à café de graisse de bacon ou de beurre fondu, ou d'huile d'olive extra vierge

Gros sel (casher ou de mer) et poivre noir fraîchement moulu

Service

Beurre

Crème sure

Ciboulette ou oignon vert tranché finement

Cheddar fraîchement râpé

Miettes de bacon (surtout, pas de substitut de bacon)

1 Préchauffer le four à 200 °C (400 °F).

2 Frotter la pomme de terre avec une brosse à légumes. La rincer et l'éponger à l'aide de papier absorbant. Piquer la peau à la fourchette à 3 ou 4 endroits. Enfoncer un clou bien propre de 8 cm (3 po) au centre de la pomme de terre. Enduire toutes les faces de graisse de bacon, de beurre ou d'huile d'olive, puis saler et poivrer généreusement. Déposer sur une plaque de cuisson ou un morceau de papier aluminium.

3 Enfourner et cuire 40 à 60 minutes ou jusqu'à ce que la peau soit dorée et croustillante, et que la pomme de terre soit cuite. Elle devrait être molle quand on la presse entre le pouce et l'index. Ou encore, vérifier le degré de cuisson en y insérant une baguette ou une fourchette, qui devrait s'enfoncer facilement dans la chair.

4 Pour servir, serrer la pomme de terre entre le pouce et l'index en quelques endroits afin de ramollir la chair. Retirer le clou (attention: il sera très chaud!). À l'aide d'un couteau d'office, pratiquer une incision de 2,5 cm (1 po) de profondeur au sommet. Serrer les extrémités pour fendre la pomme de terre. Ajouter à la cuiller du beurre, de la crème sure, de la ciboulette ou des oignons verts, du cheddar et des miettes de bacon, si désiré.

Variante

Pour transformer une pomme de terre en véritable repas, la faire d'abord cuire au four comme ci-dessus. Une fois qu'elle est cuite, la couper en deux sur la longueur. À l'aide d'une cuiller, gratter la chair pour la dégager de la pelure, en prenant soin d'en laisser environ 0,5 cm (¼ po) tout autour de la cavité. Hacher grossièrement la chair prélevée et la mettre dans un bol. Faire griller 1 tranche de bacon, puis la hacher et l'ajouter à la chair de pomme de terre. Ajouter dans le bol 1 c. à soupe de beurre, 1 c. à soupe d'oignons verts hachés, 2 c. à soupe de crème sure et 30 g (¼ tasse) de cheddar râpé. Mélanger délicatement. Saler et poivrer généreusement. Remplir les moitiés de pommes de terre évidées de cette préparation. Parsemer d'un peu de fromage râpé, surmonter d'une petite noix de beurre et saupoudrer de paprika fumé ou de paprika doux. Préchauffer le four à 200 °C (400 °F) et cuire 15 minutes ou jusqu'à ce que le dessus de la pomme de terre soit bien doré.

VARIÉTÉS DE POMME DE TERRE

On cultive près de 5000 variétés de pommes de terre dans le monde mais, en règle générale, on les classe en deux grandes catégories, chacune possédant une saveur et des caractéristiques culinaires particulières: celles que l'on cuit au four et celles que l'on fait bouillir.

LES POMMES DE TERRE À CUIRE AU FOUR sont appréciées pour leur teneur élevée en fécule (de 20 à 22%), ce qui leur confère la texture aérée que l'on recherche dans ce cas. La Russet et l'Idaho sont des variétés courantes.

LES POMMES DE TERRE À BOUILLIR sont moins riches en fécule (16 à 18%), ce qui leur donne une agréable consistance ferme se prêtant particulièrement bien à ce mode de cuisson et à la confection de salades de pommes de terre. La pomme de terre rouge et la pomme de terre à chair jaune sont deux variétés courantes.

Dans ces deux familles, vous trouverez:

LES POMMES DE TERRE ROUGES dont la peau est rouge ou rose et la chair blanche; leur saveur est douce. On peut les faire bouillir, les rôtir et les réduire en purée.

LES POMMES DE TERRE BLANCHES qui ont une peau fine, beige, souvent tachetée, et une chair blanche ou jaune. On peut les faire bouillir, les sauter, les réduire en purée ou les apprêter en salade.

LES POMMES DE TERRE YUKON GOLD sont ovales et possèdent une peau brun clair, une chair jaune, une texture crémeuse et une saveur fine qui rappelle celle du beurre et qui permet donc de se passer de celui-ci. On peut les cuire de toutes les manières.

LES POMMES DE TERRE BLEUES ET POURPRES proviennent des Andes péruviennes et sont aujourd'hui cultivées partout dans le monde. Leur riche saveur est à la hauteur de leur couleur prononcée. On peut les réduire en purée, les rôtir ou les apprêter en salade.

LES POMMES DE TERRE NOUVELLES (GRELOTS) sont récoltées avant maturité et ont donc une peau fine, une saveur douce et une texture délicate. On peut les faire bouillir et les apprêter en salade.

LES POMMES DE TERRE DE TYPE RATTE (*FINGERLING*) sont petites, allongées et possèdent une peau fine. Ce sont souvent des variétés anciennes, telles que la Russian Banana ou la ratte, justement. Elles sont excellentes rôties ou apprêtées en salade.

POMMES DE TERRE À CUIRE AU FOUR (RUSSET)
POMMES DE TERRE NOUVELLES (GRELOTS)
POMMES DE TERRE YUKON GOLD
POMMES DE TERRE DE TYPE RATTE (FINGERLING)
POMMES DE TERRE À CHAIR JAUNE
POMMES DE TERRE ROUGES
POMMES DE TERRE POURPRES
POMMES DE TERRE NOUVELLES ROUGES

PURÉE DE POMMES DE TERRE
À L'OIGNON CARAMÉLISÉ

INGRÉDIENTS Pour réussir cette purée, il vous faut une pomme de terre à peau fine, ferme et relativement pauvre en fécule, telle que la Yukon Gold ou la pomme de terre rouge. Réservez les pommes de terre à peau épaisse et riches en fécule pour la recette de pomme de terre sur clou cuite au four (page 327).

ÉQUIPEMENT Votre batterie de base dont une grande poêle épaisse de 25 à 30 cm (10 à 12 po), une passoire et un pilon à purée.

AUTRES Doit-on peler ou pas? Personnellement, comme j'aime la texture de la purée avec les peaux, je ne pèle pas les pommes de terre.

DURÉE Environ 20 minutes.

En ces temps où les régimes riches en protéines sont mis de l'avant, les féculents substantiels et bons à en lécher son assiette n'ont pas bonne presse. Mais il n'y a guère plat plus réconfortant qu'une purée de pommes de terre riche en beurre et en crème, particulièrement si elle est agrémentée d'oignons caramélisés. Sans compter que la purée est le plat d'accompagnement idéal de la dinde et du poulet rôtis, du pain de viande et du bifteck. Pour réussir la vôtre à tout coup, suivez ces trois règles: employez des pommes de terre à faible teneur en fécule; mettez-les à cuire dans l'eau froide, en portant celle-ci graduellement à ébullition; écrasez-les au pilon à purée et non au robot culinaire ou à l'aide d'un batteur à main, qui les rendraient collantes. **4 à 6 portions**

Oignon caramélisé

2 c. à soupe (¼ plaquette) de beurre ou d'huile d'olive

1 oignon doux moyen, tel que vidalia ou walla walla, pelé et haché finement

Pommes de terre

900 g (2 lb) de pommes de terre à chair ferme et à peau fine, pelées (facultatif), coupées en morceaux de 2,5 cm (1 po)

Gros sel (casher ou de mer)

3 c. à soupe de beurre

125 ml (½ tasse) de lait (entier ou écrémé, au goût) ou de crème 11,5 %

5 à 8 c. à soupe de crème 35 % à fouetter, de crème 11,5 % ou de lait additionnel

Poivre noir ou blanc fraîchement moulu

1 Caraméliser l'oignon: dans une grande poêle, faire fondre les 2 c. à soupe de beurre à feu moyen. En remuant souvent à la cuiller en bois, cuire l'oignon jusqu'à ce qu'il soit bien doré; baisser le feu quand il commence à dorer. Il faudra 8 à 15 minutes de cuisson à feu doux. Réserver.

2 Préparer les pommes de terre: dans une grande casserole, couvrir les pommes de terre de 13 cm (5 po) d'eau en ajoutant 2 c. à café de sel. Porter à ébullition à feu moyen-vif et laisser bouillir 15 à 20 minutes ou jusqu'à tendreté. Vérifier le degré de cuisson à l'aide d'une baguette ou de la pointe d'un couteau d'office, qui devrait s'y enfoncer facilement. Égoutter les pommes de terre dans une passoire. Les remettre dans la casserole et les cuire à feu moyen 1 à 2 minutes afin de faire évaporer l'excédent de liquide de cuisson; remuer souvent afin d'éviter de les brûler.

3 À l'aide d'un pilon à purée, réduire les pommes de terre en purée en ajoutant graduellement le beurre. Toujours en écrasant, ajouter 125 ml (½ tasse) de lait ou de crème 11,5% ainsi que 5 c. à soupe (pour commencer) de crème (ou de lait). Plus il y aura de crème, plus la purée sera riche au goût. Ajouter l'oignon caramélisé puis saler et poivrer au goût. Au diable les régimes à faible teneur en glucides!

Variante

Purée de pommes de terre au raifort et au prosciutto

Préparer la purée de pommes de terre à l'oignon caramélisé (recette ci-contre), en remplaçant l'oignon par 85 g (3 oz) de prosciutto ou de speck (prosciutto fumé) coupé en fines lanières. Dans une poêle, faire dorer le prosciutto à feu moyen dans 2 c. à soupe de beurre pendant 2 à 4 minutes ou jusqu'à ce qu'il soit croustillant. Incorporer le prosciutto dans les pommes de terre en purée ainsi que 2 c. à soupe de raifort fraîchement râpé ou de raifort préparé, au goût.

POMMES DE TERRE RÔTIES À L'AIL

Un plat toujours populaire à *Barbecue University* où nous faisons rôtir les tubercules au barbecue et un mets courant dans ma famille où, chaque semaine, nous en préparons une variante. Une fois que vous aurez saisi le concept, vous réussirez tous vos légumes rôtis, que vous cuisiniez dehors ou dans la maison. Vous trouverez plus loin des suggestions pour d'autres mélanges de légumes rôtis. **4 portions**

INGRÉDIENTS Même à maturité, les pommes de terre de type ratte n'ont guère plus que la taille d'un pouce. Parmi les variétés populaires, citons la Russian Banana, la péruvienne pourpre et, bien sûr, la ratte française. Autant que possible, procurez-vous des pommes de terre bios chez un fermier de la région ou au marché.

ÉQUIPEMENT Votre batterie de base dont une lèchefrite ou, si vous comptez les faire rôtir au barbecue, une lèchefrite jetable assez grande pour contenir les pommes de terre en une seule couche; dans ce cas, prévoir 375 ml (1 ½ tasse) de copeaux de bois durs préalablement trempés 30 minutes dans l'eau puis égouttés (facultatif).

- 680 g (1 ½ lb) de petites pommes de terre de type ratte, de grosses pommes de terre telles que Yukon Gold, de petites patates douces, ou d'un mélange des deux tubercules
- 1 tête d'ail (ou 2 au goût)
- 2 c. à soupe d'huile d'olive extra vierge, de beurre fondu, de graisse de canard ou de bacon, ou d'un mélange de ces corps gras
- Gros sel (casher ou de mer) et poivre noir fraîchement moulu

1 Préchauffer le four à 200 °C (400 °F). Ou régler le barbecue pour la cuisson indirecte (voir page 18) et le préchauffer à feu moyen-vif.

2 Frotter les pommes de terre et les éponger (elles doivent être sèches pour rôtir, sinon elles cuiront à la vapeur). Inutile de les peler. Petites pommes de terre ou patates douces: les disposer entières en une seule couche dans la lèchefrite. Grosses pommes de terre: les couper d'abord en morceaux de 2,5 cm (1 po). Défaire la tête d'ail en gousses individuelles, en veillant à ne pas fendre la peau, les ajouter dans la lèchefrite et remuer. Arroser pommes de terre et ail d'huile d'olive ou d'un autre corps gras puis saler et poivrer généreusement.

3 *Cuisson au four:* enfourner la lèchefrite et, en les remuant à l'occasion, faire rôtir les pommes de terre 40 à 60 minutes ou jusqu'à ce qu'elles soient dorées et tendres, et que l'ail ramollisse. On peut alors facilement y enfoncer une baguette

AUTRES Si les pommes de terre à l'ail cuites au four sont délicieuses, celles que vous ferez rôtir au barbecue seront inoubliables.

DURÉE Environ 15 minutes de préparation + de 40 à 60 minutes de cuisson.

ou les dents d'une fourchette. Servir avec les gousses d'ail (les grignoter de manière à les dégager de leur peau).

Cuisson au barbecue: déposer la lèchefrite au milieu de la grille et à l'écart de la chaleur, puis fermer le couvercle. Pour une saveur de fumée, jeter les copeaux de bois préalablement trempés (voir ÉQUIPEMENT page 333) sur les braises ou dans le fumoir du barbecue au gaz. En les remuant à l'occasion, faire griller les pommes de terre 40 à 60 minutes ou jusqu'à ce qu'elles soient dorées et tendres et que l'ail ramollisse. On peut alors facilement y enfoncer une baguette ou les dents d'une fourchette. Servir comme indiqué ci-contre.

Légumes rôtis: trois variantes

Betteraves rôties aux échalotes et aux noix: toutes les variétés de betterave sont délicieuses préparées ainsi, particulièrement les petites, les jaunes, les rouges et celles qui présentent des rayures (réserver le vert de betterave pour la cuisson de jarrets de porc).

Dans une lèchefrite, disposer en une seule couche 680 g (1 ½ lb) de betteraves fraîches (couper les plus grosses en deux ou en quatre) et 2 échalotes non pelées, coupées en deux. Arroser de 2 c. à soupe d'huile d'olive ou d'un autre corps gras puis saler et poivrer au goût. Cuire au four ou faire griller les betteraves comme à l'étape 3 de la recette de pommes de terre rôties à l'ail (page 333), en ajoutant 65 g (½ tasse) de noix au bout d'environ 20 minutes de cuisson. Donne 4 portions.

Carottes rôties au gingembre et aux oignons verts: j'aime bien faire rôtir les carottes et les oignons verts entiers car ils ont ainsi plus belle apparence, mais cela nécessite que les carottes soient toutes plus ou moins de la même grosseur. Cependant, on peut certainement couper celles-ci en morceaux de 5 cm (2 po).

Disposer 680 g (1 ½ lb) de carottes parées dans une lèchefrite juste assez grande pour les contenir en une seule couche, en intercalant entre elles un oignon vert entier. Garnir de tranches de gingembre de 0,5 cm (¼ po) (provenant d'un morceau de 5 cm [2 po]). Arroser de 2 c. à soupe d'huile de sésame grillé ou de beurre fondu, puis saler et poivrer au goût. Cuire les légumes au four ou au barbecue comme à l'étape 3 de la recette de pommes de terre rôties à l'ail (page 333), en les retournant régulièrement. Donne 4 portions.

Choux de Bruxelles rôtis au bacon: vous croyez ne pas aimer les choux de Bruxelles? C'est que vous n'avez pas goûté à ceux que l'on fait rôtir avec du bacon. Vous gagnerez quelques points supplémentaires si vous employez des petits choux de Hollande (offerts entre l'Action de grâce et le Nouvel An).

Parer l'extrémité de 680 g (1 ½ lb) de choux de Bruxelles et en retirer les feuilles jaunies ou abîmées, le cas échéant. Disposer dans une lèchefrite les choux, 2 tranches de bacon coupées en morceaux de 1 cm (½ po) et 1 c. à soupe de beurre coupé en dés ou 1 c. à soupe d'huile d'olive extra vierge. Saler et poivrer au goût, et bien remuer. En les remuant à l'occasion, les cuire au four ou au barbecue comme à l'étape 3 de la recette de pommes de terre rôties à l'ail (page 333), pendant 40 minutes ou jusqu'à ce qu'ils soient tendres et que le bacon soit croustillant. Donne 4 portions.

« BIFTECKS » DE CHOU-FLEUR
À LA SICILIENNE (AVEC CÂPRES, RAISINS DE CORINTHE ET PIGNONS)

Longtemps, le chou-fleur a fait figure de pâle cousin comparé aux membres plus colorés de la famille des brassicacées ou crucifères (brocoli, chou de Bruxelles, chou cavalier et autres). Puis, soudainement, des variétés orange, pourpre et verte sont apparues dans le commerce; les chefs ne s'en lassent pas. Ces «biftecks» exploitent la texture ferme et moelleuse du chou-fleur ainsi que sa faculté d'absorber les saveurs des autres ingrédients, ici un mélange sucré-salé de raisins de Corinthe, de pignons et de câpres populaire en Sicile. Cela, sans sacrifier pour autant la saveur du chou-fleur, qui se situe entre le goût fort du chou et celui légèrement terreux de la pomme de terre.
4 portions comme plat d'accompagnement

- 1 gros chou-fleur de 680 à 900 g (1 ½ à 2 lb)
- 3 c. à soupe d'huile d'olive extra vierge ou de beurre fondu
- Gros sel (casher ou de mer) et poivre noir fraîchement moulu
- 3 c. à soupe de câpres égouttées
- 3 c. à soupe de raisins de Corinthe ou autres raisins secs
- 3 c. à soupe de pignons

1 Préchauffer le four à 200 °C (400 °F).
2 Parer le chou-fleur de sa tige et de ses feuilles vertes. À l'aide d'un couteau de chef, le couper de haut en bas en tranches de 1 cm (½ po) d'épaisseur. Il y aura quelques petits morceaux épars; les faire rôtir avec les tranches. Enduire les deux côtés de 1 ½ c. à soupe d'huile d'olive ou de beurre, puis saler et poivrer généreusement. Dans une lèchefrite assez grande pour les contenir, disposer les tranches de sorte qu'elles se chevauchent comme des bardeaux. Parsemer de câpres, de raisins secs et de pignons, et arroser de 1 ½ c. à soupe d'huile d'olive ou de beurre.
3 Enfourner et cuire le chou-fleur 30 à 40 minutes ou jusqu'à ce qu'il soit doré et tendre (on devrait pouvoir y enfoncer facilement une brochette). Servir garni des câpres, de raisins secs et de pignons.

INGRÉDIENTS Si vous avez l'esprit d'aventure, essayez l'une des nouvelles variétés de chou-fleur coloré. Au besoin, remplacez les raisins de Corinthe par des raisins secs ordinaires. Boutons saumurés provenant d'un arbuste méditerranéen, les câpres sont de véritables petites bombes de saveur salée.

ÉQUIPEMENT Votre batterie de base dont une lèchefrite.

AUTRES On peut cuire ces «biftecks» de chou-fleur sur le barbecue. Réglez-le pour la cuisson à chaleur indirecte et déposez la lèchefrite au milieu de la grille, à l'écart de la chaleur. Pour ajouter une saveur de fumée, jetez sur les braises une poignée de copeaux de bois dur préalablement mis à tremper ou déposez-les dans le fumoir du barbecue au gaz. Fermez le couvercle du barbecue et faites cuire pendant 30 à 40 minutes ou jusqu'à ce que le chou-fleur soit doré et tendre.

DURÉE Environ 10 minutes de préparation + de 30 à 40 minutes de cuisson.

CHOU FRISÉ CROUSTILLANT

INGRÉDIENTS Le chou frisé (*kale*) se présente en de nombreuses variétés que l'on peut cuisiner suivant cette recette, mais je préfère le chou noir de Toscane, aux feuilles vert foncé et à la saveur intense, qui porte aussi le nom de «chou palmier». Ses feuilles sont plus rondes et plus lisses que celles du chou frisé ordinaire.

ÉQUIPEMENT Votre batterie de base dont une plaque de cuisson, plus une essoreuse à salade (facultatif).

AUTRES On ne s'étonnera pas que j'aime cuire le chou frisé au barbecue, mais il sera également croustillant cuit au four.

DURÉE Environ 30 minutes.

Quand on lui a demandé de nommer un ingrédient dont il ne pouvait absolument pas se passer, Paul Kahan, le célèbre chef de Chicago (Blackbird, Avec, The Publican) a nommé le chou frisé de Toscane. Il le cultive dans son jardin et le salue comme étant rien de moins qu'un superaliment dont les teneurs en carotène (bon pour les yeux), en calcium, en vitamines du groupe B et en antioxydants anticancéreux sont parmi les plus élevés du règne végétal, devant le brocoli, pourtant réputé particulièrement riche en tous ces composés. Et c'est sans compter sa saveur riche, légèrement terreuse et minérale. De plus, il possède une caractéristique fabuleuse: cuit au four ou grillé, il devient aussi croustillant qu'une croustille de pommes de terre. **4 portions en hors-d'œuvre ou 2 portions comme plat d'accompagnement**

1 botte de chou frisé de Toscane de 340 à 450 g (12 à 16 oz)

2 c. à soupe d'huile de sésame grillé ou d'huile d'olive extra vierge

2 c. à soupe de tamari ou de sauce soya

2 c. à soupe de graines de sésame (facultatif)

1 Préchauffer le four à 180 °C (350 °F).

2 Rincer le chou frisé et le secouer pour enlever l'eau ou utiliser l'essoreuse à salade. Déposer une feuille sur une planche à découper et, en partant du bas, pratiquer une longue incision en forme de V afin de retirer la partie épaisse de la tige (on peut laisser la mince tige du haut intacte). Répéter avec le reste des feuilles. Les assécher à l'essoreuse à salade ou les éponger à l'aide de papier absorbant, puis les déchirer en morceaux de 5 cm (2 po) et les déposer dans un grand bol.

3 Arroser le chou d'huile de sésame (ou d'olive) et de tamari (ou de sauce soya) et bien remuer. Ajouter les graines de sésame, si désiré. Disposer les feuilles en une seule couche sur une plaque de cuisson. Enfourner et cuire 20 minutes ou jusqu'à ce que les feuilles soient dorées et croustillantes.

4 Déposer les feuilles cuites dans une assiette et servir. Consommer avec les doigts. Comme c'est salissant – c'est censé l'être –, fournir des serviettes.

«Biftecks» de chou-fleur à la sicilienne ▸

TOMATES RÔTIES

INGRÉDIENTS Toutes les tomates peuvent être rôties ainsi, mais j'ai un faible pour les italiennes, que l'on appelle aussi tomates Roma. Comme pour tous les légumes frais, optez de préférence pour des tomates bios cultivées dans votre région.

ÉQUIPEMENT Votre batterie de base dont une plaque de cuisson et du papier sulfurisé ou aluminium.

AUTRES Pour un plat plus élaboré, disposez des demi-tomates, face coupée dessus, sur un plat allant au four juste assez grand pour les contenir. Garnissez-les de lanières de basilic ou de feuilles de thym, salez, poivrez et ajoutez assez d'huile d'olive extra-vierge pour les couvrir entièrement. Faites rôtir au four 3 à 4 heures. Laissez-les refroidir et gardez-les avec l'huile dans des pots au réfrigérateur. Elles se conserveront quelques semaines.

DURÉE Environ 10 minutes de préparation + de 3 à 4 heures de cuisson.

On fait rôtir les tomates selon un principe semblable à celui de la maturation à sec de la chair de bœuf (voir à la page 142) : il s'agit de concentrer la saveur en faisant évaporer une partie du liquide. De plus, la chaleur douce contribue à caraméliser les sucres du fruit et à en faire ressortir la riche saveur umami. Vous pouvez servir les tomates rôties comme plat d'accompagnement, sur de la pizza ou une bruschetta, dans les pâtes ou avec du fromage ; les possibilités sont infinies. **16 moitiés de tomate**

8 tomates mûres, italiennes de préférence, rincées et coupées en deux sur la longueur

Gros sel (casher ou de mer) et poivre noir fraîchement moulu

80 ml (1/3 tasse) d'huile d'olive extra vierge, + au besoin

4 feuilles de basilic frais hachées finement ou 1 c. à café de feuilles de thym frais

1 Préchauffer le four à 120 °C (250 °F). Tapisser une plaque de cuisson de papier sulfurisé ou de papier aluminium afin d'en faciliter le nettoyage.

2 Disposer les moitiés de tomate, face coupée dessus, sur la plaque de cuisson. Saler et poivrer au goût. Arroser chaque moitié d'environ 1 c. à café d'huile d'olive. Garnir chacune d'une pincée de basilic ou de thym.

3 Enfourner et cuire les tomates 3 à 4 heures ou jusqu'à ce qu'elles soient dorées et ratatinées mais encore souples et moelleuses. Servir aussitôt ou les déposer dans un récipient fermant hermétiquement, les couvrir d'huile d'olive et les mettre au réfrigérateur où elles se conserveront au moins 1 semaine.

MARINADES SÈCHES ET SAUCES

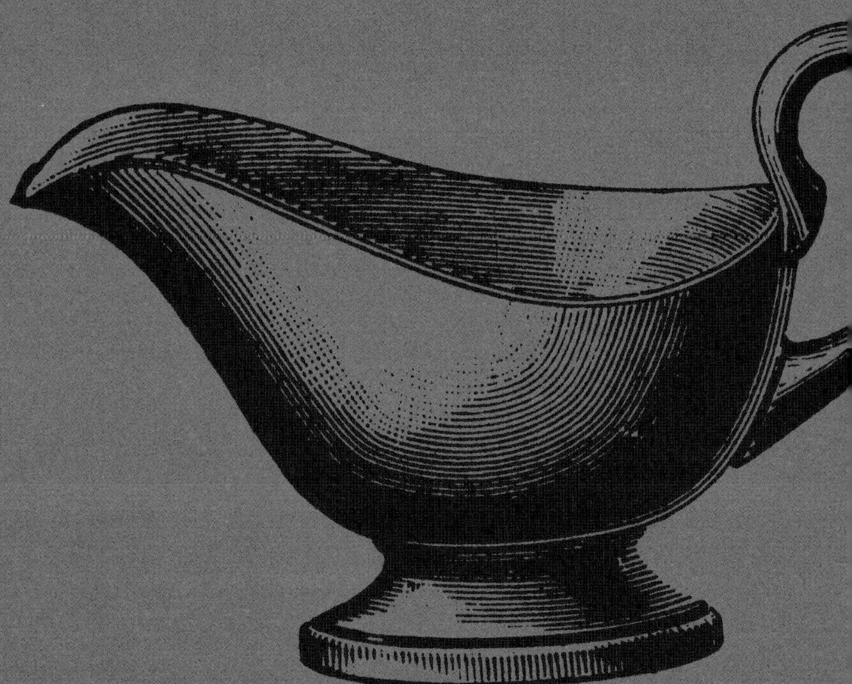

« La faim est la meilleure des sauces », a dit un jour un homme d'une grande sagesse. Je suppose qu'il n'a jamais goûté la sauce barbecue Dark and Stormy ni la sauce crémeuse au wasabi. Si les repas étaient des voitures, les sauces seraient l'équivalent culinaire des éléments de personnalisation choisis par l'acheteur. D'autant plus qu'il n'est pas nécessaire qu'elles soient complexes pour rehausser la saveur des plats.

Mais je mets la charrue avant les bœufs. Si les sauces confèrent de la saveur aux aliments cuits, les marinades sèches, elles, le font avant leur cuisson. La plus répandue consiste en une variante du mélange sel, poivre, paprika et cassonade (ou marinade sèche pour le barbecue). Mais surtout, ne vous arrêtez pas là. Préparez-la avec du sel fumé qui donnera encore plus de saveur aux aliments, même si vous les faites cuire à l'intérieur.

Apprenez à concocter des sauces et des marinades sèches et vous serez le roi de la cuisine.

Marinade sèche pour le barbecue

LA RAICHLEN N° 2

Qu'est-ce qui fait que certains gars ont l'avantage sur d'autres? Qu'est-ce qui fait que leurs côtes levées sont un peu plus épicées, que leurs pointes de poitrine de bœuf sont un peu plus savoureuses, que leurs plats en général sont plus appétissants? Souvent, le secret tient dans une simple marinade et une sauce entièrement faites maison. Il est plus simple de préparer une marinade sèche qu'on ne le croit. Sans compter que, grâce aux variétés de sucre, de paprika et d'autres épices, vous pouvez suivre ma recette tout en y apportant votre touche personnelle. J'emploie l'une ou l'autre des variantes de celle-ci (voir la Raichlen n° 1, page 186) depuis plus de 20 ans et elle convient tant au bœuf qu'au porc, à l'agneau, aux volailles, aux fruits de mer, au tofu et même aux légumes. Vous trouverez des recettes de sauce barbecue aux pages 344 et suivantes.

Environ 250 ml (1 tasse); prévoir environ 1 c. à soupe par 450 g (1 lb) de viande

- 75 g (¼ tasse) de gros sel (casher ou de mer)
- 55 g (¼ tasse) de cassonade dorée ou foncée, bien tassée
- 25 g (¼ tasse) de paprika doux, piquant ou fumé, ou un mélange des trois
- 2 c. à soupe de poivre noir fraîchement moulu
- 2 c. à café d'ail en poudre
- 2 c. à café d'oignon en poudre
- 1 c. à café de graines de céleri

Dans un bol, mélanger le sel, la cassonade, le paprika, le poivre, l'ail, l'oignon en poudre et les graines de céleri. Défaire les grumeaux de cassonade avec les doigts (c'est plus efficace qu'au fouet ou à la cuiller en bois). À moins de l'employer aussitôt, conserver la marinade sèche dans un pot fermant hermétiquement, à l'abri de la chaleur et de la lumière; bien qu'elle puisse se conserver quelques mois, employez-la aussi tôt que possible (je la conserve au réfrigérateur).

Il y a deux manières d'employer la marinade sèche pour barbecue. La première consiste à l'appliquer juste avant de faire griller ou fumer les aliments, auquel cas elle agit comme un sel assaisonné. La seconde consiste à en frotter la viande quelques heures ou même un jour avant de la cuire; dans ce cas, les assaisonnements transforment partiellement la viande, lui conférant une saveur plus riche et plus complexe.

INGRÉDIENTS Vous obtiendrez de meilleurs résultats en employant du paprika hongrois ou espagnol. Pour une marinade douce, employez du paprika doux et pour une plus épicée, utilisez du paprika fort, en tout ou en partie, une spécialité de la Hongrie (Szeged est une bonne marque). Pour une marinade au goût fumé, employez du *pimentón* (paprika fumé) espagnol, en tout ou en partie. Pour une marinade à la mode texane, remplacez le paprika par du piment ancho ou un autre piment en poudre (chili) et ajoutez 1 c. à café d d'origan séché, de cumin moulu et de piment de Cayenne. Comme je l'ai mentionné, cette marinade est polyvalente.

ÉQUIPEMENT Votre batterie de base et un pot avec couvercle pour conserver la marinade.

AUTRES Il n'est pas nécessaire de mélanger les assaisonnements chaque fois que vous avez besoin d'une marinade sèche mais, autant que possible, préparez un nouveau mélange toutes les quelques semaines.

DURÉE Environ 5 minutes.

MARINADE SÈCHE AU SEL FUMÉ

Je dois avoir dans mon arrière-cour une bonne demi-douzaine de fumoirs, si bien que je n'ai pas à aller bien loin quand je veux fumer des viandes ou des fruits de mer. Ceux qui vivent en appartement n'ont pas cette chance. J'ai donc créé cette marinade sèche pour eux. Il vous suffit de mélanger des cristaux grossiers de sel fumé au feu de bois et des grains de poivre grossièrement concassés pour vous imaginer être en train de cuisiner sur un feu de camp enfumé. **125 ml (½ tasse); prévoir environ 1 c. à soupe par 450 g (1 lb) de viande**

INGRÉDIENTS J'aime le sel de mer intensément fumé et de couleur ivoire Danish Viking offert par Salt Traders (salttraders.com). Quel que soit celui que vous achetiez, assurez-vous qu'il s'agisse d'un sel véritablement fumé sur feu de bois, non pas d'un sel à saveur de fumée.

ÉQUIPEMENT Votre batterie de base et un pot avec couvercle pour conserver la marinade.

AUTRES Si vous aimez les marinades sèches épicées, ajoutez 1 à 2 c. à café de flocons de piment rouge.

DURÉE Environ 5 minutes.

5 c. à soupe de sel fumé

3 à 5 c. à soupe de grains de poivre noir concassés grossièrement ou fraîchement moulus

Dans un bol, mélanger avec les doigts le sel fumé et le poivre (en ajouter autant que l'on peut en prendre). Si la marinade ne sert pas aussitôt, la conserver dans un pot fermé à l'abri de la chaleur et de la lumière. Il vaut mieux l'employer dans les 2 mois qui suivent.

Marinade sèche à l'ail, au romarin et à la sauge,

FAÇON MÉDITERRANÉENNE

J'ai publié des centaines de recettes de marinades sèches, mais celle que j'emploie quotidiennement est une variante de ce mélange d'herbes de Toscane. Quand j'en ai la possibilité, j'emploie des herbes fraîches, ce qui signifie que je les hache finement, ainsi que l'ail, au robot culinaire. Si je suis pressé, j'opte pour les herbes séchées, ce qui donne une marinade différente mais tout aussi savoureuse. Les restes se conserveront au moins 1 semaine au réfrigérateur. **Environ 175 ml (¾ tasse); prévoir environ 1 ou 2 c. à café par 450 g (1 lb) de viande**

INGRÉDIENTS Si vous utilisez la sauge et le romarin frais autant que moi, je vous conseille de vous procurer des plants plutôt que des herbes en sachet ou en flacon. Elles poussent bien sans nécessiter beaucoup de soins, particulièrement le romarin.

◂ De gauche à droite: marinade sèche, façon méditerranéenne, marinade sèche au sel fumé, marinade sèche Raichlen n° 2

ÉQUIPEMENT Votre batterie de base dont un robot culinaire ainsi qu'un pot avec couvercle pour conserver la marinade sèche.

AUTRES J'emploie cette marinade sèche dans une foule de plats, dont les fruits de mer, le poulet cuit à la rôtissoire, le porc rôti au four ainsi que le bifteck et le poisson cuits au barbecue. Par contre, je ne l'ai pas encore employée dans les desserts… Comme ce sel est intensément assaisonné, il en faut peu pour donner de la saveur aux plats.

DURÉE Environ 5 minutes.

- 3 gousses d'ail pelées et hachées grossièrement
- 15 g (¼ tasse) de feuilles de romarin frais
- 15 g (¼ tasse) de feuilles de sauge fraîche
- 150 g (½ tasse) de gros sel (casher ou de mer)
- 2 c. à soupe de grains de poivre noir concassés grossièrement ou fraîchement moulus

Hacher finement l'ail, le romarin et la sauge au robot culinaire muni d'une lame à hacher, en faisant tourner le moteur quelques secondes à la fois. Ajouter le sel et le poivre, et faire tourner le moteur juste le temps de mélanger les ingrédients. Les restes se conserveront au moins 3 jours au réfrigérateur dans un pot fermé hermétiquement.

Variante

Marinade aux herbes séchées, façon méditerranéenne

Remplacez les herbes fraîches par 3 c. à soupe de sauge et de romarin séchés. Remplacez aussi l'ail frais par des flocons d'ail séché. Émietter les feuilles de romarin dans un bol. Ajouter le reste des ingrédients et les mélanger avec les doigts. La marinade se conservera quelques semaines au garde-manger dans un pot fermé hermétiquement.

SAUCE BARBECUE AUX TROIS INGRÉDIENTS (SAUCE À LA MOUTARDE DE LA CAROLINE)

INGRÉDIENTS L'usage veut que l'on emploie une moutarde bon marché, mais vous donnerez des lettres de noblesse à votre sauce si vous optez plutôt pour la moutarde de Dijon, de la marque Maille par exemple.

Tous les gars devraient avoir leur propre recette de sauce barbecue. Pourquoi ? Simplement pour s'autoriser une petite vantardise. Ayant maîtrisé le chapitre sur le porc, vous savez désormais comment préparer des côtelettes et une épaule de porc exceptionnelles. Pour les accompagner, il vous faut votre propre sauce barbecue. C'est ici qu'entre en scène la sauce sucrée-acidulée à la moutarde façon Caroline du Sud, qui comprend juste assez de vinaigre pour attirer votre attention. On fait difficilement plus simple puisqu'elle ne contient que trois ingrédients que vous avez probablement déjà dans votre cuisine. **375 ml (1 ½ tasse)**

De haut en bas: sauce barbecue Dark and Stormy, chimichurri aux herbes fraîches, mayonnaise au poivre et au citron ▸

ÉQUIPEMENT Votre batterie de base dont une casserole, plus un pot avec couvercle pour conserver la sauce.

AUTRES Pour faire de cette sauce simple une véritable réussite, ajoutez-y ½ c. à café de zeste de citron râpé et un peu de fumée liquide. Pour accentuer la saveur de fumée, vous pouvez ajouter une tranche de bacon frit.

DURÉE 10 minutes.

- 125 ml (½ tasse) de moutarde de Dijon
- 110 g (½ tasse) de cassonade dorée ou foncée, bien tassée
- 125 ml (½ tasse) de vinaigre de cidre ou de vinaigre de riz
- Gros sel (casher ou de mer) et poivre noir fraîchement moulu (facultatif)

Dans une casserole épaisse, porter à ébullition à feu moyen la moutarde, la cassonade et le vinaigre. En battant souvent au fouet, laisser mijoter 5 minutes ou jusqu'à ce que la sauce soit bien goûteuse. Laisser refroidir. Déposer la sauce tiédie dans un bol de service ou la verser dans un pot propre; elle se conservera quelques semaines au réfrigérateur. La porter à température ambiante avant de la servir.

SAUCE BARBECUE DARK AND STORMY

INGRÉDIENTS Pour obtenir le plein effet de ce plat épicé, employez de la vraie bière de gingembre. Elle est plus épicée et moins sucrée que la boisson gazeuse au gingembre que l'on trouve partout (mais celle-ci fera l'affaire faute de mieux). La Bermuda Stone de Barritt's et la Ginger Brew de Maine Root sont deux bonnes bières de gingembre. Pour ce qui est de l'alcool, il vous faut un rhum brun tel que le Black Seal de Gosling's fabriqué aux Bermudes.

ÉQUIPEMENT Votre batterie de base dont une casserole plus des pots avec couvercles pour conserver la sauce.

Maintenant que vous maîtrisez la sauce barbecue aux trois ingrédients, vous pouvez vous attaquer à une sauce rouge plus complexe. Celle que je vous propose est fabuleuse; elle s'inspire du cocktail Dark and Stormy, à base de rhum et de bière de gingembre, boisson officielle qui est servie dans ma série *Barbecue University*. Le mordant du gingembre et la douceur du rhum se marient avec de nombreuses viandes grillées et fumées. **Environ 625 ml (2 ½ tasses)**

- 250 ml (1 tasse) de bière de gingembre (voir INGRÉDIENTS)
- 500 ml (2 tasses) de ketchup
- 55 g (¼ tasse) de cassonade dorée ou foncée, + au goût
- 60 ml (¼ tasse) de rhum brun
- 2 c. à soupe de mélasse
- 1 c. à soupe de sauce Worcestershire
- 1 c. à café de zeste de citron râpé finement
- 1 c. à soupe de jus de citron frais, + au goût
- 1 c. à café de fumée liquide
- 1 c. à café de poudre d'oignon
- ½ c. à café de cannelle moulue
- ½ c. à café de poivre noir fraîchement moulu

1 Dans une casserole épaisse, porter la bière de gingembre à ébullition à feu vif et laisser bouillir 10 minutes ou jusqu'à ce qu'elle réduise de moitié environ.

2 Ajouter le reste des ingrédients et mélanger au fouet. Porter la sauce à faible ébullition à feu moyen et, en mélangeant au fouet à l'occasion, laisser mijoter 5 à 10 minutes ou jusqu'à ce qu'elle soit épaisse et goûteuse. Goûter et, au besoin, ajouter de la cassonade ou du jus de citron; la sauce devrait être riche en saveurs.

3 Déposer dans un bol de service ou dans des pots propres munis d'un couvercle et laisser refroidir à température ambiante. Réfrigérer jusqu'au moment de servir. La sauce se conservera quelques semaines au réfrigérateur. La porter à température ambiante avant de servir.

AUTRES La Nouvelle-Angleterre a déjà été un producteur majeur de rhum. Newport, au Rhode Island, abritait 22 distilleries! Un mélange de rhum brun et de bière de gingembre y était le cocktail quasi officiel des amateurs de bateau.

DURÉE Environ 20 minutes.

Sauce à l'ail et aux agrumes des Caraïbes

MOJO

Cette sauce à l'ail est l'élément vital de la cuisine des Caraïbes espagnoles. La formule varie d'île en île, mais elle comprend toujours de l'ail frit, du cumin parfumé et du jus de bigarade ou de citron vert acide. Sans elle, porc et poulet rôtis, yucca et plantain frits manquent de saveur. Vous pouvez aussi en faire une marinade. En passant, le mot se prononce *mo-ho* et non *mo-jo* ou *mod-jo*. **Environ 250 ml (1 tasse)**

- 125 ml (½ tasse) d'huile d'olive extra vierge, espagnole de préférence
- 8 gousses d'ail pelées et émincées finement
- 5 g (¼ tasse) de coriandre fraîche hachée finement
- 1 c. à café de cumin moulu
- 1 c. à café d'origan séché
- ½ c. à café de gros sel (casher ou de mer), ou au goût
- ½ c. à café de poivre noir fraîchement moulu, ou au goût
- 125 ml (½ tasse) de jus fraîchement pressé de bigarade, de citron vert ou d'un mélange des deux

1 Dans une casserole profonde, chauffer l'huile d'olive à feu moyen. Faire dorer légèrement l'ail 1 à 2 minutes.

2 Incorporer la coriandre, le cumin, l'origan, le sel et le poivre, et cuire 20 secondes ou jusqu'à ce que les ingrédients grésillent et libèrent leur arôme.

3 S'éloigner un peu de la casserole par prudence et incorporer le jus de bigarade; la sauce chuintera et bouillonnera. Monter le feu à vif et, en remuant bien, laisser bouillir 3 minutes ou jusqu'à ce que la sauce soit bien mélangée et moelleuse. Goûter et rectifier l'assaisonnement au besoin.

4 Servir la sauce chaude ou à température ambiante. La remuer avant de servir. Elle se conservera au moins 3 jours au réfrigérateur dans un pot fermé. La porter à température ambiante et remuer avant de servir.

INGRÉDIENTS La *naranja agria*, ou bigarade, ressemble à une orange amère couverte de bosses mais dont le jus a plutôt le goût du citron vert. Vous en trouverez dans les épiceries hispaniques ou cosmopolites; autrement, remplacez-la par du jus frais de citron vert et d'orange à parts égales.

ÉQUIPEMENT Votre batterie de base dont une casserole ainsi qu'un pot avec couvercle pour conserver la sauce.

AUTRES Pour varier, remplacez le jus de bigarade par du jus de pamplemousse et la coriandre par de la menthe.

DURÉE Environ 10 minutes.

CHIMICHURRI AUX HERBES FRAÎCHES

INGRÉDIENTS On se sert habituellement de persil plat frais pour préparer le chimichurri, mais la menthe, la coriandre, voire les trois herbes, donneront aussi une sauce fabuleuse.

ÉQUIPEMENT Votre batterie de base dont un robot culinaire ou un mélangeur.

AUTRES Pour rincer les herbes, les tenir par la queue et les agiter dans un bol d'eau froide. Les secouer pour les sécher puis ôter les tiges au couteau.

DURÉE Environ 10 minutes.

Cette purée d'ail, d'herbes, d'huile d'olive et de vinaigre sert de sauce à bifteck en Argentine et en Uruguay. Elle rappelle de loin le pesto, sans le fromage et les pignons. Elle fait ce que tout bon condiment devrait faire : contraster la saveur de la viande et l'humecter. Toutefois, elle est exempte de sucre, lequel se retrouve dans nombre de nos sauces à bifteck. Je me sers de la recette de base, puis j'y ajoute les herbes fraîches que j'ai sous la main. Vous pouvez apporter à ce condiment sud-américain classique votre touche personnelle, par exemple en remplaçant l'ail frais par de l'ail rôti et le vinaigre de vin rouge par du vinaigre de xérès. **Environ 250 ml (1 tasse)**

120 g (2 tasses) de feuilles de persil plat frais bien tassé ou un mélange d'herbes fraîches telles que persil, menthe, origan, coriandre, etc.

3 gousses d'ail pelées et hachées grossièrement

1 c. à café d'origan séché (s'il n'y a pas d'origan dans le mélange d'herbes fraîches)

1 c. à café environ de flocons de piment rouge, ou au goût

½ c. à café de gros sel (casher ou de mer), ou au goût

¼ c. à café de poivre noir fraîchement moulu, ou au goût

60 ml (¼ tasse) de vinaigre de vin rouge

175 ml (¾ tasse) d'huile d'olive extra vierge ou d'huile végétale

1 *Robot culinaire :* hacher finement les herbes, l'ail, l'origan séché, le cas échéant, les flocons de piment, le sel et le poivre noir. Ajouter graduellement le vinaigre, l'huile d'olive et 60 ml (¼ tasse) d'eau froide. La purée obtenue devrait avoir la consistance de la salsa du commerce.

Mélangeur : verser d'abord dans le récipient du mélangeur le vinaigre, l'huile d'olive et 60 ml (¼ tasse) d'eau froide. Ajouter ensuite les herbes, l'ail, l'origan séché, le cas échéant, les flocons de piment, le sel et le poivre. Mélanger jusqu'à ce que la purée soit homogène.

2 Goûter le chimichurri au moment de servir et rectifier l'assaisonnement en sel et en poivre noir pour contrebalancer le vinaigre, ou ajouter de l'eau si la saveur de la sauce est trop prononcée. Elle doit tout de même être bien relevée. Autant que possible, servir dans les 3 heures qui suivent ou, du moins, le jour même, quoique la sauce puisse se conserver environ 3 jours au réfrigérateur dans un pot fermé. Porter à température ambiante, goûter et rectifier l'assaisonnement au besoin.

« SAUCE SECRÈTE » POUR BURGERS

Vous devez savoir à ce stade que je suis le genre de gars à cuisiner à partir de zéro, même quand il s'agit d'une simple sauce pour burgers. Voici ma variante de la « sauce secrète » que les chaînes de restaurant servent dans leurs burgers. Elle est nettement moins sucrée et plus savoureuse que la leur. **Environ 250 ml (1 tasse)**

INGRÉDIENTS Vous trouverez tous les ingrédients au rayon condiments du supermarché, sinon dans votre garde-manger.

ÉQUIPEMENT Votre batterie de base.

AUTRES Cette sauce se prépare à partir de condiments tout prêts. Pour en accroître le piquant, râpez de la racine de raifort fraîche, en suivant les indications à la page 264.

DURÉE Environ 5 minutes.

- 125 ml (½ tasse) de mayonnaise, Hellmann's de préférence
- 2 c. à soupe de moutarde de Dijon
- 2 c. à soupe de raifort préparé
- 2 c. à soupe sauce à bifteck, telle que A.1.
- 2 c. à soupe de ketchup ou de sauce cocktail
- 2 cornichons émincés ou 2 c. à soupe de cornichon à l'aneth émincé

Dans un bol, mélanger au fouet la mayonnaise, la moutarde, le raifort, la sauce à bifteck, le ketchup et les cornichons. La sauce se conservera au moins 3 jours au réfrigérateur, dans un pot fermé.

SAUCES À LA MAYONNAISE

« Une sauce bien faite donnerait bon goût même à un éléphant ou à un grand-père », écrivait Grimod de La Reynière, gastronome et écrivain culinaire du 19e siècle qui, s'il avait vécu aujourd'hui, aurait certainement tenu un blogue. (Étonnant, ce Grimod : en plus d'avoir les mains palmées comme un canard, il a mis en scène ses propres funérailles dans le seul but de savoir qui s'y présenterait.) Il était très exigeant sur les sauces sachant que, sans elles, il n'existe pas de bonne cuisine, qu'il s'agisse d'agrémenter des crevettes bouillies ou d'accompagner une poitrine de poulet grillée. Heureusement, nul besoin d'un diplôme d'une académie culinaire pour en préparer d'excellentes. En voici six bien goûteuses à base d'un condiment répandu, la mayonnaise.

INGRÉDIENTS La mayonnaise Hellmann's est celle que j'emploie systématiquement. Évitez la sauce Miracle Whip : elle est trop sucrée.

ÉQUIPEMENT Votre batterie de base dont une râpe fine de type Microplane (facultatif).

AUTRES Si vous disposez d'un robot culinaire muni d'une lame à hacher, vous pouvez facilement préparer votre propre mayonnaise. Cassez un œuf, de préférence pasteurisé, dans le bol de l'appareil. Ajoutez 1 c. à soupe de moutarde de Dijon et de jus de citron frais. En faisant tourner le moteur, ajouter en un mince filet 250 ml (1 tasse) d'huile de canola ou d'une autre huile végétale de saveur douce; la mayonnaise épaissira. Assaisonner de sel et de poivre blanc fraîchement moulu au goût. L'opération devrait prendre environ 3 minutes. La mayonnaise se conservera au moins 3 jours au réfrigérateur, dans un pot fermé.

DURÉE Environ 10 minutes.

SAUCE À LA MOUTARDE

Excellente avec du crabe épineux, un cocktail de crevettes et les sandwichs au poisson. Pour une sauce plus acidulée, ajouter 1 ou 2 c. à café de jus de citron frais. **Environ 250 ml (1 tasse)**

- 160 ml ($^2/_3$ tasse) de mayonnaise, Hellmann's de préférence
- 80 ml ($^1/_3$ tasse) de moutarde de Dijon ou de Meaux
- ½ c. à café de zeste de citron fraîchement râpé (voir la remarque ci-dessous)

Dans un bol à mélanger, battre au fouet la mayonnaise, la moutarde et le zeste de citron. Cette sauce se conservera au moins 3 jours au réfrigérateur, à couvert.

Remarque: prélever le zeste de citron à l'aide d'une râpe fine de type Microplane (voir à la page 24), en veillant à ne prendre que la partie jaune, la blanche étant amère.

MAYONNAISE AU POIVRE ET AU CITRON

Cette mayo convient à merveille aux sandwichs de poulet et de bifteck et à tous les fruits de mer. Elle sera encore meilleure si vous optez pour un citron Meyer, plus parfumé que le citron ordinaire. J'emploie du poivre indien de Tellicherry, que je mouds dans un moulin à épices. **Environ 250 ml (1 tasse)**

- 175 ml (¾ tasse) + 2 c. à soupe de mayonnaise, Hellmann's de préférence
- 1 c. à café de zeste de citron râpé finement (voir la remarque ci-dessous)
- 2 c. à soupe de jus de citron frais
- 1 c. à café de grains de poivre noir concassés grossièrement ou fraîchement moulus, ou + au goût

Dans un bol, mélanger au fouet la mayonnaise, le zeste et le jus de citron, ainsi que le poivre. Goûter et ajouter autant de poivre que désiré. Cette sauce se conservera au moins 3 jours au réfrigérateur, dans un récipient fermé.

Remarque: prélever le zeste de citron à l'aide d'une râpe fine de type Microplane (voir à la page 24), en veillant à ne prendre que la partie jaune, la blanche étant amère.

SAUCE AU CARI

Vous obtiendrez une excellente sauce en ajoutant la poudre de cari directement dans la mayonnaise. Cependant, si vous recherchez un goût plus prononcé, faites sauter la poudre quelques minutes avec de l'oignon émincé, puis ajoutez ce mélange à la mayonnaise. (Dans ce cas, il vous faudra une petite poêle.) Cette sauce se marie à merveille avec le poisson frit, le poulet rôti et l'agneau. **Environ 250 ml (1 tasse)**

1 c. à soupe d'huile végétale (facultatif)

3 c. à soupe d'oignon pelé et émincé (facultatif)

1 c. à soupe de poudre de cari

250 ml (1 tasse) de mayonnaise, Hellmann's de préférence

3 c. à soupe de coriandre fraîche émincée

1 *Poudre de cari sautée:* dans une petite poêle, chauffer l'huile à feu moyen. En remuant à la cuiller en bois, cuire l'oignon et la poudre de cari 2 minutes ou jusqu'à ce que l'oignon soit légèrement doré et que le cari libère son arôme. Laisser refroidir à température ambiante.

2 Dans un bol à mélanger, mélanger au fouet la mayonnaise avec la préparation à l'oignon et au cari, le cas échéant, ou la poudre de cari et la coriandre. Cette sauce se conservera au moins 3 jours au réfrigérateur, à couvert.

SAUCE AU RAIFORT

Servez cette sauce avec une côte de bœuf, du rosbif, du triangle de bas de surlonge ou des huîtres (frites ou sur demi-coquille). **Environ 250 ml (1 tasse)**

125 ml (½ tasse) de mayonnaise, Hellmann's de préférence

60 ml (¼ tasse) de crème sure

60 ml (¼ tasse) de raifort frais râpé finement, ou 60 ml (¼ tasse) de raifort préparé (ou autant qu'on peut en supporter)

Quelques gouttes de jus de citron frais (facultatif)

Gros sel (casher ou de mer) et poivre noir fraîchement moulu

Dans un bol, mélanger au fouet la mayonnaise, la crème sure, le raifort (râpé ou préparé) et, si désiré, le jus de citron. Goûter et rectifier l'assaisonnement en ajoutant du raifort, du sel et du poivre. Cette sauce se conservera au moins 3 jours au réfrigérateur, à couvert.

MAYONNAISE AU CHIPOTLE

Voici un condiment fabuleux pour les tacos et les burgers, sans parler des grillades de bœuf, de poulet ou de crevette. Employez des chipotles en boîte, qui sont présentés dans de l'adobo, une sauce agréablement épicée. **Environ 250 ml (1 tasse)**

- 250 ml (1 tasse) de mayonnaise, Hellmann's de préférence
- 1 ou 2 piments chipotles en conserve, émincés, + 2 c. à café de sauce adobo
- 1 c. à soupe de jus de citron vert frais

Dans un bol, mélanger au fouet la mayonnaise, les piments chipotles et leur sauce ainsi que le jus de citron vert. Cette sauce se conservera au moins 3 jours au réfrigérateur, à couvert.

SAUCE PIQUANTE À LA MAROCAINE

AUTRES Largement employé au Maroc, le citron confit dans le jus de citron frais et le sel possède une saveur intense qui en fait un excellent assaisonnement.

La harissa est une sauce piquante marocaine composée de piments, d'ail et de coriandre. Présentée en tube, en pot ou en boîte, elle est offerte dans la plupart des supermarchés et dans les épiceries fines. Quant aux citrons confits, vous les trouverez dans les épiceries nord-africaines ou fines. Vous pouvez aussi les remplacer par du jus et du zeste de citron râpé. **Environ 250 ml (1 tasse)**

- 175 ml ($\frac{3}{4}$ tasse) de mayonnaise, Hellmann's de préférence, + 2 c. à soupe
- 2 c. à soupe de harissa
- 1 c. à soupe de citron confit ou 1 c. à café de zeste de citron râpé finement (voir la remarque ci-dessous) et 1 c. à soupe de jus de citron frais

Dans un bol, mélanger au fouet la mayonnaise, la harissa et le citron. Cette sauce se conservera au moins 3 jours au réfrigérateur, à couvert.

Remarque: prélever le zeste de citron à l'aide d'une râpe fine de type Microplane (voir à la page 24), en veillant à ne prendre que la partie jaune, la blanche étant amère.

DESSERTS

Quand on pense à des plats de gars, tartes et gâteaux ne viennent pas spontanément à l'esprit. Cependant, un bon cuisinier doit aussi savoir accueillir dignement ses convives. Et les accueillir dignement, cela signifie chorégraphier un repas du début à la fin. Pour terminer le repas en beauté, vous devriez donc disposer d'une petite réserve de desserts prêts à servir.

Qu'est-ce qui constitue un bon dessert de gars ? Comme le feu ne manque jamais d'épater la galerie, je vous propose une banane flambée déconstruite que vous ferez flamber à table.

En outre, le chocolat étant toujours apprécié des femmes, tous les gars devraient avoir quelques bonnes recettes de dessert au chocolat à leur actif, dans ce cas-ci des brownies aromatisés à la bière belge. Vous êtes pratiquement assuré d'un dénouement heureux.

COUPES GLACÉES
AU CONFIT DE BACON

Ce dessert s'appuie sur la présomption que tout a meilleur goût quand il y a du bacon, y compris les desserts. Triplement aromatisé au sirop d'érable – bacon, crème glacée et crème fouettée –, il rend hommage à mes amis du Québec (où j'ai enregistré mon émission télévisée *Le Maître du gril*). **4 portions**

INGRÉDIENTS Il vous faut du véritable sirop d'érable pour cette coupe glacée. Pour ma part, je penche plutôt pour le sirop foncé qui, à mon sens, est plus savoureux, mais mon épouse préfère le goût délicat du plus pâle. Employez un bacon artisanal préparé en fumoir, par exemple celui de Nueske's ou d'un producteur local.

ÉQUIPEMENT Votre batterie de base dont une grande poêle de 25 à 30 cm (10 à 12 po) et une passoire, plus un batteur à main ou sur socle, un fouet ou un siphon.

AUTRES Le confit de bacon convient bien à d'autres desserts, la crème-dessert, notamment, ou la banane flambée déconstruite (page 361). Il est pas mal aussi sur le poulet frit (page 224).

DURÉE Environ 30 minutes.

Confit de bacon et de noix

4 tranches épaisses de bacon (115 g [4 oz] en tout), coupées en morceaux de 0,5 cm (¼ po)

60 g (½ tasse) de noix hachées grossièrement

125 ml (½ tasse) de sirop d'érable pur

2 c. à soupe de vinaigre de xérès ou de vinaigre de riz

Coupes glacées

175 ml (¾ tasse) de crème 35 % à fouetter

2 c. à soupe de sirop d'érable pur

500 ml (2 tasses) de crème glacée à l'érable et aux noix, ou + au goût

Cannelle moulue

1 **Préparer le confit de bacon et de noix:** dans une poêle, cuire le bacon à feu moyen 6 à 8 minutes ou jusqu'à ce que la graisse fonde et qu'il commence à dorer et à être croustillant; remuer à la cuiller en bois durant la cuisson. Ajouter les noix et poursuivre la cuisson 2 minutes ou jusqu'à ce que bacon et noix soient bien dorés. Ne pas laisser brûler. Égoutter dans une passoire posée sur un bol à l'épreuve de la chaleur. Réserver la graisse de bacon pour un autre usage, par exemple pour frire des pommes de terre (voir l'encadré).

2 Remettre bacon et noix dans la poêle et ajouter 125 ml (½ tasse) de sirop d'érable et le vinaigre. En remuant à la cuiller en bois, cuire 3 minutes ou jusqu'à ce que la préparation soit épaisse et sirupeuse. Sa consistance devrait être telle qu'on puisse la verser. Réserver la poêle au chaud.

3 **Coupes glacées:** dans un bol de métal refroidi, au batteur à main ou au fouet, fouetter la crème et 2 c. à soupe de sirop d'érable. On peut aussi verser la crème et le sirop d'érable dans un siphon et remuer 7 ou 8 fois pour bien mélanger. Inverser le siphon et appuyer sur la poignée pour libérer la crème fouettée. Réfrigérer la crème fouettée dans un récipient fermé jusqu'au moment de servir.

4 Pour assembler, déposer une boule de crème glacée à l'érable dans 4 coupes ou bols. Couvrir à la cuiller du confit chaud de bacon et de noix. Garnir de crème fouettée et d'une pincée de cannelle.

Comment conserver la graisse de bacon

Passez la graisse de bacon dans un tamis au-dessus d'un pot à l'épreuve de la chaleur, muni d'un couvercle hermétique. Elle se conservera quelques semaines au réfrigérateur. Vous pouvez rajouter de la graisse dans le pot quand vous faites cuire d'autre bacon, auquel cas, autant que possible, employez celle du fond d'abord.

Affogato

GLACE AU CAFÉ

INGRÉDIENTS L'usage veut qu'on emploie de la crème glacée à la vanille, mais on peut choisir un autre parfum: café, chocolat, moka, citron, etc.

ÉQUIPEMENT Votre batterie de base plus une cafetière ou une machine à expresso.

AUTRES Certains garnissent leur affogato de crème fouettée, d'autres de la cannelle ou du cacao.

DURÉE Environ 5 minutes.

L'équivalent italien de notre flotteur à la crème glacée est l'affogato, littéralement «crème glacée noyée», une préparation corsée composée d'une boule de glace arrosée de café expresso brûlant. **1 portion (à multiplier à volonté)**

1 boule de crème glacée à la vanille ou à un autre parfum, bien durcie au congélateur

60 ml (¼ tasse) de café expresso chaud

Crème fouettée (facultatif; voir ci-dessous)

Cannelle moulue (facultatif)

Déposer la boule de crème glacée dans un verre peu profond et épais ou un bol. Arroser d'expresso chaud. Si désiré, garnir d'une bonne cuillerée de crème fouettée et/ou saupoudrer de cannelle, puis servir.

CRÈME FOUETTÉE

INGRÉDIENTS Optez pour la crème épaisse ou à fouetter (35%), bio de préférence.

ÉQUIPEMENT Votre batterie de base dont un bol de métal refroidi plus un batteur à main ou sur socle, un fouet ou un siphon (par exemple de marque iSi, que l'on peut commander sur amazon.com).

Tout le monde aime la crème fouettée. Non pas le truc sucré qu'on fait gicler d'une bombe aérosol, mais la vraie bonne crème fouettée riche en gras et aromatisée à la vanille ou au spiritueux de son choix. Peut-être ignorez-vous à quel point il est facile de faire la sienne, particulièrement si l'on dispose d'un batteur à main ou d'un siphon. **375 ml (1 ½ tasse)**

250 ml (1 tasse) de crème à fouetter bien froide

2 c. à soupe de sucre glace

1 c. à café d'extrait de vanille pur ou 1 c. à soupe d'un spiritueux tel que rhum, tequila, cognac, bourbon, calvados ou Grand Marnier

Coupes glacées au confit de bacon ►

AUTRES Outre le batteur ou le siphon, on peut aussi fouetter la crème à l'aide d'un fouet, auquel cas il faudra ajouter un peu d'huile de coude!

DURÉE 10 minutes.

Crème fouettée au batteur ou au fouet: verser la crème dans un bol bien froid. À l'aide d'un batteur ou d'un fouet, fouetter la crème 3 à 5 minutes ou jusqu'à ce qu'elle forme des pics mous. En fouettant, ajouter le sucre glace et l'extrait de vanille ou le spiritueux. Fouetter 2 minutes de plus ou jusqu'à ce que la crème soit épaisse et aérée. Ne pas trop la fouetter, au risque qu'elle se sépare. Couvrir et réfrigérer jusqu'au moment de servir. On peut la conserver quelques heures au réfrigérateur.

Crème fouettée au siphon: dévisser la douille et déposer la crème, le sucre glace et l'extrait de vanille ou le spiritueux dans la bouteille du siphon. Poser une nouvelle cartouche de CO_2. Retourner le siphon tête en bas et le secouer 7 ou 8 fois. Activer le levier, puis napper le dessert de crème fouettée.

PÊCHES « BRÛLÉES » ET CRÈME GLACÉE

INGRÉDIENTS Comme bien des plats simples, celui-ci ne sera réussi que si ses ingrédients sont de qualité: il vous faut le genre de pêche qu'on sent quand on rentre dans la pièce et qui se ride quand on la presse. (Le genre qu'on trouve l'été, en pleine saison de cueillette.) Laissez mûrir les vertes dans un sachet de papier à température ambiante. Si possible, employez des pêches dont la chair se détache facilement du noyau, ce qui vous facilitera la tâche pour les couper en deux.

ÉQUIPEMENT Votre batterie de base dont une grande poêle en fonte de 25 à 30 cm (10 à 12 po).

La frontière entre cuit et brûlé est parfois mince. C'est souvent une question de secondes. Mais c'est précisément l'espace où les chefs aiment se tenir (pensez au poisson carbonisé). C'est aussi dans cet intervalle que sont produites les saveurs les plus intenses. Le sucre est doux, mais brûlé, il devient amer. *Presque* brûlé, il révèle de nombreuses saveurs intéressantes, telles que miel, fumée, caramel dur, pour ne nommer que celles-là. Si vous pensez que la pêche fraîche accompagnée de crème est bonne, attendez de goûter à ces pêches caramélisées servies avec de la crème glacée. **4 portions**

4 pêches mûres

200 g (1 tasse) de sucre

500 ml (2 tasses) de crème glacée à la vanille

8 feuilles de menthe fraîche, coupées en julienne, en garniture

1 Couper les pêches en deux dans le sens de la longueur, le long de leur pli. Tourner les deux moitiés en sens contraire afin de les séparer. Ôter le noyau et le jeter. Déposer le sucre dans un bol peu profond.

2 Chauffer une grande poêle en fonte à feu moyen environ 5 minutes. Pour vérifier la température, y jeter une goutte d'eau; si la poêle est assez chaude, l'eau grésillera et s'évaporera en 2 secondes environ.

3 Tremper la face coupée d'une moitié de pêche dans le sucre, puis secouer pour éliminer l'excédent. La déposer dans une assiette, face coupée et sucrée dessus. Répéter avec le reste des moitiés de pêche.

Pêches «brûlées» et crème glacée ▸

AUTRES Cette technique singulière se prête à tous les fruits tendres et juteux, de la figue à la prune en passant par l'orange (pelée et coupée en deux).

DURÉE Environ 15 minutes.

4 Saupoudrer le reste de sucre dans la poêle chaude et cuire 2 à 3 minutes ou jusqu'à ce qu'il commence à fondre.

5 Disposer les moitiés de pêche, face coupée dessous, sur le sucre fondu. Cuire sans remuer 3 à 5 minutes ou jusqu'à ce que les faces coupées soient brun doré. Régler le feu au besoin de sorte qu'elles ne brûlent pas.

6 À l'aide d'une spatule, garnir 4 bols de deux moitiés de pêche chacun, face dorée dessus. Déposer une boule de crème glacée entre les deux moitiés de pêche. Parsemer de menthe et servir.

« SALSA » AUX FRUITS

ET CROUSTILLES À LA CANNELLE

INGRÉDIENTS Les fruits de saison produits dans la région ont toujours préséance sur les autres ingrédients de la liste.

ÉQUIPEMENT Votre batterie de base.

AUTRES S'il vous semble étrange d'ajouter de la coriandre dans un dessert (ou si vous y êtes allergique), remplacez-la par de la menthe fraîche. Parfois, j'ajoute aussi du gingembre confit haché.

DURÉE Environ 20 minutes.

Vous souhaitez transformer une salade de fruits banale en un dessert électrisant? Ajoutez-y des piments jalapenos et de la coriandre hachés comme si vous prépariez de la salsa. À la fois douce et piquante, cette « salsa » de fruits se sert avec des totopos (croustilles de maïs) à la cannelle sucrée. **Environ 1 litre (4 tasses) ou 4 portions**

Fruits frais, entiers et mûrs en mélange, tels que fraise, bleuet, framboise, melon, pêche ou nectarine (voir l'étape 1)

2 à 4 piments jalapenos épépinés et hachés finement (pour une sauce plus piquante, garder les graines)

1 petite botte de coriandre ou de menthe fraîche rincée, égouttée, tiges ôtées, feuilles hachées grossièrement (environ 10 g [½ tasse])

2 c. à soupe de cassonade, ou + au goût

2 c. à soupe de jus de citron vert frais, ou + au goût

Croustilles à la cannelle (recette page 361)

1 Équeuter les fraises et les bleuets, le cas échéant. Couper les grosses fraises en deux ou en quatre. Coupez le melon en deux, le cas échéant, épépiner et peler. Couper les pêches ou les nectarines en deux et les dénoyauter. Couper le melon, les pêches et les nectarines en dés de 1 cm (½ po). Il faut environ 1 litre (4 tasses) de fruits. Déposer ceux-ci dans un grand bol à mélanger. Ajouter les jalapenos, la coriandre (ou la menthe), la cassonade et le jus de citron vert; ne pas remuer la salade.

2 Pas plus de 10 minutes avant de servir, remuer la salade en ajoutant de la cassonade et du jus de citron vert au goût; la salsa devrait être sucrée, acidulée et épicée. Servir avec les croustilles à la cannelle.

CROUSTILLES À LA CANNELLE

Une variation sur le thème des croustilles de maïs: les tortillas de blé sont ici saupoudrées de sucre à la cannelle avant d'être cuites au four. **16 croustilles**

- 2 tortillas de blé de 25 cm (10 po) de diamètre coupées en 8 pointes chacune
- 2 c. à soupe (¼ plaquette) de beurre fondu
- 4 c. à soupe de sucre à la cannelle (voir la remarque ci-dessous)

1 Préchauffer le four à 200 °C (400 °F).
2 Tapisser une plaque de cuisson de papier aluminium, puis y déposer les pointes de tortilla. Les enduire légèrement de beurre et les saupoudrer de sucre à la cannelle. Enfourner et cuire 5 minutes ou jusqu'à ce qu'elles soient croustillantes et légèrement dorées. Laisser tiédir sur une grille ou la plaque de cuisson, puis servir avec la salsa aux fruits.

Remarque: pour préparer le sucre à la cannelle, bien mélanger dans un petit bol 50 g (¼ tasse) de sucre et 1 c. à café de cannelle moulue.

BANANE FLAMBÉE
DÉCONSTRUITE

Créée au Brennan's de La Nouvelle-Orléans en 1951, la banane flambée est devenue *de facto* un dessert de gars, à cause de l'alcool (rhum 151), je pense, et du feu, le premier alimentant le second. À cause aussi du côté spectaculaire du geste consistant à la faire flamber à table. Voici une variante revisitée pour laquelle on emploie l'un des outils les plus utiles quand on veut soigner ses effets: le chalumeau. Sa flamme confère aux bananes une croûte caramélisée dure que viennent rehausser, le cas échéant, les pacanes poêlées au rhum et la crème glacée. **4 portions**

INGRÉDIENTS Prenez des bananes mûres mais encore fermes; la peau devrait être jaune et légèrement marquée de petits points noirs.

ÉQUIPEMENT Votre batterie de base dont une grande poêle en fonte de 25 à 30 cm (10 à 12 po) ou une assiette à l'épreuve de la chaleur et un chalumeau de cuisine, ainsi qu'une poêle pour les pacanes poêlées au rhum (facultatif).

AUTRES Il y a trois manières de préparer la banane flambée, de la plus simple à la plus complexe, mais toutes formidables. La plus simple consiste à couper la banane en deux, à la saupoudrer de sucre et à la caraméliser à la flamme du chalumeau de cuisine. Pour la deuxième, il s'agit d'accompagner les bananes de pacanes poêlées au rhum. Enfin, la méthode la plus complexe consiste à servir bananes et pacanes sur de la crème glacée et à faire flamber le tout à table.

DURÉE Environ 10 minutes pour la variante la plus simple, 30 pour la plus élaborée.

Variante simple

4 bananes mûres mais fermes

100 g (½ tasse) de sucre granulé

Variante avec pacanes poêlées au rhum

8 c. à soupe (1 plaquette) de beurre non salé

80 g (¾ tasse) de moitiés de pacanes

110 g (½ tasse) de cassonade foncée

175 ml (¾ tasse) de rhum brun

La totale

500 ml (2 tasses) de crème glacée à la vanille, ou + au goût

80 ml (⅓ tasse) de rhum 151 (ou du rhum brun ordinaire), pour flamber

Variante simple: au moment de servir, couper les bananes avec leur peau en deux dans le sens de la longueur. Ôter délicatement la peau et disposer les bananes, face coupée dessus, dans une grande poêle en fonte ou une assiette à l'épreuve de la chaleur. Saupoudrer le dessus d'une légère couche de sucre. Allumer le chalumeau et diriger la flamme vers les bananes afin de faire fondre et dorer le sucre. Laisser refroidir environ 1 minute; le sucre se transformera en caramel. Servir.

Variante avec pacanes poêlées au rhum: avant de préparer les bananes, concocter la garniture de pacanes. Dans une poêle, faire fondre le beurre à feu vif. Cuire les pacanes et la cassonade 3 minutes ou jusqu'à ce que la préparation bouillonne et que le sucre fonde. Ajouter 175 ml (¾ tasse) de rhum et laisser bouillir 3 minutes ou jusqu'à ce que la préparation soit épaisse et sirupeuse.

Préparer les bananes en suivant les consignes de la variante simple ci-dessus. Couvrir le milieu des bananes flambées de préparation aux pacanes et servir.

La totale: après avoir préparé la garniture de pacanes et caramélisé les bananes, répartir la crème glacée dans 4 bols peu profonds à l'épreuve de la chaleur. Baisser les lumières et faire à nouveau flamber les bananes avec 80 ml (1/3 tasse) de rhum 151. Garnir chaque portion de crème glacée d'une banane caramélisée et de pacanes poêlées au rhum. (Voir « Comment flamber » dans l'encadré ci-contre et « Comment préparer les bananes flambées » à la page 363.)

Comment flamber

Il est simple – et spectaculaire – de faire flamber des aliments, mais vous devez prendre certaines précautions. (Les bananes doivent être les seuls objets qui flambent!) Par conséquent, nettoyez l'espace de sorte qu'il n'y ait pas d'objet inflammable à proximité. Remontez vos manches et assurez-vous que vos convives ne sont pas trop près de la scène. Si désiré, gardez à portée de la main un flacon pulvérisateur rempli d'eau (vos convives n'ont pas à en connaître la raison). Je vous conseille aussi de répéter seul quelques fois avant de faire flamber des aliments devant des gens.

Pour flamber avec du rhum brun (ou du bourbon, du cognac ou un autre spiritueux), faites chauffer 80 ml (⅓ tasse) de rhum dans une casserole jusqu'à ce qu'il atteigne la température du corps; vérifiez avec le doigt. Ne laissez pas bouillir, à défaut de quoi l'alcool inflammable se dissipera. Faites flamber le rhum à l'aide d'un briquet au butane de style allumette ou d'une longue allumette de sûreté et versez-le avec précaution sur les bananes.

Pour faire flamber les bananes avec du rhum 151, arrosez-les simplement de celui-ci et mettez-y le feu à l'aide du briquet au butane ou de l'allumette de sûreté. Inutile de faire chauffer le rhum au préalable.

Comment préparer les bananes flambées

1 Variante simple : pointez le chalumeau vers les demi-bananes sucrées pour les caraméliser.

2 Variante avec pacanes poêlées au rhum : poêlez les pacanes avec le beurre et la cassonade, puis incorporez le rhum.

3 Garnissez les bananes caramélisées de la préparation aux pacanes.

4 La totale : arrosez les bananes de rhum 151 et faites-les flamber de nouveau.

◀ L'extrémité de la flamme devrait être à environ 2,5 cm (1 po) au-dessus des bananes.

CRÈME AU CARAMEL ET AU MISO

INGRÉDIENTS Pour ce plat, il vous faudra un ingrédient inhabituel, le miso, condiment japonais composé de haricots de soya (et souvent d'un grain) fermentés. Je recommande le blanc, le plus doux de tous, mais vous pouvez opter pour celui de votre choix. Inutile d'acheter du miso importé du Japon, car on en fabrique désormais d'excellents sous nos climats (par exemple celui de South River Miso, d'Eden Foods ou d'Aliments Massawippi).

ÉQUIPEMENT Votre batterie de base dont une casserole épaisse et une passoire.

AUTRES Si vous ne disposez pas de miso, remplacez-le par 1 c. à soupe de sauce soya; par sa note salée, elle contrebalancera le caramel sucré.

DURÉE Environ 20 minutes de préparation + 2 heures de réfrigération.

La crème au caramel tire son goût de la vanille, de la cassonade et du beurre. Dans cette variante, elle est enrichie de la saveur umami du miso, condiment doux et salé à base de haricots de soya fermentés. La recette m'a été donnée par mon beau-fils Jake, qui exerce le métier de chef et a travaillé quelques années en Asie. **4 à 6 portions**

- 8 c. à soupe (1 plaquette) de beurre non salé
- 220 g (1 tasse) de cassonade foncée bien tassée
- 2 c. à soupe de miso blanc ou 1 c. à soupe de sauce soya
- 400 ml (1 ⅔ tasse) de lait entier
- 175 ml (¾ tasse) de crème 35 % à fouetter
- 3 c. à soupe de fécule de maïs
- 1 c. à café d'extrait de vanille pure
- 2 biscuits au gingembre émiettés
- 250 ml (1 tasse) de crème fouettée (facultatif; voir à la page 356)

1 Dans une casserole épaisse, porter à ébullition, à feu moyen-vif, le beurre, la cassonade et le miso ou la sauce soya, en mélangeant au fouet. En fouettant constamment, cuire 6 à 8 minutes ou jusqu'à ce que la préparation se caramélise, c'est-à-dire qu'elle épaississe, bouillonne et soit d'une couleur doré foncé. Ne pas laisser coller au fond ni brûler.

2 Retirer la casserole du feu et ajouter le lait et 60 ml (¼ tasse) de crème. La préparation sifflera et crépitera, ce qui est normal. Continuer à fouetter jusqu'à ce que le mélange au sucre soit entièrement incorporé.

3 Dans un petit bol, déposer la fécule de maïs et la vanille. Ajouter 1 c. à soupe de crème et remuer pour obtenir une pâte épaisse. Ajouter graduellement le reste de crème de manière à obtenir une pâte plus liquide. En fouettant, ajouter celle-ci dans la préparation chaude au lait. Remettre la casserole sur le feu, porter à ébullition à feu moyen-vif et, en remuant constamment, faire bouillir 3 minutes ou jusqu'à ce que le mélange épaississe.

4 Passer la crème-dessert dans un tamis fin au-dessus d'un bol. Cette étape est facultative mais permet d'obtenir une consistance plus lisse. Déposer une pellicule de plastique directement sur la crème, afin de prévenir la formation d'une peau. Laisser refroidir à température ambiante, puis réfrigérer 2 heures ou jusqu'à ce que la crème soit bien froide.

5 Pour servir, déposer la crème au caramel et au miso à la cuiller dans des bols. Garnir de miettes de biscuits au gingembre et, si désiré, de crème fouettée.

Crème-dessert pour adultes avertis

La crème-dessert ne donne pas l'impression d'être le plus masculin des desserts. Surtout, ne le dites pas à Travis Lett, le Californien qui a parlementé pour transférer son plat gagnant à *Top Chef* à l'excellent restaurant Gjelina de Venice (Californie). Ou à l'Iron Chef Masaharu Morimoto, qui a fait de la crème au caramel et au miso une de ses spécialités. Le fait est que la crème-dessert répond à bien des besoins. C'est un plat à la fois réconfortant et simple à préparer.

GUIDE CULINAIRE À L'INTENTION DES GARS

CHOCOLAT

S'il est vrai que le véritable chemin pour toucher le cœur d'un homme passe par son estomac, la manière de se gagner l'affection d'une femme passe certainement par le chocolat. Petit ami potentiel, mari et père, vous le savez probablement. Sinon, apprenez-le vite.

CHOCOLAT À CROQUER

Il en existe diverses catégories.

CHOCOLAT NOIR : comprend au moins 35 % de cacao (souvent plus) auquel on ajoute des édulcorants et des gras. Sa saveur est intense – plutôt amère et très chocolatée – et il est sucré le moins possible. Sur l'emballage des barres de qualité supérieure, on trouve généralement le pourcentage de cacao qu'elles renferment. Plus ce pourcentage est élevé, plus le chocolat est noir, riche et concentré.

CHOCOLAT AU LAIT : on ajoute au chocolat du lait, du lait en poudre ou concentré. Sa saveur de chocolat est beaucoup moins prononcée que celle du chocolat noir (selon la loi, il n'a pas à renfermer plus de 10 % de pâte de chocolat).

CHOCOLAT BLANC : il est composé de sucre, de lait et de beurre de cacao, mais ne renferme ni grains ni pâte de cacao. À mes yeux, ce n'est pas du chocolat : il n'en porte que le nom.

CHOCOLAT À CUISSON

CHOCOLAT NON SUCRÉ : parfois appelé « chocolat à cuire », « chocolat de ménage » ou « chocolat ordinaire », il est composé de pâte de chocolat pure mélangée avec du beurre de cacao ou un autre gras permettant de le faire durcir. Il est trop amer pour être consommé tel quel.

CHOCOLAT MI-SUCRÉ : chocolat à cuire auquel on a ajouté du sucre. Comme il sert à la cuisson, il n'a pas la finesse d'un chocolat à croquer.

BRISURES DE CHOCOLAT (ou pépites) : morceaux de chocolat comprenant moins de beurre de cacao que les autres, ce qui leur permet de mieux se tenir quand ils sont chauffés, par exemple dans des biscuits.

CHOCOLAT MEXICAIN : descend en droite ligne du *xocolatl*, boisson de chocolat que buvaient les Aztèques. Aromatisé à la cannelle, au clou de girofle, à la vanille et, parfois, au piment, il est souvent transformé pour que le sucre reste cristallisé.

POUDRE DE CACAO : il s'agit de pâte de cacao que l'on a fait sécher et que l'on a privée de l'essentiel de son beurre de cacao. Le traitement alcalinisé consiste à traiter le cacao aux sels alcalins afin d'en neutraliser l'acidité.

BROWNIES À LA BIÈRE BELGE

INGRÉDIENTS Vous trouverez les bières Ommegang dans les boutiques spécialisées dans les bières importées ou en ligne à ultimatewineshop.com. J'ai aussi préparé ce plat avec de la bière d'avoine et de la stout Guinness. (Dans ce dernier cas, il n'est pas nécessaire de la faire réduire de moitié; employez simplement 125 ml [½ tasse].)

ÉQUIPEMENT Votre batterie de base dont une casserole moyenne épaisse et un moule de 23 x 33 cm (9 x 13 po) allant au four.

AUTRES Puisque nous avons décidé de tomber dans les excès, il faut savoir que ces brownies comprennent à la fois du chocolat pour la cuisson non sucré (pour la pâte) et un bon chocolat mi-sucré à croquer (pour la préparation des morceaux).

DURÉE Environ 15 minutes de préparation + de 20 à 30 minutes de cuisson.

Les brownies passent trois fois le test du plat de gars de stature internationale : ils sont savoureux, se préparent facilement et les femmes les trouvent irrésistibles. Le truc dans ceux-ci consiste à ajouter de la bière à la pâte, plus précisément une bière à la belge au parfum de cerise entêtant, la Three Philosophers de la brasserie Ommegang de Cooperstown (New York). Elle confère une saveur subtile de fruit et de malt aux brownies et en préserve le moelleux. Si vous ne connaissez pas la brasserie Ommegang, vous le devriez. On y fabrique certaines des meilleures bières d'Amérique du Nord. Si vous ne trouvez pas la Three Philosophers, vous obtiendrez d'aussi bons résultats avec une *kriek lambic* (bière belge à la cerise), une stout au chocolat ou la stout Guinness. Mes remerciements à Christine Alexander, qui m'a inspiré cette recette.

12 brownies

250 ml (1 tasse) d'ale Three Philosophers ou 125 ml (½ tasse) de stout, telle que la Guinness

60 g (2 oz) de bon chocolat mi-sucré à croquer (voir à la page 365)

125 g (1 tasse) de farine tout usage non blanchie

225 g (1 tasse) (2 plaquettes) de beurre non salé, + env. 1 c. à soupe pour le moule

140 g (5 oz) de chocolat à cuisson non sucré

4 gros œufs

400 g (2 tasses) de sucre granulé

1 c. à café d'extrait de vanille pure

1 pincée de sel

Sucre glace (facultatif)

1 Préchauffer le four à 180 °C (350 °F).

2 *Si on utilise une ale:* dans une casserole épaisse, porter à ébullition la bière à feu vif. La faire bouillir 5 minutes ou jusqu'à ce qu'elle réduise de moitié, soit à 125 ml (½ tasse). Laisser refroidir dans un bol à l'épreuve de la chaleur. *Si on utilise une stout:* il n'est pas nécessaire de la faire réduire.

3 Hacher grossièrement le chocolat mi-sucré en morceaux de 1 cm (½ po) et les déposer dans un bol. Ajouter 1 c. à soupe de farine et remuer pour en enrober le chocolat (de cette manière, il ne coulera pas au fond de la pâte).

4 Essuyer la casserole, puis y faire fondre le beurre à feu doux. Enduire d'un peu de beurre les côtés et le fond d'un moule de 23 x 33 cm (9 x 13 po). Mettre le moule à refroidir au réfrigérateur environ 5 minutes, puis saupoudrer l'intérieur de 1 c. à soupe de farine; incliner et secouer le moule pour en enrober le fond et les côtés.

5 Ajouter le chocolat à cuisson dans la casserole contenant le beurre fondu et, en remuant à la maryse, le faire fondre à feu doux environ 4 minutes.

THREE PHILOSOPHERS
QUADRUPEL ALE
UNIQUE BELGIAN-STYLE BLEND OF OMMEGANG
QUADRUPEL ALE AND LIEFMANS KRIEK.
9.7%
ALC./VOL

6 Dans un bol à mélanger, battre au fouet les œufs et le sucre granulé. En fouettant, ajouter l'ale réduite ou la stout ainsi que la vanille, le sel et la préparation au beurre et au chocolat. Incorporer le reste de farine ainsi que les morceaux de chocolat mi-sucré. Déposer la pâte à la cuiller dans le moule préparé et enfourner.

7 Cuire les brownies 20 à 30 minutes ou jusqu'à ce que le dessus gonfle et soit ferme au toucher. Une baguette ou un cure-dent inséré au centre devrait en ressortir presque sec ; il peut être légèrement collant.

8 Retirer les brownies du four et les laisser refroidir à température ambiante dans le moule. Les couper en 12 rectangles et, si désiré, saupoudrer de sucre glace.

INDEX DES RECETTES

LISTE DES ENCADRÉS

REMERCIEMENTS SPÉCIAUX

All-Clad: Lisa Callaghan et Anya Edwards

KitchenAid: David R. Skinner
Lodge: Mark Kelly

Wüstof Cutlery: Julia Stambules de JS Public Relations

CRÉDITS PHOTOGRAPHIQUES

Photo de l'auteur: Jeffery Salter

Photographies culinaires: Lucy Schaeffer
Stylisme: Chris Lanier
Stylisme accessoires: Sara Abalan

Photographies culinaires aux pages 45, 65, 70, 102, 157, 163, 173, 271, 277, 305, 337 et 359: Tango

Photographies additionnelles: pages 22-28 shutswis/fotolia, Jouke van Keulen/fotolia, auremar/fotolia, dimedrol68/fotolia, Andrew Burgess/fotolia, Chrispo/fotolia, cretolamna/fotolia.

Achevé d'imprimer au Canada
sur papier Enviro 100% recyclé